汉译丝瓷之路历史文化丛书

九至十三世纪东欧和东南欧的民族大迁徙

上 册

〔罗马尼亚〕维克多·斯宾内 著
〔罗马尼亚〕达娜·巴杜列斯库 英译
程秀金 卢兆瑜 译

The Great Migrations
in the East and South East of Europe
from the Ninth to the Thirteenth Century
Translated by Dana Bădulescu
@Victor Spinei
Adolf M. Hakkert, Amsterdam, 2022
（本书根据阿道夫·M. 哈克特出版社 2022 年版译出）

总序

我们的期待

我们期待《汉译丝瓷之路历史文化丛书》的编辑出版有助于切实扩大中国丝瓷之路历史文化研究者的视野。许多丝瓷之路历史文化的课题，中国学者从未涉足，甚至闻所未闻。有涉及者，也不是从研究丝瓷之路历史文化的角度切入。显而易见，即使我们只想研究自己比较熟悉的东部，也必须了解西部。"铜山西崩，洛钟东应"，不可能将东部和西部完全割裂开来。

我们期待本丛书的编辑出版有助于中国学者了解和较全面地掌握有关丝瓷之路历史文化的原始资料，以及国外学者理解和运用这些资料的方法。尤其是非汉语资料。

我们期待本丛书的编辑出版有助于中国学者理解和体会国外有关丝瓷之路历史文化的理论和学说。

我们期待本丛书的编辑出版有助于我们找出丝瓷之路历史文化的缺环、空白，发现这一学科的发展趋势，使我们今天的研究减少盲目性，不仅知当务之急，也高瞻远瞩，有全面的规划和长远的打算！

我们期待本丛书的编辑出版有助于中国学者通过发现志同道合的外国学者，以便组成联合阵线，携起手来，共同深入探讨丝瓷之路历史文化。时至今日，学术研究应该可以破除中外之别，特别在丝瓷之路历史文化研究方面。事实上，只有中外学者通力合作，才有可能使研究更上层楼。

我们期待本丛书和商务印书馆正在编辑、出版的《丝瓷之路》学刊和《丝瓷之路博览》丛书相互补充，逐步形成一个丝瓷之路历史文化研究出版物的平台，更好地为学界同仁服务。

不言而喻，这是一项艰巨的工作，不能急躁冒进，只能一步一个脚印地前进。我们能力很差，水平很低，因而殷切期待大家的支持。众人拾柴火焰高，只要有更多的学者关心这套丛书，我们就有信心将她编好。

编者
2016 年 8 月 26 日

英文版第三版序言

尽管近年来我的科研旨趣已经扩展到历史的其他方面，但我对于东欧和东南欧最后几次迁徙活动的兴趣丝毫没有减弱。在这方面，我一直想出版拙作的修订版（已进行大量补充），这一修订版本已在2006年由阿姆斯特丹著名的阿道夫·M. 哈克特出版社分上下两卷出版。在2004年年底的时候，该版本就已经准备付梓，只是由于我当时还有其他的出版项目，预期中的出版计划不得不意外地被推迟。从2005年至今，由于其他专家的贡献，关于该主题的资料得到大量的积累。考古发掘的拓展产生了相关的发现，这些发现可能为游牧社群的人类学特征、生活方式和文化议题提供了新线索。与此同时，对叙事文献、外交材料、金石、地图和钱币的多方位而细致的分析，揭示了这些社群所占领地区的政治、民族-人口、社会和宗教，及其与邻近国家民族关系的较新或较少了解的情况。在一项综合性的研究工作中引入所有这些新的多学科资料，需要耗费大量的时间和特别的精力，而这是我当时所难以承受的。

由于这些原因，我极其勉强地让自己满足于2006年出版的版本，在其中我纠正了一些希腊词汇，以及一些东方的和斯拉夫的专有名称在转录时所发生的错误。而现在出版一个全新版本已成必要。因为出于一些我无法理解也无法评说的内部问题，2006年版的发行量尤其惨淡，只有极少数被世界各地的重要图书馆所收藏，专家们也对其知之甚少。当然，随着岁月的无情流逝，在2006年版两卷中的某些要点陈述可能已经失去吸引力，因为，在此后问世的一些作品之中，这些要点已经被新的更有用的细节材料所覆盖。然而，虽然冒着被指责为自负的风险，我还是敢说，我对某些历史事件和现象的陈述与解释仍然能够保持足够的吸引力，特别是因为同仁和后辈们还不熟知这些事件和现象。

在过去十五年多的时间里，更确切地说是在2005年至2022年间，世界各地的历史学家对于匈牙利人、佩切涅格人、乌古斯人、库蛮人和蒙古人迁徙活动的关注显著增加。因此，许多研究课题和综合性论文对于与上述族群及欧亚大陆特有的骑马游牧现象相关的一些中世纪历史问题，都有涉猎。就我而言，我不打算介绍与最后几次迁徙活动相关的所有问题的全部参考书目，因为这是一件难以完成的任务。因此，我决定只提及与拙作所研究议题相关的文献。这些文献也有助于拙作的潜在读者扩大他们对东欧和东南欧迁徙活动的了解。我与编辑们一致认为，目前这个版本不需要像2006年版那样分上下两卷，而是合成为一卷。

在出版的准备阶段，我得到了雅西考古研究所图书管理员克里斯蒂安·伊西姆（Cristian Ichim）先生、雅西PIM出版社职员瓦伦丁·普罗卡（Valentin Proca）先生的帮助，我谨向他们两人表示感谢。衷心感谢阿姆斯特丹阿道夫·M.哈克特出版社主管威廉·科斯（Willem Kos）先生允许重新出版拙作。

2022年9月于雅西、布加勒斯特

英文版第二版序言

关于东欧和东南欧民族大迁徙运动之最后阶段的历史，所涉及的问题非常多，我无法在本书的罗马尼亚语版（1999年）或英文版（2003年）中给予全面的解释——虽然我在这几年中一直专注于此事。鉴于上述版本的可用篇幅较短，涉及游牧部落及其与定居人群之关系的大部分书面资料和考古资料时，只能或者被忽略，或者被一笔带过。出于同样的原因，我们也只能忽略大部分的二手文献。

为了更完整地描述九至十三世纪迁徙人员的情况，我认为应该对2003年秋天出版的英文版进行补充。而且，2003年版的发行量有限，未能在国内外得到充分传播。因此，出版一个新的英文版本是必要的。为此，我出国访问和搜寻文献，2002—2003年期间我掌握了越来越多的最新的历史和考古文献。这些访问是基于罗马尼亚科学院和奥地利、大不列颠、瑞典类似机构签署的合作协议框架，以及雅西大学与康斯坦茨大学现有的伙伴关系，同时也得益于一些著名学者的邀请，例如维也纳大学奥地利历史研究所的赫维希·沃尔弗拉姆教授（Professor Herwig Wolfram, Institut für Österreichische Geschichtsforschung, Universität Wien）、伦敦大学学院斯拉夫与东欧研究院的丹尼斯·迪利坦特教授（Professor Dennis Deletant, School of Slavonic and East European Studies, University College London）、斯德哥尔摩大学考古系的英格玛·詹森教授（Professor Ingmar Jansson, Department of Archaeology, Stockholm University）和康斯坦茨大学哲学研究所的沃尔夫冈·舒勒教授。与柏林的屋维·费德勒博士、埃夫里市的安敦·库萨先生（Mr Anton Cuşa, Evry）进行频繁的书籍互赠活动，让我可以接触到不太容易获得的材料，事实证明，他们非常乐意满足我的需要和要求。亚历山德鲁-库扎大学历史系的玛丽安娜·佩特库女士和雅西市摩尔达维亚历史博物馆的卡达林·里班先生（Mr Cătălin Hriban, History Museum of Moldavia）在本书的插图和电子编辑方面给我提供了非常宝贵的帮助。本书是在亚历山德鲁-库扎大学历史系和考古研究所同事所营造的互相激励的氛围中完成的。

我以最诚挚的问候献给负有盛名的"施瓦茨米尔研究丛书系列"的协调人、康斯坦茨大学的沃尔夫冈·舒勒教授。

2004年1月于雅西

英文版第一版序言

人类迁徙的现象甚为普遍（但因时空不同而形式各异），它标识着人类从起源至今的演进。这种现象最明显的结果是：人类元素不断扩散到世界各地，他们顽强生存下来，以至兴旺繁荣。当地理制约世界空间的扩展时，持续存在的人口流动为分散在世界各个角落的社群提供了联系。

人类世界在人类学、语言和文化方面具有多样性，而且发展程度各异，但却形成了许多趋同点。如果说，通过区域交流（regional contacts）可以实现文明要素在有限地区（limited areas）的转移，以及诸种文化交流形式的展开，那么，至少在早期阶段，在缺乏一种充分发展的、充满活力的人口流动的情况下，很难想象这些文明要素能够在全球范围内流通和传播。人类扩散的情况亦复如此。

在生存的旅途中，某些高度依赖环境的人类社群具有了游牧生活方式的特征。欧亚平原的广大地区就是这种生活方式的理想之地。世界上再也没有其他地方像这里一样，能够让游牧社会恣意于自己的特殊实践。由于独特的结构性质，游牧生活体现了因季节变化导致的规律性运动，并展现了其活力，旨在为牧人寻找适合密集放牧之地。保护牧群（这是重要的食物供应）

的必要性、掠夺周围人群以增加牧群数量的倾向性，都是促使游牧社会军事化的因素，他们从一开始就不能慵懒散漫。相反，他们的好战倾向和进取精神常常让他们在自己领土内部，或在外部（农业社群聚居地），发生激烈的对抗。

出于一些尚未得到充分解释的原因，人类周期性地从亚洲中心地区向东欧南端迁移，这在广大地区引起连锁反应。与山区——它可以在不可避免的危险中保护人们——相比，草原平坦的地势更容易使人暴露在那些危险之中，而且，在动荡不安的环境中，许多族群因受到严重威胁而往往从历史舞台上消失——他们要么被更凶猛的敌人消灭，要么被同化。

在西欧，大规模的迁徙运动在公元第一千纪后半期的初始阶段就已经结束；与之不同，在东欧，不同强度的迁徙运动一直持续到下个千纪的头几百年。这些大规模的族群移动在具备洲际规模之前就已经开始了，而在达到顶峰时刻之后也不断走向衰落，但是，整个族群移动的进程深刻影响了受波及地区的社会制度的方方面面，特别是在民族与人口谱系、经济发展、政治结构、文化领域与宗教体系方面引起一些重大震荡。

大迁徙的时间很长、空间很广，对此，必须采取一种超越有限区域范围的认识论方法，进行综合性考察。另一方面，对于这些现象的研究面临着实际困难，因为所搜集和解释的信息往往分散在各种不同来源和性质的零碎资料之中。尽管存在种种障碍，这个引人入胜的主题已经在学界取得了丰硕的成果，并在国际上广为传播，获得了令人瞩目的成就。全面考察民族大迁徙时代的情况，需要发掘新的具有启迪作用的材料，同时，需要仔细论证既有的叙事性、语言性和考古性的信息，处理更多的争议问题，因此，跨学科研究是唯一的解决路径。

呈现给读者的这本书，只是涉及发生在黑海-里海地区、多瑙河中下游流域、巴尔干半岛的持续约5个世纪的民族大迁徙运动的最后阶段。这段历史的重要性，不仅在于它的中世纪背景，还在于它的长时段的影响，即当代中欧的民族、人口和文化格局都可以追溯至此。本书目标是展示九至十三世纪主要的移民群体、受其迁移影响的人口与政治单元的一般性信息。

因此，我们讨论了匈牙利人、佩切涅格人、乌古斯人、库蛮人和蒙古人的词源及其民族结构、生活方式、经济生活、社会政治单元、宗教信仰实践、政治活动等最基本的方面，而在蒙古人的例子中，我们还简要考察了他们的法律制度和军事组织。

本书的核心部分原来是一部多卷本世界史著作的系列章节，该著作曾计划在1980年左右出版，后来出版社放弃了这个出版项目。在经过实质性的修改和补充之后，这些章节从1991年起成为雅西亚历山德鲁－库扎大学历史系系列讲座课程的基础，并在1995年以《九至十三世纪黑海北部地区民族大迁徙》为书名在校属出版社结集出版（共218页）。为进一步丰富罗马尼亚历史学科研成果，在经过长时间的酝酿之后，1996年秋天，罗马尼亚科学院历史与考古学部批准并部分资助该书的扩充和出版工作——书名定为《黑海北部与多瑙河下游的最后一波迁徙浪潮》（共327页），由雅西的赫利俄斯（Helios）出版社出版发行。虽然这个版本的内容已经比原来的课程内容多出了近一倍，但是，由于印刷准备工作紧迫，我们还是没有能够最大限度地使用手头上的材料，而只能选择一种较为简略的和概述性的方式展开论述。

考虑到这些情况，我们认为，从一个新角度重新审查二十多年来搜集到的丰富的材料，应该能够引起科学界和知识界同仁的兴趣。1999年，我们把修订方案提交给雅西的欧洲研究所出版社（European Institute Publishing House）的时候，这些材料就立即引人注目。这就是《九至十三世纪东欧和东南欧的民族大迁徙》（共513页）一书的成书过程。比较而言，虽然1999年的版本几乎保留1996年版本的整体框架，但在具体内容上都有大量补充：正文本身、注释、参考书目、插图、索引。我们还对一些表达欠佳的地方进行了润色，增添了一些因电脑编辑程序缺陷而丢失的术语。这些补充，特别是关于巴尔干半岛移民潮问题的大量补充，使我们考虑更换书名，以做到名实相符。除此之外，这个英译本也对1999年的版本进行了许多补充。

1995年和2001年夏天华盛顿特区敦巴顿橡树园拜占庭研究所（Dumbarton Oaks, Institute for Byzantine Studies）、1996年德国学术交流中心（Deutscher Akademischer Austauschdienst）、1997年布赖斯高地区阿尔伯

特-路德维希-弗莱堡大学（Albert-Ludwigs University of Freiburg im Breisgau）、1999年和2000年康斯坦茨大学（University of Konstanz）提供的研究项目，让我们得以接触一些在罗马尼亚图书馆没有的稀有文本和最新研究成果。这些项目分别得到了基尔大学的迈克尔·穆勒·威尔教授（Professor Michael Müller-Wille from Kiel）、弗莱堡大学的海科·斯特尔教授（Professor Heiko Steuer from Freiburg im Breisgau）和康斯坦茨大学的沃尔夫冈·舒勒教授（Professor Wolfgang Schuller）的推荐。在敦巴顿橡树园这个极富激励性和启发性的科学团体逗留期间，我们得与欧美一流的拜占庭研究专家进行了交流，例如迈克尔·巴拉德（Michel Balard）、亚历山大·P. 卡兹丹（Alexander P. Kazhdan）、爱德华·基南（Edward Keenan）、亨利·马奎尔（Henry Maguire）、乔治·马吉斯卡（George Majeska）、西里尔·芒格（Cyril Mango）、尼古拉斯·奥科诺米德斯（Nicolas Oikonomidès）、伊霍尔·舍夫琴科（Ihor Ševčenko）、爱丽丝-玛丽·塔尔伯特（Alice-Mary Talbot）、娜塔莉亚·提特利亚特尼科夫（Natalia Teteriatnikov）、伊琳娜·安德烈埃斯库-特雷德戈尔德（Irina Andreescu-Treadgold）、沃伦·特雷德戈尔德（Warren Treadgold）、小斯佩罗斯·维里尼斯（Speros Vryonis, Jr.），等等。在德期间，我们有幸在以下地方展开了富有成效的研究：德国基尔大学的早期历史研究所（Institut für Ur-und Frühgeschichte der Universität）、波恩的德国考古研究所考古学和比较考古学委员会（Kommission für Allgemeine und Vergleichende Archäologie des Deutschen Archäologischen Instituts）、波恩大学史前和早期历史研究所、中亚语言和文化科学研讨会（Institut für Vor- und Frühgeschichte der Universität and Seminar für Sprach- und Kulturwissenschaft Zentralasiens der Universität）、柏林的德国考古所欧亚系（Eurasien Abteilung des Deutschen Archäologischen Instituts）、弗莱堡大学的史前和早期历史研究所、历史研讨会（Institut für Ur-und Frühgeschichte, Historisches Seminar der Universität）、法兰克福的德国考古所罗马-德国委员会（Römisch-Germanische Kommission des Deutschen Archäologischen Instituts）和康斯坦茨大学。我们也着实得益于1997年12月和2001年11月在布达佩斯和德布勒森的游学，这是由罗马尼亚和匈牙利高级学术论坛合作协议促成的。这些旅行不但有助

于我们在当地博物馆和图书馆进行研究，而且也有助于我们与中世纪马扎尔问题研究的几位杰出学者相接触：例如布达佩斯考古研究所的萨纳德·巴林特（Csanád Bálint）、埃列克·本克（Elek Benkő）、埃米·霍尔（Imre Holl）、拉斯罗·科瓦斯（László Kovács）、贝拉·米洛斯·佐克（Béla Miklos Szőke）、布达佩斯的匈牙利国家图书馆的伊什特万·福多（István Fodor）、卡洛利·米斯提哈希（Károly Mesterházy）、拉斯罗·雷维斯（László Révész），德布勒森的达理博物馆的拉斯罗·塞尔梅齐（László Selmeczi）等。在正常条件下工作的学者，很难想象资料缺乏对于研究的阻碍，因此，非常感激外国同仁的热心，给我提供了在雅西市图书馆找不到的书籍：柏林的屋维·费德勒博士（Uwe Fiedler）、巴黎的彼得·S. 纳斯ami里教授（Petre Ş. Năsturel）、莫斯科的瓦勒里斯·B. 佩科哈夫科博士（Valeriĭ B. Perkhavko），等等，他们都是享有盛名的考古学家和历史学家。

　　遗憾的是，现有的印刷篇幅限制了我们在许多主题上使用更多的信息；我们也没有机会澄清更多的争议性问题，这些问题通常引发严肃持久的史学辩论。尽管如此，我们希望可以通过对所附参考文献的细致而富有探究性的分析，来做部分弥补。

　　我们对于与考察对象地区相关联的所有现象和事件的分析，都是依赖于书面或考古资料所提供的一手信息；而在偶尔涉及其他地区的例子时，我们并不必然采用上述资料，在这种情况下，我们依赖的是二手文献。我们的结论显然考虑到了前辈们在处理相关问题上所取得的成果。

　　为了简化参考文献的形式，我们设计了一个脚注系统，它主要用来表示书面资料（叙事资料、文书、图表、碑文等）和考古资料，然后，在较次要的程度上用来表示那些其解释和论点还未被广泛认可的作品。与大迁徙浪潮后期历史相关的二手资料可参考每章末尾的"参考文献"，也可参考"通用性参考文献"，后者是关于整本书的参考文献。为了避免参考文献的臃肿，所使用的一手资料就不在"通用性参考文献"中列出，而是在正文中列出——因为它们数量丰富繁多，而且并不总是与争论的主题相关。

　　最后，感谢罗马尼亚文化协会（Romanian Cultural Institute）附属的克卢日-纳波卡市特兰西瓦尼亚研究中心主任伊昂-奥莱尔·波普教授（Ioan-Aurel Pop）和布勒伊拉博物馆（Museum of Brăila）馆长伊奥尼·坎迪亚（Ionel Cândea）教授，感谢他们支持这本聚焦于一个复杂的中世纪世界历史问题的著作（它具有许多共时性和历时性的意义）的翻译和出版工作。同样感谢亚历山德鲁-库扎大学历史系的玛丽安娜·佩特库女士（Mariana Petcu），是她帮我们扫描了书中的图片。

2002年4月于雅西

目 录

上 册

第一章 匈牙利人 1
 一、名称和族裔构成 1
 二、经济和生活方式 7
 三、社会和政治组织 13
 四、宗教信仰和实践 18
 五、政治演变 22
 参考文献 91

第二章 佩切涅格人 104
 一、名称和族裔构成 104
 二、经济和生活方式 110
 三、社会和政治组织 114
 四、宗教信仰和实践 117
 五、政治演变 121

参考文献 180

第三章 乌古斯人 188
    一、名称和族裔构成 188
    二、经济和生活方式 192
    三、社会和政治组织 198
    四、宗教信仰和实践 202
    五、政治演变 206
    参考文献 251

图　片 259

下　册

第四章 库蛮人 307
    一、名称和族裔构成 307
    二、经济和生活方式 311
    三、社会和政治组织 318
    四、宗教信仰和实践 321
    五、政治演变 326
    参考文献 448

第五章 蒙古人 461
    一、名称和族裔构成 461
    二、经济和生活方式 464

三、社会和政治组织 ………………………………… 473
　　四、立法系统和军事组织 …………………………… 478
　　五、宗教和文化层面 ………………………………… 488
　　六、政治演变 ………………………………………… 498
　　参考文献 ……………………………………………… 605

第六章　欧亚大陆西部的骑马游牧民 ………………… 624
　　参考文献 ……………………………………………… 654

图　片 ……………………………………………………… 660

通用性参考文献 …………………………………………… 719

缩写列表 …………………………………………………… 733

图片来源 …………………………………………………… 735

索　引 ……………………………………………………… 744

2005—2022年相关参考文献更新 ……………………… 842

第一章　匈牙利人

从匈人（Huns）开始在欧洲东端角落出现的时刻，一直到蒙古人来临的时刻，庞廷山脉①北部草原都是处在突厥语部落（Turkic tribes）的专权统治之下。在这漫长千年的中间阶段，由于匈牙利人的干预，出现了一次权力中断，他们给动荡喧嚣的草原生活留下了不可磨灭的印记。匈牙利人是芬兰-乌戈尔语族大家庭中唯一一支被迫离开故土家园的人群；他们在另一个族群文化空间开启了截然不同的发展进程；他们经历了独特的命运，成为典型的游牧社群。

一、名称和族裔构成

正如其他所有的马上民族一样，匈牙利人在不同时期的史料中拥有不同的族名。匈牙利人用来称呼自己的词语"Magyar"（马扎尔人）包含了两个部分：前半部分的"Magy"也被沃古尔人（Voguls）和奥斯蒂亚克人（Ostyaks）所使用，只是在乌戈尔语支中发生了轻微的变形；后半部分的"-ar/er(s)"源于突厥语或芬兰-乌戈尔语族，意为"民族"或"人类"。

这个名称的最早的书面记录（其形式为al-Maġġarîya/al-Madjghariyya），见于阿拉伯人伊本·鲁斯塔（Ibn Rusta）的一部地理学著作。[1]该书完成于

---

① 译者注：庞廷（Pontic）山脉，亦称本廷山脉、本都山脉，指今土耳其北部的山脉，从马尔马拉海一直沿黑海南岸向东延伸至格鲁吉亚。

十世纪初年，参照了作者的同胞阿尔·贾哈尼（al-Djayhani/Ğayhānî）撰写于同时期的同类著作，不过是以九世纪后半期一位至今佚名的阿拉伯作家的作品为蓝本。著名编年史家巴卡里（al-Bakri）在对匈牙利之国进行描述时，似乎也引用了伊本·鲁斯塔的文本。[2] 在波斯文中，这个族名最早见于所谓的《世界境域志》（Hudūd al-'Ālam），这是一本完成于982年的地理空间方面的匿名著作。[3]

在接下来的几十年及几个世纪里，此类书目在阿拉伯和波斯文献中日益繁多。十世纪中期，在"生于紫室者"君士坦丁七世[①]给儿子罗曼努斯写的一本名作——它以一个不太贴切的标题《论帝国的治理》而闻名，但内容是对同时期诸族群和政治局势的细节描述[4]——中出现了"Megere(Μεγέρη)族"的字眼，这无疑是来自于Magyar的族名。"Magog"（马戈格）一词也有相同的起源，国王贝拉三世（Bela III, 1172—1196）的编年史家，即所谓的"安诺尼慕斯"[②]宣称，马戈格是阿尔帕德（Arpad）的先祖[5]，然而，马戈格实际上是一个传说人物，与马扎尔人的名祖混淆了。

根据一些人的观点，"匈牙利人"（Hungarians）的名称——它很快流传开来，并且得到欧洲中世纪与近代民族学的普遍承认——可能是源于突厥语族群的一支欧诺古尔人（Onogurs/Ogurs）；更何况，来自公元第一千纪中期的拜占庭史料已经证实，欧诺古尔人曾和匈牙利人共同居住在欧洲最东部地区。巴卡里从十世纪中期西班牙籍犹太裔旅行家托尔托萨的亚伯拉罕·雅各布森（Abraham Iakobsen）的笔记中引用了这个族名，其写法

---

① 译者注：在拜占庭时期，紫色是权力和地位的象征，皇后用于生育的房间以紫色大理石装饰，被称为"紫室"，"生于紫室"（Porphyrogenitus）意味着合法与正统，君士坦丁七世是第一位冠名为"生于紫室者"的拜占庭皇帝。原文许多地方出现"Constantine VII Porphyrogenitus"的表述，出于简洁，译者统一使用"君士坦丁七世"的译法。君士坦丁七世（912—959年在位）博学多才，除《论帝国的治理》之外，还撰写了多部著作。

② 译者注：安诺尼慕斯是Anonymus一词的音译，其含义为"匿名"、"无名者"，首字母大写的Anonymus在本书中是一个专有名词，特指贝拉三世的这位无名的编年史家，他的著作是研究这个时期东欧和东南欧历史的重要材料。此前国内学者将之译为安诺尼穆斯（参见温盖尔·马加什、萨博尔奇·奥托著，阚思静等译：《匈牙利史》，黑龙江人民出版社1982年版），为了避免混乱，文中出现的"Anonymus"（或Anonymus Notary，都是同一个人）都译为"安诺尼慕斯"。

是"al-Unkali"。如果说该名称较少见于东方的文本，那么，它在拜占庭史料（Οὗγγοι）、古斯拉夫的编年史（Ugri、Ugry、Viagry）和西欧的拉丁文本（Ungari、Hungari）中则被大量使用。[6]

在中世纪匈牙利作家和其他国家作家的作品中，"匈牙利人"[(H)ungari]的名称经常与"匈人"（Huni）的名称联系在一起。许多人认为，匈人是匈牙利人的祖先，这是源于这样的事实：两个族群都有相同的生活方式和相似的尚武习性，同时，他们的部落都是定居在潘诺尼亚平原的核心地带。在西欧和拜占庭的原始资料中，匈人的古老风尚经常被当成匈牙利人的风尚。更晚期的史料也使用一个古老的族名"斯基泰人"（Scythians/Σκύθαι）来称呼匈牙利人，而"斯基泰人"也被用来称呼匈人、保加利亚人、阿瓦尔人、哈扎尔人/可萨人（Khazars）、佩切涅格人、乌古斯人、库蛮人、蒙古人以及黑海-里海大草原上的其他游牧部落。

这种在族群内部和整个欧洲都得到认可的二元命名法，解释了中世纪关于胡诺尔和马革尔（Hunor and Magor）的传说——这在十三世纪晚期凯札的西蒙（Simon of Keza）的《匈牙利人的功业》[7]及其他较晚出现的编年史著作中[8]都有例证——的来源，他们被认为是匈牙利人的名祖（事实上，他们也是匈人的名祖，因为匈人被视为匈牙利人的祖先）。这种情况就像乌提古尔（Utigur）和库特里格斯（Kutrigur）被认为是乌提古尔人（Utigurs）和库特里格斯人（Kutrigurs）的名祖；乌兹（Uz）和乌古斯（Oghuz）是乌古斯人（Uzes）的名祖；切克（Chekh）和勒克（Lekh）是捷克人（Czechs）、波兰人（Lekhs/Poles）的名祖；斯拉夫（Slav）和罗斯（Rus）是莫斯科的俄罗斯人（Muscovy Russians）、东斯拉夫地区其他俄罗斯人的名祖；罗马（Roman）和弗拉哈塔（Vlakhata）是罗马尼亚人（Romanians）的名祖。

除了上面提到的种种名称之外，称匈牙利人为"突厥人"（在希腊史料中作Τοῦρκοι）的做法也有一定的流行度，这在拜占庭编年史中尤其如此，因为，人们认为，匈牙利人曾与多个图兰语部落①长期混居，并采取对方的

---

① 译者注：十九世纪早期，匈牙利学者开始使用"图兰人"（Turanian）称呼操突厥语的各民族、蒙古人、芬兰人和匈牙利人，作者沿用了这种说法。

生活方式。即便是在匈牙利人改宗基督教、匈牙利人的国家获得王国地位之后，这种称呼依然被继续使用。有一个珐琅，上面绘制的是盖萨一世（Geza I）头戴中世纪匈牙利最重要的王室纹章——即1074—1077年间拜占庭皇帝迈克尔七世（Michael VII Dukas）在一次集会上赠给他的希腊王冠[9]；在盖萨名字的旁边附有一个说明，称他是"一位忠诚的突厥亲王"（Γεωρβιτζἀς πιστὸς κράλης Τουρκίας）[10]。

伊斯兰学者极少使用"突厥人"这个名称来称呼匈牙利人，不过，值得注意的是，他们使用的是"巴什基尔人"（Bashkirs/Bāšgird, Bāšgirt），这个名称借自伏尔加河流域的一个同名的突厥部落，公元八至九世纪匈牙利人曾与该部落比邻而居。在十世纪中期阿拉伯著名地理学家暨编年史家马苏第（al-Mas'udi）那里，我们找到了将匈牙利人称为"巴什基尔人"的最早的不太起眼的证据[11]，在伊斯兰世界的其他作家那里，我们发现这个词后来被用来指称匈牙利人和巴什基尔人自己。将匈牙利人称为"巴什基尔人"的做法，持续了很长一段时间。在匈牙利人迁居多瑙河中部平原的两个半世纪之后，来自伊比利亚半岛的阿拉伯旅行家阿卜·加纳提（Abu Hamid al-Andalusi al-Garnati）于1150—1153年间造访了匈牙利，他用"巴什基尔"一词同时称呼匈牙利人及其新国家。[12]

《论帝国的治理》的一些段落成为学者们争论的焦点，其中提到，"突厥人"（实际上是匈牙利人）的旧名是Savartoi Asfaloi（Σάβαρτοι ἄσφαλοι），根据推测，他们是迁往波斯的族群的一个分支。[13]这个信息的模糊性在于：该名称可能与公元六世纪在北高加索地区活动的沙比尔人部落（Sabirs/Σάβιροι）存在一定关系，而沙比尔人的语言属于突厥语族群，后来，可萨人也被称为"沙比尔人"。对于这个也被暂时用来指匈牙利人的名称，人们姑且保留异议，因为，它显然是不准确的，正如用"突厥人"、"巴什基尔人"称呼匈牙利人一样，也是不准确的。[14]

西方一些最古老的编年史在提到入侵中欧的匈牙利人时，称他们为"阿瓦尔人"[15]，这可能是因为两个民族拥有相同的生活方式，也可能是因为这样一个事实，即匈牙利人曾经占领过潘诺尼亚地区[16]，而该地区以前曾属于阿瓦尔汗国。

　　匈牙利人起源于芬兰-乌戈尔语族部落的乌戈尔支系，而芬兰-乌戈尔语族部落则是乌拉尔语族群的一个分支。马扎尔语的主要的词汇和语法结构都来源于芬兰-乌戈尔语族，更具体而言是来源于乌戈尔语。根据年代次序，乌戈尔语从芬兰-乌戈尔语族分离出来的确切时间，大约是公元前第二、三千纪，根据语言学家的观点，直到公元前第一千纪，乌戈尔语还保持着统一性，这时，乌戈尔支系分离出两个群体：乌戈尔人（沃古尔人和奥斯加克人）和匈牙利人（马扎尔人）。操这些语言的人的祖先的确切发源地，以及芬兰支系与乌戈尔支系分离的确切时间，依然是充满争议的话题。晚近以来，大多数专家都将芬兰-乌戈尔人的初始故乡定位于伏尔加河与乌拉尔山脉之间的地区，或者乌拉尔山脉与鄂毕河之间的地区，或者更确切地说，乌拉尔山脉与额尔齐斯河左侧支流托博尔河、伊希姆河流域之间的地区。在当时的马扎尔语中，大约有700个词汇起源于芬兰-乌戈尔语族的古老词汇库，它们在东北欧的芬兰-乌戈尔语族的大多数分支中都可以找到。在其历史发展的最早期，匈牙利人与乌拉尔地区的斯基泰-萨尔马特人（Scytho-Sarmatian）存在往来。地域上的邻近便于马扎尔语借用一些发端于古伊朗语的要素，例如"lüz"（臭气、难闻的味道），"nemez"（毛毡），"téhen"（牛、公牛），"tej"（牛奶），"tiz"（十）。[17] 有人试图通过青铜时代和铁器时代文化的一些典型代表 [例如沃罗索沃文化（Volosovo）、安德罗诺沃文化（Andronovo）、洛莫瓦托沃文化（Lomovatovo），等等] 来勘定匈牙利人的祖先，这种做法经不起严肃的推敲，而只能被认为是一种假说。

　　在临近公元第一千纪中期的时候，匈牙利人与保加利亚人、居住于伏尔加河中部流域的其他突厥语族群建立了密切的关系。稍后，大约在公元七世纪，他们沿着大河一路南下，在巴什基里亚（Bashkiria）地区定居，该区在中世纪晚期的史料中被称为"大匈牙利"（Magna Hungaria）。这次原因不明的南迁活动将他们带入可萨汗国控制的政治和文化圈。与保加利亚人、巴什基尔人、可萨人及其他突厥社群比邻而居或混居，甚至与其中一些社群相融合的事实，解释了这些族群在生活方式、社会政治组织、语言等方面对于匈牙利人的深刻影响。在许多不同领域，马扎尔语大量采用了源于古突厥语的词汇。其中，有相当一部分是关于畜牧业（ártány=小猪，bika=公牛，borjú=牛犊，disznó=猪，gyapjú=羊毛，kecske=山羊，kos=公羊，ökör=公牛，sajt=奶酪，teve=骆驼，tinó、tulok=阉牛，túró=奶油奶酪，tyúk=母鸡，等等）、农业与果树栽培（alma=苹果，árpa=大麦，bor=果酒，borsó=豌豆，búza=小麦，dió=坚果，eke=犁，gyömölcs=水果，kender=长纤维植物，komló=蛇麻草，körte=梨树，sarló=镰刀，szérü=打谷场，szölö=葡萄，tarló=麦茬地，等等）、社会与部落组织（bulcus，gyula，kendü，horka，tarján，tolmács=各种高级职位）。它们表明，人们可以在这些方面追溯东欧的图兰语族群的影响。同样，我们还可以补充身体器官方面的词汇（boka=踝，gyomor=胃，kar=手臂，köldök=肚脐，szakáll=胡须，térd=膝）和日常生活、社会、经济与宗教方面的词汇（ács=木匠，bársony=丝绒，béke=和平，boszorkány=女巫，csat=腰带，gyöngy=珍珠，gyürü=指环，kapu=门，köpönyeg=斗篷，kút=水井，ige=词语，sátor=帐篷，szék=椅子，szücs=碗橱，tanú=物件，tolmács=表演者，törvény=法律，tükör=镜子）。根据专家们的估计，马扎尔语共吸收了大约300个古突厥语词汇。[18]在里海和高加索山脉北部地区定居期间，匈牙利人也吸收了一些起源于波斯的词汇：vám（风俗）、vár（城市）、vásár（方格）和hang（声音）。在这方面，波斯商人很可能扮演了重要的角色，因为他们偶尔在欧洲东部地区从事商品交易。[19]

从人类学角度讲，在被匈牙利人征服之后的潘诺尼亚地区，人口呈现出了多样化的特征，其中，来自北方的和地中海的人占主要部分，同时，克罗马农人（Cro-Magnon）的比例也与阿瓦尔统治时期的比例相当，而短头颅型的人和蒙古人种出现的范围显著缩小。不同的社会阶层，也显现出一些人类学上的差异。因此，图兰人、乌拉尔人和一些具有帕米尔型头盖骨人种特征的人被认为是典型的社会上层，而来自地中海的人、北方的人和另一些具有帕米尔型头盖骨人种特征的人代表中间阶层。芸芸众生则是由各种不同类型的人组成，其中占据优势的是来自地中海的人、来自北方的人和（在较小程度上的）克罗马农人。当然，这些差异是由于最早期的异族通婚，这种通婚从匈牙利人在东欧地区定居的时刻就开始了，并一直持续（如果说规模没有扩大的话）到他们在多瑙河中部流域定居的时候。[20]

另一方面，最近的人类学分析发现了高比例的受创骨骼。对于匈牙利东部德布勒森附近萨雷杜德瓦里（Sárrétudvari）墓区263座墓穴的骨骼的检测揭示出：除了其他方面的损伤之外，肋骨、肩膀、手臂和脚部的损伤，主要发生在成年男性身上。在84具成年男子的骸骨中，有18具骸骨的38块骨头受到了这种损伤，这说明它们曾遭受持续反复的击打。当然，这是各种征战活动的结果。[21]

二、经济和生活方式

与芬兰-乌戈尔部落联盟的其他兄弟支系——他们作为采集狩猎者居住在更广阔的森林之中——不同，匈牙利人不仅在语言上，也在生活方式上，受到了与之交往的图兰语游牧部落的影响。而这样一个事实造成了更大的影响：即让他们先往草原与森林的混合区移动，然后迁往草原地带，来到了适合饲养家畜的优良环境。随着匈人的迁出，黑海-里海大草原成了突厥语族群的居住地，后者将自己的游牧生活习惯施加给当地的所有社群，这个草原大熔炉易于消解所有在此定居者的身份特征。这也解释了，为何一些史料将匈牙利人称为"突厥人"。

伊斯兰作家提供了东欧南部地区生活方式的一些简短信息。伊本·鲁斯塔认为，匈牙利人属于游牧民族，逐草而居，住在帐篷里。当冬天来临时，他们在流向黑海的两条大河之间寻找宜居之地，在那里捕鱼。[22]在很大程度上，这些信息与其他阿拉伯及波斯学者，例如巴卡里[23]、加尔迪齐（Gardizi）[24]、马卫集（Marvazi）[25]等所提供的信息相同。游牧部落较少从事的捕鱼业，却在匈牙利的经济生活中占有重要地位，这在他们脱离乌拉尔山脉附近森林栖息地的芬兰-乌戈尔部落联盟之前可能就是如此。

然而，在向里海和黑海以北草原迁徙的过程中，匈牙利人必然吸收了一些游牧生活方式，包括以露营帐篷作为临时居所。十三世纪上半期，来到伏尔加河流域的一些传教士和西方旅行家注意到了匈牙利人与巴什基里亚居民在生活方式上的相似性，并以此断定巴什基里亚居民就是匈牙利人的后代。多明我会修士理查德（Dominican Ricardus）声称，这个族群操着与他们在潘诺尼亚的亲戚一样的语言，他们不耕种土地，拥有大群马匹并凶猛地战斗；他还提到，他们吃马肉和狼肉（？！），饮马奶和马血。[26]

移居多瑙河中游地区之后，匈牙利人在许多年里保持了实质上的游牧生活，潘诺尼亚平原的优良环境也使他们能够发展集约型畜牧业。同时代的雷金纳德的记载揭示了这种情况。雷金纳德（Reginald）是一个修士，公元892—899年间居住在德国西部的普吕姆，十世纪初期居住在特里尔。他提到，这些在潘诺尼亚游荡的族群靠打猎和捕鱼获取食物。同时，他指出，他们作为弓箭手技艺精湛，在战斗中采取佯装撤退的战术，但缺乏围攻要塞的能力。[27] 另一方面，据安诺尼慕斯记载，阿尔帕德的随从在每年的4—10月期间——即夏季放牧的时机——留在切佩尔岛（Sepel/Csepel island）[28]，因为，即使是在潘诺尼亚平原定居之后，匈牙利人也保持了季节性移动的做法。十世纪中期，君士坦丁七世明确证实了这种游牧方式的存在。[29] 十一世纪中期，一位来自安大路西亚的利用古阿拉伯文本进行写作的著名作家伊本·哈扬（Ibn Hayyān）也提到，迁居多瑙河的匈牙利人是一个游牧民族，就像阿拉伯人一样，他们没有城市，住在散落的毡篷中。[30]

其他众多史料也间接展示了异教匈牙利人的游牧生活方式。德国编年史家雷金纳德在论及他们的发源地时宣称，他们来自斯基泰王国（Scythians' kingdom）。[31] 后来的一些拉丁-马扎尔（Latin-Magyar）编年史也采用了这种观点。在混合现实因素和神话性资料之后，安诺尼慕斯对斯基泰进行了细致的描述，断定斯基泰就是匈牙利人的家园，他还宣称，斯基泰的首任国王是埃普希特之子马戈格（Magog），马扎尔民族正是得名于他。[32] 十三世纪末期，即当许多学者都坚持"匈牙利人源于匈人"的理论时，凯札的西蒙主张，匈人也是从斯基泰迁到潘诺尼亚平原的。[33] 如前所述，在一些拜占庭史料（例如君士坦丁七世的著作，编年史家执事利奥的著作，还有一些圣徒传）中，异教匈牙利人被称为"斯基泰人"。[34] 鉴于在古代"斯基泰人"一词几乎与"游牧之人"同义，并且斯基泰被认为是游牧生活的理想之地，因此，"匈牙利人"的名称与"斯基泰人"、"斯基泰"的关联表明，中世纪作家所提到的无疑是匈牙利人的生活方式。

对多瑙河中部流域墓穴的考古发现也证明了这个事实，即匈牙利人就是一个主要生活在马背上的族群。在十世纪及十一世纪早期的许多墓穴中，考古学家发现死者旁边摆有全副马骨架或碎片，以及许多马具残片（图1；图2：上；图9：左；图15：左），这表明了人与家畜之间的良好关系，这种关系跨越到了今世。这些仪式的痕迹清楚无误地突出了畜牧业在匈牙利经济生活中的核心重要性，这种情况无论是在他们居住于庞廷山脉北部地区的时期，还是在定居潘诺尼亚半岛之后，都是如此。

匈牙利人把马置于所有家畜的首要位置，这是因为，除了日常的家庭用途之外，马在战争中是刚需。因此，绝非偶然的是，一本献给圣杰拉德的圣徒传讲到，巴纳特王公阿图姆（Ahtum of Banat）的财产正是基于他所拥有的马群：除了家丁手下的马倌所掌管的庞大马群之外，他还有不计其数的野马。[35]

匈牙利人的马源于蒙古野马，它们很可能还跟另外一种矮型野马"泰班野马"杂交。对于古生物群的分析表明，阿瓦尔人和匈牙利人所用的马，相比于日耳曼人所用的马，只在颅骨结构方面存在细微差别。除其他原因之外，这种一致性既归因于他们将自有的品种与掠夺得来的品种杂交，也归因于这样的事实，即在大迁徙时代东方的品种扩散到了中欧地区。[36]

还有一些线索表明，除了饲养动物之外，匈牙利人可能也从事一些农业。伊本·鲁斯塔的文本再次被证明是极富价值的，尽管它没有明确指出具体的情况。在提到匈牙利人的家园——黑海以北——拥有丰富的活水之后，这位阿拉伯作家声称那里还有"许多田地"。[37] 由于没有明确说明这些土地是其他社群耕种的，人们可以推断是匈牙利人耕种了这些土地。但这个推断并非绝对可靠，因为众所周知，在一些强大的部落联盟的定居地，也存在不同族裔血统的少数民族飞地，他们的职业不同于主体人口的职业，一般而言，他们只是附属的群体，不能代表整个社会的全貌，当时的文献也不会提到他们的特殊性职业。在这种情况下，人们难以判断伊本·鲁斯塔的文字的可信度。

如果说前引的文字不可避免地带有模糊性，那么，近几十年来在匈牙利的一些考古新发现被证明与这个争议话题密切相关。我们在此想到了十世纪所留存的一些农具：镰刀、铁锹架、石磨，等等，它们表明，除了饲养动物、捕鱼和狩猎之外，匈牙利人也开始让自己从事一定程度的种植业。[38]在目前的研究阶段，人们难以判断这些农具是从潘诺尼亚当地人那里获得的，还是从庞廷山脉北部地区带过来的，这两种假设听起来都同样合理。

鉴于匈牙利人曾在可萨人统治区——大体上相当于萨尔托沃-马雅基文化（Saltovo-Maiaki）的辐射区，当地有许多农业活动的证据——居住了很长的时间，人们可以设想，匈牙利人在政治上臣服于可萨汗国的时期，应该获得了一些农业方面的知识。同时，人们不应该忽视，在东欧北部生活的一些其他芬兰-乌戈尔语族群曾从事农业活动，尤其是二十世纪下半期开展的一系列系统考察已经发现了一些耕作和播种工具，它们证实了上述事实。[39]不过，在九至十世纪的马扎尔社会，种植业只是扮演辅助性的角色，它在整个部落经济体系中并不真正占有重要地位。由于拥有农业和其他辅助性经济活动的知识，马扎尔社群被中世纪史学家认为是"半游牧性"。不过，最近开始有人反对使用这种"半××性"的语言表述，认为它过于模棱两可，不符合潘诺尼亚平原的社会和经济现实。[40]

人们对于匈牙利人的金属加工业特别感兴趣，在这方面，我们通过考古发掘拥有了明确且可靠的材料。在已复原的物件中，大部分来源于多瑙河中部流域；而只有极少部分来源于黑海-里海地区（可以确定是属于匈牙利人的），这是因为我们暂时还无法将属于其他游牧族群的东西剔除出来。这些已复原的物件包括：家具（打火石、刀、剪子。图3：1、2；图10：8），武器（马刀、箭头、枪头、弓袋。图3：3—5；图4；图7：20；图10：6；图12：14、15、22；图13：2、4、6；图15：1、2；图18：1；图24：4），马具配件（马嚼子、马镫、皮带接口、线束坠饰、鞍座。图2：22—24；图3：7、8；图4；图7：18；图10：1—3；图12：11、12、16；图13：3、5、7；图15：4、5；图18：10、11、13；图23：1、2；图24：1—3），珍贵的装饰品（耳环、指环、颈环、项链、手镯、垂饰、旋转装饰品、珠子。图8；图9：1、2；图10：9—12；图11；图12：1—12；图18：2—9）和服饰（扣环、皮带支架、纽扣。图3：6；图7：1—17、19；图9：3、4；图10：4；图13：1；图15：3；图18：12），等等，它们在类型上呈现出明显的多样性。家具、武器和马具是铁制的，装饰品和衣服配饰是由铜、青铜、银和金（非常少见）制造的。银、镀金和铜饰品通常是武器和马具的配件。事实上，匈牙利人装饰武器的习惯也得到同时代波斯编年史家的证实。关于金属物品的装饰，工匠们都偏爱植物图形（棕榈树叶居多）和几何图形，而较少使用动物图形。金属加工和工艺都受到了伊朗和突厥艺术的深刻影响，后两者在欧洲大陆东端有巨大影响力。[41]

发现于潘诺尼亚草原的属于十世纪的一些墓葬残片，与散布于伏尔加河流域和黑海-里海地区（突厥人、保加利亚人和阿兰人曾居住于此）的墓葬残片，呈现出高度的相似性，这表明，匈牙利人从他们那里获得了金属加工、装饰和图案绘制技术。匈牙利人的金属工艺虽然在一定程度上得益于后萨珊时代的各种艺术风格，但已逐渐具有自己的个性，他们立足于自己位于多瑙河中部流域这一新国家的各种现实条件，以一种半独立的方式发展这些工艺。

这些考古发掘还提供了其他手工制品的材料，包括陶器、纺织品、角制品、骨制品和皮革制品，它们已覆盖日常生活的基本需要。

匈牙利人渴望获得金属加工品，特别是高质量的产品，与此不同，他们对制陶业则远没有那么重视。在潘诺尼亚平原居住的第一代人中，只有极少数人的墓穴有轮制陶器。[42]它们绝大部分属于所谓的多瑙河风格，另外一些则与东欧风格高度相似，因此，人们根本无法确定这些陶器是匈牙利人制作的，还是在某个时候从所交往的社群那里购买的。在十一至十三世纪多瑙河流域中部地区的制陶业中，最常见的一种陶器是黏土陶皿[43]，直到不久之前，这种工艺才被认为是直接来源于黑海以北地区。根据近年来的一些精细考察，在九世纪（相当于阿瓦尔统治潘诺尼亚地区的时代后期）的黑海以北地区，手工制作的黏土陶皿样品就已经广泛流通。因此，人们需要重新审视匈牙利人是在何时继受这种工艺的。[44]

在马扎尔部落经济中，商品交换似乎没有扮演什么重要角色。在其墓区所发现的外国物品中，我们注意到了西方制造的剑、珠宝和祭品，拜占庭套装和东方服饰，大量的阿拉伯、拜占庭、德意志和意大利钱币（图2：1—21；图3：9—18），等等。[45]遗憾的是，在许多情况下，我们无法确定这些物品是通过商业交换获得的，还是通过掠夺、礼物或其他方式获得的。

在定居潘诺尼亚之后，马扎尔武士的武器库中出现了大量的双刃剑，而在此之前，他们像绝大多数草原部落一样使用单刃弯刀。毫无疑问，他们所拥有的第一批双刃剑，是在突袭西欧时从战败的敌人手中缴获的。匈牙利人虽然并没有抛弃单刃弯刀，但对于新武器的兴趣与日俱增，这尤其是在他们坟墓中发现的大量新武器中得到了体现。[46]

在马扎尔部落统治区域发现的钱币中，我们需要提到的是，在1904年马拉穆列什（大致位于乌克兰的扎卡帕斯卡伊亚/外喀尔巴阡州地区、罗马尼亚的马拉穆列什县）一处未明地点发现的巨大的迪拉姆币宝藏，即所谓的"赫斯特宝藏"（Hust/Huszt hoard）。这个宝藏最初约有400枚银币，目前存留368枚。其中有250枚是由萨曼王朝的埃米尔铸造的，包括伊斯玛·伊本·阿赫马德（Ismail ibn Ahmad, 892—907）的17枚、纳斯尔一世（Ahmad ibn Ismail, 907—914）的20枚、纳斯尔二世（914—943）的213枚。除此之外，另有117枚是基于纳斯尔二世的铸币和各种原型图案的复制品，它们流通于阿尔沙什（al-Shash），但也可能流通于"伏尔加不里阿耳"（Volga Bulgaria）和其他地方。在这个宝藏中，铸造日期最晚的钱币曾在935—941年间流通于塔什干地区的阿尔沙什，这表明该宝藏大约是在十世纪中期被掩埋的。阿拉伯迪拉姆币进入匈牙利的路线可能与一条商路相对应，这条商路始于"伏尔加不里阿耳"，沿着基辅罗斯，穿过维瑞克隘口（Verecke pass），到达匈牙利。出土的一些八至九世纪的迪拉姆金币和银币表明，匈牙利人甚至在潘诺尼亚平原地区居住之前，就开始和欧洲大陆东部地区进行贸易。[47]

匈牙利人对于牧马的特殊关注暗示着，这中间存在一定的商品交换。古代俄国编年史记载公元969年基辅公爵斯维亚托斯拉夫（knez Sviatoslav of Kiev）出现在巴尔干半岛东北部的事件时，就提到多瑙河河口附近中心地区的马匹交易[48]，不过，这段文字反映的可能是更晚时期的经济现象。在匈牙利人居住于黑海-里海地区的时代，这样的贸易利益可能就已经存在了。如果说，这个特定时期的马匹贸易只是一种假设，那么，在东方史料中确有真实证据证明奴隶贸易的存在，而且据说这种"商品"流向了拜占庭。[49]

三、社会和政治组织

除了部落等级制度中的一些最高级职位之外，现有的文字资料并没有提供马扎尔社群各阶层的详细信息。但是，对于其墓区的考古发现显示了贫富差距的存在，如果仔细考察的话，就会发现贫富差距的情况非常明显：除了随葬品丰富多样的骑兵墓穴之外，也有一些中等的甚至寒酸的墓葬的痕迹，可能是普通人的坟墓。有一些墓群因随葬品中出现的浮华的、多样化的、精工细作的贵重金属制品而令人印象深刻，例如在潘诺尼亚平原艾派尔耶什凯（Eperjeske）、盖斯泰雷德（Geszteréd）、卡洛斯（Karos，图5、24）、劳考毛兹（Rakamaz）和陶尔曹尔（Tarcal）等地的墓群。盖斯泰雷德的坟墓据推测是属于阿尔帕德家族的一个成员，除了其他随葬品之外，墓中还有一把金制刀柄，它与维也纳艺术史博物馆展出的所谓的十世纪的"阿提拉之刀"同款，这表明墓主也是王室成员。[50]至今为止还没有发现部落首领的墓穴，这些最高层人物的葬礼似乎是秘密进行的，正如许多草原游牧部落所发生的情况一样。根据安诺尼慕斯提供的信息，阿尔帕德的墓穴——在一座小溪泉附近——据说是在匈牙利人基督教化后才被发现，人们在其上建立了一座教堂，献给阿尔巴圣母玛利亚[51]，但这个信息实在令人难以置信。众所周知，王室或宫廷机构热衷于增加王朝的威望，并试图根据基督教君主制的理想粉饰其异教历史。

父权制家庭构成了马扎尔社会的基础，收继婚制和一夫多妻制的实践一直持续，要等到基督教化之后才被废止。若干家庭组成一个氏族，若干氏族在一个首领的领导下联合成部落。这些社会-政治单元规定了分配与共享牧场的方式，当进行军事活动时，它们变得更紧密和更强大。

奴隶在马扎尔社会经济生活中扮演一定的角色，他们是在军事征战中获得的。匈牙利人驻扎在黑海-里海草原时，突袭了周边区域，俘获人口并卖给黑海北部港口的商人，然后，这些奴隶被转运到拜占庭帝国。除了谷物和毛皮之外，黑海盆地从古代到中世纪晚期一直是黎凡特奴隶市场的永久货源地，此时的黑海成了"突厥人的内湖"。奴隶贸易规模之大，给从事这项活动的人带来巨大收入。当匈牙利人在潘诺尼亚平原定居时，他们第一次入侵阿尔卑斯山脉的南部和北部地区，这里没有奴隶市场，抓捕俘虏的主要动因也暂时消失了。因此，那些被侵略者抓到的人的命运更加悲惨。同时代一位威尼斯编年史家描述了公元899—900年匈牙利人第一次入侵伦巴第时劫掠、杀戮和纵火的情景，他表明，没有任何俘虏得以幸免：在这期间，信仰异教且残忍的匈牙利部落来到意大利，他们烧杀抢掠，毁灭一切，极尽所能地杀死了许多人，而只保留少数俘虏。[52] 在随后的数年里，同样残酷的掠夺行为依然见诸各种书面记载，不过，当囚犯表达出用金钱赎买自由的意愿时，侵略者对他们的态度便发生了变化。无力赎买自由的人，只能受其主人的驱使，从事各种各样的工作。

凯札的西蒙的编年史——撰写于库蛮国王拉迪斯拉斯四世（Ladislas IV, 1272—1290）的统治后期——清晰且富有启示地给我们呈现了十至十一世纪早期奴隶的地位："在占领潘诺尼亚的过程中，匈牙利人获得一批战俘，既有基督徒，也有非基督徒。按照各国的习俗，继续顽抗的俘虏被处死；幸存者之中的尚武者随匈牙利人上战场，并可以分享部分战利品；其他人则成为匈牙利人的财产，他们围绕着匈牙利人的帐篷从事各种杂役。这些俘虏过着与库蛮人一样的生活，依靠动物的产出或战利品为生。不过，据说，后来匈牙利人在接受基督教信仰和洗礼时，罗马教廷坚决要求他们抛弃杀戮的生活，给俘虏恢复原来的自由，更何况许多俘虏出身于贵族。尽管如此，这个王国幅员辽阔，又面临人口下降的局面，无法遵从教皇的命令。因此，教皇颁布了新的豁免权，其大意是，允许这些俘虏像其他基督徒一样耕种土地，并以土地上的果实为生，作为回报，这些没有土地的俘虏需要按地主的要求纳贡。随着时间的流逝及基督教信仰基础的稳固，国家的特权阶层开始享受安逸生活。他们拥有无数的战俘，但没有像教皇所希望的那样恢复其自由，而是被规训成依附于宫廷的仆役阶层。"[53]

在从黑海北部地区向多瑙河中部流域迁徙的时期，匈牙利人分化出七个部落：涅克（Nyék）、麦扎尔（Megyer）、居特-焦尔马特（Kürt-Gyarmat）、陶尔扬（Tarján）、耶诺（Jenö）、凯尔（Kér）和凯斯基（Keszi），这些名称是专家们根据多瑙河和蒂萨（Tisa/Tista）河谷的一些地名还原的，这些地名就是起源于这些部落名称（图17）。所有这些名称在中世纪文献中都被频繁提及。伊什特万·克涅绍（István Kniezsa）表明，"涅克"被提到25次、"麦扎尔"30次、"居特"21次、"焦尔马特"19次、"陶尔扬"14次、"耶诺"25次、"凯尔"41次、"凯斯基"40次。[54]在大多数包含这些部落名称的地方，考古学家们发现了匈牙利移民的墓穴和零散的金属碎片，呈现了最初迁徙时的一些蛛丝马迹。[55]然而，遗憾的是，迄今为止考古发掘的材料还不能描绘出七个部落共同体所占据的全部空间范围。

根据以前出现的一些观点，除了"麦扎尔"可能起源于芬兰-乌戈尔语族之外，其他的部落名称都起源于突厥语，正如在典型的贵族阶层的人名之中，有很大一部分是来源于突厥语。[56]不过，在过去的几年里，还出现了其他的观点："焦尔马特"、"陶尔扬"和"耶诺"的名称可以肯定是起源于突厥语，"涅克"和"麦扎尔"起源于匈牙利/芬兰-乌戈尔语族，"居特"、"凯尔"和"凯斯基"也很可能起源于匈牙利/芬兰-乌戈尔语族。[57]要对这七个名称的语义进行解码存在着一定困难，这也是语言学著作出现分歧的原因。在近几年所出现的一些解释中，我们仔细研究了阿尔帕德·贝尔塔（Árpád Berta）提出的观点，他认为马扎尔诸部落的名称可能有以下含义："涅克"（栅栏、障碍）、"麦扎尔"（主要场所）、"居特-焦尔马特"（胸椎-脊椎尾部、后卫部队）、"陶尔扬"（达干）、"耶诺"（小肋骨、脸庞）、"凯尔"

（落后的、最末者）和"凯斯基"（碎片）。[58]

在巴什基里亚地区居住期间，匈牙利各部落分离的局面已经明朗化。他们离开之后，在当地有两个部落的名称保存了下来："耶诺"和"焦尔马特"。尽管如此，我们不知道当时匈牙利人是否已经完全分裂为七个部落。

国王贝拉三世的书记官安诺尼慕斯——其撰写的编年史主要以一种流传至十二世纪初期的史学传统为基础——列举了匈牙利人在迁往潘诺尼亚之前的七个部落的领袖及其继承人：阿尔帕德之父阿尔莫什（Almus/Almos）、索博尔奇之父艾洛德（Eleud/Elöd）、库尔斯桑之父昆杜（Cundu/Kündü）、埃丁之父奥德（Ound/Ond）、利尔之父塔斯（Tosu/Tas）、泽梅拉族人后裔胡巴（Huba）、哈卡之父图胡图姆（Tuhutum/Tühütüm/Tétény）。[59] 其他拉丁-马扎尔编年史作者通过不同的信息来源也都知悉了匈牙利的七个部落（图6）。因此，凯札的西蒙——可能从《匈牙利人的功业》中借鉴了一种现已失传的古老的写作风格——是以另一种方式记录这些部落首领的名字：阿尔帕德（Arpad）、索博尔奇（Zobole）、久拉（Iula）、沃斯（Vrs）、昆德（Cund）、利尔（Iel/Lel）和沃布尔褚（Werbulchu）。[60] 而在《光辉编年史》中他们的名字被呈现为：阿尔帕德（Arpad）、索博尔奇（Zoboleh）、久拉（Gyula）、昆德（Cund）、利尔（Leel）、沃布尔褚（Werbulchu）和沃斯（Vrs）[61]，名单的顺序发生了一些变化。在到达潘诺尼亚之后，他们大部分可能就留在了当地；而利尔在战胜摩拉维亚居民和波西米亚人之后，可能就住在了尼特拉（Nitra）地区[62]；久拉也移居别处，定居在特兰西瓦尼亚（Erdevelu/Erdély/Ardeal/Transylvania）[63]。七个部落首领统称Hetumoger/Dentumoger，意为"马扎尔七酋长"。[64]

君士坦丁七世也证明了匈牙利人分为七个部落的情况，他补充说，最初并没有凌驾于诸部落首领之上的更高权力者。[65] 在匈牙利人中间存在"总督"（voevodos）这一称呼（正是君士坦丁七世的著作首次证实了此事[66]）的事实，但并不意味着该称呼被实际使用，一个更令人信服的解释是，关于"总督"的信息是经斯拉夫史料传到君士坦丁堡宫廷的。公元900年前后，学者型皇帝"智者"利奥六世（Leo VI the Wise）撰写了一部战争技艺的著作，他认为匈牙利人的首领对待臣民非常苛刻,当后者犯错时就严厉处罚。远行的匈牙利人在面对困难事件和极端天气时,表现出了坚韧不拔的精神。他们拥有数量庞大的马匹,并从中挑选出最优者参加战斗。远行时,他们带上母马和母牛,它们可以提供乳汁,这是游牧人必不可少的食物。他们在战斗中使用弯刀、矛和箭,并采取快速冲锋和佯装撤退的战术。这位拜占庭作家也控诉他们贪婪以及为了金钱违背先前达成的协议。[67] 该书涉及匈牙利人的许多段落几乎都是仿照皇帝莫里斯的《战略学》①,《战略学》撰写于三个世纪之前,其中提到了不同时期的突厥语族群。"智者"利奥的写作借助于大量的汇编,但他并没有机械地使用这些材料,他对于匈牙利人特点的描述,也没有脱离自己的观察。[68]

公元九世纪的最后几十年里,随着重大军事活动的日益增多,匈牙利人第一次觉得有必要将权力集中于一位统领全局的首领。皇帝-编年史家声称,任命一个单一首领的权力属于可萨汗国,不过,他对于这个任命程序的描述非常模糊,几乎不可信。据说,大概是在列维迪亚斯②婉拒可萨统治者,并提议由阿尔莫什或阿尔帕德取代他的位置之后,马扎尔社群考虑了(阿尔莫什之子)阿尔帕德的技艺、勇气和卓越的能力,并选他作为首领。[69]

从阿尔莫什、阿尔帕德及其大多数直系后裔的名字源于突厥语的前提出发,加之于其他方面的考虑,关于他们拥有"库蛮人-可萨人"血统的假说[70]是成立的。但我们认为,这种断言还未得到证实,因为,人名的词源并不总是与族群的起源相关[71];在某些情况下,在政治上属于依附地位的社群是以军事统治集团的名称给自己命名的。

在定居潘诺尼亚平原约半个世纪之后,各分立的匈牙利部落开始出现裂痕,但当进行掠夺事业时,这些游牧社群又依照当地主要水系的分布重新集结。

匈牙利部落联盟的最高领导权被"凯代"(kende)和"久拉"所瓜分。前者占据主要位置,拥有神圣之王/可汗的属性。这种二元首领制的出现必

---

① 译者注:拜占庭皇帝莫里斯一世(Maurice I),582—602年在位,《战略学》(*Strategikon*)成书于579年前后。

② 译者注:列维迪亚斯(Levedias/Levedi/Lebedi),已知的第一位匈牙利"总督"。

定是受到可萨人的影响，因为匈牙利人曾在其统治之下生活了很长时间。[72]这两种职位名称进入了马扎尔的人名学和地名学，随后，在中世纪，它们也分别以"Cîndea/Cîndeşti"和"Giulea/Giuleşti"的形式进入了罗马尼亚的人名学和地名学。在匈牙利人居住于多瑙河中部流域时，阿尔帕德承担"久拉"的职能，库尔桑承担"凯代"的职能。904年库尔桑被暗杀后，阿尔帕德及其后嗣的权威得到了加强，君主等级制度开始产生。

四、宗教信仰和实践

关于匈牙利人宗教信仰的叙事资料，只提供了简略且相关度不高的信息。但如果我们将之与芬兰-乌戈尔语族族群及西伯利亚族群的神话进行比较，就可以比较容易地重建其中一部分信息。

超自然力量的显现与人们对各种自然神灵的信仰有关。正如在保持着萨满仪式的沃古尔人和奥斯蒂亚克人的例子中一样，如果我们研究古马扎尔语的乌戈尔语基础，就可以推断匈牙利人的信仰。当然，匈牙利人的萨满教与欧亚大草原其他地方的萨满教一样，也是一种祖先信仰和各种宗教实践的混合物。根据萨满教的观念，现实世界既居住着关照人类的神和灵魂（人通过承担永恒的义务而获得它们的同情），也居住着必须要抑制其神威的恶灵。人们认为，只有萨满才能调和宇宙中的这些不同力量。[73]马扎尔语中对应"萨满"的词是táltos。根据现有的少量且模糊的材料，我们可以得出结论：匈牙利萨满的主要特征，大体上与西伯利亚和欧洲东北部的同类相似。[74]

人类和动物世界之间存在神秘的联结，这体现了图腾崇拜的遗风。安诺尼慕斯在讲述阿尔莫什神奇的出生经历时，就暗示一种信念，即他的母亲以神鸟感孕，自古以来，这种信念以各种版本见诸不同的民族。[75]根据凯札的西蒙富有神话色彩的描述，人们可以推断这只鸟叫图鲁尔（Turul）。西蒙在其编年史的一个段落中佯称，阿提拉——他被视为马扎尔人的祖先——盾牌上刻的纹章符号就是一只被匈牙利人称为"图鲁尔"的鸟[76]，他在另一些段落中声称，阿尔帕德可能属于图鲁尔家族[77]，这种说法也适用于圣史蒂芬一世的父亲盖萨[78]，他也是阿尔帕德家族的成员。拉丁－马扎尔文献中的许多人名和地名都源于"图鲁尔"的名称，当然，这是再自然不过的了。在突厥语游牧民族大家庭中，上述传说和术语呈现出了相似性，呼应了古老的图腾习俗。[79]

在多瑙河中部地区的墓群中发现了一些金属残片，上面的图像与萨满教习俗存在某些联系。我们特别注意到所谓的"生命之树"，它有时和一些天体及一只神鸟一起出现，这只鸟通常是鹰，停在树枝上栖息。这只鹰或"图鲁尔"鸟也以人的形象出现在各种珍贵金属装饰物之上，如前所述，它很可能是代表祖先的图腾。

还有一系列复杂的仪式与狩猎相关，如前所示，狩猎在保障部落社群生存方面占据了重要地位。有时候，被追捕的动物被认为具有超自然能力，这在十三至十五世纪的拉丁－马扎尔编年史中有所体现。其中讲述了"匈牙利人"的名祖胡诺尔和马革尔的冒险故事，他们追捕一只鹿，跟随到了米奥提德沼泽地（Meotid，亚速海的古名）的一个肥沃地区，之后，鹿奇怪地消失了。[80]国王贝拉的编年史家安诺尼慕斯的《匈牙利人纪事》①也有一个相似的经典神话故事，讲述博尔斯——曾随匈牙利人一起西迁的库蛮人/卡巴人（Kabars）首领本赫尔之子——在一座山丘（此山修建了与其同名的堡垒）上追捕和杀死一只雄鹿。[81]这两种叙事都是关于引导动物的系列传说，通过追捕猎物或以之献祭，人们能够居住在一块土地上，或者建立一座堡垒、城市或国家。这类神话在古代和中世纪欧亚大陆的族群中颇为普遍。[82]

中世纪的编年史也记录了其他古老仪式。当人们渴求非常重要的东西时，可以通过给守护他们的神灵或灵魂献祭最好的马而实现心愿。[83]在进行庄严宣誓的时候，起誓者要滴血入碗，然后在特殊的仪式上一饮而尽。[84]

部落社群所崇拜的对象往往是其主要首领（阿尔莫什、阿尔帕德），为了提高王朝的威望，这些首领被认为出身显赫，拥有卓越的人类品质，创造了杰出伟业（通常是虚构的）。[85]

---

① 译者注：安诺尼慕斯的这本书的拉丁文标题是"Gesta Hungarorum"，与凯札的西蒙的《匈牙利人的功业》的拉丁文标题相同，因此，为了区别而采用《匈牙利人纪事》的译法。

当在里海和黑海北部大草原上生活，并进入到可萨汗国这个民族和宗教多样化国家的政治范围时，匈牙利人很可能受到基督教、伊斯兰教和其他混合因素的影响，这些因素在马扎尔社会留下了印记，但它们绝非强烈的影响。

与其他游牧部落一样，匈牙利人宽容对待其他宗教的人民。他们在突袭中的暴行——这受到同时代编年史家的强烈谴责——并没有宗教方面的含义，而是被归结为草原骑兵的暴力本性，其所呈现出来的形式与当时的残酷战争相呼应。西里尔/君士坦丁（Cyril/Constantine①）的传记提到一个令人难以置信的故事：这位后来成为斯拉夫宗教使徒的人受到了一群来自于克里米亚的匈牙利人的虐待。根据这部圣徒传的一段文字，匈牙利人"像狼群一样嚎叫"，用死亡威胁西里尔，但是，这位拜占庭传教士在结束祷告之后并没有理会他们，这让他们沉静下来，还画了十字标志。[86] 这个故事之所以难以置信，并不是指人们在读到它时会对这位著名使徒的魅力形象产生怀疑；而是指匈牙利人绝不敢在可萨汗国——他们奉可萨为宗主——的控制区内对君士坦丁堡的官方使节表现出强烈敌意。

几十年之后，匈牙利人再有机会见到西里尔/君士坦丁的亲密伙伴梅多迪乌斯——他也因为同一事件而名声大噪——时，证明了自己的慷慨大度。据说，匈牙利人的"国王"与梅多迪乌斯会面时，给予对方应得的荣耀和爱戴。这次会面是在多瑙河地区一个未被考定的地方举行的，时间在梅多迪乌斯去世（884年4月6日）前不久。[87] 目前，专家们仍就会面地点是在多瑙河入口地区还是中游区域的某处这一问题而争论不休，但两种假设都有依据。

在定居潘诺尼亚平原之后的几十年里，匈牙利人也积极改宗基督教，因为，潘诺尼亚、斯洛伐克和特兰西瓦尼亚的本地人，以及附近国家东法兰克帝国、摩拉维亚、保加利亚第一帝国/沙皇国（Bulgarian Tsardom）的人民都已接受福音。作为一支重要的政治力量，匈牙利人是君士坦丁堡教会和罗马教会传教士的共同目标。如果说拜占庭的影响在最初获得成功的话，那么，

---

① 译者注：西里尔（827—869），原名君士坦丁，拜占庭教士，斯拉夫字母的创制者，他和他的兄弟，即下文提到的梅多迪乌斯（Methodius, 815？—885），将基督文明带到斯拉夫地区。他们在斯拉夫宗教文化历史上占有极其重要的地位。

到了十世纪末期，形势开始有利于罗马教会。

在改信基督教的高潮时期，中欧、北欧和东欧的许多民族都接受了官方的信仰[88]，事实证明，匈牙利社群的首领们能够认清他们所拥有的选择的机会。他们明白，这不仅仅是选择一种宗教，在某种程度上更是选择一种政治信条，这种政治信条将有益于族群的生存和国家的维持。阿瓦尔人对此也有一定的感受，他们以前曾是潘诺尼亚平原的统治者，在公元796年被查理曼的军队击败后，汗国的统治阶层决定服从并接受洗礼。[89] 不久之后，阿瓦尔人的起义毁掉了自己的改宗运动[90]，因此他们的改宗活动被认为是浅薄的和极其虚假的。不言而喻，当法兰克人再次发动进攻并摧毁潘诺尼亚最后的抵抗力量时，阿瓦尔人没有得到任何宽恕。另一方面，匈牙利人的皈依并不是直接源于决定性的军事失败，也不是源于持续不断的外部压力，正是因为如此，他们对于基督教义的信仰看起来诚意十足，从而也得到无条件的支持。[91]

关于匈牙利人的丧葬习俗和末世观，由于早在十九世纪就发掘出大量的考古物件，我们现在拥有了丰富多样的材料；随着田野调查的继续展开，这方面的材料还在不断增加。迄今为止，在多瑙河平原潘诺尼亚地区发现了数千个前基督教时期的坟墓（图19），但所分布的地点数量非常有限，这对于游牧生活方式继续盛行的社会来说是很自然不过的。近几十年来，人们一直关注多瑙河中部的拥有相关物件的较大墓区，例如在阿尔丹（Ártánd）、琼格拉德（Csongrád）、豪伊杜多罗格（Hajdúdorog）、亨齐道（Hencida）、霍德梅泽瓦（Hódmezővásárhely）、埃布雷尼（Ibrány）、慨尔（Kál）、卡洛斯（Karos）、凯内兹勒（Kenézlő）、毛焦尔霍莫罗格（Magyarhomorog）、普斯珀克拉达尼（Püspökladány）、普斯陶森特拉斯洛（Pusztaszentlászló）、萨多伐瓦（Sándorfalva）、萨雷杜德瓦里（Sárrétudvari）、索博尔奇（Szabolcs）、斯佐布（Szob）、蒂萨兹拉尔（Tiszaeszlár）、蒂萨菲赖德（Tiszafüred）、沃尔什（Vörs）等地的墓区。这些墓区通常位于河道附近平坦的海角地带。一般来说，一个墓场拥有几十座坟墓，而拥有几百座坟墓的墓场非常罕见。孤坟也相对较多。在一些情况下，部落贵族被埋于小型的家族墓区，正如伽多罗斯（Gádoros）、皮利尼-莱斯希崎（Piliny-Leshegy）和绍科尼（Szakony）的墓区所揭示的情况。这些墓区包含丈夫、妻子（们）和一些孩子的坟墓，有时也包括一些仆人的坟墓。墓中丰富多样的随葬品表明了死者的特权地位。[92]

匈牙利人在平坦的墓地上举行埋葬仪式，火葬是一种未知的习俗。一般而言，死者仰卧，手臂沿着身体摆放，东西朝向，面向东方。直到十世纪下半期，没有任何迹象表明匈牙利人使用过棺材，死者是直接被放入墓中的。除了衣服、配饰和珠宝之外，出于各种仪式的目的，匈牙利人还在墓中摆放武器（箭头、枪头、弓、弓袋、马刀等）、马具配件和工具（图2—5、7—13、15、18、23、24）。匈牙利人也在死者的口、手或胸前放置硬币，即支付冥府渡神的钱，这种习俗同时存在于异教徒和基督徒之中。作为征服潘诺尼亚平原时期的典型墓葬，马上骑兵的墓穴分为几种类型：有的只随葬马具，有的随葬马头、马骨、马皮、马嚼子、马镫、马吊坠、马鞍，有的随葬裹草的马革，等等（图1）。[93] 对墓中骨架残骸的分析发现，献祭的马通常在三至十岁之间，这意味着献祭活动需要合适的马。[94]

在卡马（Kama）河流域发现的马扎尔人的墓穴，与多瑙河中部地区的马扎尔人的墓穴非常相似。在这个意义上，博尔希泰加尼（Bolshie Tigani）墓区具有代表性，这里已经有两处坟地被发掘：第一处包括54个墓穴，埋葬了61具尸体，外加两个纪念碑，第二处有73个墓穴，埋葬了至少100具尸体。尸体均仰卧，头朝西，双臂沿着身体摆放。在一些墓穴中，特别是成年人的墓穴中，尸体旁边摆放着马的骸骨（头和腿）。通常，墓穴的随葬品非常丰富，包括武器（剑、箭头、少量弓箭）、珠宝配饰、马具、罐子、钱币，等等。在这些钱币中，日期最早的是霍斯兰二世（Hosran II，590—628）发行的德拉克马币，日期最晚的是"a.H. 171"，即公元787—788年。根据这些文物以及萨尔托沃文化区墓场之墓穴的相似物，可以测定博尔希泰加尼墓区的年代为八世纪至九世纪前期。[95]

五、政治演变

（一）在黑海-里海地区的生活

关于马扎尔人的最古老书目所讲述的是九世纪的情况。尽管如此，语言学、考古学和人类学的研究让我们能够推断他们早期生活的一些方面。如前所述，马扎尔语拥有大量的突厥语和保加利亚语成分，这突出了生活在伏尔加河流域中部和卡马河流域的保加利亚人的重要影响。同时，值得一提的是，在很大程度上，九至十一世纪潘诺尼亚的马扎尔社群的人类学特征，特别是其贵族阶层的人类学特征，与公元第一千纪末期在伏尔加不里阿耳的布尔什-塔克哈尼地区和其他地区的墓地中所呈现出来的人类学特征，具有很大的相似性。布尔什-塔克哈尼（Bolshie Tarkhany）地区、流经当地的塔克哈（Tarkhanka）河和族名"塔克哈尼"（Tarkhany），这三者的读法与在匈牙利土地上广为传播的地名"塔尔卡尼"（Tárkány）的读法，也存在着惊人的相似。

在相同的背景下，我们需要将伏尔加河中游流域的一些物品（马刀、马嚼子、马镫、扣环、耳环、马具饰品等）和一些葬有穿孔颅骨及少量马骨的墓穴，同潘诺尼亚平原马扎尔骑兵的类似物品进行比照。所有这些材料证明了，匈牙利人和伏尔加地区的保加利亚人之间存在直接且长期的联系，这种联系很可能在公元第一千纪的第三个250年就建立起来了。匈牙利人也与巴什基尔人建立了密切的联系。当他们居住在伏尔加左岸以南至卡马河交汇处——即十三世纪多明我会、方济各传教士和其他人所称的"大匈牙利"（Magna/Maior Hungaria）——的时候，也暂时使用了"巴什基尔人"的名称。[96] 在当地一个叫奇斯托波尔（Chistopol）的地方，有一块1311年的阿拉伯文墓碑刻有马德扎尔·卡迪（Madzhar kadi）的名字，这个源于父名的名字让我们想起了当地古老居民。另一方面，马扎尔的陶尔扬（Tarján）部落的名称可能是来自于巴什基尔人所熟知的一种显赫职位"答剌罕"（Tarkhan）。[97] 至于所谓的"大匈牙利"的最早证据，见于多明我会修士理查德的记录，该记录是关于朱利安及其多明我会弟兄在1236年年底返回阿尔帕德王朝，并于数月后前往伏尔加地区的旅行。作者开门见山地指出，根据匈牙利人的一部《纪事》，七位公爵最初应该是住在"大匈牙利"。他们从此地迁到了"匈牙利"（Ungaria），后者在当时被称为"罗马人的牧场"。[98] 在1237年返回伏尔加地区继续传教事业时，兄弟朱利安再次提到"大匈牙利"，他还补充说，巴什基尔人应该被称为"异教的匈牙利人"。[99]这段话表明，在多明我会修士看来，"异教的匈牙利人"与"大匈牙利"都是在巴什基尔地区。教皇派往大蒙古国的使者柏朗嘉宾（普兰诺·卡尔平尼）也记载了同样的事情，他提到，巴什基尔人住在"大匈牙利"。[100]他的论断也被布里迪亚的方济各会修士C（Franciscan C. of Bridia）所记载。[101]被誉为"奇异博士"的英国著名哲学家、神学家暨方济各会修士罗杰·培根也重弹同代人的论调：巴什基尔人的土地位于"大匈牙利"。[102]另外一位在欧亚大陆穿行的西方旅行家鲁布鲁克的威廉（William of Rubruck）拓展了语言层面的研究，他认为巴什基尔语和匈牙利语存在相似："巴什基尔语和匈牙利语几乎相同。"[103]与逗留在蒙古大汗宫廷的两位著名使节不同，本笃修士布雷斯劳的波尔（Pole of Breslau）在概述柏朗嘉宾的旅行时，区分了巴什基尔人和"古匈牙利人"：巴什基尔人是在古匈牙利人之后。[104]在蒙古大举入侵结束后不久，教皇就瞄上了"大匈牙利"的匈牙利人。一直到十三世纪末期，为了使传教活动更具有活力，罗马教廷给多明我会和方济各会的传教士颁布了一些教谕。[105]

中世纪制图家也在试图确定匈牙利人最初的空间位置。剑桥大学圣体学院所藏的一些手稿和伦敦大英博物馆所藏十三世纪中期马修·巴黎的名著《伟大历史》，都附带第一批标有"大匈牙利"的世界地图。"大匈牙利"的两侧是斯基泰和一些河道，对岸则是"小匈牙利"（Minor Ungaria）。[106]在1516年发行的《大航海图》中，马丁·瓦尔德泽米勒将"大匈牙利"定位在"大保加利亚"（Bulgaria Magna）的附近，他还补充了一些说明：住在此地的是巴什基尔人，他们受鞑靼人的统治，未得安宁。[107]马丁的同胞，来自纽伦堡的约翰内斯·施格纳（Johannes Schöner, 1477—1547），一位在1523年设计地球仪的人，也将"大匈牙利"定位在欧洲东部地区。[108]法国著名制图家奥文斯·菲内（Oronce Finé）在1531年和1534年绘制了两幅世界地图，其中出现了相同的名称和方位标识。在这两幅地图中，"Blaci"①的名称紧挨着"大匈牙利"[109]，这表明菲内借鉴了鲁布鲁克的威廉的信息。约翰内斯·施格纳及其同时代其

---

① 译者注：后文提到，"Blaci"是弗拉赫人（瓦拉几人，Vlachs）的别称。

他制图家都提到一个事实，即匈牙利人的一些飞地位于高加索北部地区。除了"大匈牙利"，这位纽伦堡的教授的地球仪也说明：古匈牙利就是在格鲁吉亚（往南一些）。[110]在维也纳国家图书馆保存的一幅十六世纪早期匿名制图家所制的世界地图中[111]，以及在一幅1527年英国人罗伯特·索恩所制的地图中[112]，黑海与里海之间区位地形是相似的。1553年法国人皮埃尔·德塞利耶绘制的世界地图也显示，库蛮尼亚（Cumania）、阿兰尼亚（Allani）、大匈牙利（两次）、东乌戈尔（Ugria orientallis）、北乌戈尔（Ugria septentrionalis）和"弗拉赫人之地"都临近高加索山脉。[113]十六世纪的制图家不太可能真正掌握留居在高加索地区的匈牙利人后裔的信息。其地球仪和地图上的说明文字，更可能是对前人创作的叙事文本和地图所提供的信息进行整理。至于留在东欧的匈牙利人飞地的问题，在其多数同胞西迁并定居潘诺尼亚平原的数个世纪之后，1329年秋天，教皇约翰二十二世写信给当地的一位统治者杰里特埃米尔（Jeretamir），信中的内容谈到此事。从那份文献中人们可以推断，杰里特埃米尔能够对匈牙利人、Malchait（?）、阿兰人的基督徒行使权威，而且他和匈牙利的基督教王侯家族有亲戚关系（这虽然很难被认为是理所当然的）：杰里特埃米尔是匈牙利天主教国王的后裔。[114]梵蒂冈保存的一份宗卷提到，匈牙利人作为"来自亚洲的匈牙利人"处在他的统治之下。与阿兰人的联系证实了他们位于高加索山脉附近。[115]他们很可能是来自伏尔加中部地区，即所谓的"大匈牙利"，这是由于蒙古人的破坏活动造成的。那些留在伏尔加河周围的群体可能已经被具有突厥渊源的巴什基尔人同化。不无可能的是，他们在鞑靼-米沙尔（Tatar-Mishars）的民族演化过程中发挥一定作用。今天，他们居住在伏尔加河西岸，当地还留有"摩杰里亚"（Mojerian）、"米什尔"（Misher）、"米沙尔"（Mishar）的族名，以及摩加尔（Mojar）、摩加卡（Mojarka）的地名，它们可能来自于"马扎尔"的名称（magyar/magyer）。[116]

随着匈牙利人往西南方向的迁移和可萨人往北部的扩张，匈牙利被迫承认可萨汗国的政治霸权。这种从属关系——九世纪上半期的文字资料有所记载——似乎在以前就存在了。它首先强调附庸一方有义务随同可萨人进行军事征服活动。根据君士坦丁七世的《论帝国的治理》所提供的信息，我们得知：可萨统治者对于匈牙利人的军事表现感到满意，并将一位贵族妇女嫁给他们的首领列维迪亚斯。[117] 这位皇帝编年史家还声称，匈牙利人的臣服大概只维持了3年的时间[118]，不过，根据一些专家估计，他的文本可能是将30年或300年错写成了3年[119]。

公元七世纪以来，可萨汗国在里海北部和西部地区的统治得到了很大的巩固，逐渐拓展了对于周边族群（阿兰人、保加利亚人等）地区的直接统治，同时，其他边远的部落［包括斯拉夫人，例如波利安人（Polians）、维亚提奇人（Viatics）、塞尔维亚人（Severians）、拉迪米奇人（Radimics）］也要承担进贡的义务。在抵挡阿拉伯人对于高加索山脉的进攻之后，可萨汗国设法缓和黑海－里海草原地区长期以来出现的族群混战的情况，建立起所谓的"可萨治世"（pax Chazarica）。在考古学层面，可萨的政治霸权在萨尔托沃－马雅基文化的遗迹中也有所体现，在伏尔加河和第聂伯河之间区域具有广泛影响。这个文化——在一些地区有不同的变体——融合了各种不同的族群和文化成分，其中最引人注目的一部分文化可以归功于阿兰人、保加利亚人和可萨人。[120]

匈牙利人在九世纪中期所居住的列维底亚（Levedia）地区，是以他们部落联盟首领①的名字命名的。《论帝国的治理》提到了这一点，而且还补充说道，列维底亚地区被齐德马斯（Chidmas/Chingilous）河横穿而过[121]，但除此之外，该书未能提供别的地理细节。由于缺乏具体线索，关于列维底亚的确切方位至今仍然存在争议，大多数专家形成了两派意见，一派认为是位于伏尔加河与顿河之间，另一派认为是位于顿河与第聂伯河之间。在俄国南部，一些水文名称和地名含有术语"Lebed"[122]，但它们分布范围极广，与马扎尔部落居住地的问题没有什么关联性。最近，有人认为，君士坦丁七世是从阿拉伯史料中获取列维底亚的信息的，因此，Lebedia一词的最初形式应该是 l. b. dya（'l-bādīya的变体），意为"沙漠"、"草原"、"一片没有城市、村庄或可耕地的土地"。另一方面，人们注意到，君士坦丁七世所提到的两

---

① 译者注：这里即上文提到的列维迪亚斯（Levedias/Levedi/Lebedi）。

条河流，与922年伊本·法德兰（Ibn Fadlan）在伏尔加-卡马中部地区旅行时所提到的河流相比，具有相似的名字。[123] 不过，必须考虑的是，这位阿拉伯旅行家是在伏尔加河左岸旅行[124]，而君士坦丁七世的著作认为列维底亚是位于伏尔加河右岸。

公元860年前后的一部圣徒传提到，克里米亚出现了一小支马扎尔部队，而当地也驻扎着一支可萨军队。[125] 当时，除了拜占庭所占据的赫尔松（Cherson）周围地区之外，可萨汗国是整个潘诺尼亚半岛的宗主，有鉴于此，我们可以设想，到达此地的匈牙利人也臣服于可萨人，同时，他们的大部分军队驻扎在顿河和第聂伯河之间地区。

可萨人的宗主权并没有完全窒息匈牙利人在政治和军事上的能动性。相反，东方的一些史料表明，匈牙利人没有屈服于任何外部霸权，他们与周边民族交战，重创对方。一部撰于982年的波斯佚名地理著作表明，匈牙利人正在"与住在他们周边的异教徒（非穆斯林）交战"。[126] 他们突袭斯拉夫人和罗斯人，抓捕俘虏，然后贩卖到拜占庭帝国。[127] 他们像以前可萨人所做的一样，极力逼迫周围的一些斯拉夫部落纳贡。当然，这些部落不可能全部是东斯拉夫人，而只是生活在黑海-里海草原附近的斯拉夫社群。根据俄国编年史，塞尔维亚人和拉迪米奇人也受到了可萨人的统治，但是，奥列格（Oleg）分别在公元884年和885年强迫他们停止向可萨纳贡，而转向基辅纳贡。同一时期，奥列格也对德列夫利安人（Drevlianians）和波利安人行使霸权。[128] 这些政治变化反映了可萨汗国在东欧的地位急剧下降，而匈牙利人必定从中获益。令人难以置信的是，在迁往潘诺尼亚平原之前的十到十二年间，继续居住在黑海北部地区的匈牙利人竟然能够成功地将基辅公爵统治下的斯拉夫人部落纳入他们的权力范围。不过，在臣服于匈牙利人的斯拉夫部落之中，乌利奇人（Ulichians）和提维尔人（Tivertians）①是属于这样一种情况：即他们位于东斯拉夫部落集团的西南端，不但得不到奥列格的保护，甚至还与其意见相左。[129] 同样，在臣服于基辅之前，波利安人和德列夫利安

---

① 译者注：这里的"Tivertians"疑似下文的"Tivertsians"。

人可能已经向匈牙利人纳贡。匈牙利部落联盟对于斯拉夫人的统治似乎是在九世纪下半期,当时在佩切涅格人的压力下,他们从列维底亚迁到艾特尔库祖(Atelkuzu),从而脱离可萨人的霸权。根据东方的史料,匈牙利人作为黑海以北的游牧民族进行活动时,拥有一支约两万人的部队,由一个叫"久拉"的国王统领。[130]

匈牙利人和可萨人的关系并不总是友好的,双方冲突时有发生。伊本·鲁斯塔有一则信息真实表明了双方关系的恶化:可萨人不得不试图挖一条沟渠保护自己的领地,防止匈牙利人和其他邻近部落的袭击。[131]在库蛮人起义反抗可萨的统治之后,匈牙利人接纳了他们,显然,匈牙利人此举是有意针对他们以前的保护者和盟友。可以肯定的是,在公元881年之前的某个时候,匈牙利人就和库蛮人共同生活了,因为,是年两个部落曾一起远征中欧。当然,也正是在那个时候,匈牙利人和可萨人的关系恶化了。

古代俄国的编年史[132]和安诺尼慕斯的编年史[133]都表明,匈牙利人在向多瑙河中部平原迁徙时可能经过了基辅。拉丁-马扎尔史料还补充了一些信息:据称,当"基辅公爵"拒绝向"阿尔莫什公爵"纳贡时,双方爆发了战争,在行将失败的情况下,"基辅公爵"不得不缴纳贡品。如果说,对于这场冲突的记录因为富于传说色彩而不太可信的话,那么,关于草原骑兵和罗斯公国可能在第聂伯河发生冲突的假设则是可信的。无论是自己的主动出击,还是可萨人的怂恿,匈牙利牧人在开始西迁之前的数十年里就对罗斯形成了压力,而且这些行动被认为是有效果的。事实上,俄国编年史在谈到公元882年奥列格俘虏和处决阿斯科尔德(Askold)、迪尔(Dir)的事件时,第一次提到基辅附近有一个地名叫"匈牙利群山"(Ugorskoe gory)。[134]在相同背景下,我们必须考虑在基辅和古代俄国其他中心地区所找到的具有匈牙利特色的金属物品,例如手镯、搭扣和马具。[135]

从时间上看,大约在同一时期,匈牙利人和来自北高加索地区的阿兰部落建立了联系。这使马扎尔语开始采用一些源于伊朗的词汇,其中我们要提到的是:asszony(妇女)、hid(桥)和vért(甲胄)。语言的影响是相互的,从这个意义来看,奥塞梯人(Ossetians,阿兰人在当代的后裔)的词语库中也保留了一些匈牙利词汇，例如：kert（花园）、részeg（醉酒）、tölgy（橡树）。[136] 另一方面，凯札的西蒙《匈牙利人的功业》的传奇叙事，以及后来描写胡诺尔和马革尔分别迎娶阿兰人王公之女的编年史，都提到了匈牙利人和阿兰人的关系。[137] 一些历史学家认为，九世纪后期阿兰人就已经加入占据了潘诺尼亚平原的匈牙利部落联盟。[138]

匈牙利人也没能幸免于草原世界通常发生的动乱：在与可萨人的一场惨烈的战争之后，佩切涅格人被迫放弃自己的土地，转而袭击了在列维底亚的邻居。事实表明，匈牙利人受到了极其严重的冲击，导致了部落联盟的解体和人员的逃亡，其中一些人冒名"突厥人"（Savartoi Asfaloi）流亡到波斯，在那里他们的踪迹完全消失。这些"突厥人"与沙比尔人（Sabirs）存在一定联系，后者是公元六世纪生活在里海和高加索山脉以北的一个突厥语部落，他们与匈人拥有亲戚关系，也在一定程度上被认为是匈牙利民族的源头。与此同时，列维迪亚斯带领一些人向西迁往所谓的艾特尔库祖。[139]

大多数中世纪史学者认为，"艾特尔库祖"（Atelkuzu/Etelkuzu）一词等同于"Etel/Atil/Itil"或"közö"：前者源于突厥语，表示"河"的意思，后者源于马扎尔语，意为"介于……之间"。这使他们产生一种想法，认为该词的意思类似于"美索不达米亚"，即"介于河流之间"。最近还出现了另一种观点：Etelkuzu 是 Etelköz 的一种变体，其含义应该是"顿河地区"[140]；这种说法是基于十三至十四世纪拉丁-马扎尔编年史的一个观点，根据该观点，斯基泰的匈牙利人用 Etul 来表示顿河[141]。同样，最近也有人主张，"艾特尔库祖"的含义是"河流的区域/土地"。[142]

根据《论帝国的治理》的一个段落可以推断，"艾特尔库祖"位于 Baruh、Kubu、Trullos、Brutos 和 Seretos 这五条河的流域之内。[143] 如果说，将前两条河认定为第聂伯河和南巴格（South Bug）河而尚存争议的话，那么，将其他三条河认定为德涅斯特（Dniester）河、普鲁特（Prut）河和锡雷特（Siret）河则没有任何问题。现代学者关于"艾特尔库祖"的位置，以及（由此间接引出的）关于匈牙利人的位置，远未达成一致。他们中的绝大多数人是把它的东部边界定在德涅斯特河或顿河的河道上，把西部边界定在锡雷特河和多瑙河的河口，从时间上看，匈牙利人从列维底亚向"艾特尔库祖"的迁徙发生在九世纪最后几十年。

不幸的是，在现阶段的研究中，匈牙利人在黑海北部地区的遗迹与可萨人、保加利亚人或佩切涅格人的遗迹几乎没有多少区别，因此，我们无法确定他们的居住地，以及他们的物质和精神文化的各个方面。在少数可以确定是属于匈牙利人的墓地之中，有一处是粟布提沙（Subbotitsa，乌克兰基洛沃格勒地区的兹纳缅斯克县），这里位于印古尔盆地的第聂伯河支流的阿迪亚姆卡（Adiamka, Ingul）河河畔。这块墓地只有三座墓穴，墓中的随葬品丰富，其中一座的墓主是一个男性，旁边有一个马头骨和数根马腿[144]（图9、10）。在德涅斯特河、维什尼亚（Vishnia）河和桑（San）河上游草原边界之外的克利洛斯（Krylos）、粟铎瓦艾亚·维什尼亚（Sudovaia Vishnia，图11）和普热梅希尔（Przemyśl，图13）[145]等地，人们找到了另一些匈牙利人坟墓，它们可能是属于迁移到潘诺尼亚的人群。最近，在第聂伯河流域的克罗伯齐涅（Korobchine，乌克兰第聂伯罗彼得罗夫斯克地区克里尼恰斯克县）的附近地区发现了一座武士墓穴，墓中葬有马匹。在随葬品之中，除了一把铁剑、两支箭头、一个马镫、一个陶壶、一些金银首饰之外，还有两个镀金的银壶，这显示了墓主的富裕（图12）。从这些随葬物品的种类可以断定，这是一个属于九世纪的墓穴。[146]

考古发掘提供了九世纪外喀尔巴阡山脉地区（extra-Carpathian）的族群和人口网络情况的珍贵材料，这个时期正对应德里杜文化（Dridu culture）的发展时期。[147]在多瑙河下游以北地区——包括摩尔达维亚南部地区、瓦拉几亚东部地区及其平原地带——的定居点的密度表明，这些地区没有受到外来侵略者的严重损害。因此，尽管匈牙利人对于第聂伯河西部进行了突袭，但并没有造成当地人口的大量流离，匈牙利人自身也没有迁移到外喀尔巴阡山脉地区。

从九世纪第二个二十五年开始，匈牙利人就渗透进了多瑙河河口。公元837年，保加利亚人向匈牙利人求援，以阻止阿德里安堡的居民返回故乡，这些居民在大约四分之一世纪之前被克鲁姆汗（khan Krum，803—814）武力殖民到多瑙河北部。813年，在征服阿德里安堡之后，克鲁姆汗将一万至一万两千居民迁到所谓的"多瑙河畔的保加利亚"，以加强对多瑙河左岸的统治。这些阿德里安堡人不堪忍受他们的新处境。另一方面，克鲁姆汗的后继者们对于多瑙河北部地区的控制力明显减弱，因此不得不寻求匈牙利人的帮助。但是，草原骑兵的干预失败了。那些逃离者在负责运送他们的拜占庭舰队的保护下，避开了匈牙利人的干预。[148]匈牙利人能够应承保加利亚人之请求的事实表明，当时他们距离多瑙河右岸不远——可能不远于他们与第聂伯河的距离。

就在上述事件的之前几年，在奥穆尔塔格汗（khan Omurtag，814—831）统治时期，科潘·奥科希斯（kopan Okorses）组织了一次远征，此事被记载在一尊刻有希腊铭文的纪念石柱上，其中提到这位保加利亚显贵战死于第聂伯河地区。[149]实际上，正是匈牙利人组织了反击行动，但不久他们就与保加利亚人一起并肩作战了，这说明一个众所周知的事实，即草原武士部落间关系的不稳定性。在随后的几年里，拜占庭皇帝塞奥菲罗斯（Theophilus，829—842）同意满足可萨人的要求，派遣工匠建造萨克尔要塞（Sarkel）[150]，它也成为重要的商业据点[151]。许多中世纪史学家认为，考古所发现的这个位于顿河下游的宏伟的可萨要塞，是为了阻挡匈牙利群体的军事行动而修建的。在顿河流域的萨尔托沃-马雅基文化区，也有一些与萨克尔要塞同时期的要塞，它们是用石头、砖和黏土修建起来的[152]，也可能是承载着相似的目标。当然，这里提到的要塞网络，也是为了抵御其他族群的侵略，或者镇压可萨汗国统治之下的其他族群的起义。

匈牙利人的军事潜力的声名远扬，甚至传到了中欧诸侯的宫廷。中欧正是各种纷争的中心，其中的一个纷争发生在潘诺尼亚平原，在阿瓦尔汗国受到法兰克人和保加利亚人的联合进攻而败亡之后，这里变成了周边国家互相争夺的目标。东法兰克帝国、摩拉维亚公国和保加利亚汗国对此表现出了最强烈的欲望，更重要的是，潘诺尼亚平原和多瑙河中游的斯拉夫人及罗马化居民的数量太少，力量太单薄，无法形成独立的政治实体。[153]

查理曼组织的反对阿瓦尔汗国的大规模战役，无疑造成了一场真正的人口大灾难。皇帝的传记作家爱因哈德声称，在丕平所领导的八年征战之后，潘诺尼亚的人口必定是全面下降，以前阿瓦尔汗国王室的统治区域如今变得如此荒芜，以至于无法找到任何人类居住的痕迹。[154] 在斯拉夫世界，一种消灭阿瓦尔人以惩罚其恶行的传统说法也迅速传播，它的余音持续到十二世纪早期，当时，俄国的《往年纪事》(*Primary Chronicle*)提到一句谚语，"他们像阿瓦尔人那样湮灭了"[155]，亦即被连根拔起，断子绝孙。

所有这些证据，不仅表明一个政治实体的分裂，也表明占据该实体之主导地位的族群的灭绝，不过，像阿瓦尔这样人口众多的族群遭遇彻底毁灭真是令人难以置信。事实上，一些线索表明，爱因哈德绝对夸大了自己民族的战绩。

在萨尔茨堡，有一部可能撰写于九世纪下半期的著作，专门记述了巴伐利亚人和卡兰塔尼亚人（Carantanians）皈依基督教的故事，该书证实，"匈人"出现在下潘诺尼亚（Pannonia Inferior）。书中还提到，他们转信了基督教义并接受法兰克人统治。可以肯定，这里所称的"匈人"是阿瓦尔人。[156] 大约950年，当君士坦丁七世给儿子罗曼努斯写训诫书的时候，阿瓦尔人后裔仍住在克罗地亚，虽然受到当地人的统治，他们却保持了自己的民族个性。[157] 其他的线索表明，一些阿瓦尔小群体继续存在，特别是存在于他们原来的土地的边界地带，这些人群几乎已经完全丧失了所有的军事能力。[158] 根据这些材料及中世纪的传统说法，一些专家仍然相信一种观点，即塞克勒人（Szeklers）起源于阿瓦尔人。[159] 到目前为止，在考古学研究中，有关九世纪阿瓦尔人残部继续延续的材料很少，而且在大多数情况下模糊不清。[160]

公元九世纪前半期，法兰克帝国曾几次表明自己对于多瑙河西岸的潘诺尼亚腹地［阿瓦利亚（Avaria）、卡林西亚（Carinthia）和弗留利（Friuli）］的控制权，而保加利亚汗国占据了多瑙河东岸的部分地区和蒂萨河谷。827年，保加利亚人将他们的统治强加于斯拉沃尼亚（Slavonia）和潘诺尼亚南部的斯拉夫王公们[161]，这引发了虔诚者路易（Louis the Pious，814—840）及其儿子日耳曼人路易二世（Louis II the German）的反击，后者在826年成为巴伐利亚国王。这场冲突持续了几十年，造成了严重的伤害，由于大摩拉维亚（Great Moravia）的介入，问题更加复杂化。在过去的几十年里，有一种古老的观点遭到了驳斥，这种观点认为，在第一千纪末期的史料中所提到的摩拉维亚，相当于今天捷克共和国和斯洛伐克交界之地，重点是，这个地区位于多瑙河左岸的潘诺尼亚南部地区。[162]这种"异端式的"论断，即所谓的"博巴式论断"（Boba thesis），几乎没有注意到战后几十年系统发掘的成果，许多中世纪史专家对此持有强烈的保留态度。[163]

在普里比纳［公元830年他被摩拉维亚公爵莫伊米尔一世赶出了尼特拉（Nitra）］及其儿子科策尔的领导下，一个小型的斯拉夫政治中心在多瑙河中部流域的西面崛起了，他们的势力掌控了摩沙堡［即今天的萨拉瓦（Zalavár）］，在那里，西里尔和梅多迪乌斯两兄弟的到来产生了重要的宗教影响。

公元862年，马扎尔骑兵队伍在中欧政治舞台上第一次亮相，圣伯丁修道院编年史记载了此事。该书用"Ungri"的名称称呼马扎尔人。[164]这次入侵起因于卡洛曼（Carloman）武装反抗其父日耳曼人路易（Louis the German）。日耳曼人路易是查理曼的孙子①、东法兰克皇帝和德意志国王，当时正在跟摩拉维亚公爵拉迪斯拉法（Ratislav/Rastizlav）交战，据说，拉迪斯拉法联络了匈牙利人。匈牙利人可能在多瑙河右岸的潘诺尼亚地区屠杀了日耳曼人路易的臣民。为了抵挡敌人的军事行动，东法兰克皇帝向保加利亚人求助，他们在863年袭击了拉迪斯拉法。[165]

对于863年发生的事件，当时一些编年史断定是"匈人"的入侵[166]，一些历史学家根据这个概念断定，匈牙利人已被当时人所知悉。不过，对于事件背景的分析似乎表明，匈牙利人偏向于保加利亚人。[167]根据一种最为可信的观点，862/863年间只有一次战争，它是由匈牙利人主动发起进攻的，而当时的分析家犯了张冠李戴的错误。[168]

公元881年，匈牙利人再度西征，到达了维也纳；萨尔茨堡编年史第一次提到了这座建立在古代文多波纳（Vindobona）废墟之上的城市，它将在未来成为宏伟和精致的代名词。这一次，随同匈牙利人作战的是库蛮人/卡

---

① 译者注：原文将日耳曼人路易写成查理曼的侄子，疑似错误。

巴人，他们选择了不同的路线。[169]与862年一样，这次入侵极有可能借道喀尔巴阡山脉北部的维瑞克隘口（Verecke pass），大摩拉维亚公爵斯瓦托普卢克一世（Svatopluk I）也参与了入侵，他是拉迪斯拉法的继承者和政治上的追随者。在登上王位之后不久，斯瓦托普卢克就对卡洛曼展开敌对行动，卡洛曼是巴伐利亚的统治者，但他正打算将自己的统治权扩展到东部的邻近地区。在接下来的几年里，摩拉维亚公爵与加洛林王室成员之间的对峙，几乎总是以有利于他的方式结束。

正如君士坦丁七世告知我们的，在881年的军事行动中与匈牙利人并肩作战的库蛮人/卡巴人属于"可萨民族"，这表明了他们的突厥血统。在起兵反抗可萨汗国失败之后，库蛮人逃到了匈牙利人的土地上；当匈牙利人接纳可萨汗国的反对者时，表明他们已经完全独立于可萨汗国的权威，不惧怕任何可能的后果。库蛮人的名字意为"反叛者"，他们由一个单一的首领领导，分成了三个部落。[170]在安诺尼慕斯的编年史中，他们被称为"库蛮人"，该书提到，他们由七个"公爵"领导，这与皇帝-编年史家的记录相反。[171]

在九至十世纪之交的叙事资料中，关于匈牙利人的证据有所增加，这表明他们对于周边邻居的军事行动日益活跃。中欧地区出现的新的纷争，将这支游牧骑兵带回到军事舞台的前沿，这次他们对付的是旧时盟友摩拉维亚人。892年，东法兰克国王凯尔滕的阿努尔夫（Arnulf of Carinthia，896年加冕为皇帝）设法拉拢匈牙利人，后者洗劫了摩拉维亚人的土地。[172]在887年登上东法兰克王位之前，阿努尔夫在统治凯尔滕和潘诺尼亚的时期曾与斯瓦托普卢克的军队发生过几次激烈的战争。当时受国内外其他紧急事件的困扰，他被迫同对手摩拉维亚人缔结和平条约。摩拉维亚人则利用有利条件，将自己的统治扩展到波西米亚。直到892年，阿努尔夫才觉得自己能够恢复进攻的战略，重新夺回他在王国东部地区失去的阵地，为了实现这个目标，他转而寻求匈牙利人的军事支持。两年之后，他们回到了多瑙河中部流域，洗劫并抓捕潘诺尼亚居民，他们按照摩拉维亚原来制定的赎金规则对待俘虏。894年，就在敌人肆意妄为地掠夺的时候[173]，斯瓦托普卢克一世去世了，留下一个被战争消耗得筋疲力尽的公国，它已经无力再站起来了。

雪上加霜的是，四年后他的儿子莫伊米尔二世（Moimir II）和斯瓦托普卢克二世爆发了王位争夺战；巴伐利亚人也介入了这些争端之中，他们绝对不会错过这样一个大好机会：即趁着他们的固执而勇猛的敌人陷入内部纷争之时，充当仲裁人。与此同时，波西米亚人摆脱了摩拉维亚人的宗主权，将自己置于雷根斯堡王室的保护之下。陷入自相残杀的兄弟俩要承担最大的责任，因为，草原骑兵早已在大摩拉维亚边界附近驻营，但由于渴望权力而致双眼蒙蔽，他们轻易忽略了这个危险因素。

大约同一时期，匈牙利人让自己卷入一场新的激烈战火之中，这给他们的命运带来不可磨灭的影响。在登基后不久，保加利亚沙皇西美昂大帝（tsar Simeon the Great，893—927）愤怒于本国商人所受到的伤害，悍然对拜占庭帝国采取强有力的军事行动。本着一种颠扑不破的战略规则"怂恿他人对付危险的敌人"，拜占庭皇帝"智者"利奥六世（866—912）向匈牙利人求援——当时他的军队正在对阿拉伯人作战。这位学者皇帝在政治层面上所进行的实践，在几年之后变成了他那本著名的战争艺术作品中的理论来源，他在书中提出：用金钱收买其他民族，让他们起来反对帝国的敌人，这样，拜占庭的军事力量永远不会被削弱。[174] 他的使者分别给担任"凯代"和"久拉"的阿尔帕德、库尔斯桑带去丰厚的礼物，让他们出兵进攻保加利亚人。这次征战由阿尔帕德的儿子列文特（Liunticas/Levente）率领，他们乘坐着拜占庭的舰队航行到多瑙河以南，在那里力克西美昂的军队，直指沙皇保加利亚的首都普雷斯拉夫（Preslav）。保加利亚沙皇惊慌失措，躲进了坚固的锡利斯特拉（Silistra/Distra/Drista/Dorostolon）要塞。为了说服他们离开他的土地，保加利亚君主不得不支付给匈牙利人高额赎金，以便能够让对方最终释放战时所俘虏的人。与此同时，他停止进攻拜占庭，并与拜占庭皇帝达成和平。[175]

然而，这位野心勃勃、足智多谋的沙皇不甘心放弃自己的计划，一旦甩开拜占庭和匈牙利人的束缚，他便立即展开一系列重要的外交行动。为了避免沙皇保加利亚国北部边界遭受打击，他与佩切涅格人结盟，共同对付匈牙利人。《福尔达修道院编年史》（Annales Fuldenses）写道，896年保加利亚人发动了进攻。[176] 君士坦丁七世提到，保加利亚利用马扎尔主力部队出发远征的机会，摧毁了他们的家园，击败他们的守军。[177]

同时代的另一位编年史家，普吕姆的雷金纳德写道，佩切涅格人与匈牙利人的决定性会战发生在顿河河口附近地区[178]，由此，形成了一种观念，即匈牙利部落联盟的一部分人此前曾在顿河游荡。另一方面，安诺尼慕斯记录了一个传统，即匈牙利人的祖先被称为"登图莫格人"（Dentumoger/Dentümogyer），这个名称也被用来指斯基泰人，以表示他们在西迁之前所居住的国家。[179] 正如我们已经表明的，这个名称源于水文名称"Den"（=顿河）和族群名称"moger"（=magyar），意思是"顿河岸上的马扎尔人"。这种命名法表明潘诺尼亚平原的口述传统记录了匈牙利人在迁往新国家之前，在欧洲大陆东部所拥有的最后一块栖息地。

（二）定居多瑙河中部流域和进攻特兰西瓦尼亚地区

一些研究者认为，马扎尔部落的西迁与公元第一千纪晚期东欧南端出现的生态变化存在着关联。根据古地理调查获得的一些材料，森林和平原地区的降雨模式发生了重大变化，引起里海和伏尔加三角洲水平面的变化。尽管伏尔加三角洲遭遇了灾难性洪水，草原却饱受干旱之苦，这可能给游牧群落带来了伤害，迫使他们迁徙到受干旱气候影响较小的地区。[180] 我们不能否认气候失衡对于欧亚大陆从事动物饲养部落之迁徙运动所产生的重要影响，但值得说明的是，就九世纪最后十年匈牙利人迁徙的事例而言，气候失衡只是一个间接原因。

虽然896年保加利亚军队的进攻震撼了马扎尔人，但在当时，马扎尔社群面临的最主要威胁（就是说，威胁到了整个民族的生存）还是来自于佩切涅格人，而佩切涅格人自身也是草原世界愈益动荡的格局的受害者。893年萨曼王朝（Samanids）在咸海附近重创乌古斯人，他们被迫逃难到邻近社群的土地上。这样，压力施加到了佩切涅格人这边，他们试图获得一个生存空间，而这又对匈牙利人构成了威胁。[181] 佩切涅格人与西美昂的保加利亚结成了富有成效的联盟，加之阿尔帕德和库尔斯桑的军队深陷于法兰克人和摩拉维亚人冲突的混乱局面，让佩切涅格人的行动更加顺畅。

匈牙利人意识到这场灾难的严重性，并感到无法阻止佩切涅格人的进攻步伐，遂决定放弃黑海以北的土地，与他们的盟友库蛮人一起迁往潘诺尼亚平原，那里能够提供适合他们牧马的生活条件。正如黑海是地中海的一个奇特的附属物（它们通过博斯普鲁斯海峡和达达尼尔海峡相连）一样，潘诺尼亚平原也是欧亚大陆侧面的一块附属地，它们主要通过维瑞克峡谷相连。862、881、892和894年的征战使匈牙利人获得良机，让他们不仅了解多瑙河中部地区的景观，还知晓当地的政治力量。在这一系列征战之后，他们可能就已经产生了变换居住地的想法。

当谈到匈牙利人迁居于新家园（图16）的时候，十三至十五世纪的拉丁-马扎尔编年史以一种学究气的风格写道，匈人比匈牙利人更早定居于此地。这两个族群被认为拥有亲戚关系，胡诺尔和马革尔两兄弟的传说体现了这一点。[182] 当时，基督教的生活准则不可扭转地植入马扎尔社会，后者需要承担起其异教历史的责任，而这段异教经历甚至被认为是某些价值观的灵感来源。[183] 承认自己是匈人后裔，这能够帮助匈牙利人维持他们对于潘诺尼亚平原统治的合法性。在相同背景下，十二世纪晚期的安诺尼慕斯认为阿提拉是阿尔帕德之父阿尔莫什的祖先。[184] 在此之前，意大利编年史声称，阿提拉是"匈牙利人的国王"。[185]

前引之例证表明了编年史叙事所出现的一种趋势：民族的形成需要获取历史正统性。因此，毫不奇怪，公众的心智很快就适应了这些虚构故事。如果说，这些中世纪的虚构传说只是勉强与历史沾边，那么，与匈牙利人同宗的殖民先驱的问题，在当时更严谨的马扎尔文学中得到了反复强调。"二次渗透论"（secundus ingressus）的倡导者声称：670年左右，向潘诺尼亚渗透的欧诺古尔人的语言与匈牙利人的几乎相同，欧诺古尔人和阿瓦尔人的残部一直待在潘诺尼亚，直到阿尔帕德率军入侵该地区，此后，他们和新来者融合了。[186] 然而，显而易见的是，人们缺乏有力的证据证明原始马扎尔人在670—896年间的连续性，这迫使匈牙利或散居在外的专家们承认，他们必须放弃原来的观点。[187]

另一方面，没有证据表明，操马扎尔语的桑戈族群（Csangos）——他们生活在东喀尔巴阡山脉和锡雷特河之间的摩尔达维亚中心区域——就是那些在九世纪晚期不愿意跟同胞一起西迁的匈牙利残部。正如过去几十年的调查所表明的，桑戈人来源于那些离开特兰西瓦尼亚东部，并在十三至十四世纪定居于摩尔达维亚的殖民者。[188]

七个匈牙利部落与库蛮人从黑海北部平原迁往多瑙河中部流域的事情，发生在公元896年（另一说是895年），当时，他们从维瑞克隘口穿过喀尔巴阡山脉，这是他们以前西征的路线，其他人也是如此。所有拉丁-马扎尔编年史著作中关于这方面的证据都得到了考古研究的证实，根据这些考古研究，马扎尔骑兵的最古老遗迹，大部分都位于蒂萨河上游及其靠近维瑞克隘口的多个支流（图14）。在德涅斯特河和桑河上游的一些匈牙利人墓穴（图11、13），可能标志着他们是朝向维瑞克隘口行进的。根据后来的编年史的一些相关度不大的段落，马扎尔史学的许多代表人物试图表明，匈牙利人在行进过程中也穿越了东喀尔巴阡山脉和南喀尔巴阡山脉的一些峡谷，由此证明一个观点，即特兰西瓦尼亚和潘诺尼亚是同时被新来者所占领的，但这个观点是完全不可靠的。

对现代众多研究者来说，库蛮人可能是当代塞克勒人的祖先。关于塞克勒人的起源，一些专题著作已引起了长期激烈的辩论，但依然悬而未决。当然，他们绝不是匈人的后裔——即便这种断言在中世纪编年史中也得到了认可。[189]作为一个自中世纪以来就使用马扎尔语的族群，塞克勒人（马扎尔语作székely，拉丁语作Siculus，罗马尼亚语作secui）的内心坚信，他们是一个独特的实体。这种信念也因为这样一些事实而得到维持：即马扎尔王室给予他们一定的领土自治权和其他特权，使他们能够保卫特兰西瓦尼亚东部的边界。根据部分中世纪史专家的看法，塞克勒人可能是伏尔加不里阿耳人的阿斯卡尔（Äskäl）部落的亲戚。据推测，该部落可能是三个库蛮群体的一部分，这三个库蛮群体后来和匈牙利人进行了交往。[190]

匈牙利人和库蛮人在多瑙河中部流域的渗透，挑战了法兰克人、摩拉维亚人和保加利亚人的利益，后三者或因卷入其他地区的冲突，或因实力不济，而根本无法如预期的那样予以坚决反击。匈牙利人非常圆滑和富有手腕，他们避免与当地的所有势力发生冲突，相反，他们利用对手们的分歧。匈牙利人的事业的成功，关键在于他们卓越的军事潜力，他们立足于强大的骑兵部队，能够组织强有力的冲锋，进行快速而惊人的移动。显然，在与欧洲的敌人对抗时，匈牙利人的这些品质无疑是优势，他们的敌人并不习惯草原骑兵的战术。令绝大多数匈牙利专家称奇的是，马扎尔部落联盟在迁到新家园时拥有40万或50万人口，虽然这些数据似乎已经被夸大。[191]根据丹尼斯·塞诺（Denis Sinor，他曾在自己的旧作中提出一个更高数字）的观点，匈牙利征服者的数量为10万人，少于当地的人口。在没有遭遇强有力的抵抗的情况下，匈牙利人很快占领了潘诺尼亚平原——这是发生在公元900年的事情。

当地不同族群的居民或者被屠杀，或者被制服。斯拉夫因素——这在数字上得到很好的呈现——对于征服者产生了不可磨灭的影响，直至后者被完全同化。由于在农业事务方面拥有更丰富的经验，斯拉夫人使农业在马扎尔社群经济中逐渐占据重要的地位；关于农具和农业劳动的一些术语表明，斯拉夫人所做的不只是一种补充性的贡献：asztag＝干草堆，bab＝谷穗，barona＝耙，dinnye＝甜瓜，gabona＝谷物，korpa＝谷壳或去壳，polyva＝干草，szalma＝秆，uborka＝黄瓜，等等。他们的影响也体现在马扎尔国家行政部门、机构、地产庄园和司法形式的名称之中：bajnok＝战士，bán＝统治者，császár＝皇帝，megye＝县，pecsét＝印章，vitéz＝勇敢的人，等等。甚至表示国王职位的名称（király）都是起源于斯拉夫语言（kral，在罗马尼亚语中作crai），而潘诺尼亚平原附近地区民族的名字也如此：保加利亚、波斯尼亚、捷克、克罗地亚、德意志、罗马尼亚、萨克森、犹太。马扎尔语中有超过1200个词源于斯拉夫语，其中绝大部分源于克罗地亚语和斯洛文尼亚语，少部分源于保加利亚语、斯洛伐克语、捷克语和乌克兰语。事实上，一些中世纪史专家估计，在征服多瑙河中部平原之后，斯拉夫社群在数量上超过了匈牙利，不过，根据目前的研究，这种看法难以证实。[192]在匈牙利词语库的外来词汇中，大部分来源于斯拉夫语（27%），这个比例高于拉丁语（25%）、德语（17%）、土耳其语（16%）、罗曼语（5%），等等。[193]

从考古学上看，比耶洛波布尔多（Bijelo-Brdo）纪念碑反映了马扎尔人和斯拉夫人共栖的现象。该纪念碑的名称来源于德瓦拉（Drava）河右岸克罗地亚东北部的同名墓区，1896—1897年和1907年人们对此进行了发掘，并确认其年代属于十世纪下半期和十一世纪。这些坟墓不是典型的马上民族的坟墓，因为墓中并没有马具配件和马骨。从族群划分的角度来讲，最初的观点认为，这些遗迹属于斯拉夫人，最近的观点则认为，它们属于定居的马扎尔人，后一种观点更受人们的信赖，这在匈牙利的历史学著作中更是如此。[194]要正确回答这个争议性问题，还需要进行多学科的研究，最后，同样重要的是，需要摒弃主观的解释。

根据目前获得的材料，比耶洛波布尔多纪念碑，以及其他散布在当代匈牙利广大地区、斯洛伐克南部、罗马西亚西部、克罗地亚北部和塞尔维亚等地的同类遗迹，大部分属于马扎尔和斯拉夫社群，小部分属于罗马尼亚社群。至于那些发掘得最充分的、研究成果最具启发性的墓地如下：斯洛伐克的贝森诺夫（Bešenov）、德文（Devin）、尼特拉（Nitra）、新扎姆基（Nové Zámky）、匈牙利的拜赖门德（Beremend）、琼格拉德（Csongrád）、艾尔伦德（Ellend）、哈利姆巴（Halimba）、切普兹塔（Kérpuszta）、莱特凯什（Letkés）、马杰斯（Majs）、佩奇（Pécs）、皮利尼（Piliny）、普斯陶森特拉斯洛（Pusztaszentlászló）、塞克什白堡（Székesfehérvár）、斯桑特斯（Szentes）、斯佐布（Szob）、罗马尼亚的摩多文尼斯第（Moldoveneşti）、瓦桑德（Vărşand）、克罗地亚的克洛斯塔·波德伏斯基（Kloštar Podravsky）、武科瓦尔（Vukovar）、斯洛文尼亚的普图伊（Ptuj）。对于这些考古遗迹的研究揭示出一种显著的文化异质性，这是由于多瑙河中部流域各种不同文化传播的影响，也由于外来族群与匈牙利人同住一地的缘故。对于那些在匈牙利人到来之前就已经在当地生活的社群来说，这些新来的社群之所以络绎不绝，都是因为不断受到军事和经济层面的刺激，从东欧或中欧来到潘诺尼亚平原。通过这种同栖共生，这些社群在许多情况下经历了同化和文化适应的过程，在这个过程中，匈牙利人真实展现了吸收外来民族元素的热情。

相较于阿瓦尔人（他们以前是多瑙河中部流域游牧部落的统治者），匈牙利人的数量要少得多，这一点已被考古研究所揭示。阿瓦尔人统治时期的墓场包含数百个墓穴，异教匈牙利人的墓场通常只有数十个墓穴。另一方面，根据二十世纪最后几年所做的估算，大约有 5 万个阿瓦尔人的墓穴已经被探知[195]，相较之下，所谓"征服的世纪"的匈牙利人墓穴只有 1400 个被发掘[196]。这些匈牙利墓穴覆盖的时间大约是 100 年；而阿瓦尔人的 5 万个墓穴所覆盖的时间，大约是阿瓦尔汗国在潘诺尼亚平原统治的 250 年，即平均每 100 年有 2 万个墓穴。我们比较一下数字，"2 万"对上可怜的"1400"，可以得出结论：阿瓦尔人的数量是匈牙利人的 14 倍。如果这两组数据的差异能够真正表示两个民族的差异的话，那么，它也应该在欧洲政治舞台上得到相应的体现。不过，在欧洲政治舞台上，人们没有看到这两个民族在战斗主动性方面有什么显著差异。显然，上面提到的墓穴数量的差异令人难以置信。关于异教时期匈牙利人的坟墓数量，人们必须加上比耶洛波布尔多文化早期阶段的几百座墓穴。但即使加入这一项，我们也不能否认，匈牙利人的数量逊于在潘诺尼亚平原居住的阿瓦尔人的数量。正如阿瓦尔汗国霸权时期一样，由于斯拉夫人的贡献，潘诺尼亚的人口网络在十世纪有所增加。

根据国王贝拉的书记官安诺尼慕斯所坚持的一种传统说法（一些研究者显然对之持怀疑态度[197]），在匈牙利人穿越喀尔巴阡山脉的时期，蒂萨河与多瑙河之间的区域正处在萨拉努斯公爵（duke Salanus）的统治之下，据说这位统治着斯拉夫人和保加利亚人的公爵，是保加利亚公爵大基努斯（Keanus magnus）的后代（图 16）[198]。与编年史所说的相反，"基努斯"（Keanus）不是一个姓氏，而是一个通用的名字，可能是源于保加利亚统治者曾经拥有的"kaghan"的尊贵称号。在阿尔帕德的传唤下，萨拉努斯原本准备割让出一部分土地[199]，但匈牙利人的要求变得越来越难以忍受，导致他在"希腊人和保加利亚人"的帮助下起兵反抗[200]。如果说，在利奥六世和西美昂紧张对抗的时期，希腊人不可能提供军事支持的话，那么，保加利亚人介入这次争端却是合乎情理的，这只要想一想就了然了：自从阿瓦尔汗国瓦解之后，保加利亚人就一直将他们的统治拓展到蒂萨河与多瑙河之间的土地。遗憾的是，没有任何清晰的证据可以表明，在匈牙利人达到该区域之前的几年里，保加利亚第一帝国就已经对蒂萨河和多瑙河之间的南部地区实施了控制。书记官安诺尼慕斯忽视了摩拉维亚人的存在，而他们可以算是与匈牙利人在潘诺尼亚平原竞争的最凶狠的敌人，相较之下，在一个世纪后写作的凯札的西蒙却提到匈牙利人与斯瓦托普卢克的对峙，后者被认为是莫洛特（Morot）的儿子[201]，显然，莫洛特是"摩拉维亚人"的名祖。相同的信息在后来的拉丁-马扎尔编年史中也可以找到。[202]在前马扎尔时期，潘诺尼亚平原西部地区形成了一个真正的部族。根据过去几十年在摩沙堡王家府苑周边墓地进行的考古学和人类学考察，除了南斯拉夫人和西斯拉夫人［保加利亚人、克罗地亚人、摩拉维亚人、Wilzian①、Duleb（？）］的坟墓之外，还发现了巴伐利亚人、日耳曼人、晚期阿瓦尔人的坟墓。[203]匈牙利人向法兰克人统治的多瑙河右岸地区挺进，但在几次大肆破坏之后便停止了。与这些事件同时代的一位高级教士表示，这个地区的所有教堂都被毁坏了，修道院生活也被打乱了。[204]

在新占领的土地上，匈牙利人也开始与罗马尼亚人接触，这个事件得到了两份互相独立的史料的记载：一份是在十二世纪早期的基辅附近创作的《过往岁月的故事》[205]，亦即所谓的《往年纪事》；另一份是由国王贝拉三世的书记官安诺尼慕斯撰写的《匈牙利纪事》[206]。这两部编年史都记载道：马扎尔部落在穿越喀尔巴阡山脉之后就和弗拉赫人、斯拉夫人发生了冲突。另外一个匈牙利编年史家，即在临近十三世纪晚期完成其作品的凯札的西蒙却弄错了时间，他认为，弗拉赫人是在阿提拉生前和死后时代居住在潘诺尼亚的。[207]在著名的匈人国王阿提拉时期，弗拉赫人的许多举动，都可以根据中世纪西欧一系列涉及阿提拉的英雄诗推断出来：《尼伯龙根之歌》[208]、《尼怨》[209]、《比特洛夫和德特勒夫》[210]和尼科洛·达·卡索拉所撰的《阿提拉的战争》[211]，等等。显然，这些具有传说色彩的书目是不可信的，但即便如此，它们的趣味在于展示了这样一种观念是如何在传统中流传下来，

---

① 译者注：也被称为"veleti"或"Liutizian"，居住在前波美拉尼亚-什末林州的部落。

即新拉丁因素自古以来就存在于潘诺尼亚平原。这种因素的存在得到许多中世纪文本的证实，也得到了地名学研究和考古发现的证实。[212]根据一些专家的说法，在多瑙河以西古罗马帝国潘诺尼亚行省的土地上，发现了一个罗马化族群，被认为与凯斯特海伊（Keszthely）文化有关。[213]它的发展与阿瓦尔汗国统治时代相对应。迄今为止，还没有确凿的考古学表明，这个罗马化社群在阿瓦尔汗国陷落之后继续居住在潘诺尼亚。[214]

尽管如此，所有关于潘诺尼亚平原边缘地区的史料都已证实：这些罗马化飞地在第一千纪后期保存了下来，虽然它们受到了日耳曼、斯拉夫和突厥语族群的持续入侵。因此，根据记载，这样一些飞地就出现在西部的奥地利的土地上，它们位于蒂罗尔（Tirol）地区的因（Inn）河和萨尔察赫（Salzach）河流域等地[215]，这里都是高原地区。通常被用来指称这些罗马化群体的词汇"Walchen"（来源于古日耳曼语形式的词汇walh/walah/walhe）衍生出众多河流、地方和山峰的名字，其中一些迄今仍在继续使用。[216]更多的弗拉赫群体居住在巴尔干半岛西北的潘诺尼亚平原南部，第二千纪早期的文献多次提到他们[217]，不过可以肯定的是，他们在很早以前就住在那里了。我们还发现了一个重要事情：十世纪中期前后，达尔马提亚海岸的新拉丁人甚至还保留着"Romans"的名称[218]，他们区别于自称"Rhomaioi"的拜占庭人[219]。

相当多的罗马尼亚人住在特兰西瓦尼亚地区，由于那里有盐矿、铁矿、有色金属矿床和牧场，因此对于匈牙利人也极具吸引力。安诺尼慕斯的编年史记载了当地一些小型的罗马尼亚-斯拉夫政治实体：曼努莫鲁特（Menumorut）是克里萨纳（Crişana）的统治者，格拉德（Glad）是巴纳特（Banat）的统治者，格鲁（Gelu）是喀尔巴阡山内陆（Carpathian inland）的统治者。一些历史学家认为，在以前的特兰西瓦尼亚中心地带，还存在一些由当地人建立的君主国。[220]

在到达多瑙河中部流域之后不久，匈牙利人就袭击了喀尔巴阡山脉内外侧的国家（图16）。第一次袭击是针对曼努莫鲁特统治的国家。安诺尼慕斯认为曼努莫鲁特是"莫洛特公爵"的侄子[221]，这个名字显示出他与摩拉维亚的渊源,这正如凯札的西蒙的编年史所提到的莫洛特的例子[222]。安诺尼慕斯还声称,曼努莫鲁特的土地上住着一个被称为"可萨"的族群[223],那当然是与可萨人大有渊源的库蛮人,他们是与匈牙利人同时到达潘诺尼亚的,而不是更早。该书还提到,君士坦丁堡皇帝是曼努莫鲁特的主人[224],这应该从宗教层面进行理解,而不是从政治层面进行理解,否则就不符合时代的形势。

阿尔帕德命令塔斯(Tas)、索博尔奇(Szabolcs)和图胡图姆(Tuhutum/Tétény)率领一支军队进攻克里萨纳的统治者。由于受到入侵者的军事力量的威吓,克里萨纳人民只能依靠堡垒进行抵抗,因此,梅塞什之门(Meseş gates)以西的全部土地很快就被占领了。不久,匈牙利人的注意力被其他地区的军事行动所牵制,尽管如此,他们不得不派遣一支新的分遣队迫近克里萨纳,以巩固战果。在经过几次激烈的战争并丧失大片土地之后,曼努莫鲁特通过王朝联姻缔结了和平,他把女儿嫁给阿尔帕德的一个儿子佐尔坦(Zoltan)。[225]据考证,曼努莫鲁特的住所紧挨着奥拉迪亚附近的比哈里亚要塞(Biharea),考古研究发现,这里有一个长方形的防御系统,其中包括由木栅栏和深壕沟组成的堡垒。[226]最近对比哈里亚要塞考古物件的回顾发现,它的年代是在曼努莫鲁特与匈牙利军队对抗之后的一个时期。[227]另一方面,当地其他一些最古老的军事据点都是出现在十世纪下半期。[228]至于十世纪克里萨纳的物质文化则具有异质性的特征,这在大型墓地或单一墓穴方面尤为明显。除了征服者的坟地——通常包括马具配件、武器和马骨——之外,我们还找到了其他遗迹。它们显示出了一些古老民族和文化因素[例如,渗透到西斯拉夫地区的科特拉赫(Köttlach)文化]的延续性,当中既有基督教的渊源,也有异教的渊源,导致其族群特征往往难以辨认。[229]

马扎尔人下一个扩张目标是"乌特拉希尔瓦那之地"(Terra Ultrasilvana),它的统治者是"罗马尼亚人的公爵"格鲁。图胡图姆负责筹划这次行动,在战役开始之前,他派间谍搜集当地的军事防御信息。由于未能阻止敌人向"梅塞什之门"进发,格鲁将部队部署在索梅什(Someş)河的支流阿尔马(Almaş)河。[230]安诺尼慕斯详细描述了双方对阵的过程和结局:"当时,两支军队隔河相望。格鲁公爵和他的弓箭手试图阻止敌人。拂晓时分，图胡图姆将军队一分为二，让后方的队伍溯河而上，这样，格鲁的军队在不知情的情况下渡河，战争就这样打起来了。由于双方的军队都认为可以轻易渡河，双方的机会都是均等的。战斗很激烈，但格鲁的军队被打败了，许多人被杀，更多人被俘虏。格鲁公爵见状，就带一些士兵逃命了。他一路奔向索梅什河附近的要塞，图胡图姆的士兵们也一直追击，最终在卡普（Căpuş）河附近杀死了他。"[231]（图17）

马扎尔军队的成功得益于一个事实：在同一时期，特兰西瓦尼亚公爵不得不面对来自黑海北部草原的佩切涅格人的突袭。[232]据推测，格鲁的王宫在达比卡（Dăbîca），它离克卢日（Cluj）东北部大约30公里（19英里），位于索米苏尔米克（Someşul Mic）河的支流洛那（Lona）河河谷；这里有一个大型要塞，由人们所挖掘的土垒和沟渠环绕，要塞的历史可以追溯到九至十世纪，它后来被加固并装备了更多的防御设施。[233]最近，对于达比卡军事据点落成时间的测定标准的重新检查，使人们怀疑它是否早在九世纪就已经建成了。人们甚至质疑它在格鲁统治时期是否存在。[234]

另一支远征军由祖阿图（Zuardu）、卡杜萨（Cadusa）和博伊塔（Boyta）率领，进攻"公爵"格拉德统治的国家，格拉德的国土从穆列什（Mureş）河绵延到坐落于多瑙河畔巴纳特南部的霍罗姆（Horom/Haram）要塞。格拉德出身于维丁（Vidin）及其军队有保加利亚人的事实可能表明，保加利亚第一帝国多多少少拓展了在巴纳特地区的政治特权。安诺尼慕斯的《匈牙利纪事》声称，维丁的格拉德得到了"库蛮人"的帮助，这里的"库蛮人"是一个族名，可能是指佩切涅格人。格拉德的军队由"库蛮人"、保加利亚人和弗拉赫人组成。马扎尔军队在渡过蒂萨河之后毫无险阻地直抵蒂米什（Timiş）河，在这里他们遇到了格拉德的军队。在被击败后，格拉德的军队逃往国家南部的要塞，但在那里他们无法长期抵御马扎尔人。格拉德认为自己没有机会获胜，遂选择投降。[235]在中世纪巴纳特的地名中，有两个村庄用格拉德（Galád）的名字进行命名，以示纪念。安诺尼慕斯声称，在击败格拉德之后，博伊塔返回阿尔帕德的宫廷处理战俘问题，同时，祖阿图和卡杜萨两兄弟的特使似乎请求批准出使"希腊"。[236]

马扎尔人对于巴纳特地区的政治控制，没有像在斯洛伐克、克里萨纳和特兰西瓦尼亚那样造成一场毁灭性的人口灾难，事实上，只有一些平原地区受到了影响。该地区的大量遗迹揭示了马扎尔骑兵的渗透，特别是在巴纳特平原东部和北部的渗透，与此同时，大批罗马尼亚人密密麻麻地挤在东南部的高原地带，和斯拉夫人的飞地交织在一起。[237]

对于匈牙利人突然入侵罗马尼亚-斯拉夫国家克里萨纳、巴纳特和特兰西瓦尼亚的事件，国王贝拉的书记官安诺尼慕斯所撰编年史并未记载其确切时间，他只是说这些事件发生在阿尔帕德生前，也就是在这位著名的久拉——一个持续了四个世纪的王朝的建立者——于907年去世之前。[238]这些事件极有可能是发生在公元900年匈牙利人完全占领潘诺尼亚平原之后。

安诺尼慕斯把征讨格拉德的事件和征战"希腊"的事件联系在一起，有鉴于此，人们认为，巴纳特公爵是在公元934年投降的，有记录表明，就是在当时匈牙利人对拜占庭帝国发动了第一次突袭。[239]这个推断被编年史所载的一个事实所推翻，即对于格拉德的军事行动是由阿尔帕德发动的；同样，它也被穆列什河下游南部地区匈牙利人的遗迹所推翻[240]，这些遗迹可以追溯至十世纪的前几十年，是草原骑兵进行长期渗透——至少是在巴纳特西北部地区——的早期证据。无论如何，我们有重要的证据表明，在十世纪中期前后，匈牙利人已经定居在蒂米什河、穆列什河、克里斯（Cris）河和蒂萨河流域，以及多瑙河的图拉真大桥（Trajan's bridge）附近地区[241]，亦即今天的图尔努-塞弗林（Turnu-Severin）地区，这证明，他们已经对于克里萨纳和巴纳特拥有至高无上的权力。

然而，在接下来的一段时间里，巴纳特地区与喀尔巴阡山脉侧翼的特兰西瓦尼亚地区，利用马扎尔部落联盟内部的分离倾向，脱离了联盟的中央权威，因此，斯蒂芬一世在登上王位之后，在对外事务方面的一个主要关注点是收回潘诺尼亚平原东端的土地。在这种情况下，他发起一次战役，讨伐格拉德的继承者阿图姆（Ohtum/Ahtum/Ajtony），后者竟胆敢无视他的王权。

阿图姆的叛逆行径让他付出了生命的代价，他的土地也无可挽回地被阿尔帕德王朝夺走了。[242]

无论如何，阿尔帕德的军事将领在东部的战争，并不意味着能够有效占领喀尔巴阡山脉所围绕的地区，当时马扎尔部落正在中欧和西欧展开一系列重要军事行动，没有能力管理这样一大片远离其在蒂萨河与多瑙河流域主要定居点的土地。事实上，至少在目前，在特兰西瓦尼亚地区还没有发现阿尔帕德时代及其随后几年的马扎尔骑兵的墓穴。一些研究者认为，在克卢日-纳波卡市陀思妥耶夫斯基大街（原来的扎波尧）发现的11座墓穴[243]（图18），属于第一代匈牙利定居者，非常遗憾的是，我们不能精确地确定其年代，它们也有可能出现于十世纪中期。目前，在喀尔巴阡山脉环绕之内的特兰西瓦尼亚地区发现了十世纪的墓穴，而要将它们划分成四个阶段（每个阶段对应四分之一个世纪）的想法是草率的和没有任何根据的，现阶段的研究还不允许这种整齐划一的时间划分。[244]

同样的一个事实是，在特兰西瓦尼亚没有一个地名是来源于图胡图姆及其儿子哈卡的名字，而这两个名字却在蒂萨河谷频繁出现，在喀尔巴阡山脉西部斜坡以东的几个地方，只有关于他们的后裔和其他马扎尔领袖的记忆保留了下来。[245]这些地名的绘制表明一个事实：来自于潘诺尼亚平原的军事渗透是沿着穆列什河和索梅什河推进的，这是通往喀尔巴阡山脉两侧之间地带的主要路线。与此同时，十世纪下半期匈牙利人骑兵的墓区正是沿着这两条河道排开。

考虑到上述地名和考古发现的分布情况，加之逐水草而居的游牧生活的事实，人们可以认为，在定居于潘诺尼亚平原的最初几十年里，一些马扎尔部落在寒冷季节居于多瑙河和蒂萨河附近的平原，而到夏天他们驱使马群和牛群迁往穆列什河和索梅什河，在那里他们还可以开采当地丰富的盐矿和金属矿床。这种季节性活动使他们不必在喀尔巴阡山脉环绕的地区永久居住，只有到十世纪下半期，马扎尔社会逐渐发展到定居阶段的时候，他们才在那里永久居住（图19）。

过去几十年所进行的深入的考古研究，揭示了蒂萨河上游流域的权力中心的大致轮廓。这不仅是在当地发现了大量墓穴，而且其中所埋葬的骑兵的比例高于潘诺尼亚平原的其他地区。这些墓穴随葬有数量庞大的武器、马具配件，珍贵的艺术品、手工艺品、阿拉伯迪拉姆币，等等。除了在卡洛斯－艾派尔耶佐格（Karos-Eperjesszög）、劳考毛兹－斯特拉多布（Rakamaz-Strázsadomb）和艾派尔耶什凯的墓区之外，在蒂萨河上游地区，还有一些在曾普伦（Zemplin/Zemplén）和盖斯泰雷德的荒弃的墓区，它们表明死者的社会等级很高。正如我们已经说明的，对于潘诺尼亚东北部这个权力中心的描述不是基于文字资料，而只是考古资料（图14）。[246]

匈牙利人定居于多瑙河流域中部地区的时期，毫无疑问是其自身历史的重要时刻，也是欧洲历史的重要时刻。通过同化、征服和摧毁当地人口的方式，他们结束了人口极其分散的潘诺尼亚平原准政治真空的局面；他们促使当地人整合进摩拉维亚之国，在西斯拉夫人和南斯拉夫人之间制造了一道深深的裂痕；他们阻止了德国人的东扩，阻止了保加利亚人向西北部的扩张，挫败了罗马尼亚人在喀尔巴阡山脉环绕的中间地区建立政治组织的野心。在数个世纪里，匈牙利人成为中欧的一支强大的政治力量，他们拥有消耗不尽的活力、持续征服外部世界的野心和适应各种环境的真正能力。

（三）入侵西欧和东南欧的浪潮

匈牙利武士登上欧洲舞台的时期，正值各种危机现象侵蚀欧洲主要国家的结构，使它们面临衰败或解体的局面。西欧最宏伟的国家，即查理曼建立的帝国，已分崩离析，丧失了权威，走向没落。是东进，还是南下？日耳曼君主还远未找到可行方案来解决战略上的两难困境。同时，在德国和意大利，国家内耗、土地争端或继承权冲突越来越频繁。欧洲大陆的另一个帝国拜占庭也正在遭受各种外部冲突的威胁，阿拉伯人、斯拉夫人和保加利亚人夺走了一些繁荣地区，帝国还没有完全从这些伤害中恢复过来。几个世纪以前的大侵袭时代①已经结束。正当西欧国家虚弱无力的时期，九世纪一些族

---

① 译者注：这里指四至六世纪的蛮族入侵，也称第一波蛮族入侵，下文所讲的诺曼人、阿拉伯人和匈牙利人的入侵指第二波蛮族入侵。

群又恢复了大迁徙的真实场景。在波罗的海、北海和英吉利海峡沿岸，诺曼人的表现非常活跃；在地中海的一些岛屿和半岛地带，阿拉伯人展现了他们的实力。这些入侵者拥有丰富的航海经验，他们大肆劫掠和吞并土地，给边境地区造成最大程度的破坏。

正当诺曼人和阿拉伯人减少主动进攻的次数时，匈牙利人为这项渐渐暗淡的入侵事业增添了浓重一笔，与他们的前任不同，他们的活动主要集中在陆地。当时用来指称他们的词语"上帝之鞭"非常醒目，让人们回想起阿提拉对于两个罗马帝国的毁灭性战争。在某种意义上，对于住宅和修道院的掠夺是可以想象的，因为这给侵略者带来了物质利益，但是，屠杀那些其财产被掠夺却无力反抗的无辜之人，纵火、破坏房屋和宗教圣地，则毫无逻辑可言。当时的著作充斥了这种种暴行，在这方面最受关注的是修道士埃克哈特撰写的《圣加仑修道院编年史》（Ekkehart IV, *chronicle of the Sankt Gallen monastery*），该书描述了匈牙利人对于当地民众的巧妙操控和持续不断的掠夺及暴行，富有强烈的暗示色彩。[247] 同时代的史料经常指控匈牙利人进行恐怖的袭击和残忍的行为，但有时忽略了一点，即无论在早期还是后期，在许多情况下，匈牙利人的掠夺事业得到了一些基督教君主的重金支持。

公元899年，匈牙利人第一次从潘诺尼亚平原的新家园出发征战，当时，皇帝阿努尔夫把他们引入伦巴第，讨伐他的对手弗留利的贝伦加尔一世①，9月24日，匈牙利人在布伦塔（Brenta）河击败了贝伦加尔一世的军队。899年12月8日，阿努尔夫在雷根斯堡去世，这使匈牙利人摆脱了同盟的义务，随后他们与意大利国王议和，撤出了波河平原，899—900年冬天他们曾驻扎在那里，并掠夺了韦尔切利（Vercelli）、摩德纳（Modena）和其他中心区域，迫使贝伦加尔一世躲进帕维亚。匈牙利人在归途中试图占领威尼斯，但潟湖之城没有成为侵略者的猎物，他们由于没有舰队，只能在周边的陆地纵火。公元900年，他们占领法兰克人和巴伐利亚人在潘诺尼亚平原所统治

---

① 译者注：贝伦加尔一世（Berengar I of Friuli），887—924年任意大利国王，915—924年任神圣罗马帝国皇帝。

的土地，这确保了他们对于多瑙河中部流域整个平原地区的统治。巴伐利亚人没有放弃这片土地，所以冲突持续了许多年。当年年底和次年，匈牙利人洗劫了今天的奥地利地区，并向巴伐利亚进发。900年11月20日，边疆伯爵留特波德组织了反击战，打败了他们。面对游牧骑兵的凶猛进攻，法兰克人和摩拉维亚人放下了世仇，于次年结成同盟，以应对双方共同面临的危险。斯瓦托普卢克的继承人莫伊米尔二世成功地抵挡了匈牙利的一次进攻，但巴伐利亚军队在面临军事威胁时表现得束手无策。

由于法兰克人和巴伐利亚人的联合姗姗来迟，匈牙利人可以集中力量给摩拉维亚人致命一击。在摧毁和征服摩拉维亚公国之后，匈牙利人巩固了在潘诺尼亚平原的统治，这不仅是一次巨大的领土扩张，而且还将一个令人不安的对手赶出了邻近地区。目前，这项对于欧洲政治边界格局产生重要影响的事件的具体日期还未确定，专家们的意见莫衷一是。古老的史学著作都认为此事发生于906年，新近的史学著作更倾向于902年，因为，刨除其他原因不管，人们没有确切的证据表明，在902年之后摩拉维亚还能够作为一个国家存在。尽管如此，同样没有明确的证据表明，匈牙利人在902年战胜了摩拉维亚人；相反，一些编年史简明扼要地指出，是摩拉维亚人击败了劲敌，这表明，大摩拉维亚更有可能是在公元902年之后才陷落的。

与一些学者的观点相反，匈牙利人对于摩拉维亚之国的肢解和征服，并不意味着他们也对其居民进行几乎全面性的屠杀。考古调查证据表明，只有在斯洛伐克南部平原地带才有人口减少的迹象，那里发现了一个大型的游牧部落的墓群网络[248]，而在高原地区北部的斯拉夫社群聚居地，从十世纪早期开始的激烈对抗持续了很长的时间[249]（图20）。此外，还可以确定的是，斯拉夫人继续居住在蒂萨河上游地区，特别是在今天所谓的"外喀尔巴阡的乌克兰"（Transcarpathian Ukraine）的高原地区，这里是匈牙利骑兵通往潘诺尼亚的大闸门。[250]

在粉碎摩拉维亚之国的潜在威胁并意识到自己能够有效应对反对者的情况下，匈牙利人大肆掠夺其他民族，可以说，他们在摧毁大摩拉维亚之前就已经这样做了。这些掠夺活动来势汹汹，给欧洲大陆大部分地区带来了恐惧（图21）。匈牙利人非常准确地掌握袭击目标的内部事务及其地方王公武装反击的潜力，这使他们能够发动突袭，让对手猝不及防。征战的目标是积累物资和俘获奴隶。因此，他们避免与敌人发生决定性会战，而更倾向于分散出击。相对于西方骑士的全副武装的战马，匈牙利的战马更矮小，但也更具机动性和耐力，这使匈牙利人能够在战场上占据上风。军队首领的强硬风格所形成的纪律和凝聚力，也给他们提供了优势。尽管如此，有情况表明，当他们的货车满载战利品返回时就大大降低了机动性，因此也更容易受到攻击。另外，在崎岖的地形或浓密的森林，骑兵冲锋的效果大打折扣，这就是为什么他们会尽力避免进入这样的地方。

公元904年（一说是902年）"凯代"库尔桑在菲什卡（Fischa）河河岸落入一个陷阱，被巴伐利亚人杀死，这使阿尔帕德接管了匈牙利的全部权力，通过征战，他的权威不断提升。此时的阿尔帕德大约50岁。在生命的最后几年，他入侵了意大利北部（904—905）和萨克森（906）。为了进入伦巴第，匈牙利人选择一条与古罗马"潘诺尼卡大道"（via Pannonica）相类似的所谓的"Ogrska cesta"路线，这条路线沿着今天的普图伊（Ptuj）、采列（Celje）、卢布尔雅那（Ljubljana）等城市，连接到威尼斯湾北端。

匈牙利人之所以出现在阿尔卑斯山南部，盖因国王贝伦加尔一世的召唤，当时他与普罗旺斯的路易发生了激烈冲突。公元901年，路易在罗马由教皇本笃四世加冕为皇帝，并得到意大利中部一些城市的承认，他试图在伦巴第组织一次征战击败竞争对手。战争于904年爆发。马扎尔骑兵的介入使战争局势转而有利于贝伦加尔一世，第二年，路易被迫将自己的军队撤回到最初的统治区域。由于在与意大利王公的冲突中得到了匈牙利人的支持，并且，由于担忧这个游牧民族未来入侵自己的土地，国王贝伦加尔一世同意给他们提供每年10箱银币的年贡[251]，这大约相当于375千克（825.99磅）银币[252]。多瑙河中部流域的考古学和货币学研究，证实了贝伦加尔一世以及十世纪第二个二十五年意大利北部掌权人普罗旺斯的休与洛塔尔所发行的大量的第纳尔钱币。相较之下，十世纪早期德国发行的货币数量要少得多。[253]这令人极其惊讶，因为，匈牙利人入侵阿尔卑斯山北部的频率高于入侵亚平宁半岛的频率，而且，他们不但收取意大利君主的贡品，也收取德意志君主的贡品。

907年，边疆伯爵留特波德（Liutpold）从巴伐利亚集结一支大军，决定给匈牙利人致命一击，但是，7月4日他在普莱斯堡（Pressburg）迎来一场惨败，他本人连同大主教萨尔斯堡的提欧马尔、主教弗赖辛的乌托、主教萨本的扎查里亚、19个伯爵及大量的士兵战死。留特波德的进攻可能是被阿尔帕德的死讯所诱导，他原本以为能够打匈牙利人一个措手不及。最近，一些历史学家反驳了这场战役可能发生在普莱斯堡的观点，他们声称，战争实际上发生于巴拉顿（Balaton）湖附近。[254]他们辩称，战争的地点是摩沙堡，也就是今天的萨拉瓦。然而，当地各处的研究结果并不支持这个假设，因为，自从十世纪初期以来，这个地区没有任何破坏或火烧的痕迹[255]，而这类痕迹原本应该出现在所推测的军事对峙区。

虽然战役地点仍存在争议，草原骑兵获胜的事实却是确定无疑的。他们所控制的土地向西延伸到恩斯（Enns）河，这是多瑙河右侧的一条支流，位于维也纳以西约150公里（94英里），在一段时间里，这条河是阿瓦尔人与法兰克人、巴伐利亚人的领土分界线。有人认为，在恩斯河和维也纳森林之间有一个缓冲区，位于巴伐利亚人控制区和匈牙利人控制区之间，中间有巴伐利亚人和斯拉夫人居住的飞地。[256]匈牙利人在907年的胜利挫败了加洛林王朝几十年来不断吞并潘诺尼亚平原的企图。与此相对应的是，在生命的最后一年，阿尔帕德奠定了匈牙利王朝统治的基础，该王朝一直持续到1301年。马扎尔人成功地巩固了新国家的统治地位，他们的成功得到了认可。

与此同时，马扎尔部落获得了通往西欧的门户，他们绝不会错过这个机会，每年都对德国的土地进行突袭。公元908年图林根和萨克森遭到了重击，909年是巴伐利亚和士瓦本，910年是巴伐利亚和士瓦本，911年是士瓦本、洛林和法兰克尼亚，912年是图林根和法兰克尼亚，913年是巴伐利亚和士瓦本，915年是图林根、士瓦本、法兰克尼亚和萨克森，917年是士瓦本、勃艮第、阿尔萨斯和洛林，919年是威斯特伐利亚、萨克森和洛林，924年是萨克森和勃艮第，926年是巴伐利亚、法兰克尼亚、士瓦本、勃艮第、阿尔萨斯和洛林，等等（图22），每一次归来，他们都满载货物、奴隶和牛。抓捕俘虏的事业是有利可图的，因为想赎回这些俘虏的人愿意支付大笔赎金。同时代的编年史谴责匈牙利人的暴行，控告他们不仅四处掠夺，还屠杀居民，纵火焚烧货物。[257]

匈牙利人一路扫荡德国和法国领土的事实，被一些彼此孤立的考古遗迹所展示，这些遗迹包含游牧民族特有的刀剑、枪头、箭头、马镫和搭扣。在连接了勃艮第和伦巴第的阿尔卑斯山通勤线上的阿斯普雷莱科尔普（Aspres-lès-Corps），人们发现了一个匈牙利骑兵的墓穴，墓中有一枚皇帝贝伦加尔（915—924）在帕维亚发行的银币，由此可推知墓的年代。[258] 其他的坟墓则没有足够的随葬品来确定墓主是否是匈牙利人。事实上，在侵略外国土地时，匈牙利人时刻面临着被反击的威胁，因此，他们不太可能有充足的时间和必要的工具，并以匈牙利习俗埋葬战死的士兵。在这种情况下，匈牙利人的坟地很难被辨识。墓主的身份更可能是潘诺尼亚平原骑兵入侵的受害者。在十世纪的墓场的一些尸体表明，死者大多是被箭杀死的。这些箭头是菱形的，也就是人们熟知的典型的匈牙利兵器。这些墓穴发现于捷克共和国的布热茨拉夫-伯汉斯克（Břeclav-Pohansko）、蒂索夫（Těšov），斯洛伐克的阿卡约夫切（Čakajovce）、波贝迪姆（Pobedim），奥地利的加尔斯-陶纳（Gars-Thunau），德国的比蒂希海姆与埃因格尔伯克，墓主绝大多数是成年男性。[259]

匈牙利轻骑兵非凡的机动性让他们能够发动突然袭击和及时撤退，快速地转移和迅速避开数量庞大的敌军。他们不熟悉围攻大要塞的战术，也没有为此浪费时间，而宁愿掠夺小城镇、修道院和村庄。但他们难免与强大的敌人发生正面冲突。909年夏天，匈牙利人从士瓦本满载战利品归来，在因河河畔遭到年轻的巴伐利亚公爵、曾在普莱斯堡战死的边疆伯爵留特波德之子阿努尔夫的突袭，匈牙利人战败。在这次胜利的鼓舞下，第二年，加洛林家族东法兰克支系最后一位成员，德意志国王"孩童"路易（Louis the Child，900—911）从士瓦本、法兰克尼亚和巴伐利亚集结了一支强大的军队，但他两度败于匈牙利人。

由于日益暴露在潘诺尼亚骑兵的袭击之下，加之与德意志新任国王康拉德一世（Conrad I，911—918）开始出现冲突，阿努尔夫认为与匈牙利人缔结条约是可取的，能够让他的公国免于数年的灾祸。作为回报，他允许匈牙利人穿过巴伐利亚掠夺他的一些对手。康拉德一世坚决打击国内反叛的诸侯，为了逃避镇压，阿努尔夫举家逃往匈牙利寻求庇护；一直到康拉德一世去世，阿努尔夫都是待在匈牙利人的土地上。[260]这个事件提高了旧时敌人（匈牙利人）的威望，现在，他们在德意志王朝内部争端中扮演仲裁者的角色。

除了侵略德国之外，马扎尔部落也在公元919、921、922、923、924、927年和928年对意大利发动侵略战争，不仅染指了伦巴第，还践踏了托斯卡纳、坎帕尼亚和阿普利亚。当时亚平宁半岛南部由拜占庭管辖，但是，由于与阿拉伯人的对峙以及那些意图摆脱君士坦丁堡控制的地方割据势力制造的混乱，帝国对于亚平宁半岛的控制难以为继。匈牙利通往意大利的路线的遗迹也保留在中世纪的地名学之中，特别是在伦巴第东部弗留利和威尼托（Veneto）地区的地名学之中，在这里，人们开始试图通过制图学还原侵略者所偏好的路线。[261]入侵的危险意味着要加强城市、教堂和修道院的防御工事，以保护它们免遭掠夺或毁坏。[262]记录这些事件的地方文献包括《匈牙利人的散布》（strata Ungarisca/Hungarorum）、《瓦杜斯的匈牙利人》（Vadus Ungarorum）、《匈牙利人的避难所》（Portus Ungariscus）、《匈牙利人的地界》（Campus Ungariscus）、《匈牙利人的侧翼》（Costa Ungarisca）、《龙加勒斯卡》（Longaresca），等等。除了编年史和年代记之外，一些宗教文本记录了时人对于匈牙利人破坏活动的回应，但历史学家几乎没有把它们当作参考书目。我们在此注意到一些神职人员的祈祷，他们乞求神或某些圣徒的保护，感谢让他们躲过了危险。为此目的，他们在一段特殊时间内进行斋戒和组织游行。这些仪式，一方面反映了这样的观念，即匈牙利人的入侵是神对于人的严重罪孽的惩罚；另一方面表明，人们质疑地方王朝防御措施的有效性。[263]国王捕鸟者亨利一世（Henry I the Fowler，919—936）认为无法有效阻止匈牙利人，于是采取了贝伦加尔和阿努尔夫的政策，于926年同意以缴纳年贡为条件换取和平。[264]亨利一世利用休战所获得的喘息机会，消除国内的无政府状态，巩固德国东南部地区的防御体系。为了防范匈牙利人的突袭，他在巴伐利亚建立了许多防御工事，这是在最近几十年的考古调查中发现的。[265]不过，在公元第一千纪晚期，中欧所有地区都在大量增加防御工事[266]，这不仅是由于外部的危险（匈牙利人、诺曼人），也是由于各个社会推行封建化的影响。

亨利一世断定，通过采取军事行动，他能够重新处理与匈牙利人的关系，遂于933年决定终止纳贡协议，这自然导致匈牙利人的镇压行动。双方在图林根的温斯图特（Unstrut）河上游的里亚德（Riade）相遇，马扎尔军队被击溃，在接下来数年里，他们不敢再踏上德国的土地。[267]

匈牙利人的侵略嗜好远没有消失，更何况部落联盟首领还鼓励一些游牧战士离开潘诺尼亚，前往东欧充当雇佣军。934年，匈牙利人联合以前在黑海北部地区的死敌佩切涅格人，对拜占庭展开一次侵略，保加利亚人——其统治者是非常狡猾的沙皇彼得（927—970）——的入伙也让他们获益匪浅。联军在色雷斯大肆破坏，几乎兵临君士坦丁堡城下，并抓获了许多俘虏。[268]由于这次出色的远征和其他外部压力，巴尔干与多瑙河之间地区的货币供应出现了瘫痪。[269]由于帝国军队也在与意大利南部的隆戈巴德人（Longobards）、小亚细亚东部的阿拉伯埃米尔交战，拜占庭陷入了困境。双方开始谈判，匈牙利人同意撤退，在拿到大笔赎金之后释放了俘虏，可能还获得了其他礼物。

在934年远征之前，匈牙利人与巴尔干地区并没有多少交集，他们对它也没有多少兴趣，因为他们优先考虑在大陆西部的行动，而且，保加利亚正处在西美昂大帝的统治之下，此时他正居于权力的巅峰，是一个极其强大的、难以挑战的对手。在匈牙利人夺走保加利亚人在蒂萨平原的土地之后，两个邻国之间的冲突停止了几十年。927年5月27日沙皇西美昂去世的消息传开之后，匈牙利人联合克罗地亚人及保加利亚的其他近邻，利用君主死后通常会出现的混乱局面，以及与德国签订有利条约——该条约使德国暂时阻止匈牙利人的西征——的良机，对保加利亚展开掠夺行动。[270]有一部关于圣乔治的希腊圣徒传提到，保加利亚人、匈牙利人、斯基泰人（其实是佩切涅格人？）、默西亚人（？）和突厥人对拜占庭展开联合行动[271]，还说此事发生在917年，但联合行动囊括了这么多利益分化的族群，因此看起来可信度不高，或者至少可以说，这本书可能引起了一些混乱。

尽管如此，匈牙利人分别在943、959、961年穿过保加利亚第一帝国进攻拜占庭帝国。[272]943年的侵略迫使皇帝罗曼努斯一世（Roman I Lakapenos，920—944）签订了一份为期五年的协议，据此他必须定期纳贡，并提供人质做担保。[273]公元959年对于色雷斯的入侵被证明是一个重大灾难。此事发生在君士坦丁七世统治的最后数月。长期以来，君士坦丁努力与匈牙利人保持友好关系，但他很可能在匈牙利人遭遇莱希费德（Lechfeld）战役失败后停止了纳贡。当匈牙利军队满载战俘返回时，阿吉罗斯·波索斯（Argyros Pothos）率军拦截，重创对手。[274]

在961年的战争中，匈牙利人派出了数量庞大的军队，利奥·福卡斯（Leo Phokas）统领的拜占庭军队不敢与之公开对决，而宁愿在夜间攻其不备。利奥——即准备成为皇帝的尼基弗鲁斯二世的兄弟——从三个方向进攻匈牙利人，他的战术技巧造成了匈牙利人的一场真正的灾难，只有极少数匈牙利人能够活着逃命。[275]

匈牙利入侵巴尔干半岛的人数肯定多于上面提到的数字，但现有文献没有给出更明确的证据，在这种情况下我们只得到大致的数据。因此，君士坦丁七世声称，由于军事装备受限，特别是骑兵队伍装备的短缺，克罗地亚人经常成为法兰克人、匈牙利人和佩切涅格人的目标。[276]不幸的是，这位著名的学者皇帝既没有说明这些入侵事件的确切日期，也没有提供冲突过程的信息。不过，他在另外一种语境下补充说道，匈牙利人（他经常称之为突厥人）可能与克罗地亚人或白克罗地亚人（White Croatians）存在密切联系，他们甚至互相交织在一起[277]，这是两个民族紧张关系与间歇缓和相交替的证据。

不仅拜占庭帝国和克罗地亚的土地受到了匈牙利人的攻击，保加利亚第一帝国也受到了攻击。拜占庭皇帝尼基弗鲁斯二世（Nikephoros II Phokas，

963—969）要求保加利亚沙皇彼得不得给潘诺尼亚平原骑兵放行，以免其进入拜占庭，沙皇直截了当地拒绝了皇帝，他争辩道，以前匈牙利人入侵保加利亚的土地时，保加利亚人曾向皇帝求援，但皇帝没有回应，因此他只能跟匈牙利人缔结和平条约。[278]这个细节见于希腊的编年史，它表明一个事实：匈牙利人对于保加利亚的入侵可能发生在尼基弗鲁斯二世统治的早期，即不晚于967年，因为在那一年，他冒出了一个糟糕的念头，请求基辅罗斯帮助进攻保加利亚人。

匈牙利人和君士坦丁堡的关系从敌对转向友好，这种友好关系甚至延伸到宗教领域。得益于拜占庭、意大利和德国传教士——他们强制推行拉丁和斯拉夫的礼拜仪式——的努力，当匈牙利人初到多瑙河中部流域的时候，当地的基督教已经非常流行。这群异教的游牧民众迁居大草原的一个结果是使当地社群或被灭绝或被驱逐，这让基督教在该地区重新经历了痛楚的过程。在迁到黑海北部草原半个世纪之后，一些部落首领接受了基督教。

948年希腊人的传教事业迎来了第一个伟大胜利，杰出的马扎尔君主布尔斯苏（Bulcsú）在君士坦丁堡皇宫接受洗礼，他的教父就是皇帝君士坦丁七世本人，皇帝赐予他贵族头衔，并在他启程回国时赠送了一大笔钱。布尔斯苏返回博斯普鲁斯海峡北部的首都，随行同胞中最显赫的是阿尔帕德的曾孙托尔马什（Termacsu/Tormás）。[279]目前还不确定布尔斯苏在帝国首都受洗是纯粹出于个人动机，还是得到了福伊斯大公（great duke Fajsz）的首肯。无论如何，由于中央权力受到了地方王公的离心倾向的破坏，洗礼的举动没有对马扎尔社会产生重要影响。

就在布尔斯苏造访君士坦丁之后数年，拜占庭宫廷记录下了另一个匈牙利君主的名字"Gylas"（久拉？），但我们不确定这是一个姓氏，还是指部落首领所拥有的"久拉"的尊位。同样也不确定的是，这个久拉是否就是那个在1002/1003年的战役中被俘虏的同名的特兰瓦西尼亚王公，即盖萨的岳父暨圣史蒂芬一世的外公。据悉，久拉在君士坦丁堡受洗之后，在希尔罗提欧斯（Hierotheos）的陪同下回国，后者成为匈牙利教会的都主教。[280]为了继续传播福音，牧首派遣几位传教士前往匈牙利，他们建立了图尔基亚主教区[281]，建造了教堂和修道院。1028年君士坦丁堡宗教会议的一项决议中提到了一位高级教士图尔基亚的约安尼斯（Ioannes of Tourkia），他的级别是都主教，这表明匈牙利教会拥有较高地位，仅次于牧首区，这种地位似乎是在十一世纪最初几年获得的。[282]约安尼斯并不是唯一一位记载在史料中的高级别教士。据了解，十一世纪的一枚印章提到了一位叫安东尼奥斯（Antonios）的僧侣，他是图尔基亚都主教。[283]

基督教在匈牙利人中间传播的早期阶段，斯拉夫和保加利亚的传教士发挥了一定的作用；斯拉夫民众以及来自匈牙利、斯洛伐克、特兰西瓦尼亚的罗马尼亚民众也促进了基督教的传播，他们在早些时候就已经信仰基督教了。正因为如此，马扎尔语吸收了一些源于斯拉夫的宗教词汇：apáca（修女）、barát（修士）、diák（执事）、karácsony（圣诞节）、kereszt（十字架）、osoda（神迹）、pap（司祭）、pogány（异教徒）、szent（圣徒）、vecsernye（晚祷）、veternye（晨祷），等等。[284]尽管匈牙利在信仰上决定性地选择了罗马教会，并在圣史蒂芬一世统治初期逐渐使之官方化，但匈牙利依然没有断绝与拜占庭世界的宗教关系。这种关系的稳定性，既是因为王室乐于巩固和延续之，也是因为阿尔帕德王朝众多的斯拉夫裔东正教教徒乐于维持之。反过来，拜占庭的宗教和政治当局一直渴望充当世界宗教信仰的最高领袖，它们不可能忽略这片毗邻于他们帝国的土地。[285]

除了其他方面之外，匈牙利与拜占庭在宗教问题上的（非常规性的）良好关系，主要表现在多瑙河中部平原流传的希腊工匠制作的青铜胸针十字架。它们绝大多数都是刻有图案或浮雕的可折叠圣骨匣，其中一面是耶稣基督钉在十字架上的图像，另一面是圣母玛利亚或其他圣徒的图像。[286]这些宗教崇拜的要素在整个东欧地区广泛流传，它们不仅在十世纪到达了匈牙利，而且，在十一世纪，它们还超越了宗教领域的关系，渗透到了不同的领域，例如珠宝首饰（耳环、手镯、指环）和配饰（搭扣）的制造业，这些带有拜占庭风格和灵感的物件是在拜占庭帝国或巴尔干半岛斯拉夫国家制造的，其遍布潘诺尼亚平原，特别是在墓区，大量出土了这样的实物。[287]

亨利一世死后的无政府状态让匈牙利人得以重新入侵德国；他们也充分

利用这样一个事实，即亨利一世的继承者奥托一世大帝（Otto I the Great）的精力被太多的事情牵绊。同时代一位编年史家就此写了一段几乎没有原创性但真实可靠的文字，按这段文字的说法，937年，在从沃尔姆斯横渡莱茵河之后，匈牙利人在巴伐利亚、阿拉曼尼亚、东法兰克一路"砍杀和纵火"[288]，并摧毁了阿尔萨斯；然后，他们勇猛地推进到大西洋沿岸，最后借道勃艮第和意大利返回潘诺尼亚平原。第二年，奥托实现了统治巴伐利亚的目标，此时，匈牙利人入侵萨克森，但遭到抵抗，损失惨重。

在重新入侵巴伐利亚、士瓦本、萨克森、图林根、阿尔萨斯和勃艮第之后，匈牙利人匆匆忙忙地在亚平宁半岛兜转了一圈，然后前往香槟、布拉班特、阿奎丹和西班牙，在那里他们展开了近二十年的周期性掠夺。942年，他们在伊比利亚半岛发动了大胆的袭击，目标是科尔多瓦哈里发国家（Cordoba Caliphate）的统治区域，但收获甚微。他们连续八天围攻莱里达城（Lerida），未能攻克之，便决定撤出安达卢西亚，但是当他们经过穆斯林和法兰克人居住地时，有一部分人被杀，有一部分人被俘虏。阿尔卑斯山和比利牛斯山以北的欧洲王公通常杀死在战役中俘获的骑兵，相较之下，阿拉伯人更务实，让匈牙利战俘在哈里发的卫队中提供服务。[289]

就在这次危险的远征仅仅发生一年之后，被派去进攻拜占庭的匈牙利部队随即凯旋。在维尔斯（Wels），一支入侵巴伐利亚土地的匈牙利军队被阿努尔夫的兄弟伯克托尔德迎头痛击。但匈牙利人没有受到失败的困扰，在伯克托尔德死后，他们又数度入侵巴伐利亚（948、949、954年）。

随着时间的推移，匈牙利人的军事潜力不断增强，他们的方向定位能力和适应性也在增强，这样，他们具备了在不同战场同时作战的能力。他们试图通过分兵作战的方式提高侵略效率。在定居多瑙河中部草原之后，他们采用了一整套动态组合的袭击战术，这表明，他们在移居黑海-里海地区之后并没有改变生活方式，相反，他们延续了原来的生活方式，所改变的只是提高了军事行动的频率，不过，这个新特点只是新的地缘政治和文化空间之下的产物。

斗志昂扬、野心勃勃的奥托一世厌倦了匈牙利人的持续不断的挑衅性的入侵，这些入侵给他的臣民造成了巨大损失，特别是，匈牙利人给他的一些敌人提供支援，因此，为巩固自己在德意志和意大利的地位，奥托决心一劳永逸地解决匈牙利问题。955年8月10日，正值匈牙利人忙于围攻奥格斯堡，奥托一世在莱希费德发起猛烈的进攻（图25、26），一举歼灭之。马扎尔骑兵首领布尔斯苏和利尔被俘，然后被吊死。[290]据最近的估算，德国君主的军队有大约8000人，马扎尔军队的数量旗鼓相当。[291]尽管战争的结果没办法改变，但战败者原本有很大的机会赢得战争，因为，当时德国国王的精力仍然聚焦于与斯拉夫交涉、阿尔卑斯山南北两侧的复杂局势、皇帝加冕问题（此项最重要），所以，他并不愿意对匈牙利发动大规模战争。这场战争的结局类似于查理曼（768—814）征战阿瓦人的结局。

尽管莱希费德战役具有决定性意义，但它并没有给匈牙利的战争资源带来毁灭性打击，因此，与奥托一世的军队交战后不久，匈牙利人在959、961年和968—970年就能够重新入侵巴尔干地区，挑战拜占庭帝国。拜占庭皇帝约翰一世（John I Tzimiskes）在多瑙河下游发起猛烈进攻，击败保加利亚人和罗斯人，巴尔干半岛形成了新的政治关系格局。另一方面，972年春天奥托一世的儿子暨继承人（未来的奥托二世）与约翰一世的侄女狄奥法诺结婚，欧洲大陆的两个帝国实现了和解，这当然导致马扎尔部落贵族的猜疑，同时，这也是为了遏制他们进行任何冒险行动的倾向。

962年奥托一世在罗马加冕称帝，在此后一段时期里，他的边疆伯爵不断施加压力，匈牙利人被限制在自己的土地上，不敢有任何抗拒。由于德国的重新征服活动，在大约三十年的时间里，匈牙利人的西部边界出现了一次重大变化，约有200公里（125英里）被占领。991年巴伐利亚公爵亨利二世击败匈牙利人，后者从恩斯河被逐渐驱赶到特赖森（Traisen），然后再到维也纳森林，最后到了多瑙河左岸支流莱塔（Leitha）河。

莱希费德战役的惨败是匈牙利历史上的一个转折，这不仅意味着他们损失了一部分军事精英并决定性地停止对西欧的入侵，而且对于未来几十年里的经济、宗教和政治都产生了重要影响。根据一些估算，从公元899年第一次对潘诺尼亚以外地区进行侵略开始，一直到公元970年，匈牙利人对邻国征战大约50次，这表明他们袭击的频率极高。[292]实际发生袭击的频率可能更高，只是没有文献能够完整记载一些袭击事件，特别是一些波及匈牙利人居住地东北或东南地区的袭击事件。尽管这些袭击给匈牙利人提供了大量的物品（通过掠夺或贡品或礼物的方式获得），但在军事方面不可避免地造成士兵的伤亡，特别是还有许多军事行动并没有成功实现目标。

莱希费德战役之后，马扎尔社会逐渐抛弃了游牧生活方式，选择了农业种植和定居生活。这个变化恰逢这样一个时期，即通过德国传教士的工作，匈牙利也进入了罗马教会的势力范围。定居生活和宗教皈依的进程通常是并行发展的，但两者由于一个事件而互相交织：1000年年底或1001年年初登基的圣史蒂芬一世定基督教为官方宗教。尽管携带着东方的渊源和传统，并迷恋于拜占庭文明，匈牙利人却日益依附于拉丁西方所提供的文化模式——后者自公元第一千纪晚期以来就一直在不断扩张和发展。

通过审视匈牙利迁徙历程的晚期阶段，我们可以得出结论：两次军事失败——896年与佩切涅格人、保加利亚人的对抗，955年与德国军队的对抗——所造成的不可逆转的灾难，深刻改变了匈牙利人的古老历史，成为他们生存轨迹的分水岭。第一次军事失败使他们放弃了在黑海北部地区的栖息地，并在多瑙河中部平原找到了新的家园；第二次军事失败缓和了他们好斗的习性，引导他们倾向定居生活和接受基督教信仰，让他们获得一种更接近于西欧标准的生活方式。老普林尼乌斯的《自然历史》第27、38节有一个观点可能是正确的：善不会产生于邪恶之物。几个世纪以后，匈牙利人的其他游牧近亲陷入了瓦解的泥潭，丧失了自己的族群和文化身份，匈牙利人却在一些杰出的君主，例如安茹的路易一世（Louis I of Anjou）、卢森堡的西吉斯蒙德（Sigismund of Luxemburg）和马蒂亚斯·科尔维努斯（Matthias Corvinus）的王权统治之下，努力成为欧洲大陆的一个最强大和最具威望的国家。世事巧合，命运的无常有时却让一个遭受最猛烈灾难和动荡的民族得到复兴和完满。

■ 注释

[1] Ibn Dasta [Ibn Rusta], *Isvestiia o khazarakh, burtasakh, bolgarakh, mad'iarakh, slavianakh i russakh*, ed. D.A. Khvolson, S.-Peterburg, 1869, p. 25; Ibn Rusteh, *Les Atours précieux*, trans. G. Wieh, Cairo, 1955, pp. 160-161; *Orient. Ber.*, p. 64 ff. (Beschreibung der Nordvölker nach dem Kitāb al-a'lāq an-nafīsa des Abū 'AlīAhmad ibn 'Umar ibn Rusta).

[2] Extrait d' Abou-Obeid Al-Bécri, in *Fragments de géographes et d'historiens arabes et persans inédits relatifs aux anciens peuples du Caucase et de la Russie Méridionale*, ed. Defrémery, *JA*, 4th Ser., XIII, 1849, 6, p. 473; *Orient. Ber.*, p. 228(Aus dem Kitāb al-masālik wa-l-mamālik des Abū 'Ubayd 'Abdallah ibn' Abd al-'Azīz al-Bakrī al-Qurtubī).

[3] *Hudūd*, p. 101; *Orient. Ber.*, p. 210 (*Hudūd al-'Ālam*).

[4] *DAI*, pp. 174-175.

[5] P. Magistri qui Anonymus dicitur, *Gesta Hungarorum*, eds. A. Jakubovich, D. Pais, in *SRH*, I, p. 35.

[6] G. Moravcsik, "Die archaisierenden Namen der Ungarn in Byzanz," *BZ*, XXX, 1929-1930, p. 247 ff.; E. Moór, "Die Benennungen der Ungarn in den Quellen des IX. und X. Jahrhunderts," *Ural-Altaische Jahrbücher*, XXXI, 1959, pp. 191-229; T. Lewicki, "Madjar, Madjaristan," in *The Encyclopaedia of Islam*, NE, V, Leiden, 1986, pp. 1010-1022. Cf. also H. Marczali, *Ungarns Geschichtsquellen im Zeitalter der Árpaden*, Berlin, 1882; H. Vámbéry, *Der Ursprung der Magyaren. Eine ethnologische Studie*, Leipzig, 1882; C.A. Macartney, *The Magyars in the Ninth Century*, Cambridge, 1930, *passim*; G. Moravcsik, *Byzantinoturcica*, II, Sprachreste der Türkvölker in der byzantinischen Quellen, 2nd ed., Berlin, 1958, pp. 225-227; T. Lewicki, "«Mad'iary» u srednevekovykh arabskikh i persidskikh geografov," in *Vostochnaia Europa v drevnosti i srednevekovye*, Moscow, 1978, p. 56 ff.; idem, "Les noms des Hongrois et de la Hongie chez les médiévaux géographes arabes et persans," *Folia Orientalia*, XIX, 1978, pp. 35-55; P.B. Golden, *An Introduction*, pp. 258-262; G. Kristó, *Hungarian History in the Ninth Century*, trans. G. Novák, Szeged, 1996, pp. 57-70; M.G. Kellner, *Die Ungarneinfälle im Bild der Quellen bis 1150. Von der "Gens detestanda" zur "Gens ad fidem Christi conversa,"* Munich, 1997, p. 63 ff.

[7] Simonis de Keza *Gesta Hungarorum*, ed. A. Domanovszky, in *SRH*, I, pp. 145-146.

[8] *Chronicon Posoniense*, ed. A. Domanovszky, in *SRH*, II, pp. 14-15; *Chronicon*

Henrici de Mügeln germanice conscriptum, ed. E. Travnik, in *SRH*, II, p. 108; *Chronici Hugarici compositio saeculi XIV*, ed. A. Domanovszky, in *SRH*, I, pp. 248-251, 253; *Cronica pictată de la Viena/Chronicon Pictum Vindobonense* (IIR, XI), 1937, pp. 4, 5, 18, 117, 118, 132; *Chronicon Budense*, ed. I. Podhradczky, Buda, 1838, pp. 8-9; *Chronicon Dubnicense*, in *Historiae Hungaricae fontes domestici, Scriptores*, III, ed. M. Florianus, Quinque-Ecclesiis, 1884, p. 4; Johannes de Thurocz, *Chronica Hungarorum*, I, Textus, eds. E. Galántai and J. Kristó, Budapest, 1985, pp. 20, 24, 26, 34; Antonius de Bonfinis *Rerum Ungaricarum decades*, I, eds. I. Fógel, B. Iványi, L. Juhász, Lipsiae, 1936, p. 55; Nicolaus Olahus, *Hungaria-Athila*, eds. C. Eperjessy and L. Juhász, Budapest, 1938, p. 3 (*Hungaria*).

[9] É. Kovacs and Z. Lovag, *Les insignes royaux de Hongrie*, Budapest, 1980, pp. 18, 23, 24; E. Tóth, "Über die ungarische Heilige Krone (Forschungsbericht)," *Folia Archaeologica*, XLIX-L, 2001-2002, pp. 315-348.

[10] P.J. Kelleher, *The Holy Crown of Hungary*, Rome, 1951, p. 36; G. Moravcsik, *Byzantinoturcica*, I, *Die byzantinischen Quellen der Geschichte der Tükvölker*, 2nd ed., Berlin 1958, p. 308.

[11] Maçoudi, *Les Prairies d'or*, eds. C. Barbier de Meynard and P. de Courteille, I, Paris, 1861, p. 262; II, 1863, p. 59; idem, *Le Livre de l'avertissement et de la révision*, ed. B. Carra de Vaux, Paris, 1896, p. 245.

[12] Abū Hāmid el Granadino, *Relación de viaje por tierras eurasiáticas*, ed. C.E. Dubler, Madrid, 1953, pp. 64-65, 68-71, 77-78; I. Hrbek, "Ein arabischer Bericht über Ungarn (Abū Hāmid al-Andalusī al-Garnātī, 1080-1170)," *AOH*, V, 1955, 3, pp. 207-211.

[13] *DAI*, pp. 170-171.

[14] Cf. footnote 6.

[15] *Annales Fuldenses*, in *MGH, SS*, I, ed. G.H. Pertz, Hannoverae, 1826, pp. 410 (Avari, qui dicuntur Ungari), 411-413; Widukinds Sachsengeschichte/Widukindi res gestae Saxonicae, in *Quellen zur Geschichte der sächsischen Kaiserzeit*, eds. A. Bauer and R. Rau, Darmstadt, 1971, p. 46 (…Avares, quos modo Ungarios vocamus); Thietmar von Merseburg, *Chronik*, ed. W. Trillmich, Darmstadt, 1962, pp. 42-43.

[16] 关于地名"潘诺尼亚"（Pannonia）的含义，本书采纳了现代许多地理学家和历史学家的意见，即指多瑙河中部流域左右两侧的平原地区（而不单单是指右侧的平原），这里曾建立了同名的罗马行省（即"潘诺尼亚省"——译者注）。事实上，从中世纪开始，在马扎尔诸部落居住在多瑙河中部流域之后，"潘诺

尼亚"和"匈牙利区"之间就开始被等同起来了。参见Folcuini, *Gesta abbatum Lobiensium*, in *MGH, SS*, IV, ed. G. H. Pertz, Hannoverae, 1841, p. 65: *Provinciam quam incolit Pannoniam vocaverunt antique, Hungariam moderni*; Bonfini, I, p. 153: *Hucusque Pannoniam, quam Ungariam nunc dicimus*。在最古老的拉丁-马扎尔编年史中,"潘诺尼亚"一词也有相同的含义和指涉,参见 Anonymus; Simonis de Keza Simonis de Keza *Gesta Hungarorum*, ed. A. Domanovszky; *Chronicon Posoniense; Chronici Hungarici…, passim*。

[17]　J. Kiss, "Die ungarische Sprache," in *Die Ungarn. Ihre Geschichte und Kultur*, ed. L. Kósa, trans. A. Friedrich, Budapest, 1994, pp. 35-38.

[18]　E. Molnár, *Problemy etnogeneza i drevneĭ istorii vengerskogo naroda*, Budapest, 1955, *passim*; D. Sinor, "Le problème de la parenté des langues ouralo-altaïques," in idem, *Essays in Comparative Altaic Linguistics*, Boomington, Indiana, 1990, (I,) pp. 65-69; G. Bárczi, "À propos des vieux mots d'emprunt turcs en hongrois," *AOH*, XVIII, 1965, 1-2, pp. 47-54; idem, "Quelques conclusions tirées de l'étude des plus anciens mots d'emprunt turcs du hongrois," *AOH*, XXV, 1972, pp. 383-390; I. F. Erdélyi, "Fouilles archéologiques en Bachkirie et la préhistoire hongroise," *ibidem*, pp. 301-312; E.A. Khalikova, "Magna Hungaria," *Voprosy istorii*, 1975, 7, pp. 37-42; I. Fodor, "The main issues of Finno-Ugrian archaeology," in *Ancient Cultures of the Uralian Peoples*, ed. P. Hajdú, Budapest, 1976, p. 73 ff.; idem, "Bolgár-török jövevényszavaink és a régészet," in *Magyar östörténeti tanulmányok*, eds. A. Bartha, K. Czeglédy, A. Róna-Tas, Budapest, 1977, pp. 79-114; A. Róna-Tas, "The Character of Hungarian-Bulgaro-Turkic Relations," in idem, *Language and History Contributions to Comparative Altaistics*, Szeged, 1986, pp. 150-159; J. Kiss, *op. cit.*, pp. 38-39; I. Zimonyi, "Préhistoire hongroise: méthodes de recherche et vue d'ensemble," in *Les Hongrois et l'Europe: conquête et intégration*, eds. S. Csernus and K. Korompay, Paris-Szeged, 1999, p. 29 ff.; R. Saifutdinov, "Pre-Ottoman Turkic Loans in Hungarians," in *The Turks*, 1, *Early Ages*, eds. H.C. Güzel, C.C. Oğuz, O. Karatay, chief of the editorial board Y. Halaçoğlu, Ankara, 2002, pp. 38-39.

[19]　J. Kiss, *op. cit.*, p. 38.

[20]　P. Lipták, *Avars and Ancient Hungarians*, Budapest, 1983, pp. 155-162.

[21]　G. Pálfi and O. Dutour, "A propos d'une série anthropologique médiéval hongroise," *Les dossiers d'archéologie*, 208, 1995, 11, pp. 15-17, 21.

[22]　Ibn Dasta [Ibn Rusta], pp. 25-27; Ibn Rusteh, p. 160; *Orient. Ber.*, pp. 70-72(ibn Rusta).

[23]　Al-Bécri, p. 474; *Orient. Ber.*, p. 228 (al-Bakrī al-Qurtubī).

[24] P. Martinez(ed.), *Gardizi's two chapters on the Turks*, in *AEMA*, II, 1982, pp. 159-160; *Orient. Ber.*, pp. 172-174 (Übersetzung von Gardīzī's Abhandlung über die Türkenstämme). Cf. also A. Decei, "Asupra unui passagiu din geograful persan Gardizi(a. 1050)," in *Fraţilor Alexandru şi Ion I. Lăpedatu la împlinirea vîrstei de 60 de ani*, Bucharest, 1936, pp. 881-883.

[25] Sharaf al-Zamān Tāhir Marvazi, *On China, the Turks and India*, ed. V. Minorsky, London, 1942, p. 35; *Orient. Ber.*, p. 252(al-Marwazī, *Tabā'i' al-hayawān*, Kapitel IX).

[26] *Descriptio itineris prioris fr. Iuliani a fr. Richardo*, in L. Bendefy, *Fontes authentici itinera(1235-1238) fr. Iuliani illustrantes*, in *AECO*, III, 1937, 1-4, pp. 24, 29, 33; *Der Bericht* des fr. Riccardus, in H. Dörrie, "Drei Texte zur Geschichte der Ungarn und Mongolen," *Nachrichten der Akademie der Wissenschaften in Göttingen, Phil.-hist. Kl.*, 1956, 1, p. 157; Ricardus, *Descoperirea Ungariei Mari (IIR, VI)*, 1935, pp. 13, 21.

[27] Reginonis *Chronicon*, in *MGH, SS*, I, ed. G.H. Pertz, Hannoverae, 1826, p. 599.

[28] Anonymus, p. 89. Cf. also *Die "Gesta Hungarorum" des anonymen Notars*, ed. G. Silagi, with the collab. of L. Veszprémy, Sigmaringen, 1991, pp. 102-103.

[29] *DAI*, pp. 140-141.

[30] P. Chalmeta, "La Méditerranée occidentale et al-Andalus de 934 à 941: les données d'Ibn Hayyān" *Rivista degli studi orientali*, L, 1976, 1-2, p. 343; Ibn Hajjān, trans. I. Elter, in *A honfoglalás korának írott forrásai*, eds. T. Olajos, I. H. Tóth, I. Zimonyi, co-ord. G. Kristó, Szeged, 1995, pp. 61-66.

[31] Reginonis *Chronicon*, p. 599.

[32] Anonymus, pp. 33-37.

[33] Simonis de Keza *Gesta Hungarorum*, ed. A. Domanovszky, p. 165.

[34] G. Moravcsik, *Byzantinoturcica*, II, p. 280.

[35] *Legenda Sancti Gerhardi episcopi*, ed. E. Madzsar, in *SRH*, II, p. 489.

[36] S. Bökönyi, *History of Domestic Mammals in Central and Eastern Europe*, Budapest, 1988, pp. 269-277. Cf. also I. Vörös, "A honfoglaló magyarok lovai," in *A magyar honfoglalás korának régészeti emlékei*, eds. M. Wolf and L. Révész, Miskolc, 1996, pp. 335-345.

[37] Ibn Dasta [Ibn Rusta], p. 26; *Aus dem Buche der Schätze des Abu-Ali-Ahmed Ben-Omar Ibn-Dasta* [Ibn Rusta], trans. A. Wahrmund, in R. Roesler, *Romänische Studien. Untersuchungen zum älteren Geschichte Romäniens*, Leipzig, 1871, p. 363; *Orient. Ber.*, p. 73 (ibn Rusta). 在这部阿拉伯地理学家的著作的最新版本中，那句关于土地肥沃的句子被删除了，参见 Ibn Rusteh, p. 160。

[38] I. Fodor, "Einige kulturgeschichtliche Beziehungen der ungarischen Urgeschichte," *A Móra Ferenc Múzeum Évkönyve*, 1971, 2, pp. 172-173; A. Bartha, *Hungarian Society in the 9th and 10th Centuries*, Budapest, 1975, p. 114; I. Balassa, "A magyar földművelé emlékei a 9-10. századból," in *Honfoglalás és régészet*, ed. L.Kovács, Budapest, 1994, pp. 235-246.

[39] S.A. Pletněva, *Ot kocheviš k gorodam. Saltovo-maiatskaia kul'tura* (*MIA*, 142), Moscow, 1967, p. 114 ff.; *Finno-ugry i balty v epokhu srednevekov'ia*, gen. ed. V.V. Sedov (Arkheologiia SSSR), Moscow, 1987, *passim*.

[40] I. Ecsedy, "Nomadic Society and the Hungarian Conquerors' Tribal Society of Oriental Origin," *AOH*, 55, 2002, 1-3, pp. 137-138.

[41] J. Hampel, *Alterthümer des frühen Mittelalters in Ungran*, I-III, Braunschweig, 1905; idem, *Újabb tanulmányok a honfoglalási kor emlékeiről*, Budapest, 1907; N. Fettich, *Die Metallkunst der landnehmenden Ungran* (Archaeologica Hungarica, XXI), Budapest, 1937; G. László, *A honfoglaló magyar nép élete*, Budapest, 1944; C. Bálint, *Die Archäologie der Steppe. Steppenvölker zwischen Volga und Donau vom 6. bis zum 10. Jahrhundert*, Vienna-Cologne, 1989, pp. 199-217; idem, *Südungarn im 10. Jahrhundert*, Budapest, 1991; L. Révész, "Mit Beschlägen geschmückte Pferdegeschirre aus den landnahmezeitlichen Frauen- und Männergräbern," *AAH*, 46, 1994, pp. 307-361; idem, *A karosi honfoglalás kori temetők*, Miskolc, 1996; *The Ancient Hungarians*, ed. I. Fodor, in collab. with L. Révész, M. Wolf, I.M. Nepper, Budapest, 1996; *A magyar honfoglalás koránakˇ..., passim*.

[42] I. Fodor, "Honfoglalás kori bordázott nyakú edényeink származásáról," *Folia Archaeologica*, XXXVI, 1985, pp. 165-171; M. Takács, "A honfoglalás és korai Árpád-kori edényművesség térképezése," in *Honfoglalás és Árpád-kor*, Ungvár, 1997, p. 69 ff.; idem, "Les traces archéologiques de la conquête. Le rôle des recherches sur la céramique," in *Conquête, acculturation, identité: des Normands aux Hongrois. Les traces de la conquête* (Cahiers du GRHIS, 13), ed. P. Nagy, Rouen, 2001, pp. 45-64.

[43] I. Fodor, "Der Ursprung der in Ungarn gefundenen Tonkessel," *AAH*, XXIX, 1977, 3-4, pp. 323-349; *Die Keramik der Saltovo-Majaki Kultur und ihrer Varianten*, ed. C. Bálint, Budapest, 1990; M. Takács, "Formschatz und Chronologie der Tongefässe des 10.-14. Jahrhunderts der Keinen Tiefebene," *AAH*, XLVIII, 1996, 1-3, p. 135 ff.

[44] M. Takács, *Die arpadenzeitlichen Tonkessel im Karpatenbecken*, Budapest, 1986,

pp. 88-92, 108-111; U. Fiedler, "Zur Datierung der Siedlung der Awaren und der Ungarn nach der Landnahme. Ein Beitrag zur Zuordnung der Siedlung von Eperjes," *Zeitschrift für Archäologie*, 28, 1994, pp. 307-352.

[45] L. Kovács, *Münzen aus der ungarischen Landnahmezeit. Archäologische Untersuchung der arabischen, byzantinischen, westeuropäischen und römischen Münzen aus dem Karpatenbecken des 10. Jahrhundert*, Budapest, 1989, *passim*. Cf. also V.V. Kropotkin, "Vremia i puti proniknoveniia kuficheskikh monet v srednee Podunav'e," in *Problemy arkheologii i drevneĭ istorii ugrov*, eds. A.P. Smirnov, V.N. Chernetsov, I.F. Erdélyi, Moscow, 1972, pp. 197-202; A.-M. Velter, *Transilvania în secolele V-XII. Interpretări istorico-politice și economice pe baza descoperirilor monetare din bazinul carpatic, secolele V-XII*, Bucharest, 2002, *passim*.

[46] J.V. Kalmár, "Säbel und Schwert in Ungarn," *Zeitschrift für historische Waffen- und Kostümkunde*, 14, 1935/36, p. 150 ff.; K. Bakay, "Archäologische Studien zur Frage der ungarischen Staatsgründung," *AAH*, XIX, 1967, 1-2, pp. 105-173; L. Kovács, "Waffenwechsel vom Säbel zum Schwert. Zur Datierung der ungarischen Gräber des 10.-11. Jahrhunderts mit zweischneidigem Schwert," *Fasciculi Archaeologiae Historicae*, VI, 1993, pp. 45-60; idem, "A Kárpát-medence kétélű kardjai a 10. század 2. feléből," *Communicationes Archaeologicae Hungariae*, 1994-1995, pp. 153-189.

[47] A.V. Fomin, L. Kovács, *The Tenth Century Máramaros County ("Huszt") Dirham Hoard*, Budapest, 1987. Cf. also L. Kovács, "A. Máramaros megyei ('huszti') dirhemkincsről," in *Honfoglalás és Árpád-kor*, pp. 234-244; C. Bálint, "Einige Fragen des Dirhem-Verkehrs in Europa," *AAH*, XXXIII, 1981, 1-4, p. 105 ff.

[48] *PVL*, I, p. 48; *Ip. let.*, col. 55.

[49] Ibn Dasta [Ibn Rusta], p. 27; P. Martinez (ed.), *Gardizi*, pp. 161-162; Marvazi, p. 35; *Orient. Ber.*, pp. 74-75(ibn Rusta), 177 (Gardīzī), 252(al-Marwazī). Cf. also J. de Hammer, *Sur les origines russes. Extraits des manuscrits orientaux*, St. Petersbourg, 1827, pp. 47, 65 and 71; G. Hazai, "Les manuscrits, conservés à Sofia, des remaniements médiévals de Marvazī et 'Aufī," *AOH*, VII, 1957, 2-3, pp. 161, 164.

[50] *The Ancient Hungarians*, pp. 65-123.

[51] Anonymus, p. 106.

[52] Giovanni Diacono *Chronaca veneziana*, in *Cronache veneziane antichissime*, ed. G. Monticolo (*Fonti per la storia d'Italia*, [9,] *Scrittori. Secoli X-XI*), Rome, 1890, p. 130.

[53] Simonis de Kéza *Gesta Hungarorum*/Simon of Kéza, *The Deeds of the Hungarians*, eds. L. Veszprémy and F. Schaer, Budapest-New York, 1999, pp. 176-178; Simonis

de Keza *Gesta Hungarorum*, ed. A. Domanovszky, pp. 192-193.
[54] I. Kniezsa, "Ungarns Völkerschaften im XI. Jahrhundert," *AECO*, IV, 1938, 1-4, pp. 376-385.
[55] K. Mesterházy, "Die landnehmenden ungarischen Stämme," *AAH*, XXX, 1978, 3-4, pp. 337-340.
[56] Á. Berta, "Ungarische Stammesnamen türkischen Ursprungs," *Ural-Altaische Jahrbücher*, NF, 9, 1990, pp. 31-37; idem, "Le système des noms de tribus hongroises d'origine turke," in *Les Hongrois et l'Europe* ..., pp. 45-59. Cf. also G. Györffy, *König Stephan der Heilige*, Budapest, 1988, p. 27; A. Róna-Tas, *Hungarians and Europe in the Early Middle Ages. An Introduction to Early Hungarian History*, trans. N. Bodoczky, Budapest, 1999, pp. 350-353.
[57] L. Benkő, "La situation linguistique des Hongrois de la conquête et ce qui en résulte," in *Les Hongrois et l'Europe*..., p. 127.
[58] Á. Berta, "Le système des noms de tribus hongroises d'origine turke," in *Les Hongrois et l'Europe* ..., p. 45 ff.
[59] Anonymus, p. 41. Cf. also G. Györffy, *König Stephan*..., p. 28.
[60] Simonis de Keza *Gesta Hungarorum*, ed. A. Domanovszky, pp. 166-167.
[61] *Cronica pictată de la Viena*, pp. 19-22, 133-137; *Chronici Hungarici*..., pp. 287-292.
[62] Simonis de Keza *Gesta Hungarorum*, ed. A. Domanovszky, p. 167.
[63] *Ibidem*, p. 166.
[64] Anonymus, pp. 33, 35, 37-39, 41, 47, 50, 78, 94.
[65] *DAI*, pp. 170-171.
[66] *Ibidem*. 关于这一信息的解读，也可参见V. Grecu, "Βοέβοδος. Slawischen Ursprungs oder Homoionymie?," in *Polychronion. Festschrift Franz Dölger zum 75. Geburtstag*, ed. P. Wirth, Heidelberg, 1966, pp. 207-209; G. Kristó, *Hungarian History*..., p. 115。
[67] Leonis imperatoris *Tactica sive de re militari liber*, in *Patrologiae cursus completus, Patrologiae Graecae*, ed. J.-P. Migne, CVII, Paris 1863, col. 957-958.
[68] G. Moravcsik, "La Tactique de Léon le Sage comme source historique hongroise," *Acta historica Academiae Scientiarum Hungaricae*, I, 1952, 2, pp. 161-184.
[69] *DAI*, pp. 170-173.
[70] J. Marquart, *Osteuropäische und ostasiatische Streifzüge*, Leipzig, 1903, pp. 52-54; L. Varady, "Revision des Ungarn-Image von Konstantinos Porphyrogennetos," *BZ*, 82, 1989, pp. 30-32.
[71] I. Erdély[i], "Les relations hungaro-khazares," *Studia et acta orientalia*, IV, 1962,

pp. 41-42.
[72] K. Czeglédy, "Das sakrale Königstum bei den Steppenvölker," *Numen. International Review for the History of Religion*, XIII, 1966, pp. 20-24; A. Bartha, *op. cit., passim*; G. Györffy, "Dual Kingship and the Seven Chieftains of the Hungarians in the Era of the Conquest and the Raids," *AOH*, XLVII, 1994, 1-2, pp. 87-104.
[73] J. Deér, *Heidnisches und Christliches in der altungarischen Monarchie*, 2nd ed., Darmstadt, 1969, p. 50 ff.; I. Dienes, *Die Ungarn um die Zeit der Landnahme*, Budapest, 1972, pp. 57-68; idem, "Les Hongrois à l'époque de la conquête et leurs croyances ancestrales," in *Les peuples ouraliens. Leur culture, leurs traditions*, ed. P. Hajdú, Roanne-Budapest, 1980, pp. 85-123; P. Juhász, *Tiurko-bŭlgari i madzhari. Vliianie na tiursko-bŭlgarskata kultura bŭrkhu madzharite*, Sofia, 1985, p. 315 ff.; I. Kiszely, *A magyarság őstörténete (Mit adott a magyarság a világnak)*, II, Budapest, 1996, p. 459 ff.; C. Corradi Musi, *Shamanism from East to West*, Budapest, 1997; A. Róna-Tas, *Hungarians and Europe...*, pp. 148-151; L. Szegfü, "Le monde spirituel des Hongrois arpadiens," in *Les Hongrois et l'Europe...*, pp. 103-120; I. Fodor, "Über die vorchristliche Religion der Altungarn," *Acta Ethnografica Hungarica*, 48, 2003, 3-4, p. 327 ff.
[74] K. Sass, "Comment gravir l'arbre du monde? Les rites d'initiation dans le chamanisme hongrois," in *Les rites d'initiation. Actes du colloque de Liège et de Louvain-la-Neuve*, ed. J. Ries in collab. with H. Limet, Louvain-la-Neuve, 1986, p. 205.
[75] Anonymus, p. 38.
[76] Simonis de Keza *Gesta Hungarorum*, p. 152.
[77] *Ibidem*, p. 165.
[78] *Ibidem*, p. 188.
[79] J. Németh, "Noms ethniques turcs d'origine totémistique," in *Studia Turcica*, ed. L. Ligeti, Budapest, 1971, pp. 349-359.
[80] Simonis de Keza *Gesta Hungarorum*, p. 144; *Chronici Hungarici...*, pp. 250-251; *Cronica pictată de la Viena*, pp. 4, 117; *Chronicon Posoniense*, p. 14; *Chronicon Budense*, p. 8. Cf. also Henric de Mügeln, p. 108; Johannes of Thurocz, p. 24.
[81] Anonymus, p. 76.
[82] M. Eliade, *De Zalmoxis à Gengis-Khan*, Paris, 1970, pp. 135-138; G. Györffy, "Erfundene Stammesgründer," in *Fälschungen im Mittelalter. Internationaler Kongress der Monumenta Germaniae Historica, München, 16.-19. September 1986*, I (*MGH, Schriften*, 33, I), Hannover, 1988, pp. 143-150.
[83] Anonymus, p. 56.

[84] *Ibidem*, p. 40.
[85] *Ibidem*, p. 38; Simonis de Keza *Gesta Hungarorum*, ed. A. Domanovszky, p. 165; *Chronici Hungarici...*, pp. 284-285; *Cronica pictată de la Viena*, pp. 18, 132; *Chronicon Posoniense*, p. 31; *Chronicon Monacense*, ed. A. Domanovszky, in *SRH*, II, p. 61; Johannes de Thurocz, pp. 59-60.
[86] Constantinus et Methodius Thessalonicenses, *Fontes*, Zagreb, 1960, pp. 110 (*Textus slavicus Vitae Constantini et Vitae Methodii*, ed. E. Tomšič) and 185 (*Vita Constantini*, ed. F. Grivec).
[87] *Ibidem*, pp. 235-236 (*Vita Methodii*, ed. F. Grivec); Fr. Dvornik, *Les légendes de Constantin et de Méthode vues de Byzance*, 2nd ed., Hattiesburg, Mississippi, 1969, p. 392. Cf. also P. Király, "A Konstantin-és a Metód-legenda magyar részletei," in *A honfoglaláskor írott forrásai*, eds. L. Kovács, L. Veszprémy, Budapest, 1996, pp. 113-118.
[88] F. Dvornik, *The Making of Central and Eastern Europe*, 2nd ed., Gulf Breeze, Florida, 1974; *Early Christianity in Central and East Europe*, ed. P. Urbańczyk, Warsaw, 1997; *The New Cambridge Medieval History*, III, c. 900-c. 1024, ed. T. Reuter, Cambridge, 1999, p. 487 ff.; A. Avenarius, *Die byzantinische Kultur und die Slawen. Zur Problem der Rezeption und Transformation (6. bis 12. Jahrhundert)*, Vienna-Munich, 2000; *Christianizing Peoples and Converting Individuals*, eds. G. Armstrong and I.N. Wood, Turnhout, 2000; *Europe around the year 1000*, ed. P. Urbańczyk, Warsaw, 2001; P. Brown, *The Rise of Western Christendom. Triumph and Diversity, A.D. 200-1000*, 2nd ed., Malden, MA-Oxford-Carlton, 2003, p. 381 ff.; N. Chifăr, Istoria creștinismului, III, Iași, 2002, p. 35 ff.
[89] *Annales regni Francorum inde ab a. 741. usque ad a. 829. qui dicuntur Annales Laurissenses maiores et Einhardi*, ed. F. Kurze, in *MGH, SRGUSSE*, [6,] Hannoverae, 1895, p. 98; *Annales Mettenses priores*, ed. B. de Simson, in *MGH, SRGUSSE*, [10,] Hannoverae et Lipsiae, 1905, p. 81.
[90] Alcvini *Epistolae*, in *MGH, Epistolarum*, IV, *Epistolae Karolini aevi*, II, ed. E. Duemmler, Berolini, 1895, p. 309. Cf. also H. Reimitz, "*Conversion and Control: the Establishment of Liturgical Frontiers in Carolingian Pannonia*," in *The Transformation of Frontiers From Late Antiquity to the Carolingians*, eds. W. Pohl, I. Wood and H. Reimitz, Leiden-Boston-Cologne, 2001, p. 189.
[91] J.P. Ripoche, "La Hongrie entre Byzance et Rome: Probème du choix religieux," *Ungarn-Jahrbuch*, 6, 1974-1975, pp. 9-23; G. Györffy, "Rôle de Byzance dans la conversion des Hongrois," in *Cultus et cognitio. Studia z dziejów średniowiecznej kultury*, Warsaw, 1976, pp. 169-180; idem, "La christianisation de la Hongrie,"

Harvard Ukrainian Studies, XII-XIII, 1988-1989, pp. 61-74; P. Engel, *Beilleszkedés Európába, a kezdetektől 1440 – ig*, Budapest, 1990, p. 107 ff.; M. Sághy, "Aspects de la christianisation des Hongrois aux IXe-Xe siècles," in *Early Christianity...*, pp. 53-65; eadem, "Le baptême de saint Étienne de Hongrie," in *Clovis. Histoire et mémoire. Le baptême de Clovis, son écho à travers l'histoire*, ed. M. Rouche, Paris, 1997, pp. 437-452; P.G. Bozsóky, "Les premières rencontres des Hongrois avec la chrétienté," in *Les Hongrois et l'Europe...*, pp. 243-255; R. Grzesik, "Die Ungarnmission des Hl. Adalberts," in *...The Man of Many Devices, Who Wandered Full Many Ways... Festschrift in Honor of János M. Bak*, Budapest, 1999, pp. 230-240; L. Veszprémy, "Conversion in Chronicles: The Hungarian Case," in *Christianizing Peoples...*, pp. 133-145; G. Érszegi, "Die Christianisierung Ungarns anhand der Quellen," in *Europas Mitte um 1000. Beiträge zur Geschichte, Kunst und Archäologie*, 2, eds. A. Wieczorek and H.-M. Hinz, Stuttgart, 2000, pp. 600-607; G. Adriányi, "Die Rolle Salzburgs, Passaus und Regensburgs bei der Christianisierung Ungarns," in *Bayern-Ungarn Tausend Jahre/Bajorország és Magyarország 1000 éve. Katalog zur Bayerischen Landesausstellung 2001, Oberhausmuseum, Passau, 8. Mai bis 28. Oktober 2001*, eds. W. Jahn, Ch. Lankes, W. Petz and E. Brockhoff, Augsburg, 2001, pp. 55-64.

[92] J. Hampel, *Alterthümer...*, I-III; idem, *Újabb...*; N. Fettich, *Die Metallkunst...*; G. László, *A honfoglaló magyar...*; C. Bálint, *Die Archäologie...*, pp. 199-217; idem, *Südungarn...*; L. Révész, *A karosi honfoglalás kori temetők*; L. Révész, I.M. Nepper, "The archaeological heritage of the ancient Hungarians," in *The Ancient Hungarians*, pp. 37-56; *A magyar honfoglalás korának..., passim*; I. Fodor, "L'héritage archéologique des Hongrois conquérants (Xe siècle)," in *Les Hongrois et l'Europe...*, p. 64 ff.

[93] C. Bálint, "A honfoglalás kori lovastemetkezések néhány kérdése," *A Móra Ferenc Múzeum Évkönyve*, 1969, I, pp. 107-114; idem, "Pogrebeniia s koniami u vengrov v IX-X vv.," in *Problemy arkheologii...*, pp. 176-188; idem, *Südungarn...*, p. 19 ff.; idem, "Les tombes à ensevelissement de cheval chez les Hongrois aux IXe-XIe siècles," *AEMA*, II, 1982, pp. 5-36; E.P. Kazakov, "O kul'te konia v srednevekovykh pamiatnikakh Evrazii," in *Zapadnaia Sibir' v epokhu srednevekov'ia*, ed. L.A. Chindina, Tomsk, 1984, pp. 99-110.

[94] S. Bökönyi, *op. cit.*, p. 269.

[95] E.A. Chalikova, A.H. Chalikov, *Altungarn an der Kama und im Ural (Das Gräberfeld von Bolschie Tigani)* (Régészeti füzetek, 2nd Ser., 21), Budapest, 1981;

A.H. Chalikow, "Auf der Suche nach «Magna Hungaria»," *Hungarian Studies*, 2, 1986, 2, pp. 189-215.

[96] E. Darkó, "Zur Frage der urmagyarischen und urbulgarischen Beziehungen," *Körösi Csoma-Archivum*, I, 1924, 4, pp. 292-301; I.F. Erdélyi, "Fouilles...," p. 301 ff.; I. Fodor, *Altungarn, Bulgarentürken und Ostslawen in Südrussland (Archäologische Beiträge)* (Acta Antiqua et Archaeologica, XX, Opuscula byzantina, IV), Szeged, 1977; idem, *Die grosse Wanderung der Ungarn von Ural nach Pannonien*, Budapest, 1982, p. 183 ff.; A.H. Chalikow, "Auf der Suche...," p. 189 ff.; A. Berta, "Magyarok a steppe országútján," in Árpád előtt és után, eds. G. Kristó and F. Makk, Szeged, 1996, pp. 31-41; A. Róna-Tas, *A honfoglaló magyar nép. Bevezetés a korai magyar történelem ismeretébe*, Budapest, 1997, p. 174 ff.

[97] I. Fodor, "The Hungarian Conquest," in *The Ancient Hungarians*, p. 14; idem, "L'origine du peuple hongrois et la Conquête de la Patrie," in *La Hongrie de l'an Mil. Naissance d'une nation européenne*, eds. I. Fodor, L. Révész, M. Wolf, I.M. Nepper, J.-Y. Marin, Milan, 1998, p. 30.

[98] *Descriptio itineris prioris fr. Iuliani a fr. Richardo*, in L. Bendefy, *Fontes...*, pp. 21, 26, 30; *Der Bericht des fr. Riccardus*, in H. Dörrie, *Drei Texte...*, p. 151.

[99] *Epistola fr. Iuliani de bello Mongolorum*, in L. Bendefy, *Fontes...*, p. 39; *Der Bericht des fr. Iulianus*, in H. Dörrie, *Drei Texte...*, p. 166.

[100] Johannes de Plano Carpini, *Ystoria Mongalorum*, in *Sinica Franciscana*, I, *Itinera et relationes fratrum minorum saeculi XIII et XIV*, ed. A.v.d. Wyngaert, Ad Claras Aquas (Quaracchi-Florence), 1929, p. 89. Cf. also pp. 73, 111; Giovanni di Pian di Carpine, *Storia dei Mongoli*, eds. P. Daffinà, C. Leonardi, M.C. Lungarotti, E. Menestrò, L. Petech, Spoleto, 1989, p. 289. Cf. also pp. 272, 313; F. Risch, *Anhang IV. Die Baschkiren*, in Johann de Plano Carpini, *Geschichte der Mongolen und Reisebericht 1245-1247*, ed. F. Risch, Leipzig, 1930, pp. 305-311; Johannes von Piano Carpine, *Die Mongolengeschichte*, ed. J. Giessauf, Graz, 1995, p. 178, footnote 501.

[101] C. de Bridia Monachi, *Hystoria Tartarorum*, ed. A. Önnerfors, Berlin, 1967, p. 22.

[102] Roger Bacon, *The "Opus majus"*, I, ed. J.H. Bridges, Oxford, 1897, p. 367.

[103] Guillelmus de Rubruc, *Itinerarium*, in *Sinica Franciscana*, I, pp. 218-219.

[104] *Benedictus Polonus, Relatio*, in *Sinica Franciscana*, I, p. 138.

[105] *Bullarium Franciscanum Romanorum Pontificum*, ed. J.H. Sbaralea, II, Rome, 1761, pp. 284-286; IV, 1768, pp. 278-280; Luca Waddingus, *Annales Minorum seu Trium Ordinum a s. Francisco Institutorum*, IV, Ad Claras Aquas (Quaracchi),

1931, p. 94.
[106] K. Miller, *Mappaemundi. Die ältesten Weltkarten*, III, *Die kleineren Weltkarten*, Stuttgart, 1895, pp. 69, 71, 72.
[107] J. Tardy, "A Contribution to the Cartography of the Central and Lower Volga Region," in *Chuvash Studies*, ed. A. Róna-Tas, Wiesbaden, 1982, pp. 193-194.
[108] Idem [L. Tardy], "Les cartes géographiques d'intérêt hongrois de Johannes Schöner et de ses successeurs dans le premier quart du XVIe siècle," in *Les anciens Hongrois et les ethnies voisines à l'est*, ed. I. Erdélyi, Budapest, 1977, pp. 274, 279 and fig. 4.
[109] *Ibidem*, pp. 278, 281-282; J. Tardy, "A Contribution...," p. 197.
[110] J. Tardy, "A Contribution...," p. 195.
[111] Idem [L. Tardy], "Les cartes...," p. 271.
[112] *Ibidem*, pp. 295-297.
[113] J. Tardy, "A Contribution...," p. 195.
[114] L. Bendefy, "Sources concernant les Hongrois orientaux aux Archives du Vatican," in *Les anciens Hongrois et les ethnies voisines à l'Est*, co-ord. I. Erdélyi, Budapest, 1977, pp. 253-255, 270.
[115] *Ibidem*, pp. 254, 269-270.
[116] G. Németh, "Magyar and Mišar," *AOH*, 25, 1972, pp. 293-299; I. Fodor, "Où le dominicain Julien de Hongrie retrouva-t-il les Hongrois de l'Est?," in *Les anciens Hongrois...*, 1977, pp. 18-19.
[117] *DAI*, pp. 170-171.
[118] *Ibidem*.
[119] H. Grégoire, "Le nom et l'origine des Hongrois," *Zeitschrift der Deutschen Morgenländischen Gesellschaft*, 91, 1937, 3, p. 630 ff.; idem, "L'habitat primitif des Hongrois. Lebedia = Lebedin," *Byzantion*, XIII, 1938, 1, pp. 409-410; G. Vernadsky, "Lebedia. Studies on the Magyar Background of Kievan Russia," *Byzantion*, XIV, 1939, 1, p. 186; N. Bănescu, *Istoria Imperiului Bizantin*, II, [*Imperiul Bizantin clasic*] *(610-1081)*, ed. T. Teoteoi, Bucharest, 2003, pp. 308-309. 这个观点并没有得到C. Zuckerman 的证实 ["Les Hongrois au pays de Lebedia: une nouvelle puissance aux confins de Byzance et de la Khazarie ca 836-889," in *Byzantium at War (9th-12th c.)*, Athens, 1997, pp. 59-66, 70-73; idem, "On the Origin of the Khazar Diarchy and the Circumstances of Khazaria's Conversion to Judaism," in *The Turks*, 1, *Early Ages*, pp. 519-521]，他对于可萨人与匈牙利人关系之性质的问题持有不同看法。
[120] G. Fehér, "Zur Geschichte der Steppenvölker von Südrussland im 9.-10.

Jahrhundert," *Studia Slavica*, V, 1959, 3-4, p. 286 ff.; I. Boba, *Nomads, Northmen and Slavs. Eastern Europe in the Ninth Century*, The Hague, 1967, p. 39 ff.; S.A. Pletnëva, *Ot kochevii k gorodam...*, *passim*; eadem, *Khazary*, 2nd ed., Moscow, 1986, p. 24 ff.; eadem, *Ocherki khazarskoĭ arkheologii*, Moscow, 2000; eadem, *Kochevniki iuzhnorusskikh stepeĭ v ėpokhu srednevekov'ia IV-XII veka. Uchebnoe posobie*, Voronezh, 2003, p. 52 ff.; P.B. Golden, *Khazar Studies*, I, Budapest, 1980; D. Ludwig, *Struktur und Gesellschaft des Chazaren-Reiches im Licht der schriftlichen Quellen*, Münster (Westf.), 1982, p. 69 ff.; M.G. Magomedov, *Obrazovanie khazarskogo kaganata. Po materialam arkheologicheskikh issledovanii i pis'mennym dannym*, Moscow, 1983; *Maiatskiĭ arkheologicheskiĭ kompleks. Materialy Sovetsko-Bolgaro-Vengerskoĭ ėkspeditsii*, ed. S.A. Pletnëva, Moscow, 1990; V.Ia. Petrukhin, D.S. Raevskiĭ, *Ocherki istorii narodov Rossii v drevnosti i rannem srednevekov'e*, Moscow, 1998, p. 198 ff.; S.A. Romashov, "Istoricheskaia geografiia Khazarskogo kaganata (V-XIII vv.)," *AEMA*, 11, 2000-2001, pp. 219-338; 12, 2002-2003, pp. 81- 221.

[121] *DAI*, pp. 170-171.

[122] G. Vernadsky, M. de Ferdinandy, *Studien zur ungarische Frühgeschichte. I. Lebedia; II. Álmos,* Munich, 1957, pp. 14-16.

[123] G.L. Bata, "Lebedia Revisited", *Journal of Turkish Studies*, 16, 1992 (*Richard Nelson Frye Festschrift I. Essays presented to Richard Nelson Frye on his Seventieth Birthday by his Colleagues and Students*, Menaging editor C.I. Cross), pp. 1-4.

[124] M. Canard (ed.), *La relation du voyage d'Ibn Fadlān chez les Bulgares de la Volga*, in *Annales de l'Institut d'Études Orientales*, Alger, XVI, 1958, pp. 41-146; R.P. Blake and R.N. Frye (eds.), *Notes on the Risala of Ibn-Fadlan*, in *Byzantina Metabyzantina*, I, 1949, 2, pp. 7-37.

[125] Constantinus et Methodius Thessalonicenses *Fontes*, pp. 110 (*Textus slavicus...*), 185 (*Vita Constantini*).

[126] *Hudūd*, p. 101. Cf. also *Orient. Ber.*, p. 210 (*Hudūd al-'Ālam*).

[127] Ibn Dasta [Ibn Rusta], p. 27; Ibn Rusteh, pp. 160-161; P. Martinez (ed.), *Gardizi*, pp. 161-162; Marvazi, p. 35; *Orient. Ber.*, pp. 74-75 (ibn Rusta), 177 (Gardīzī), 252 (al-Marwazī); J. de Hammer, *op. cit.*, pp. 47, 65 and 71.

[128] *PVL*, I, p. 20; *Ip. let.*, col. 17.

[129] *PVL*, I, pp. 20-21; *Ip. let.*, col. 17.

[130] *Hudūd*, p. 100. Cf. also Ibn Rusteh, p. 160; P. Martinez (ed.), *Gardizi*, p. 160;

Marvazi, p. 35; *Orient. Ber.*, pp. 68-69 (ibn Rusta), 172 (Gardīzī), 252 (al-Marwazī).

[131] Ibn Rusteh, p. 160; *Orient. Ber.*, p. 74 (ibn Rusta).

[132] *PVL*, I, p. 21; *Die Nestorchronik: Die altrussische Chronik, zugeschrieben dem Mönch des Kiever Höhlenklosters Nestor*, in *der Redaktion des Abtes Sil'vestr aus dem Jahre 1116, rekonstruiert nach den Handschriften Lavrent'evskaja, Radzivilovskaja Akademičeskaja, Troickaja, Ipat'evskaja und Chlebnikovskaja*, trans. L. Müller, Munich, 2001, p. 26. Cf. also *Ip. let.*, col. 18.

[133] Anonymus, pp. 42-44; *Die "Gesta Hungarorum..."*, pp. 42-47.

[134] *PVL*, I, p. 20.

[135] K. Mesterházy, "Die Landnahme der Ungarn aus archäologischer Sicht," in *Ausgewählte Probleme europäischer Landnahmen des Früh- und Hochmittelalters*, II, eds. M. Müller-Wille and R. Schneider, Sigmaringen, 1994, p. 26 ff.

[136] J. Kiss, *op.cit.*, p. 38.

[137] Simonis de Keza *Gesta Hungarorum*, ed. A. Domanovszky, p. 145; *Chronici Hungarici...*, p. 251; *Cronica pictată de la Viena*, pp. 4, 117; *Chronicon Posoniense*, p. 15; *Chronicon Dubnicense*, p. 6; Henric de Mügeln, p. 108.

[138] P. Langó, "Megjegyzések az alánok és a magyarok 10. századi együttes beköltözéséhez," *A Wosinsky Mór Múzeum Évkőnyve*, XXIII, Szekszárd, 2001, p. 321 ff.

[139] *DAI*, pp. 172-173, 176-177. 关于这个问题，参见 I. Fodor, *Verecke híres útján... A magyar nép őstörténete és a honfoglalás*, 2nd ed., Budapest, 1980; G. Györffy, "Levedia és Etelköz kérdéséhez," *Magyar nyelv*, LXXX, 1984, 4, pp. 385-389; L. Benkő, "A magyarság honfoglalás előtti történetéhez Lëved és Etëlköz kapcsán," *ibidem*, pp. 389-419; J. Harmatta, "Lebedia és Atelkuzu," *ibidem*, pp. 419-431; P. Király, "Levedia-Etelköz a szlavisztikai irodalom tükrében," *ibidem*, pp. 431-439; *Magyarország története. Előzmények és magyar történet 1242-ig*, 1/1, gen. ed. G. Székely, ed. A. Bartha, Budapest, 1984, pp. 545-574 (A. Bartha); L. Ligeti, "Levédia és Etelköz," *Magyar nyelv*, LXXXI, 1985, 1, pp. 1-19; I. Erdélyi, *A magyar honfoglalás és előzményei*, Debrecen, 1986, pp. 20-25; G. Vékony, "Levedia meg Atel és Kuzu," *Magyar nyelv*, LXXXII, 1986, 1, pp. 41-53; P. Váczy, "Etelköz," in idem, *A magyar történelem korai századaiból*, Budapest, 1994, pp. 12-16; C. di Cave, *L'arrivo degli Ungheresi in Europa e la conquista della patria. Fonti e letteratura critica*, Spoleto, 1995, pp. 51-106; G. Kristó, *Magyarország története 895-1301*, Budapest, 1998, pp. 42-46; A. Róna-Tas, *Hungarians and Europe...*, pp. 325-330; F. Makk, "Etelköz-Mesopotamia," *Acta Universitatis Szegediensis de Attila József Nominatae. Acta*

Historica, CXIII, 2001, pp. 31-40; S.L. Tóth, "Megjegyzések a Levedia-Etelköz problémához," in *A Kárpát-medence és a steppe*, ed. A. Márton, Budapest, 2001, pp. 127-136。

［140］P. Váczy, "Etelköz – die Heimat der Ungarn," *Mitteilungen des Archäologischen Instituts der Ungarischen Akademie der Wissenschaft*, 14, 1985, pp. 169-175.

［141］Simonis de Keza *Gesta Hungarorum*, ed. A. Domanovszky, pp. 145-146; *Chronici Hungarici...*, pp. 253, 269; *Cronica pictată de la Viena*, pp. 5, 12, 118 and 125; *Chronicon Posoniense*, pp. 15, 24. Cf. also Henric de Mügeln, p. 109.

［142］G. Huxley, "Steppe-People in Konstantinos Porphyrogennetos," *JOB*, 34, 1984, p. 82.

［143］*DAI*, pp. 174-175.

［144］N.M. Bokiĭ, S.A. Pletnëva, "Zakhoronenie sem'i voĭna-kochevnika X v. v basseĭne Ingula," *SA*, 1988, 2, pp. 99-115; idem, "Nomád harcos család 10. századi sírjai az Ingul folyó völgyében," *Archaeológiai Értesítő*, 116, 1989, pp. 86-98.

［145］A. Koperski, M. Parczewski, "Wczesno średniowieczny grób węgra-koczownika z Przemyśla," *Acta Archaeologica Carpathica*, XVIII, 1978, pp. 151-199; E. Dąbrowska, "Éléments hongrois dans les trouvailles archéologiques au nord des Karpates," *AAH*, XXXI, 1979, 3-4, pp. 341-356; A. K[operski], "Przemyśl," in *The Ancient Hungarians*, pp. 439-448; idem, "Groby wojowników z koniem na cmentarzysku "staromadziarskim" w Przemyślu," in *Słowianie i ich sąsiedzi we wczesnym średniowieczu*, ed. M. Dulinicz, Warsaw-Lublin, 2003, pp. 365-374.

［146］O.M. Prikhodniuk, L.M. Churilova, "Koshtovnosti z s. Korobchine na Dnipropetrovshchini," *Arkheologiia*, Kiev, 2001, 1, pp. 96-105.

［147］D. Gh. Teodor, "Contribuţii la cunoaşterea culturii Dridu pe teritoriul Moldovei," *SCIV*, 19, 1968, 2, pp. 227-278; idem, *Descoperiri arheologice şi numismatice la est de Carpaţi în secolele V-XI d.H.*, Bucharest, 1996 [1997], *passim*; I. Tentiuc, *Populaţia din Moldova Centrală în secolele XI-XIII*, Iaşi, 1996, p. 20 ff.; Şt. Olteanu, *Societatea carpato-danubiano-pontică în secolele IV-XI. Structuri demo-economice şi social-politice*, Bucharest, 1997, pp. 24-57; Gh. Postică, "Evoluţia aşezărilor din spaţiul pruto-nistrean în epoca migraţiilor (sec. V-XIII)," *Thraco-Dacica*, XX, 1999, 1-2, p. 333 ff.

［148］Georgii Monachi *Vitae imperatorum recentiorum*, in Theophanes Continuatus, Ioannes Cameniata, Symeon Magister, Georgius Monachus, ed. Im. Bekker, Bonn, 1838, pp. 817-819; Leonis Grammatici *Chronographia*, ed. Im. Bekker, Bonn, 1842, pp. 268-269. 关于所有这些事件，也可参见 Scriptor incertus, *Historia de Leone Bardae Armenii filio*, in Leo Grammaticus, pp. 345-346; *Synaxarium*

Ecclesiae Constantinopolitanae, ed. H. Delehaye, in *Propylaeum ad Acta Sanctorum novembris*, [63,] Brussels, 1902, col. 418; G. Moravcsik, "Sagen und Legenden über Kaiser Basileios I," *Dumbarton Oaks Papers*, 15, 1961, pp. 71-78, 117-119。

[149] V. Beševliev, *Die protobulgarischen Inschriften*, Berlin, 1963, pp. 281-285.

[150] *DAI*, pp. 182-185.

[151] S.A. Pletněva, *Sarkel i "shelkovyĭ put'*,*"* Voronezh, 1996.

[152] Eadem, *Ot kocheviĭ k gorodam...*, pp. 22-50; V.K. Mikheev, *Podon'e v sostave khazarskogo kaganata*, Kharkov, 1985; G.E. Afanas'ev, Donskie alany. *Sotsial'nye struktury alano-asso-burtasskogo naseleniia basseĭna Srednego Dona*, Moscow, 1993, pp. 123-150.

[153] W. Eggert, *Das ostfränkisch-deutsche Reich in der Auffassung seiner Zeitgenossen*, Berlin, 1973, p. 15 ff.; [F.M.] Mayer, [R.Fr.] Kaindl, [H.] Pirchegger, *Geschichte und Kulturleben Österreichs von der ältesten Zeiten bis 1493*, 6th ed. A.A. Klein, Vienna-Stuttgart, 1974, p. 46 ff.; H. Wolfram, *Salzburg, Bayern, Österreich. Die Conversio Bagoariorum et Carantanorum und die Quellen ihrer Zeit*, Vienna-Munich, 1995, pp. 68-71, 84-100, 298-336; idem, "The Creation of the Carolingian Frontier-System c. 800," in *The Transformation of Frontiers...*, pp. 233-245; F. Daim, E. Szameit, "Die Slawen im karolingischen Ostland des 9. Jahrhundert und die Mähren," in *Reitervölker aus dem Osten. Hunnen + Awaren. Begleitbuch und Katalog*, co-ord. F. Daim, eds. F. Daim, K. Kaus, P. Tomka, Eisenstadt, 1996, pp. 446-448; P.F. Barton, *Geschichte des Christentums in Österreich und Südostmitteleuropa, 3/2, Im Karolingerreich 788-911. Von den Avarenkriegen zum Ungarnsturm*, Vienna, 1997; Ch.R. Bowlus, "Die militärische Organisation des karolingischen Südosten (791-907)," *Frühmittelalterliche Studien*, 31, 1997, pp. 46-69; B.M. Szöke, "Das Karpatenbecken zur Zeit der Landnahme. Politische, kulturelle und ethnische Voraussetzungen," in *Europas Mitte um 1000...*, 1, pp. 213-216; A. Schwarcz, "Pannonien im 9. Jahrhundert und die Anfänge der direkten Beziehungen zwischen dem ostfränkischen Reich und den Bulgaren," in *Grenze und Differenz im frühen Mittelalter*, eds. W. Pohl and H. Reimitz, Vienna, 2000, pp. 99-104.

[154] Einhard, *Das Lebens Karl der Grossen/Einhardi vita Karoli*, in *Quellen zur karolingischen Reichsgeschichte*, I, ed. R. Rau, Darmstadt, 1987, pp. 180-183.

[155] *PVL*, I, p. 14.

[156] F. Lošek, Die Conversio Bagoariorum et Carantanorum *und der Brief des*

Erzbischofs Theotmar von Salzburg, in MGH, Studien und Texte, 15, Hannover, 1997, pp. 102-103.

[157] DAI, pp. 142-143.

[158] W. Pohl, Die Awaren, Ein Steppenvolk in Mitteleuropa, 567-822 n. Chr., Munich, 1988, pp. 323-328; M. Eggers, Das "Grossmährische Reich": Realität oder Fiction?, Stuttgart, 1995, pp. 51-57. 关于阿瓦尔人在其汗国毁灭后继续存续的问题，也可参见P. Ratkoš, "Historische Quellen und die sog. awarisch-magyarische Kontinuität," Študijné zvesti, 16, 1968, pp. 183-192; P. Tomka, "Le problème de la survivance des Avars dans la littérature archéologique hongroise," AOH, XXIV, 1971, 2, pp. 217-252; B.M. Szőke, "The question of continuity in the Carpathian Basin of the 9th century A.D.," Antaeus, 19-20, 1990-1991, pp. 145-157; J. Giesler, Der Ostalpenraum vom 8. bis 11. Jahrhundert. Studien zu archäologischen und schriftlichen Zeugnissen, 2, Historische Interpretation, Rahden/Westf., 1997, pp. 226-232. 关于阿瓦尔人群落在汗国陷落后的命运，最近的一项研究得出了如下结论："822年之后，除了记忆之外，没有留下阿瓦尔人的任何踪迹。这并不是说整个阿瓦尔人被赶尽杀绝，而是说，阿瓦尔的身份随着汗国的'古老光辉'的逝去而消失，正如它曾随着那'古老光辉'而存在"，参见W. Pohl, "A Non-Roman Empire in Central Europe: the Avars," in Regna and Gentes. The Relationship between Late Antique and Early Medieval Peoples and Kingdoms in the Transformation of the Roman World, eds. H.-W. Goetz, J. Jarnut and W. Pohl, Leiden-Boston, 2003, pp. 587-588。

[159] C. Bálint, Die Archäologie..., p. 231; M. Eggers, Das "Grossmährische Reich...," pp. 55-57.

[160] F. Daim, "Avars and Avar Archaeology. An Introduction," in Regna and Gentes..., pp. 514-515.

[161] Die Reichsannalen mit Zusätzen aus den sog. Einhardsannalen, in Quellen..., I, 1987, pp. 150-151. Cf. also Das Leben Kaiser Ludwigs vom sog. Astronomus, in ibidem, pp. 328-329.

[162] I. Boba, Moravia's History Reconsidered. A Reinterpretation of Medieval Sources, The Hague, 1971; T. Senga, "La situation géographique de la Grande-Moravie et les Hongrois conquérants," Jahrbücher für Geschichte Osteuropas, NF, 30, 1982, 4, pp. 533-540; M. Eggers, op. cit.; Ch. R. Bowlus, Franks, Moravians, and Magyars. The Struggle for the Middle Danube, 788-907, Philadelphia, 1995; G. Kristó, "Konstantinos Porphyrogennetos über die Landnahme der Ungarn," in Byzanz und Ostmitteleuropa 950-1453, eds. G. Prinzing and M. Salamon, Wiesbaden, 1999, pp. 13-21.

[163] H. Łowmiański, "Où était situé le royaume de Grande-Moravie?," in idem, Les

Slaves et leurs voisins dans l'Antiquité et au Moyen Âge. Opera Minora, ed. J. Bardach, Wrocław-Warsaw-Cracow, 1993, pp. 162-172; W.K. Hanak, "The Great Moravian Empire: An Argument for a Northern Location," *Mediaevalia Historica Bohemica*, 4, 1995, pp. 7-24; E. Mühle, "Altmähren oder Moravia? Neue Beiträge zur geographischen Lage einer frühmittelalterlichen Herrschaftsbildung im östlichen Europa," *Zeitschrift für Ostmitteleuropa-Forschung*, 46, 1977, 2, pp. 205-223; B. Chropovský, "K problematike sidla Svätopluka I.," in *Svätopluk 894-1994*, eds. R. Marsina, A. Ruttkay, Nitra, 1997, p. 71 ff.; H. Wolfram, "Moravien-Mähren oder nicht?," in *ibidem*, pp. 235-245; H. Dopsch, "Arnolf und der Südosten-Karantanien, Mähren, Ungarn," in F. Fuchs and P. Schmid (eds.), *Kaiser Arnolf. Das ostfränkische Reich am Ende des 9. Jahrhunderts*, Munich, 2002, pp. 160-166.

[164] *Annales Bertianini*, in *MGH, SS*, I, p. 458.

[165] *Annales Fuldenses*, p. 374.

[166] *Annales Alamannici*, in *MGH, SS*, I, p. 50; *Annales Weingartenses*, in *ibidem*, p. 66; *Annales Sangallenses maiores, dicti Hepidanni*, in *ibidem*, p. 76.

[167] W. Pohl, *Die Awaren...*, p. 324;T.Olajos, "Annales Alamannici a.863: «gens Hunorum». Etelközi magyarok vagy avarok avagy bolgárok?," *Acta Universitatis Scientiarum Szegediensis. Acta Historica*, CXIII, 2001, pp. 5-10.

[168] S. de Vajay, *Der Eintritt des ungarischen Stämmebundes in die europäische Geschichte (862-933)*, Mainz, 1968, p. 11; M.G. Kellner, *op. cit.*, pp. 13-14, 64, 82-83; M. Eggers and Ch. Bowlus, "863/864 – eine «internationale» Konfrontation in Südosteuropa," *Südost-Forschungen*, 59/60, 2000/2001, p. 19; M. Eggers, "Baiern, Pannonien und die Magyaren," in *Baiern-Ungarn Tausend Jahre*, eds. H.W. Wurster, M. Treml and R. Loibl, Passau-Regensburg, 2001, p. 66.

[169] *Annales ex annalibus Iuvavensibus antiques excerpti*, ed. H. Besslau, in *MGH, SS*, XXX, 2, Lipsiae, 1926, p. 742.

[170] *DAI*, pp. 174-175.

[171] Anonymus, pp. 46-47.

[172] *Annales Fuldenses*, p. 408.

[173] *Ibidem*, p. 410; Reginonis *Chronicon*, p. 606.

[174] Leonis imperatoris Tactica..., col. 1054.

[175] Georgii Monachi *Vitae...*, pp. 853-855; Leo Grammaticus, pp. 257-268; Theophanes Continuatus, *Chronographia*, in Theophanes Continuatus..., 1838, pp. 358-359; Symeonis Magistri *Annales*, in *ibidem*, p. 701; Simeon Metaphrastes, in A.F. Gombos, *Catalogus fontium historiae Hungaricae*, III, Budapest, 1938, p. 2131;

DAI, pp. 176-177, 250-251; *Annales Fuldenses*, pp. 411-412; Ioannis Skylitzae *Synopsis historiarum*, ed. I. Thurn, Berolini et Novi Eboraci, 1973, p. 276; Georgii Cedreni *Compendium historiarum*, II, ed. Im. Bekker, Bonn, 1838, pp. 255-256.

[176] *Annales Fuldenses*, pp. 412-413.

[177] *DAI*, pp. 176-177.

[178] Reginonis *Chronicon*, pp. 599-600.

[179] Anonymus, pp. 34 and 39.

[180] L.N. Gumilev, "A kazárok utódai," *Történelmi szemle*, XI, 1968, 1-2, pp. 12-13; P. Veres, "Le rôle des facteurs écologiques et économiques dans la conquête du bassin des Carpathes par les Hongrois en 896," in *Les questions fondamentales du peuplement du bassin des Carpathes du VIIIe au Xe siècle*, ed. L. Gerevich, Budapest, 1972, pp. 213-230.

[181] G. Györffy, "Honfoglalás, megtelepedés és kalandózsok," in *Magyar őstörténeti tanulmányok*, eds. A. Bartha, K. Czeglédy, A. Róna-Tas, Budapest, 1977, pp. 125-126.

[182] Simonis de Keza *Gesta Hungarorum*, ed. A. Domanovszky, p. 144 ff.; *Chronici Hungarici...*, p. 249 ff.; *Cronica pictată de la Viena*, pp. 4-17 and 116-132; *Chronicon Posoniense*, pp. 14-30; *Chronicon Monacense*, pp. 58-62; *Chronicon Budense*, p. 8 ff.; Johannes de Thurocz, p. 20 ff. Cf. also Henric de Mügeln, p. 108 ff.

[183] P. Zombory-Nagy, "Les fils d'Attila. Intégration chrétienne et historiographie dans la Hongrie médiévale," in *La ville médiévale en deçà et au-delà de ses murs. Mélanges Jean-Pierre Leguay*, eds. Ph. Lardin and J.-L. Roch, Rouen, pp. 411-412.

[184] Anonymus, p. 40.

[185] *Chronicon Grandese*, in *Cronache veneziane antichissime*, pp. 48-49.

[186] G. László, "A «kettős honfoglalás»-ról," *Archaeológiai Értesítő*, 97, 1970, 2, pp. 161-190; C. di Cave, *op. cit.*, pp. 169-274.

[187] I. Fodor, *Die Grosse Wanderung...*, pp. 292-296; I. Boba, "A Twofold Conquest of Hungary or «Secundus Ingressus»," *Ungarn-Jahrbuch*, 12, 1982-1983, pp. 23-41; C. Bálint, *Die Archäologie...*, pp. 233-235.

[188] R. Baker, "On the Origin of the Moldavian Csángós," *The Slavonic and East European Review*, 75, 1997, 4, pp. 658-680; M. Arens and D. Bein, "Katholische Ungarn in der Moldau. Eine Minderheit in historischen Kontext einer ethnisch und konfessionell gemischten Region," *Saeculum*, 54, 2003, 2, p. 213 ff.

[189] Simonis de Keza *Gesta Hungarorum*, ed. A. Domanovszky, p.162; *Chronicon Posoniense*, pp. 29-30.

［190］ Z. Kordé, "Kabars, Sicules et Petchenègues. Les Hongrois et les auxiliaires militaires (IXe-XIIe siècle)," in *Les Hongrois et l'Europe*..., pp. 232-237.

［191］ D. Sinor, "The First Change of Regime in Hungarian History," *Hungarian Studies*, 14, 2000, 2, p. 154.

［192］ J. Kiss, *op. cit.*, pp. 50-51; M. Font, "Hongrois et Slaves à l'époque arpadienne," in *Les Hongrois et l'Europe*..., pp. 174-181.

［193］ S. Imre, "Die Geschichte der ungarischen Sprache," in *The Uralic Languages. Description, History and Foreign Influences*, ed. D. Sinor (*Handbuch der Orientalistik*, VIII, 1), Leiden-New York- Copenhagen-Cologne, 1988, p. 420.

［194］ B. Szöke, "Abjelobrdoi kultúráról," *Archaeologiai Értesitö*, 86, 1959, pp. 32-47; A. Kiss, "Zur Frage der Bjelo Brdo Kultur," *AAH*, XXV, 1973, 3-4, pp. 327-340; C. Bálint, "Vengry i t.n. Belobrdrskaia kul'tura," *Acta Archaeologica Carpathica*, XIX, 1975, pp. 97-146; idem, *Südungarn*..., pp. 159-193; J. Giesler, "Untersuchungen zur Chronologie der Bijelo Brdo-Kultur," *Prähistorische Zeitschrift*, 56, 1981, pp. 3-157; K. Horedt, *Siebenbürgen im Frühmittelalter*, Bonn, 1986, p. 112 ff.; Z. Tomičić, "New investigation of the Bijelo Brdo culture in Croatia," in *Actes du XII Congrès International des Sciences Préhistoriques et Protohistoriques, Bratislava, 1-7 septembre 1991*, 4, ed. J. Pavúk, Bratislava, 1993, pp. 32-42.

［195］ F. Daim, "Archäologie der Awaren," in *Reitervölker aus dem Osten*..., pp. 199-201; idem, "Archaeology, Ethnicity and the Structures of Identification: the Example of the Avars, Carantanians and Moravians in the Eighth Century," in *Strategies of Distinction: The Construction of Ethnic Communities, 300-800*, ed. W. Pohl with H. Reimitz, Leiden-Boston-Cologne, 1998, p. 89; I. Stanciu, "Avarii," in *Istoria românilor*, II, *Daco-romani, romanici, alogeni*, co-ord. D. Protase, A. Suceveanu, Bucharest, 2001, p. 721. 根据最新的估计，目前所探知的阿瓦尔墓穴的数量已超过60000个，参见F. Daim, "Avars and Avar Archaeology...," p. 465。

［196］ C. Bálint, *Der Archäologie*..., p. 198.

［197］ G. Györffy, "Formation d'États au IXe siècle suivant les «Gesta Hungarorum» du Notaire Anonyme," in *Nouvelles études historiques*, I, Budapest, 1965, pp. 37-39; U. Fiedler, *Studien zu Gräberfeldern des 6. bis 9. Jahrhunderts an der unteren Donau*, I, Bonn, 1992, p. 35; M. Eggers, *Das "Grossmährische Reich...,"* p. 325 ff.

［198］ Anonymus, pp. 48, 51.

［199］ *Ibidem*, pp. 56-57.

［200］ *Ibidem*, pp. 71, 80-83.

［201］ Simonis de Keza *Gesta Hungarorum*, ed. A. Domanovszky, p. 164.

[202] *Chronicon Posoniense*, p. 30; *Chronicon Monacense*, p. 62; *Chronici Hungarici*..., pp. 281, 282, 288; *Cronica pictată de la Viena*, pp. 17, 21, 131, 135; *Chronicon Budense*, p. 32; Johannes of Thurocz, pp. 58-59. Cf. also Henric de Mügeln, pp. 128-129, 131.

[203] B.M. Szőke, "Das Karpatenbecken zur Zeit der Landnahme. Politische, kulturelle und ethnische Voraussetzungen," in *Europas Mitte um 1000*..., 1, p. 216.

[204] *Der Brief des (Erz-) bischofs Theotmar*, in F. Lošek, *Die Conversio Bagoariorum*..., pp. 150-153.

[205] *PVL*, I, p. 21. Cf. also *Ip. let.*, col. 18.

[206] Anonymus, pp. 45, 65, 66, 90.

[207] Simonis de Keza *Gesta Hungarorum*, ed. A. Domanovszky, pp. 156-157.

[208] *Das Nibelungenlied*, 8th ed. K. Bartsch, Leipzig, 1923, p. 223; *Das Nibelungenlied, mittelhoch-deutsch/neuhochdeutsch*, eds. D. Buschinger and W. Spiewok, Amiens, 1991, pp. 310-313.

[209] *Der Nibelunge Noth und die Klage*, 13th ed. K. Lachmann, Berlin, 1910, p. 247; *Die «Nibelungenklage». Synoptische Ausgabe aller vier Fassungen*, ed. J. Bumke, Berlin-New York, 1999, pp. 92-93.

[210] *Biterolf und Dietleib*, ed. A. Schnyder, Bern-Stuttgart, 1980, pp. 109, 323, 334, 339, 406.

[211] Niccoló da Casola, *La guerra d'Attila. Poema franco-italiano*, ed. G. Stendardo, I, Modena, 1941, pp. 26, 242, 272, 324, 386; II, 1941, pp. 40, 176, 278, 291.

[212] N. Drăganu, *Românii în veacurile IX-XIV pe baza toponimiei și a onomasticei*, Bucharest, 1933, pp. 41-169; A. Madgearu, *Românii în opera Notarului Anonim*, Cluj-Napoca, 2001, p. 53 ff.

[213] A. Kiss, "Die Stellung der Keszthely-Kultur in der Frage der römischen Kontinuität Pannoniens," *A Janus Pannonius Múzeum Évkönyve*, Pécs, 1967, pp. 49-59.

[214] C. Bálint, *Der Archäologie*..., p. 183.

[215] H. Wolfram, *Grenzen und Räume. Geschichte Österreich von seiner Entstehung* (Österreichische Geschichte, 378-907, co-ord. H. Wolfram), Vienna, 1995, pp. 295-300; idem, *Salzburg, Bayern, Österreich*..., p. 27 ff. Cf. also W. Pohl, *Die Awaren*..., pp. 232-235; J. Giesler, *Der Ostalpenraum*..., pp. 241-245.

[216] P. Wiesinger, "Antik-romanische Kontinuität im Donauraum von Ober-und Niederösterreich am Beispiel der Gewässer-, Berg- und Siedlungsnamen," in *Typen der Ethnogenese unter besonderer Berücksichtigung der Bayern*, I, eds. H. Wolfram and W. Pohl, Vienna, 1990, pp. 261-328.

第一章 匈牙利人　　83

[217] S. Dragomir, *Vlahii din nordul Peninsulei Balcanice în evul mediu*, Bucharest, 1959, p. 16 ff.; E.P. Naumov, "Balkanskie vlakhi i formirovanie drevneserbskoĭ narodnosti," in *E·tnicheskaia istoriia vostochnykh romantsev. Drevnost' i srednie veka*, Moscow, 1979, pp. 18-60.

[218] *DAI*, pp. 122-125.

[219] S. Brezeanu, "De la populația romanizată la vlahii balcanici," in idem, *Romanitatea orientală în evul mediu de la cetățenii romani la națiunea medievală*, Bucharest, 1999, pp. 60-62.

[220] M. Rusu, "Frühformen der Staatsentstehung in Rumänien – Betrachtungen zur sozialökonomischen und politischen Lage," *Zeitschrift für Archäologie*, 18, 1984, pp. 189-207; I.-A. Pop, *Românii și maghiarii în secolele IX-XIV. Geneza statului medieval în Transilvania*, Cluj-Napoca, 1996, p. 84 ff.; idem, *Istoria Transilvaniei medievale de la etnogeneza românilor până la Mihai Viteazul*, Cluj-Napoca, 1997, p. 96 ff.

[221] Anonymus, p. 49.

[222] Simonis de Keza *Gesta Hungarorum*, ed. A. Domanovszky, p. 164.

[223] Anonymus, p. 49.

[224] *Ibidem*, p.61.

[225] *Ibidem*, pp. 59-64, 70, 101-105.

[226] M. Rusu, "Contribuții arheologice la istoricul cetății Biharea," *Anuarul Institutului de Istorie din Cluj*, III, 1960, pp. 7-25; S. Dumitrașcu, *Biharea, I, Săpăturile arheologice din 1973-1980*, Oradea, 1994, p. 34 ff.

[227] C. Cosma, *Vestul și nord-vestul României în secolele VIII-X d.H.*, Cluj-Napoca, 2002, pp. 49-52, 162, 168-169.

[228] *Ibidem*, p. 42 ff.

[229] C. Cosma, "Gräberfelder, Einzelgräber und Grabfunde unsicheren Charakters aus dem 9.-10. Jh. im Westen und Nordwesten Rumäniens," in *Studia archaeologica et historica Nicolao Gudea dicata*, eds. C. Cosma, D. Tamba, A. Rustoiu, Zalău, 2001, pp. 499-564; idem, *Vestul...*, p. 81 ff.; I. Stanciu, "Cercetarea arheologică a epocii migrațiilor și perioadei de început a epocii medievale timpurii (sec. V-IX p.Chr.) în teritoriul nord-vestic al României," in *Studia archaeologica...*, pp. 488-490.

[230] Anonymus, pp. 65-69.

[231] *Ibidem*, p. 67.

[232] *Ibidem*, p. 66.

[233] Șt. Pascu, M. Rusu, I. Iambor, N. Edroiu, P. Gyulai, V. Wollmann and Șt.

Matei, "Cetatea Dăbîca," *Acta Musei Napocensis*, V, 1968, pp. 153-202; I.-A. Pop, *Românii*..., pp. 135-137.有一些著作认为格鲁的居所可能在 Dăbîca 或 Cluj-" Mănăştur",参见 Şt. Pascu, in *Istoria României. Compendiu*, 3rd ed., co-ord. Şt. Pascu, Bucharest, 1974, p. 95; R. P[opa], "Gelu," in *Enciclopedia arheologiei şi istoriei vechi a României*, II, co-ord. C. Preda, Bucharest, 1996, p. 172; *Istoria românilor*, III, *Genezele româneşti*, co-ord. Şt. Pascu, R. Theodorescu, Bucharest, 2001, pp. 212, 232。

[234] A. Madgearu, *Românii în opera*..., p. 159 ff. Cf. also R. Popa, "Observaţii şi îndreptări la istoria României din jurul anului *O Mie*," *SCIVA*, 42, 1991, 3-4, pp. 167-168, footnote 51.

[235] Anonymus, pp. 49-50, 89-91.

[236] *Ibidem*, pp. 91-92.

[237] D. Ţeicu, "Necropole medievale (sec. X-XIV) din sudul Banatului," *Banatica*, 12, 1993, I, pp. 229-272; idem, *Banatul montan în evul mediu*, Timişoara, 1998, p. 90 ff.; idem, *Mountainous Banat in the Middle Ages*, Cluj-Napoca, 2002, p. 32 ff.; A. Bejan, *Banatul în secolele IV-XII*, Timişoara, 1995, pp. 104-152; idem, "Monuments féodaux anciens de Banat-reflexion du processus de constitution du féodalisme roumain aux VIIIe-XIe siècles," *Studia Antiqua et Archaeologica*, IX, 2003, pp. 459-482.

[238] Anonymus, p. 106.

[239] E. Glück, "Contribuţii privind istoria părţilor ardelene în secolele IX-X," in *Studii privind istoria Aradului*, Bucharest, 1980, pp. 94-96; A. Madgearu, "«Gesta Hungarorum» despre prima pătrundere a ungurilor în Banat," *RI*, VII, 1996, 1-2, pp. 12-13; idem, *Românii în opera*..., p. 143. 根据另外一种推测,马扎尔人对于格拉德的征战可能是在 927 年,参见 M. Rusu, "The Autochthonous Population and the Hungarians on the Territory of Transylvania in the ninth-eleventh Centuries," in *Relations between the Autochthonous Population and the Migratory Populations on the Territory of Romania*, eds. M. Constantinescu, Şt. Pascu and P. Diaconu, Bucharest, 1975, pp. 205-206。

[240] C. Bálint, *Südungarn*..., *passim*; A. Madgearu, "«Gesta Hungarorum»...," pp. 14-17.

[241] *DAI*, pp. 176-177.

[242] Anonymus, pp. 50, 89; *Legenda Sancti Gerhardi episcopi*, pp. 489-490.

[243] I. Kovács, "A kolozsvári Zápolya-utcai magyar honfoglaláskori temető," *Közlemények*, II, 1942, 1, pp. 85-118.

[244] E. Gáll, "Sistemul cronologic al descoperirilor de secol X din Bazinul Transilvan," *Apulum*, XXXVIII, 2001, 2, pp. 1-15.

［245］ G. Györffy, "A honfoglaló magyarok telepü˝lési rendjéről," *Archaeológiai Értesítő*, 97, 1970, 2, pp. 230-232; idem, "Système des résidences d'hiver et d'été chez les nomades et les chefs hongrois au Xe siècle," *AEMA*, I, 1975, p. 45 ff.; V. Spinei, "Migraţia ungurilor în spaţiul carpato-dunărean şi contactele lor cu românii în secolele IX-X," *AM*, XIII, 1990, p. 138 ff.

［246］ L. Révész, I.M. Nepper, *op. cit.*, pp. 41-42; L. Révész, "Archäologische Forschungen zur Landnahmezeit in Ungarn: Ergebnisse, methodologische Probleme, ungelöste Fragen," in *Europa im 10. Jahrhundert. Archäologie einer Aufbruchszeit*, ed. J. Henning, Mainz am Rhein, 2002, pp. 128-129.

［247］ Ekkehardi IV *Casuum S. Galli Continuatio I*, ed. Ildephonso ab Arx, in *MGH, SS*, II, Hannoverae, 1829, pp. 104-107; Ekkehardi IV, *Casus Sancti Galli/ Ekkehard IV., St. Gallen Klostergeschichten*, ed. and trans. H.F. Haefele, 3rd ed., Darmstadt, 1991, pp. 114-123; J. Duft, T. Missura-Sipos, *Die Ungarn in Sankt Gallen. Mittelalterliche Quellen zur Geschichte des ungarischen Volkes in der Stiftsbibliothek St. Gallen/Magyarok Szent Gallenben. Középkori források a magyar nép történetéhez a Szt. Galleni Alapítványi Könyvtárban*, St. Gallen, 1992, p. 13 ff.

［248］ A. Točik, *Altmagyarische Gräberfelder in der Südwestslowakei*, Bratislava, 1968.

［249］ A. Ruttkay, "The Post-Great Moravian Period and the Middle Ages," in *Archaeological Research in Slovakia, Xth International Congress of Prehistoric and Protohistoric Sciences, Mexico, 19-24 October 1981*, Nitra, 1981, pp. 172-176; idem, "Besiedlungsstruktur und Geschichte des Gebietes der Slowakei im 9.-12. Jahrhundert," in *Baiern, Ungarn und die Slawen im Donauraum*, eds. W. Katzinger and G. Marckgott, Linz, 1995, p. 139 ff.; idem, "Grossmähren: Anmerkungen zum gegenwärtigen Forschungsstand über die Siedlungs- und sozialökonomischen Strukturen," in *Origins of Central Europe*, ed. P. Urbańczyk, Warsaw, 1997, p. 143 ff.; V. Nekuda, "Magyaren und Mähren um die Wende des 9. und 10. Jahrhunderts im Lichte archäologischer Funde und Forschungen," in *Baiern, Ungarn und die Slawen...*, pp. 121-138; M. Hanuliak, "Gräberfelder aus dem 9.-12. Jh. in der Slowakei aus der Sicht geographisch-statistischer Anzeiger," in *Ethnische und kulturelle Verhältnisse an der mittleren Donau vom 6. bis zum 11. Jahrhundert*, eds. D. Bialeková, J. Zábojnik, Bratislava, 1996, pp. 333-352; M. Ruttkay, "Siedlungarchäologische Beobachtung zum Landesausbau im Frühen Mittelalter (Westslowakei)," *Przegląd Archeologiczny*, 46, 1998, pp. 73-88.

［250］ I.V. Kobal', "Do pitannia pro zaselennia privdennikh skhiliv Karpat skhidnimi slov'ianami (na prikladi Zakarpats'koï oblasti Ukraïni)," in *Początki sąsiedztwa. Pogranicze etniczne polsko-rusko-słowackie w średniowieczu*, gen. ed. M. Parczewski, ed. S. Czopek, Rzeszów, 1996, pp. 233-241; S.I. Peniak, "Davn'oslov'ians'ke naselennia Zakarpattia drugoi polovini I tysiacholittia nashoi eri," in *Honfoglalás és Árpád-kor*, pp. 127, 131-135.

[251] Liudprand von Cremona, *Buch der Vergeltung/Liudprandi antapodosis*, in *Quellen zur Geschichte der sächsischen Kaiserzeit*, 1971, pp. 482-483.

[252] G. Györffy, "Honfoglalás...," p. 147; L. Kovács, *Münzen...*, p. 93.

[253] M. Schulze, "Das ungarische Kriegergrab von Aspres-lès-Corps. Untersuchungen zu den Ungarneinfällen nach Mittel-, West- und Südeuropa (899-955 n. Chr.)," *Jahrbuch des Römisch-Germanischen Zentralmuseum Mainz*, 31, 1984, pp. 476, 499-505, 512; L. Kovács, *Münzen...*, pp. 93-99.

[254] I. Boba, "Braslaverspurch: Bratislava or «Brasla'sBurg»: Zalavár?," *Ungarn-Jahrbuch*, 17, 1989, pp. 9-23; Ch. R. Bowlus, *Franks, Moravians, and Magyars. The Struggle for the Middle Danube, 788-907*, Philadelphia, 1995, p. 258 ff.

[255] Á. Sós, *Die Ausgrabungen Géza Fehérs in Zalavár*, Budapest, 1963, *passim*; B.M. Szőke, "Die karolingische Civitas Mosaburg (Zalavár)," in *Europas Mitte um 1000...*, 1, pp. 217-220.

[256] M. Eggers, *Das "Grossmährische Reich...,"* p. 339.

[257] *Reginonis Chronicon*, p. 609; Widukind, pp. 62-63; Liudprand von Cremona, pp. 300-303; W. Lendi, *Untersuchungen zur frühalemannischen Annalistik. Die Murbacher Annalen mit Edition*, Freiburg, Schweiz, 1971, pp. 186-187.

[258] M. Schulze, "Das ungarische Kriegergrab...," p. 473 ff.

[259] Eadem [M. Schulze-Dörrlamm], "Die Ungarneinfälle des 10. Jahrhunderts im Spiegel archäologischen Funde," in *Europa im 10. Jahrhundert...*, pp. 111-113, 119-121.

[260] Liudprand von Cremona, pp. 314-317.

[261] G.B. Pellegrini,"Tracce degli Ungari nella toponomastica italiana ed occidentale," in *Popoli delle steppe: Unni, Avari, Ungari* (Settimane di studio del Centro Italiano di Studi sull'Alto Medioevo, XXXV, 23-29 aprile 1987), I, Spoleto, 1988, pp. 307-340.

[262] O. Capitani, "Les incursions hongroises en Italie," in *La Hongrie de l'an Mil*, pp. 22-23.

[263] G. Fasoli, "Points de vue sur les incursions hongroises en Europe au Xe siècle," *Cahiers de civilisation médiévale Xe-XIIe siècles*, II, 1959, 1, pp. 21-23.

[264] Widukind, pp. 68-69.

［265］ M.W. Weithmann, "Die «Ungarn-Fliehburgen» des 10. Jahrhunderts. Beispiele aus dem südbayerischen Raum," *Ungarn-Jahrbuch*, 20, 1992, pp. 1-26.

［266］ R.v.Uslar, *Studien zu frühgeschichtlichen Befestigungen zwischen Nordsee und Alpen*, Cologne-Graz, 1964, p. 68 ff.; F.W. Krahe, *Burgen des deutschen Mittelalters. Grundrisslexikon*, Würzburg, 1994, *passim*; J. Giesler, *Der Ostalpenraum...*, p. 418 ff.; H.W. Böhme, B.v.d. Dollen, D. Kerber, C. Meckseper, B. Schock-Werner, J. Zeune (eds.), *Burgen in Mitteleuropa. Ein Handbuch*, I, *Bauformen und Entwicklung*, Stuttgart, 1999, p. 38 ff.

［267］ R. Lüttich, *Ungarnzüge in Europa im 10. Jahrhundert*, Berlin, 1910, passim; B. Hóman, *Geschichte des ungarischen Mittelalters*, I, Berlin, 1940, pp. 116-137; G. Fasoli, *Le incursioni Ungare in Europa nel secolo X*, Florence, 1945, passim; S. de Vajay, *op. cit., passim*; Ch. R. Bowlus, *Franks...*, pp. 235-267; C. di Cave, *op. cit.*, p. 308 ff.; M.G. Kellner, *op. cit., passim*; J. Giesler, *Der Ostalpenraum...*, p. 55 ff.; S.L. Toth, "Les incursions des Magyars en Europe," in *Les Hongrois et l'Europe...*, p. 201 ff.

［268］ Maçoudi, *Les Prairies d'or*, II, Paris, 1863, pp. 58-64; idem, *Le livre de l'avertissement et de la révision*, pp. 244-245; Theophanes Continuatus, pp. 422-423; Symeonis Magistri *Annales*, p. 746; Georgii Monachi *Vitae...*, pp. 913-914; Skylitzes, p. 228; H. Grégoire and P. Orgels, "L'invasion hongroise dans la «Vie de Saint Basile le Jeune»," *Byzantion*, XXIV, 1954, pp. 147-154.

［269］ G.Gh. Custurea, *Circulaţia monedei bizantine în Dobrogea (secolele IX-XI)*, Constanţa, 2000, p. 96.

［270］ Th.v.Bogyay, "Ungarnzüge gegen und für Byzanz: Bemerkungen zu neueren Forschungen," *Ural-Altaische Jahrbücher*, 60, 1988, pp. 33-34.

［271］ *Miracula S. Georgii*, ed. J.B. Aufhauser, Lipsiae, 1913, p. 20.

［272］ R. Lüttich, *Ungarnzüge...*, pp. 143-149; Th. v. Bogyay, *op. cit.*, pp. 27-38; P.T. Antonopoulos, "Byzantium, the Magyar Raids and Their Consequences," *Byzantinoslavica*, LIV, 1993, 2, pp. 254-267.

［273］ Theophanes Continuatus, pp. 430-431; Symeonis Magistri *Annales*, p. 748; Georgii Monachi *Vitae...*, p. 917; Skylitzes, p. 231.

［274］ Theophanes Continuatus, pp. 462-463; Symeonis Magistri *Annales*, pp. 755-756.

［275］ Leonis Diaconi Caloënsis *Historiae libri decem*, ed. C. B. Hase, Bonn, 1828, pp. 18-19.

［276］ *DAI*, pp.152-153.

［277］ *Ibidem*, pp. 142-143.

［278］ Skylitzes, p. 279; Kedrenos, II, p. 372; Joannis Zonarae *Annales*, in *Patrologiae cursus completus. Patrologiae Graecae*, ed. J.-P. Migne, CXXXV, Paris, 1887, col. 127-128.

[279] Skylitzes, p. 239; Kedrenos, II, p. 328; *DAI*, pp. 178-179.

[280] 关于Gylas 的统治区域——处在Hierotheos的宗教管辖区内——大部分学者都同意其位于特兰西瓦尼亚地区或巴纳特。对于这个或其他论述的检视，参见 G. Györffy, "Rôle de Byzance dans la conversion des Hongrois," in *Cultus et cognitio. Studia z djiejów średniowiecznej kultury*, Warsaw, 1976, pp. 175-177; J.P. Ripoche, "La Hongrie entre Byzance et Rome: Problème du choix religieux," *Ungarn-Jahrbuch*, 6, 1974- 1975, pp. 11-12. 考虑到君士坦丁七世统治时期黄金货币发行的集中（这可能是给予Gylas同伴的津贴，以及Mureş和Tisa地区的拜占庭文物），人们可以推测Hierotheos主教传教的中心区域就是在上述地区。Cf. A. Madgearu, "Misiunea episcopului Hierotheos. Contribuţii la istoria Transilvaniei şi Ungariei în secolul al X-lea," *RI*, SN, V, 1994, 1-2, pp. 147-154; idem, "Geneza şi evoluţia voievodatului bănăţean din secolul al X-lea," *Studii şi materiale de istorie medie*, XVI, 1998, p. 204; A.-M. Velter, *Transilvania...*, p. 72.

[281] Skylitzes, p. 239; Kedrenos; II, p. 238.

[282] N. Oikonomidès, "A propos des relations ecclésiastiques entre Byzance et la Hongrie au XIe siècle: le métropolite de Turquie," *RESEE*, IX, 1971, 3, pp. 527-533. Cf. also I. Baán, "The Metropolitanate of Tourkia. The Organization of the Byzantine Church in Hungary in the Middle Ages," in *Byzanz und Ostmitteleuropa 950-1453. Beiträge zu einer table-ronde des XIX International Congress of Byzantine Studies*, Copenhagen 1996, eds. G. Prinzing and M. Salamon, Wiesbaden, 1999, pp. 45-53.

[283] *Catalogue of Byzantine Seals at Dumbarton Oaks and the Fogg Museum of Art*, 1, *Italy, North of the Balkans, North of the Black Sea*, eds. J. Nesbitt and N. Oikonomides, Washington, D.C., 1991, p. 103, no. 36.1.

[284] E.v. Ivánka, "Griechische Kirche und griechisches Mönchtum im mittelalterlichen Ungarn," *Orientalia Christiana Periodica*, VIII, 1942, p. 183 ff.; G. Moravcsik, *Byzantium and the Magyars*, Budapest-Amsterdam, 1970, *passim*; I. Kniezsa, "Zur Frage der auf Cyrillus und Methodius bezülichen Traditionen auf dem Gebiete des Alten Ungarn," in *Cyrillo-Methodiana. Zur Frühgeschichte des Christentums bei den Slaven, 863-1963*, eds. M. Hellmann, R. Olesch, B. Stasiewski, F. Zagiba, Köln-Graz, 1964, pp. 199-209; G. Schubert, "Methods Werk in Pannonien und die Magyaren nach der Landnahme," in *Symposium Methodianum. Beiträge der Internationalen Tagung in Regensburg (17. bis 24. April 1985) zum Gedenken an*

den 1100. Todestag des hl. Method, eds. K. Trost, E. Völkl, E. Wedel, Neuried, 1988, pp. 298-302; R. Marsina, "Christianization of the Magyars and Hungary between the East and the West," *Studia historica Slovaca*, XIX, 1995, pp. 37-52.

[285] G. Moravcsik, *Byzantium...*, *passim*; A. Avenarius, *Die byzantinische Kultur und die Slawen. Zum Problem der Rezeption und Transformation (6. bis 12. Jahrhundert)*, Vienna-Munich, 2000, p. 124 ff.

[286] M.v. Bárány-Oberschall, "Byzantinische Pektoralkreuze aus ungarischen Funden," in *Forschungen zur Kunstgeschichte und christlichen Archäologie*, II, Baden-Baden, 1953, pp. 207-251; Z. Lovag, "Byzantine Type Reliquar Pectoral Crosses in the Hungarian National Museum," *Folia Archaeologica*, XXII, 1971, pp. 143-164; I. Szatmári, "Byzánci tipusú ereklyetartó mellkeresztek Békés és Csongrád megyében," *A Móra Ferenc Múzeum Évkönyve, Studia Archaeologica*, I, 1995, pp. 219-264.

[287] K. Mesterházy, "Bizánci és balkáni eredetű tárgyak a 10-11. századi Magyar sírleletekben," I and II, *Folia Archaeologica*, XLI, 1990, pp. 87-115; XLII, 1991, pp. 145-177; idem, "Der byzantinisch-balkanische Handel nach Ungarn im 10.-11. Jahrhundert im Spiegel der Gräberfunden," in *Byzance et ses voisins. Mélanges à la mémoire de Gyula Moravcsik à l'occasion du centième anniversaire de sa naissance*, Szeged, 1994, pp. 117-128.

[288] Hermann von Reichenau, *Chronik/Herimanni Augiensis Chronicon*, ed. R. Buchner, in *Quellen des 9. und 11. Jahrhunderts zur Geschichte der hamburgischen Kirche und der Reiches, Darmstadt*, 1978, pp. 636-637.

[289] P. Chalmeta, *op. cit.*, pp. 342-344.

[290] *Annales Sangallenses maiores, dicti Hepidanni*, p. 79; *Continuator Reginonis Treveriensis*, in *MGH, SS*, I, p. 623; Widukind, pp. 152-157; Adalberts *Fortsetzung der Chronik Reginos/Adalberti Continuatio Reginonis, in Quellen zur Geschichte der sächsichen Kaiserzeit*, 1971, pp. 212-213; Thietmar von Merseburg, pp. 42-45; Flodoardi *Annales*, in *MGH, SS*, III, ed. G.H. Pertz, Hannoverae, 1839, p. 403; *Annales Weissenburgenses*, in Lamperti monachi Hersfeldensis *Opera*, ed. O. Holder-Egger, in *MGH, SRGUSSE*, [38,] Hannoverae et Lipsiae, 1894, p. 37; Lampert von Hersfeld, *Annalen*/Lamperti monachi Hersfeldensis *Annales*, eds. A. Schmidt, W.D. Fritz, Darmstadt, 1962, pp. 30-31; Hermann von Reichenau, pp. 640-643; Gerhardi *Vita Sancti Oudalrici episcopi*, ed. G. Waitz, in *MGH, SS*, IV, ed. G.H. Pertz, Hannoverae, 1841, pp. 401-402; *Sächsische Weltchronik*, in A.F. Gombos, *Catalogus...*, III, p. 2104; Anonymus, pp. 109-111; Simonis de Keza *Gesta Hungarorum*, p. 169. Cf. Also R. Lüttich, *Ungarnzüge...*, pp. 150-

170; G. Fasoli, *Le incursioni...*, pp. 202-212; B. Eberl, *Die Ungarnschlacht auf dem Lechfeld (Gunzenlê) im Jahre 955*, Augsburg-Basel, 1955; Th. v. Bogyay, *Lechfeld Ende und Anfang. Ein ungarischer Beitrag zur Tausendjahrfeier des Sieges am Lechfeld*, Munich, 1955; H. Büttner, "Die Ungarn, das Reich und Europa bis zur Lechfeldschlacht des Jahres 955," *Zeitschrift für Landesgeschichte*, 19, 1956, 3, pp. 453-458; L. Weinrich, "Tradition und Individualität in den Quellen zur Lechfeldschlacht 955," *Deutsches Archiv für Erforschung des Mittelalters*, 27, 1971, pp. 291-313; H. Einsle, *Die Ungarnschlacht im Jahre 955 auf dem Lechfeld. Ursache und Wirkungen*, Augsburg, 1979; H. Hiller, *Otto der Grosse und seine Zeit*, Munich, 1980, pp. 159-168; K.J. Leyser, "The Battle at the Lech, 955. A Study in the Tenth-Century Warfare," in idem, *Medieval Germany and its Neighbours, 900-1250*, London, 1982, pp. 43-67; F. Majoros, B. Rill, *Bayern und die Magyaren. Die Geschichte einer elfhundertjährigen Beziehung*, Regensburg, 1991, pp. 18-23; H.K. Schulze, *Hegemoniales Kaisertum. Ottonen und Salier*, Berlin, 1991, pp. 193-196; G. Althoff, H. Keller, *Heinrich I. und Otto der Grosse. Neubeginn auf karolingischem Erbe, 2*, 2nd ed., Göttingen-Zurich, 1994, pp. 169-174; M.G. Kellner, *op. cit.*, pp. 161-173; M. Springer, "955 als Zeitenwende – Otto I. und die Lechfeldschlacht," in *Otto der Grosse. Magdeburg und Europa, I, Essays*, ed. M. Puhle, Mainz, 2001, pp. 199-208; Ch. R. Bowlus, "Der Weg vom Lechfeld. Überlegungen zur Vernichtung der Ungarn im August 955 anhand ihrer Kriegführung," in *Bayern-Ungarn Tausend Jahre*, eds. H.W. Wurster, M. Treml and R. Loibl, Passau-Regensburg, 2001, pp. 77-90; J. Laudage, *Otto der Grosse (912-973). Eine Biographie*, Regensburg, 2001, pp. 171-180.

[291] B.S. Bachrach, "Magyar-Ottonian Warfare. À propos a New Minimalist Interpretation," *Francia. Forschungen zur westeuropäischen Geschichte*, 27, 2000, 1, pp. 220-221, 225-229; I. Bóna, "Die ungarische Kampftechnik in den Feldzügen gegen Europa," in *Europas Mitte um 1000...*, 1, p. 228.

[292] G. Kristó ("L'An Mil: changement de régime en Hongrie," in *Les Hongrois et l'Europe...*, p. 15) 记载了71年间共发生了47次入侵，其中38次是入侵西欧，9次是入侵巴尔干半岛。根据Gina Fasoli的数据（"Point de vue ...," p. 24），在899—955年期间，匈牙利人对于德意志和意大利的征战达到33次。这还未包括对法国征战的数量，它们只是征战阿尔卑斯山北部和南部地区的后续行动。尽管如此，S.L. Tóth（"Les incursions...," p. 204）声称，一直到955年为止——亦即在56年间——他们对大陆的西部地区发动了42次袭击，对南部和东南部发动了9次，而从955年至970年只发动了5次，目标只对准欧洲南部和东南部地区。

参考文献

Althoff, G., Keller, H., *Heinrich I. und Otto der Grosse. Neubeginn auf karolingischem Erbe*, 1, 2, 2nd ed., Göttingen-Zurich, 1994.

Les anciens Hongrois et les ethnies voisines à l'Est, co-ord. I. Erdélyi, Budapest, 1977.

Ancient cultures of the Uralian peoples, co-ord. P. Hajdú, Budapest, 1976.

The Ancient Hungarians, ed. I. Fodor, in collaboration with L. Révész, M. Wolf, I.M. Nepper, Budapest, 1996.

Arbagi, M., "Byzantium, Germany, the Regnum Italicum and the Magyars in the Tenth Century," *Byzantine Studies*, 6, 1979, 1-2, pp. 35-48.

Árpád előtt és után, eds. G. Kristó and F. Makk, Szeged, 1996.

Bakay, K., "Archäologische Studien zur Frage der ungarischen Staatsgründung," *AAH*, XIX, 1967, 1-2, pp. 105-173.

Idem, "Hungary in the tenth and eleventh centuries," in *Sacra Corona Hungariae*, ed. K. Bakay, Köszeg, 1994, pp. 3-31.

Baiern, *Ungarn und die Slawen im Donauraum*, eds. W. Katzinger and G. Marckgott, Linz, 1995 (G. Györffy, W. Störmer, H. Koller, P. Csendes, L.E. Havlik, V. Nekuda, A. Ruttkay, R. Müller, A. Kralovánszky).

Bálint, C., "L'archéologie française et les incursions hongroises," *Cahiers de civilisation médiévale Xe-XIIe siècles*, XI, 1968, 3, pp. 371-377.

Idem, "Vengry i t.n. Belobrdrskaia kul' tura," *Acta Archaeologica Carpathica*, XIX, 1975, pp. 97-146.

Idem, "Les tombes à ensevelissement de cheval chez les Hongrois aux IXe-XIe siècles," *AEMA*, II, 1982, pp. 5-36.

Idem, *Die Archäologie der Steppe. Steppenvölker zwischen Volga und Donau vom 6. bis zum 10. Jahrhundert*, Vienna-Cologne, 1989.

Idem, *Südungarn im 10. Jahrhundert*, Budapest, 1991.

Idem, "Methodologische Probleme der archäologischen Untersuchung der frühmittelalterlichen Gesellschaftsstrukturen bei den Steppenvölkern," in *The Colloquia of the XIII International Congress of Prehistoric and Protohistoric Sciences, Forli (Italia) 8-14 September 1996, 16, The Prehistory of Asia and Oceania*, eds. G. Afanas' ev, S. Cleuziou, J.R. Lukacs, M. Tosi, Forli, 1996, pp. 115-120.

Bartha, A., *Hungarian Society in the 9th and 10th Centuries*, Budapest, 1975.

Barton, P.F., *Geschichte des Christentums in Österreich und Südostmitteleuropa. Im Karolingerreich 788-911. Von den Awarenkriegen zum Ungarnsturm*, Vienna, 1997.

Bayern-Ungarn Tausend Jahre/Bajorország és Magyarország 1000 éve. Katalog zur Bayerischen Landesausstellung 2001, Oberhausmuseum, Passau, 8. Mai bis 28. Oktober 2001, eds. W. Jahn, Ch. Lankes, W. Petz and E. Brockhoff, Augsburg, 2001.

Benkő, L., "A magyarság honfoglalás előtti történetéhez Lëved és Etëlköz kapcsán," *Magyar nyelv*, LXXX, 1984, 4, pp. 389-419.

Bevezetés a magyar őstörténet kutatásának forrásaiba, eds. P. Hajdú, G. Kristó, A. Róna-Tas, Budapest, I, 1, 1988; II, 1985.

Boba, I., *Nomads, Northmen and Slavs. Eastern Europe in the Ninth Century*, The Hague, 1967.

Idem, "Formation of the Hungarian Polity. A Problemstellung," in *Überlieferung und Auftrag. Festschrift für Michael de Ferdinandy zum sechzigsten Geburtstag, 5. Oktober*, ed. J.G. Farkas, Wiesbaden, 1972, pp. 211-216.

Idem, "In Defence of Anonymus Belae Regis", in *A magyar nyelv és kultúra a Duna völgyében, I, Kapcsolatok és kölcsönhatások a 18-19. század fordulóján/Die ungarische Sprache und Kultur im Donauraum, I, Beziehungen und Wechselwirkungen an der Wende des 18. und 19. Jahrhunderts*, Budapest-Vienna, 1989, pp. 450-458.

Idem, "Commentationes ad Anonymi Belae Regis Gesta Hungarorum," in *Varia Eurasiatica. Festschrift für Professor András Róna-Tas*, Szeged, 1991, pp. 13-21.

Bogyay, Th. v., *Grundzüge der Geschichte Ungarns*, 3rd ed., Darmstadt, 1977.

Bóna, I., "Die Archäologie in Ungarn und die ungarische Landnahme," *AAH*, XLIX, 1997, 4, pp. 345-362.

Bowlus, Ch.R., *Franks, Moravians, and Magyars. The Struggle for the Middle Danube, 788-907*, Philadelphia, 1995.

Idem, "Die Reitervölker des frühen Mittelalters im Osten des Abendlandes. Ökologische und militärische Gründe für ihr Versagen," *Ungarn-Jahrbuch*, 22, 1995-1996, pp. 1-26.

第一章 匈牙利人 93

Brătianu, Gh.I., "Tradiția istorică despre voievodatele românești din Ardeal," *Analele Academiei Române. Memoriile Secțiunii Istorice*, 3rd Ser., XXVII, 1944-1945, pp. 81-121.

Brunner, K., "Der österreichische Donauraum zur Zeit der Magyarenherrschaft", in *Österreich im Hochmittelalter (907 bis 1246)*, ed. A.M. Drabek, Vienna,1991, pp. 49-62.

Idem, *Herzogtümer und Marken. Vom Ungarnsturm bis ins 12. Jarhrhundert* (Österreichische Geschichte 907-1156, co-ord. H. Wolfram), Vienna, 1994.

Byzanz und Ostmitteleuropa 950-1453. Beiträge zu einer table-ronde des XIX International Congress of Byzantine Studies, Copenhagen 1996, eds. G. Prinzing and M. Salamon, Wiesbaden, 1999.

Cartellieri, A., *Weltgeschichte als Machtgeschichte, I, Die Zeit der Reichsgründungen, 382-911*, Munich, 1927 (reprinted Aalen, 1972).

Cave, C. di, *L'arrivo degli Ungheresi in Europa e la conquista della patria. Fonti e letteratura critica*, Spoleto, 1995.

Central Europe in 8th-10th Centuries/Mitteleuropa im 8.-10. Jahrhundert, eds. D. Čaplovič, J. Dorul' a, Bratislava, 1997.

Chalikova, E.A., Chalikov, A.H., *Altungarn an der Kama und im Ural (Das Gräberfeld von Bolschie Tigani)* (Régészeti füzetek, 2nd Ser., 21), Budapest, 1981.

Chalikow, A.H., "Auf der Suche nach «Magna Hungaria»," *Hungarian Studies*, 2, 1986, 2, pp. 189-215.

Csorba, C., *Árpád népe*, Budapest, 1997.

Curta, F., "Transylvania around A.D. 1000," in *Europe around the year 1000*, ed. P. Urbańczyk, Warsaw, 2001, pp. 141-165.

Dąbrowska, E., "Quelques remarques sur la pénétration hongroise sur le territoire de la Pologne du Sud," in *Berichte über den II. Internationalen Kongress für Slawische Archäologie, II, Berlin*, 1973, pp. 363-368.

Eadem, "Węgrzy," in W. Szymański, E. Dąbrowska, *Awarzy – Węgrzy*, Wrocław-Warsaw- Cracow-Gdańsk, 1978, pp. 137-236.

Deér, J., "Le problème du chapitre 38 du De Administrando Imperio," *Annuaire de l'Institut de Philologie et d'Histoire Orientale et Slave*, XII, 1952 (= Mélanges Henri Grégoire, IV), pp. 93-121.

Idem, *Heidnisches und Christliches in der altungarischen Monarchie*, 2nd ed., Darmstadt, 1969.

Dienes, I., *Die Ungarn um die Zeit der Landnahme*, Budapest, 1972.

Dimitrov, H., "Bulgaria and the Magyars at the Beginning of the 10th Century," *Études balkaniques*, 22, 1986, 2, pp. 61-77.

Dopsch, H., "Arnolf und der Südosten – Karantanien, Mähren, Ungarn," in F. Fuchs and P. Schmid (eds.), *Kaiser Arnolf. Das ostfränkische Reich am Ende des 9. Jahrhunderts*, Munich, 2002, pp. 143-185.

Dragotă, A., Ciugudean, N., "Istoricul cercetărilor," in *Catalogul expoziţiei Civilizaţia medievală timpurie din Transilvania: rit şi ritual funerar (secolele IX-XI)*, Alba Iulia, 2002, pp. 7-21.

Eberl, B., *Die Ungarnschlacht auf dem Lechfeld (Gunzenlê) im Jahre 955*, Augsburg-Basel, 1955.

Eggers, M., *Das "Grossmährische Reich": Realität oder Fiktion?*, Stuttgart, 1995.

Idem, "Beiträge zur Stammesbildung und Landnahme der Ungarn, I, Die ungarische Stammesbildung," *Ungarn-Jahrbuch*, 23, 1997, pp. 1-63.

Idem, "Baiern, Pannonien und die Magyaren," in *Baiern-Ungarn Tausend Jahre*, eds. H.W. Wurster, M. Treml and R. Loibl, Passau-Regensburg, 2001, pp. 65-76.

Erdély története, gen. ed. B. Köpeczi, I, Budapest, 1986.

Erdélyi, I., "Bol' shaia Vengriia," *AAH*, XIII, 1961, pp. 307-320.

Idem, "Kabary (kavary) v Karpatskom basseĭne," *SA*, 1983, 4, pp. 174-181.

Idem, *A magyar honfoglalás és előzményei*, Debrecen, 1986.

Ethnische und kulturelle Verhältnisse an der mittleren Donau vom 6. bis zum 11. Jahrhundert, eds. D. Bialeková, J. Zábojnik, Bratislava, 1996.

Europas Mitte um 1000. Beiträge zur Geschichte, Kunst und Archäologie, 1, 2, eds. A. Wieczorek and H.-M. Hinz, Stuttgart, 2000.

Fasoli, G., *Le incursioni Ungare in Europa nel secolo X*, Florence, 1945.

Eadem, "Points de vue sur les incursions hongroises en Europe au Xe siècle," *Cahiers de civilisation médiévale Xe-XIIe siècles*, II, 1959, 1, pp. 17-35.

Fehér, G., *Bulgarisch-ungarische Beziehungen in den V.-XI. Jahrhunderten*, Budapest, 1921.

Ferenczi, I., "Az erdélyi honfoglalás kérdése a régészeti leletek világánál," *Erdélyi Múzeum*, LVIII, 1996, 1-2, pp. 9-40.

Fettich, N., *Die altungarische Kunst*, Berlin, 1942.

Fiedler, U., "Zur Datierung der Siedlung der Awaren und der Ungarn nach der Landnahme. Ein Beitrag zur Zuordnung der Siedlung von Eperjes," *Zeitschrift für Archäologie*, 28, 1994, pp. 307-352.

Finno-ugry i balty v epokhu srednevekov'ia, gen. ed. V.V. Sedov (Arkheologiia SSSR), Moscow, 1987.

Fodor, I., "Einige kulturgeschichtliche Beziehungen der ungarischen Urgeschichte," *A*

Móra Ferenc Múzeum Évkönyve, 1971, 2, pp. 157-181.

Idem, *Altungarn, Bulgarotürken und Ostslawen in Südrussland (Archäologische Beiträge)* (Acta Antiqua et Archaeologica, XX, Opuscula Byzantina), IV, Szeged, 1977.

Idem, "Abstammung der Ungarn und Landnahme," in *Die Obere Wart*, ed. L. Triber, Oberwart, 1977, pp. 101-115.

Idem, *Die grosse Wanderung der Ungarn von Ural nach Pannonien*, Budapest, 1982.

Idem, "A magyar őstörténet vázlata," *A Herman Ottó Múzeum Évkönyve*, XXXII, 1994, pp. 105-124.

Idem, "Das Ungarnbild aus der Sicht der Archäologie," in *Bayern-Ungarn Tausend Jahre*, eds. H.W. Wurster, M. Treml and R. Loibl, Passau-Regensburg, 2001, pp. 19-34.

Idem, "Über die vorchristliche Religion der Altungarn," *Acta Ethnografica Hungarica*, 48, 2003, 3-4, pp. 327-351.

Friesinger, H., "Spuren unserer Vergangenheit," in *Die vielen Väter Österreichs. Römer-Germanen-Slawen. Eine Spurensuche*, Vienna, 1987, pp. 9-149.

Gebhardt, [B.,] *Handbuch der Deutschen Geschichte*, 9th ed., ed. H. Grundmann, 1, Stuttgart, 1970.

Giesler, J., "Untersuchungen zur Chronologie der Bijelo Brdo-Kultur," *Praehistorische Zeitschrift*, 56, 1981, 1, pp. 3-167.

Idem, *Der Ostalpenraum vom 8. bis 11. Jahrhundert. Studien zu archäologischen und schriftlichen Zeugnissen, 2, Historische Interpretation*, Rahden/Westf., 1997.

Göckenjan, H., "Die Landnahme der Ungarn aus der Sicht der zeitgenössischen ostfränkisch-deutschen Quellen," *Ural-Altaische Jahrbücher*, NF, 13, 1994, pp. 1-17.

Grégoire, H., "Le nom et l'origine des Hongrois," *Zeitschrift der Deutschen Morgenländischen Gesellschaft*, 91, 1937, 3, pp. 630-642.

Grot, K.I., *Moravia i mad'ary a poloviny IX do nachala X veka*, Sanktpeterburg, 1881.

Györffy, G., *Krónikáink és a magyar őstörténet*, Budapest, 1948.

Idem, *Tanulmányok a magyar állam eredetéről. A nemzetségtől a vármegyéig, a törzstől az országig. Kurszan és Kurszán vára*, Budapest, 1959.

Idem, "Autour de l'État des semi-nomades: le cas de la Hongrie," in *Études historiques hongroises 1975*, I, Budapest, 1975, pp. 223-238.

Idem, "Système des résidences d'hiver et d'été chez les nomades et les chefs hongrois au Xe siècle," *AEMA*, I, 1975, pp. 45-153.

Idem, *Wirtschaft und Gesellschaft der Ungarn um die Jahrtausendwende*, Budapest, 1983.

Idem, "Landnahme, Ansiedlung und Streifzüge der Ungarn," *Acta Historica*

Academiae Scientiarum Hungaricae, 31, 1985, 3-4, pp. 231-270.

Idem, *König Stephan der Heilige*, Budapest, 1988.

Idem, "La christianisation des Hongrois et les peuples de la Hongrie," in *L'Église et le peuple chrétien dans les pays de l'Europe du Centre-Est et du Nord (XIVe-XVe siècles)*, Rome, 1990, pp. 57-66.

Idem, "Die Landnahme der Ungarn aus historischer Sicht," in *Ausgewählte Probleme europäischer Landnahmen des Früh- und Hochmittelalters*, II, eds. M. Müller-Wille and R. Schneider, Sigmaringen, 1994, pp. 67-79.

Halasi-Kun, T., "Some Thoughts on Hungaro-Turkic Affinity," *AEMA*, VI, 1986, pp. 31-39.

Halphen, L., *Les Barbares. Des grandes invasions aux conquêtes turques du XIe siècle*, 2nd ed., Paris, 1930.

Hampel, J., *Alterthümer des frühen Mittelalters in Ungarn*, I-III, Braunschweig, 1905.

Handbuch der Bayerischen Geschichte, I, *Das alte Bayern. Das Stammesherzogtum bis zum Ausgang des 12. Jahrhunderts*, ed. M. Spindler, Munich, 1968.

Harmatta, J., "A Volgától a Dunáig. A honfoglaló magyarság történeti útja," *Magyar nyelv*, XCVII, 2001, 1, pp. 1-14.

Heitel, R.R., "Die Archäologie der ersten und zweiten Phase des Eindringens der Ungarn in das innerkarpatische Transilvanien," *Dacia*, NS, XXXVIII-XXXIX, 1994-1995, pp. 389-439.

Histoire de la Hongrie des origines à nos jours, co-ord. E. Pamlényi, Budapest, 1974.

Holtzmann, R., *Geschichte der Sächsischen Kaiserzeit (900-1024)*, 5th ed., Darmstadt, 1967.

Hóman, B., *Geschichte des ungarischen Mittelalters*, I, Berlin, 1940.

Honfoglalás és Árpád-kor, Ungvár, 1997.

Honfoglalás és néprajz, eds. L. Kovács, A. Paládi-Kovács, Budapest, 1997.

Honfoglalás és régészet, ed. L. Kovács, Budapest, 1994.

A honfoglaláskor írott forrásai, eds. L. Kovács, L. Veszprémy, Budapest, 1996.

La Hongrie de l'an Mil. Naissance d'une nation européenne, eds. I. Fodor, L. Révész, M. Wolf, I.M. Nepper, J.-Y. Marin, Milan, 1998.

Les Hongrois et l'Europe: conquête et intégration, eds. S. Csernus and K. Korompay, Paris-Szeged, 1999.

Horedt, K., *Contribuţii la istoria Transilvaniei în secolele IV-XIII*, Bucharest, 1958.

Idem, *Siebenbürgen im Frühmittelalter*, Bonn, 1986.

Hruševśkyj, M., *Geschichte des ukrainischen (ruthenischen) Volkes*, I, Leipzig, 1906.

Iambor, P., "Aspects de la société transylvaine au début du Moyen Age," *Transylvanian Review*, V, 1996, 2, pp. 66-78.

Ivánka, E. v., "Ungarn zwischen Byzanz und Rom," *Blick nach Osten*, II, 1949, 1-2, pp. 22-36.

Ivanov, V.A., "Uralo-Povolzhskaia chast' mad'iarskogo puti na Zapad," in *Kul'tury evraziĭskikh stepeĭ vtoroĭ poloviny I tysiacheletiia n.è.*, Samara, 1996, pp. 192-198.

Juhász, P., *Tiurko-bŭlgari i madzhari. Vliianie na tiursko-bŭlgarskata kultura vŭrkhu madzharite*, Sofia, 1985.

Kalmár, J.V., "Säbel und Schwert in Ungarn," *Zeitschrift für historische Waffen- und Kostümkunde*, 14, 1935/36, pp. 150-155.

Kazakov, E.P., "O khudozhestvennom metalle ugrov Uralo-Povolzh'ia v srednevekovykh kompleksakh Vostochnoĭ Evropy," *AEMA*, 11, 2000-2001, pp. 7-24.

Kellner, M.G., *Die Ungarneinfälle im Bild der Quellen bis 1150. Von der "Gens detestanda" zur "Gens ad fidem Christi conversa"*, Munich, 1997.

Idem, "Das Ungarnbild in den frühen mittelalterlichen Textquellen," in *Bayern-Ungarn Tausend Jahre*, eds. H.W.Wurster, M. Treml and R. Loibl, Passau-Regensburg, 2001, pp. 35-42.

Király, P., "A magyar – szláv kapcsolatok a honfoglalásig a szláv írott források tükrében," *Magyar Tudomány*, LXXXVII, 1980, 5, pp. 357-362.

Kiss, A., *Baranya megye X-XI. századi sírleletei*, Budapest, 1983.

Idem, "Studien zur Archäologie der Ungarn im 10. und 11. Jahrhundert," in *Die Bayern und ihre Nachbarn*, II, eds. H. Friesinger, F. Daim, Vienna, 1985, pp. 217-379.

Kiss, G., *Vas megye 10-12. századi sír- és kincsleletei*, Szombathely, 2000.

Kiszely, I., *A magyarság őstörténete (Mit adott a magyarság a világnak)*, I, II, Budapest, 1996.

Klima, L., *The Linguistic Affinity of the Volgaic Finno-Ugrians and their Ethnogenesis (Early 4th Millennium BC – Late 1st Millennium AD)*, Oulu, 1996.

Kniezsa, I., "Ungarns Völkerschaften im XI. Jahrhundert," *AECO*, IV, 1938, 1-4, pp. 218-412.

Koestler, A., *La treizième tribu. L'Empire khazar et son héritage*, trans. G. Fradier, Paris, 1976.

Kovács, B., "Kabarók és palócok (Adatok a Palócföld IX-XI. századi településtörténetéhez)," *Az Egri Múzeum Évkönyve*, VII, 1970, pp. 159-178.

Kovács, L., *Münzen aus der ungarischen Landnahmezeit. Archäologische Untersuchung der arabischen, byzantinischen, westeuropäischen und römischen Münzen aus dem Karpatenbecken des 10. Jahrhundert*, Budapest, 1989.

Idem, *Das früharpadenzeitliche Gräberfeld von Szabolcs*, Budapest, 1994.

Kristó, G., "A 10. századi Erdély politikai történetéhez," *Századok*, 122, 1988, 1-2, pp. 3-35.

Idem, *Honfoglaló fejedelmek: Árpád és Kurszán*, Szeged, 1993.

Idem, *Hungarian History in the Ninth Century*, trans. G. Novák, Szeged, 1996.

Idem, "Keánok a Kárpát-medencében," *Erdélyi Múzeum*, LVIII, 1996, 1-2, pp. 51-59.

Idem, *Die Geburt der ungarischen Nation*, Herne, 2000.

Kristó, G., Makk, F., Szekfű, L., "Adatok «korai» helyneveink ismeretéhez, I," *Acta Universitatis Szegediensis de Attila József Nominatae. Acta Historica*, XLIV, 1973.

Kuun, G., *Relationum Hungarorum cum Oriente gentibusque Orientalis originis. Historia antiquissima,* Claudiopoli, I, 1893; II, 1895.

László, G., *The Art of the Period of Great Migrations in Hungary*, Budapest, 1970.

Idem, *A honfoglaló magyarok*, Budapest, 1996.

Idem, *Múltunkról utódainknak*, I, *A magyar föld és a magyar nép őstörténete*; II, *Magyarok honfoglalása – Árpád népe*, Budapest, 1999.

Lázár, I., *Petite histoire de Hongrie*, Budapest, 1989.

Lewicki, T., "Madjar, Madjaristan," in *The Encyclopaedia of Islam*, NE, V, Leiden, 1986, pp. 1010-1022.

Ligeti, L., "Levédia és Etelköz," *Magyar nyelv*, LXXXI, 1985, 1, pp. 1-19.

Lipták, P., *Avars and Ancient Hungarians*, Budapest, 1983.

Lüttich, R., *Ungarnzüge in Europa im 10. Jahrhundert*, Berlin, 1910 (reprinted Vaduz, 1965).

Macartney, C.A., *The Magyars in the Ninth Century*, Cambridge, 1930.

Idem, *The Medieval Hungarian Historians. A Critical and Analitical Guide*, Cambridge, 1953.

Idem, *Studies on Early Hungarian and Pontic History*, eds. L. Czigány and L. Péter, Aldershot-Brookfield, USA-Singapore-Sydney, 1999.

Madgearu, A., *Românii în opera Notarului Anonim*, Cluj-Napoca, 2001.

A magyar honfoglalás korának régészeti emlékei, eds. M. Wolf and L. Révész, Miskolc, 1996.

Magyar őstörténeti tanulmányok, eds. A. Bartha, K. Czeglédy, A. Róna-Tas, Budapest, 1977.

A magyarság őstörténete, ed. L. Ligeti, Budapest, 1943 (reprinted 1986).

Makk, F., *Ungarische Aussenpolitik (896-1196)*, Herne, 1999.

Makkay, J., *Előitéletek nélkül a jászokról*, Budapest, 1997.

Margetić, L., *Dolazak krvata/Ankunft der Kroaten*, Split, 2001.

Marquart, J., *Osteuropäische und ostasiatische Streifzüge*, Leipzig, 1903.

Marsina, R., "Slaviane i mad' iary v kontse IX-X v.," in *Rannefeodal'nye gosudarstva i narodnosti (Iuzhnye i zapadnye slaviane VI-XII vv.)*, Moscow, 1991, pp. 106-116.

Mesterházy, K., "Die landnehmenden ungarischen Stämme," *AAH*, XXX, 1978, 3-4, pp. 313-347.

Idem, "Die Kunst der landnehmenden Ungarn und die abbasidisch-irakische Kunst," *AAH*, XLIX, 1997, 4, pp. 385-418.

Molnár, E., *Problemy étnogeneza i drevneĭ istorii vengerskogo naroda*, Budapest, 1955.

Moór, E., "Die Benennungen der Ungarn in den Quellen des IX. und X. Jahrhunderts," *Ural-Altaische Jahrbücher*, XXXI, 1959, pp. 191-229.

Moravcsik, G., *Studia Byzantina*, Budapest, 1967.

Idem, *Byzantium and the Magyars*, Budapest-Amsterdam, 1970.

Musset, L., *Les invasions. Le second assaut contre l'Europe chrétienne (VIIe-XIe siècles)*, Paris, 1965.

Nagy, A., "Eger környéki és Tiszavidéki besenyő települések a X-XI. században," *Az Egri Múzeum Évkönyve*, VII, 1970, pp. 129-157.

Németh, J., "La question de l' origine des Sicules," *AECO*, IV, 1940, 1-4, pp. 208-241.

Oikonomidès, N., "Vardariotes-W.l.nd.r.-V.n.nd.r: Hongrois installés dans la vallée du Vardan en 934," *Südost-Forschungen*, XXXII, 1973, pp. 1-8.

Az őshazától Árpád honalapitásáig, Kaposvár, 1996.

Petrukhin, V. Ia., *Nachalo étnokul'turnoĭ istorii Rusi IX-XI vekov*, Smolensk, 1995.

Pohl, W., *Die Awaren, Ein Steppenvolk in Mitteleuropa, 567-822 n. Chr.*, Munich, 1988; 2nd ed., Munich, 2002.

Idem, "The Role of the Steppe Peoples in Eastern and Central Europe in the First Millennium A.D.," in *Origins of Central Europe*, ed. P. Urbańczyk, Warsaw, 1997, pp. 65-78.

Pop, I.-A., *The Ethno-Confessional Structure of Medieval Transylvania and Hungary* (Bulletin of the Center for Transylvanian Studies, III, 4), Cluj-Napoca, 1994.

Idem, *Românii şi maghiarii în secolele IX-XIV. Geneza statului medieval în Transilvania*, Cluj-Napoca, 1996.

Popoli delle steppe: Unni, Avari, Ungari (Settimane di studio del Centro Italiano di Studi sull' Alto Medioevo, XXXV, 23-29 aprile 1987), I-II, Spoleto, 1988.

Problemy arkheologii i drevneĭ istorii ugrov, eds. A.P. Smirnov, V.N. Chernetsov, I.F.

Erdélyi, Moscow, 1972.

Pulszky, F., *Magyarország archaeologiája*, II, Budapest, 1897.

Les questions fondamentales du peuplement du bassin des Carpathes du VIIIe au Xe siècle, ed. L. Gerevich, Budapest, 1972.

Révész, L., *A karosi honfoglalás kori temetők*, Miskolc, 1996.

Révész, L., Siklódi, C., Hidán, C., Benkő, M., *Between East and West/Über die Grenze zwischen Ost und West*, ed. C. Siklódi, Budapest, 1996.

Ripoche, J.P., "Constantin VII Porphyrogénète et sa politique hongroise au milieu du Xe siècle," *Südost-Forschungen*, XXXVI, 1977, pp. 1-12.

Róna-Tas, A., *Language and History Contributions to Comparative Altaistics*, Szeged, 1986.

Idem, *A honfoglaló magyar nép. Bevezetés a korai magyar történelem ismeretébe*, Budapest, 1997.

Idem, *Hungarians and Europe in the Early Middle Ages. An Introduction to Early Hungarian History*, trans. N. Bodoczky, Budapest, 1999.

Runciman, S., *The emperor Romanus Lacapenus and his reign. A study of tenth-century Byzantium*, Cambridge, 1963.

Sayous, E., *Les origines et l'époque païenne de l'histoire des Hongrois*, Paris, 1874.

Schönebaum, H., *Die Kenntnis der byzantinischen Geschichtschreiber von der ältesten Geschichte der Ungarn von der Landnahme*, Berlin-Leipzig, 1922.

Schulze, H.K., *Hegemoniales Kaisertum. Ottonen und Salier*, Berlin, 1991.

Schulze, M., "Das ungarische Kriegergrab von Aspres-lès-Corps. Untersuchungen zu den Ungarneinfällen nach Mittel-, West- und Südeuropa (899-955 n. Chr.)," *Jahrbuch des Römisch-Germanischen Zentralmuseum Mainz*, 31, 1984, pp. 473-514.

Eadem [Schulze-Dörrlamm, M.], "Untersuchungen zur Herkunft der Ungarn zum Beginn ihrer Landnahme im Karpatenbecken," *Jahrbuch des Römisch-Germanischen Zentralmuseums Mainz*, 35, 1988, pp. 373-478.

Eadem, "Die Ungarneinfälle des 10. Jahrhunderts im Spiegel archäologischen Funde," in *Europa im 10. Jahrhundert. Archäologie einer Aufbruchszeit*, ed. J. Henning, Mainz am Rhein, 2002, pp. 109-122.

Senga, T., "Some Problems of Magyar-East Slavic Relations in the Ninth Century," *Uralica. Journal of the Uralic Society of Japan*, 1974, 2, pp. 37-59.

Idem, "La situation géographique de la Grande-Moravie et les Hongrois conquérants," *Jahrbücher für Geschichte Osteuropas*, NF, 30, 1982, 4, pp. 533-540.

Shepard, J., "Byzantium and the Steppe-Nomads: The Hungarian Dimension," in

Byzanz und Ostmitteleuropa 950-1453. Beiträge zu einer table-ronde des XIX International Congress of Byzantine Studies, Copenhagen 1996, eds. G. Prinzing and M. Salamon. Wiesbaden, 1999, pp. 55-83.

  Shusharin, V.P., "Russko-vengerskie otnosheniia v IX v.," in *Mezhdunarodnye sviazi Rossii do XVII veka*, Moscow, 1961, pp. 131-180.

  Sindbæk, S.M., "A Magyar Occurrence. Process, Practice and Ethnicity between Europe and the Steppe," *Acta Archaeologica*, Copenhagen, 70, 1999, pp. 149-164.

  Sinor, D., "The Outlines of Hungarian Prehistory," *Cahiers d'Histoire Mondiale*, IV, 1958, 3, pp. 513-540.

  Slovaks in the Central Danubian Region in the 6th to 11th Century, scient. ed. M. Kučera, exec. ed. B. Egyházy-Jurovská, Bratislava, 2000.

  Spinei, V., "Migraţia ungurilor în spaţiul carpato-dunărean şi contactele lor cu românii în secolele IX-X," *AM*, XIII, 1990, pp. 103-148.

  Studia Turco-Hungarica, V, *Turkic-Bulgarian-Hungarian Relations (VIth-XIth Centuries)*, Budapest, 1981.

  Svätopluk 894-1994, eds. R. Marsina, A. Ruttkay, Nitra, 1997.

  Szalontai, C., "Kritische Bemerkungen zur Rolle der Bulgaren im 9. Jahrhundert in der Grossen Ungarischen Tiefebene und in Siebenbürgen," *A Móra Ferenc Múzeum Évkönyve, Studia Archaeologica*, VI, 2000, pp. 263-286.

  Székely, G., "Le rôle de l'élément magyare et slave dans la formation de l'État hongrois," in *L'Europe aux IXe-Xe siècles. Aux origines des États nationaux*, Warsaw, 1968, pp. 225-239.

  Idem, "Le déclin des tribus et la naissance des peuples (L'Europe Centrale et l'Europe de l'Est après la conquête du pays par les Magyars)," in *Hungaro-Turcica. Studies in honour of Julius Németh*, ed. G. Káldy-Nagy, Budapest, 1976, pp. 35-41.

  Szőke, B., *A honfoglaló és kora Árpád-kori magyarság régészeti emlékei* (Régészeti tanulmányok, I), Budapest, 1962.

  Szőke, B.M., "Methodologische Bemerkungen zur Definition der aus dem 9. Jahrhundert stammenden Denkmäler des Karpatenbeckens," *Mitteilungen des Archäologischen Instituts der Ungarischen Akademie der Wissenschaften*, 10-11, 1980/81, pp. 183-197.

  Takács, M., "Die Lebensweise der Ungarn im 10. Jahrhundert im Spiegel der Verschiedenen Quellengattungen," in *The Neighbours of Poland in the 10th Century*, ed. P. Urbańczyk, Warsaw, 2000, pp. 157-191.

  Idem, "Les traces archéologiques de la conquête. Le rôle des recherches sur la céramique," in *Conquête, acculturation, identité: des Normands aux Hongrois. Les traces de la conquête* (Cahiers du GRHIS, 13), ed. P. Nagy, Rouen, 2001, pp. 45-64.

Tallgren, A.M., "Finno-Ugrier. A, Archäologie," in M. Ebert, *Reallexikon der Vorgeschichte*, III, Berlin, 1925, pp. 354-364.

Tender Meat under the Saddle. Customs of Eating, Drinking and Hospitality among Conquering Hungarians and Nomadic Peoples, ed. J. Laszlovszky, Krems, 1998.

Thierry, A., *Histoire d'Attila et de ses successeurs*, II, Paris, 1874.

Török, G., *Die Bewohner von Halimba im 10. und 11. Jahrhundert*, Budapest, 1962.

Tóth, S.L., "Kabarok (kavarok) a 9. századi magyar törzsszövetségben," *Századok*, 118, 1984, 1, pp. 92-113.

Idem, "A honfoglalás időpontja," *Acta Universitatis Szegediensis de Attila József Nominatae. Acta Historica*, CII, 1995, pp. 3-10.

Idem, "Az első fejedelem: Árpád vagy Álmos?," *Acta Universitatis Szegediensis de Attila József Nominatae. Acta Historica*, CIII, 1996, pp. 31-42.

Tougher, S., T*he Reign of Leo VI (886-912). Politics and People*, Leiden-New York-Cologne, 1997.

Țeicu, D., *Banatul montan în evul mediu*, Timişoara, 1998.

Idem, *Mountainous Banat in the Middle Ages*, Cluj-Napoca, 2002.

Die Ungarn. Ihre Geschichte und Kultur, ed. L. Kósa, Budapest, 1994.

Váczy, P., "Les racines byzantines du christianisme hongrois," *Nouvelle Revue de Hongrie*, XXXIV (X), 1941, 2, pp. 99-108.

Idem, "Byzantine Emperor Constantine VII Porphyrogenitos and the Saga of the Hungarian Conquest," *Hungarian Studies*, 4, 1988, 2, pp. 129-135.

Idem, "Some Questions of Early Hungarian History and Material Culture," *Antaeus. Communicationes ex Instituto Archaeologico Academiae Scientiarum Hungaricae*, 19-20, 1990-1991, pp. 257-329.

Vajay, S. de, *Der Eintritt des ungarischen Stämmebundes in die europäische Geschichte (862-933)*, Mainz, 1968.

Vámbéry, H., *Der Ursprung der Magyaren. Eine ethnologische Studie*, Leiden, 1882.

Váňa, Z., "Mad'aři a slované ve světle archeologických nálezů X.-XII. stoleti," *Slovenská Archeólogia*, II, 1954, pp. 51-104.

Varady, L., "Revision des Ungarn-Image von Konstantinos Porphyrogennetos," *BZ*, 82, 1989, pp. 22-58.

Velter, A.-M., *Transilvania în secolele V-XII. Interpretări istorico-politice şi economice pe baza descoperirilor monetare din bazinul carpatic, secolele V-XII*, Bucharest, 2002.

Vernadsky, G., *Essai sur les origines russes*, trans. A. Colnat, 1, 2, Paris, 1959.

Vernadsky, G., Ferdinandy, M. de, *Studien zur ungarische Frühgeschichte*, I. Lebedia; II. Álmos, Munich, 1957.

Wolfram, H., *Grenzen und Räume. Geschichte Österreichs von seiner Entstehung (Österreichische Geschichte, 378-907*, co-ord. H. Wolfram), Vienna, 1995.

Idem, Salzburg, Bayern, *Ősterreich. Die Conversio Bagoariorum et Carantanorum und die Quellen ihrer Zeit*, Vienna-Munich, 1995.

900 Years from Saint Ladislas Death, eds. Al. Săşianu, Gh. Gorun, Oradea, 1996.

Zakharow, A. and Arendt, W., *Studia Levedica. Archaeologischer Beitrag zur Geschichte der Altungarn im IX. Jh.* (Archaeologia Hungarica, XVI), Budapest, 1934.

Zimmermann, H., *Veacul întunecat*, trans. J. Henning and A. Mihăilescu, Bucharest, 1983.

Zuckerman, C., "Les Hongrois au pays de Lebedia: une nouvelle puissance aux confins de Byzance et de la Khazarie ca 836-889," in *Byzantium at War (9th-12th c.)*, Athens, 1997, pp. 51-73.

第二章　佩切涅格人

随着佩切涅格人从亚洲西部向东欧南部地区迁徙，图兰语族群重新获得了黑海北部草原的霸权，在匈牙利猛烈进攻的时期，其霸权经历了短暂的衰落。在公元纪年的第一、二千纪之交，佩切涅格人积累了重要的新生资源，在政治现实风云变幻和动荡不安的背景下，他们以辉煌的事业展现了自己的韧性与活力，他们与不同的族群建立了联系，这深刻改变了他们的历史命运。佩切涅格人的强势崛起注定要动摇欧洲大陆东部远端和东南部诸国的脆弱的均势。

一、名称和族裔构成

作为一个起源于突厥语族群的部落联盟，佩切涅格人在同时期文献中有许多不同名称：阿拉伯人和波斯人称之为 Bjnak/Bjanak/Bajanak，中国西藏人称之为 Be-ča-nag，格鲁吉亚人称之为 Pačanak-i，亚美尼亚人称之为 Pacinnak，希腊人称之为 Πατζινακέται/Πατζινάκοι，东斯拉夫人称之为 Pechenegi/Pechenezi，匈牙利人称之为 Besenyő/Bečenäk，波兰人称之为 Pieczyngowie/Piecinigi，而中欧国家的拉丁文本则称之为 Pizenaci/Bisseni/Bessi，等等。在古突厥语中，bajanaq/bajinaq 最初的含义是"连襟、内兄/弟、姐/妹夫、姑兄/弟"，从这里佩切涅格的名称获得了"姻亲氏族/部落"的词源学意义。[1]

在奥斯曼土耳其语中，bacanak/bacinak 也有"姻亲"或"连襟"的意思。

在其他突厥习语中，也有一些词汇的形式及含义与bacanak/bacinak相关。在察合台语（Chagatai）中，baca意为"姐姐"；在奥斯曼土耳其、阿塞拜疆人和土库曼人的语言中，baçi也有相同意思；而在雅库特语（Yakut）中，baca表示姻亲关系。这个词加上后缀-nak/-nek之后并没有改变原义。从第一千纪晚期开始，人们可能通过"通假字"的方式获得佩切涅格人的各种名称。[2] 拜占庭文本经常使用一些古老的族名来称呼他们：Δακοῒ/Δάκες、Μυσοῒ、Σαυρομάται、Σκύθαι。[3]

君士坦丁七世对于黑海北部地区这个强大的马上民族非常感兴趣，他在十世纪中期记录了佩切涅格人的三个"省区"（实际上是三个部落），他们也称作康加尔（Kangar），他们比同胞更勇敢，出身更高贵。[4] 这个族名并不是孤证：公元五世纪亚美尼亚外高加索的拉扎尔帕佩西（Lazar P'arpeçi）编年史就曾提到这个族名；一个世纪之后，叙利亚的两部殉教史著作也提到了它。它可能来源于吐火罗语（Tocharian）中的kank，意为"石头"。公元八世纪第二个二十五年的《阙特勤碑》（Kül-Tegin）上有一段北欧突厥文铭文，其中出现了"Kängäräs"[5] 的字眼，根据著名东方学家奥梅尔扬·普里察克（Omeljan Pritsak）的观点，它可能是一个混合形式的词语，通过伊朗族群名称aorsoi（=avrs-ars-as）和kank一词结合而得，因此，Kängäräs可以被认为是派生于Kängär，意为"像石头一样"[6]；这个假设需要仔细地考虑，特别是，它不仅涉及严格的语言学问题，还涉及族群问题，这表明，佩切涅格人拥有雅西人-伊朗人［(I)asian-Iranian］的成分。许多历史学家和哲学家都对"康加尔"这个名字进行了讨论，但远未达成一致意见。至于佩切涅格人部落组织内部的"康加尔"的所在地，也是众说纷纭。[7]

人们也可以从其他类型的史料发现，佩切涅格人和伊朗阿兰人、雅西人在语言方面存在着相互联系和影响。著名伊斯兰学者阿尔-比鲁尼（al-Bîrūnî）提到了一个民族，他们属于"阿兰人（al-Lān）和阿速人（al-Ās），他们的语言是花剌子模人和佩切涅格人的语言的混合"。[8] 此外，约瑟夫·弗拉维奥（Josephus Flavius）所著《历史》俄译本结尾的附录部分写道：雅西人可能起源于佩切涅格人，他们的居住地靠近塔纳（Tana）和米奥提德[9]，即亚速海。这部译稿完成于十二世纪，并被十五至十八世纪的许多手稿收录。[10]《塔巴里纲目》(Compendium of Tabari)的一个段落中也呈现了东欧族群的多样性。该书声称，那些"不可靠的"可萨人、罗斯人、阿兰人可能与突厥人混居并通婚。[11]当然，我们不应该在字面上理解这段文字的信息，而应该这样理解：在某个时期内，高加索山脉北部和亚速海周围地区的族群共同生活，结果导致语言的混合。

一些阿拉伯编年史家和地理学家清晰揭示出佩切涅格人所具有的突厥特征，这些学者甚至在佩切涅格人开始居住于西亚和欧洲东部时就已经认识他们了。保存下来的为数不多的佩切涅格人名也证明了他们的突厥血统。他们被认为是东欧南部地区的一些"如尼文"(runic)铭文的作者，也是著名的辛尼可劳马蕾金制词典的制作者，该词典发现于1799年，现存于维也纳艺术史博物馆，但作者身份依然存在争议。在激起各种各样的争论之后，绝大部分专家认为它是属于保加利亚人、阿瓦尔人和匈牙利人。根据一些专家的意见（但没有被其他突厥习语研究专家所接受），辛尼可劳马蕾的如尼文词汇——它在古突厥习语中有对应的词——的书写者似乎是一个几乎不懂佩切涅格语的人，或一个已经被其他民族深度同化的人，不过，其他的研究者认为，该文本的书写者应该是操相近语言的人。[12]

十一世纪的著名学者、突厥语方言专家马合木德·喀什噶里认为，佩切涅格语很可能是吉利吉思语(Qirqiz)、库蛮语和乌古斯语的一个变种。[13]不过，皇帝阿莱克修斯一世(Alexios I Comnenos，1081—1118)的女儿暨传记作家安娜·科穆宁声称，佩切涅格人——她称之为斯基泰人——与库蛮人说的是同一种语言。[14]一位享有盛名的突厥语专家巴斯卡科夫(N.A. Baskakov)认为，佩切涅格语、乌古斯语和加告兹语(Gagauz)属于西匈奴突厥语的乌古斯语族的乌古斯-保加利亚亚语族。根据他的分类，突厥语可划分为西匈奴突厥语(west-Hunnic-Turkish)和东匈奴突厥语(east-Hunnic-Turkish)。西匈奴突厥语包括保加利亚语、乌古斯语、钦察语(Qipchaq)和加尔古语(Qargul)。而乌古斯语又可分为乌古斯-土库曼语(Oghuz-Turkmenian)、乌古斯-保加利亚语(Oghuz-Bulgarian)和乌古斯-塞尔柱语（Oghuz-Seljukid）。这位著名学者将突厥语的演变划分为几个阶段：阿尔泰语（Altaic）、匈奴语（至公元五世纪）、古突厥语（五至十世纪）、中古突厥语（十至十五世纪）、现代土耳其语（十五至二十世纪）、当代土耳其语。[15]

就突厥语而言，根据一些观点，可以认为它与蒙古语属于同一个分支，而突厥-蒙古语族是庞大的阿尔泰语系的一个部分，满-通古斯语族（Manchu-Tungus）、日语语族和朝鲜语语族都属于阿尔泰语系。[16] 根据另一种观点，阿尔泰语系可分为四大语族：匈奴语、突厥语、蒙古语和通古斯语。[17]

今天的突厥语族群散布在中亚、东欧和东南欧的广大地区，他们在体型、语言和文化上呈现出多样性，这是几个世纪以来与其他族群成员混合、互相交流和融合的结果。起初，他们聚居在中亚，但族群的起源地至今仍无法精确鉴定。十九世纪下半期以来，一些学者认为，必须在阿尔泰寻找突厥语部落的发源地，不过，要说整个阿尔泰地区都是突厥部落的"婴儿期"的摇篮则是危险的，因为，自第一千纪的最初几个世纪以来，阿尔泰地区北部和南部就呈现出了极大差异性。[18]

公元六世纪中期，突厥人以强硬姿态登上政治舞台，这也是他们以这个名字见之于世的最早证据。当时，他们在阿史那土门（Bumin）领导下起义反抗柔然帝国（Juan-juan empire），并于552年成功地终结了帝国对于他们的统治。突厥人将他们的权力施加于蒙古的大片地区和西部的邻近地区，阿史那土门获得了"可汗"的称号。接下来的几年，突厥人向西部和西南部挺进，到达波斯附近。公元668年他们派遣使团前往拜占庭，请求和查士丁尼二世联盟，共同反对波斯人。

突厥人的起源非常古老，他们被认为是属于阿尔泰山脉北部和东北部的一些史前考古文化。迄今为止，考古研究的结果不完全可信，还处于一个初步探索的阶段。中国人所称的匈奴部落联盟很可能就是突厥人的一个重要部分。从公元前三世纪到公元第一千纪初期，这些部落联盟一直在中国北部边境活动，但是，他们可能在几个世纪之前就已经生活在那里，尽管史料是用别的名字称呼他们。长城的修建就是为了抵挡他们持续不断的进攻，但却未

138 能阻止他们对于中国北方广大地区的侵略和征服。古老的史书认为，匈奴部落实际上就是匈人，但这个观点不再被认为是合理的。大家普遍承认：匈人和匈奴人之间存在一定关系，匈人可能属于匈奴统治的部落联盟的一部分。西方匈人（western Huns）与嚈哒人（Hephthalites）的关系也是一个没有完全得到解决的问题。在一段时期内，嚈哒人处在柔然部落联盟的政治统治之下，然后，在公元五世纪，他们脱离了这种政治关系，来到咸海南部，建立一个庞大的国家，并以此为基地进攻波斯和印度。阿瓦尔人也被认为脱离了在中国典籍中被称为柔然的部落联盟；公元558年，他们首次被提到居住在黑海以北草原，当时他们的使团正前往君士坦丁堡商讨结盟事宜。尽管柔然人可能是最原始的蒙古人，但他们统治着一个多族群国家，其中肯定包括突厥的元素。

人们所知的第一支进入东欧南部地区的突厥人是匈人。他们可能是在第一千纪的最初几个世纪渗透到此地，直至四世纪中期前后他们的统治稳固下来，当时，他们可能与中亚一些具有亲戚关系的部落进行融合而变得更强大。四世纪晚期他们先后制服阿兰人和哥特人，这有利于他们控制整个东欧的草原地区。五世纪初期，他们迁往潘诺尼亚，控制了一些绝佳的进攻基地，以指向欧洲大陆东南部和西部地区。阿提拉统治时期（434—453），匈人的权力达到顶峰，当时他们拥有一个广袤而强大的国家，其中居住了突厥人、日耳曼人、伊朗人和罗曼人。

许多世纪以来，伊朗人一直控制着欧亚大陆中西部地区，而在匈人及其兄弟族群的压力下，伊朗人的土地急剧萎缩，在失去政治霸权之后，他们更是雪上加霜。许多斯基泰-萨尔马特人社群被突厥语社群同化了。这个进程被库特里格斯人、乌拉古尔人、保加利亚人、可萨人、阿瓦尔人和其他部落联盟的西迁运动大大加速，给欧亚大陆西部地区的族群结构带来巨大变化。其中一些民族拥有强大的军事力量并建立了国家，在接下来的几个世纪里，伏尔加河中部地区与巴尔干半岛东北部的保加利亚人、里海北部与东北部地

139 区的可萨人、多瑙河中部平原的阿瓦尔人将在中东欧的政治生活中扮演重要角色。在许多情况下，人们无法真正有效地将这些部落在欧洲的历史与它们

在中亚的历史联系起来，因为历史资料在提到它们时都是使用其他的名称，而且，它们都被融合进一个结构特征迥异于前的部落联盟。[19]

突厥语族群在政治舞台上脱颖而出，他们在中亚建立了几个广袤而强大的"草原帝国"。第一个帝国是公元552年阿史那土门建立的突厥汗国，其中心位于鄂尔浑（Orkhon）河流域。唐王朝施加的压力，特别是630年唐太宗的征战迫使后突厥部落北撤，并接受中国的宗主权。在经过多次失败的尝试之后，682年他们重新获得自主权，建立了所谓的突厥第二汗国，该汗国在默啜可汗（Mozhuo/Kapghan/Kapakaghan/Kapgan Kaghan，691—716）时期达到顶峰。外部的对峙与内部的权力争夺，导致第二汗国的衰落和损耗，它再也无法应对回鹘人在744年领导的军事联盟的进攻。

最初，突厥汗国以粟特语作为官方语言和外交语言。一些线索表明，从公元六世纪开始他们拥有了自己的书写系统，这是基于一套被笼统称作"如尼文"的音标字母，之所以被称为"如尼文"，是因为它与古德语的书写方式相似。保存下来的最古老的铭文可以追溯至八世纪，它在十九世纪晚期被破译。已被发现的第一千纪下半期欧亚大陆突厥语社群的人形石像"巴尔巴尔斯"（balbals）似乎也表明，突厥人面孔具有蒙古人的特征。但这并不奇怪，因为，在一个多种族群和语言的背景下，突厥语族群常常与伊朗或蒙古血统的族群通婚。

回鹘人建立了另一个强大而广袤的国家，其最初的中心位于色楞格河。从人类学的角度看，回鹘人主要是属于欧洲短头型特征，除此之外，他们没有特别明显的蒙古人种特征。他们的汗国持续了差不多一个世纪，直到840年黠戛斯人（Kirghiz，亦称吉利吉思人）的进攻才终结了其在蒙古及周边地区的霸权。黠戛斯人的土地最初位于叶尼塞（Yenisei）河和鄂毕（Obi）河上游流域，他们通过吞并回鹘人的土地而大举向东南方向扩展。他们的部落联盟由一些突厥语族群混合而成，它一直存续到蒙古人军事行动的开始。上面提到的所有突厥语民族都是骑马的游牧民族，但在他们统治的一些地区也出现了定居生活。[20] 从人类学和语言学的角度看，除了中亚的一些地方实体之外，"突厥"这个族名是一个成分混杂的族群的通用名称，当然，这个族群是以突厥语民族为主导。至于"突厥"一词的含义,大家莫衷一是。突厥人自己或与他们关系密切的族群编造了各种各样的词源,它们常常因时因地而异。总的来说,这些词源与现代学者的解释并不吻合,以至于都没有达到被普遍认可的程度。根据一种被广泛接受的观点,"突厥"一词首先是指"人类"。不过,一些东方学家认为,这个族名最初的含义是"力量"、"强壮"等。[21]

二、经济和生活方式

佩切涅格人以游牧生活为主,随季节而移动,全家人带上牲口和财产沿着预先确定的路线寻找优良草场。当时有一些史料描述了他们的生活方式。十一世纪阿拉伯编年史家巴卡里指出,"佩切涅格人是一种游牧民族,他们四处寻找肥沃富饶的草地"。[22]这也被一些拜占庭文本所证实。十至十一世纪之交,执事利奥(Leo the Deacon)也提到了他们的游牧生活方式:他们人口众多,与"房子"一起迁移,大多住在马车里。[23]君士坦丁七世简要记载了佩切涅格人穿越第聂伯河并在整个夏天临河而居的事情[24],这位皇帝编年史家意在强调,他们在温暖时节向水草丰茂的地方移动。

十一至十二世纪之交约翰·思利特扎(Ioannes Skylitzes)在一部信息丰富的编年史中,也像执事利奥一样指出,佩切涅格人口数量庞大,并表明这样一个事实,即他们过着"游牧的生活",习惯住在帐篷里。[25]而在几十年之前,他的同胞约安尼斯·莫罗普斯(Ioannes Mauropus)出于个人的一些糟糕经历,对佩切涅格人进行了负面的评价:"他们的游牧生活方式带有着野蛮的习俗……他们没有任何荣誉、法律或宗教观念,他们也不以任何文雅的方式进行生活……他们掠夺和屠杀任何落在他们手里的东西,双手沾满鲜血。"[26]

根据同时代其他一些作家的描述,佩切涅格人居无定所,栖身于帐篷、货车或马车。他们四处移动时,全家人都住在车里,还附带全部的家当。车在行进时紧挨着呈圆形排列,这样可以圈住牛群和羊群,而且在发生军事冲突时可以作为防御营地。这些车大大降低了他们在军事行动中的机动性，但即便如此，佩切涅格人在远行时也会带着它们，以便将它们当作庇护所，以及用来运输战俘。

关于佩切涅格人在战役中使用马车的一些证据——这在各种来源的叙事文献中都有记载——还牵涉他们在1091年同阿莱克修斯一世（John I Comnenos）军队之间的激烈战争。亚美尼亚编年史家埃德萨的马修（Matthew of Edessa）生活在同一个时期，他在几十年后回溯这些事件时提到，面对拜占庭军队的冲锋，佩切涅格人登上马车，朝敌人射箭，而在敌人烧毁他们的马车之后，他们才面临战败的决定性时刻。[27] 拜占庭军队与这些图兰人对抗的著名事件后来一直流传到斯堪的纳维亚北部。因此，冰岛作家斯诺里·斯图鲁松（Snorri Sturluson）于1220—1230年创作的《海姆斯克林拉》[28]，以及同样由冰岛作家扩写的《圣欧拉夫传奇》（St Olaf's Saga）[29]，都记载了一种在外围挖掘防护沟渠的马车营地，这种营地出现在阿莱克修斯一世统治时期，是由一个异教民族——在侵略希腊之后——在"佩切涅格人的平原"上修建的。尽管侵略者没有被指名道姓，但明显是指佩切涅格人，特别是书中还提到了他们的"平原"。[30] 不无相关的是，在阿莱克修斯一世时期，人们认为，如果战斗中的佩切涅格人不携带马车的话，他们将变得非常脆弱。[31] 而当马车被敌人袭击时，这个游牧民族的妇女也加入到战斗之中。[32]

还有两部希腊编年史[33]和一部叙利亚编年史[34]记载了马车营地的使用。在十二世纪三十年代早期约翰二世（John II Comnenos）统治时期，佩切涅格人发动了最后一次远征，同样也使用了马车营地。这种军事技术并不是佩切涅格人发明的，匈人和可萨人以前就知道这种技术，他们在分别对阵罗马人[35]和阿拉伯人时就曾经使用过[36]。

关于这些图兰人的生活方式，波斯一部完成于982年的世界地理著作《世界境域志》提到，在两支游牧部落中，讲突厥语的佩切涅格人（Turkish Pechenegs）不住在城市[37]，而讲可萨语的佩切涅格人（Khazarian Pechenegs）据说住在毛毡小屋和帐篷里，逐水草而居[38]，同样是没有城市生活经验的积累。大马士革的阿拉伯学者阿布·菲达（Abu'l Fida, 1273—1331）在撰写地理著作时插入的一些材料，显示了相反的信息。这位阿布·菲达从前辈学者阿布·萨义德（Abu Sa'id）撰于十三世纪下半期的著作中摘录了许多段落。阿布·萨义德的著作表明，佩切涅格国土上有一些城市，坐落在一个湖边和一条河边。他甚至指出了其中的一座靠近河边的城市：狄格纳（Theygna），该城有一位酋长，他与佩切涅格人的最高酋长（可汗）的关系紧张。[39]阿拉伯地理学家的这些说法很可疑，不仅它们的内容本身不可靠，而且还使用了关于图兰语部落联盟的绝不可信的材料。除了其他错误信息以外，该著作还声称，佩切涅格之国有山，这个游牧民族火化遗体，至高无上的可汗职位是父子相传的。[40]这些信息与东方或拜占庭文献所提供的信息差别很大，因此，人们有理由认为阿布·菲达的文本严重混乱，也就是说，其中的大部分材料都应该被抛弃。

马上游牧与农业事务是不兼容的，佩切涅格人不可能在一种准永久性流动的生活方式中进行农业活动。实际上，德国人奥托·冯·弗赖辛（Otto von Freising）和哈赫温（Rahewin）曾明确指出一个事实：在匈牙利王国附近生活的佩切涅格人和库蛮人都不熟悉农业事务。[41]人们对于佩切涅格人和库蛮人主要以马肉为食的说法已司空见惯，但不能就理所当然地宣扬这样一种诋毁性言论，即他们也吃猫肉和生肉。[42]

佩切涅格人的生计几乎全部来源于养牛。正是这个主要行业塑造了他们的生活方式，迫使他们穿越草原进行季节性迁移，以便能够更好地饲养牛。阿拉伯和波斯文献列举了佩切涅格人所饲养的动物，包括牛、羊和马[43]，而一份拜占庭文献提到，这些动物被用来交换其他物品[44]。

在描述公元1090年佩切涅格人与拜占庭军队在君士坦丁堡附近色雷斯南部交战时，安娜·科穆宁也提到了佩切涅格人的马群规模：马匹数量之多以至于不必在战斗中用上所有的马，因此，在目光所及的情况下，他们甚至选择在军事行动区域附近放牧。[45]重要的是，他们能够承受佩切涅格可汗献给基辅总督普列提赫（Pretich）的"礼物"（马），从而为双方的协议锦上添花。根据《往年纪事》，他们送出了一匹马、一把刀和一支箭，得到了一封信、一个盾牌和一把剑。[46]佩切涅格人对于生活资料的获取依靠频繁掠夺邻近地区。

尽管只是单方面的证据，但考古发掘工作却非常明显地展现了佩切涅格人手工艺品的特性及其制作技巧。这个游牧部落的随葬品有大量的由金属（铁、铜、银和金）、角质、动物骨头制成的武器、马具配件、家用什物，它们展示了佩切涅格人在冶金和炼铁业方面的真实技巧，以及在追求手工艺品类型丰富性和高质量方面的灵巧性。随葬品中最频繁出现的是箭头、枪头、马刀、小刀、弓与箭袋附属品、斧头、马镫、马嚼、搭扣、吊坠、燧石、大锅、耳环、指环等，这些物件是分析他们品性的线索，也就是说，作为一个拥有真正军事战斗力的马背民族，它也拥有一些特殊的审美。[47]（图27：下；图28；图31；图32—34；图37—39；图40：1—13；图43）

佩切涅格人在制陶方面的技巧要逊色得多，他们的陶器通常是以最原始的手工方式制成（图29、30），这有时迫使他们和周边人进行实物交易，以便获得这些东西。在黑海北部地区、喀尔巴阡山脉、巴尔干和多瑙河中部地区发掘了许多锤形和圆柱形黏土大锅，许多国家的考古学家认为它们属于佩切涅格人。这些陶器主要是在一些稳定的定居点发现的，但这些定居点绝大部分不在图兰语游牧民族居住过的地区，因此，这种假设是绝对不成立的。只有极少数的大锅，特别是手工制作的大锅，才是佩切涅格人所使用的陶器种类，实际上，东欧、多瑙河下游和中游流域的许多其他民族都制作和使用这种形状的陶器。[48]

关于佩切涅格人的重要物件，还应该提到各种类型的武器（头盔）、珠宝和衣服，等等。人们无法判断这些东西是通过商品交易获得的，或者是作为礼物获得的，还是通过掠夺更文明的中心地带获得的。正如我们已经提到的，由于拥有大量的动物，佩切涅格人可以将它们用作商业交易。

十二世纪下半期犹太旅行家图德拉的本杰明（Benjamin of Tudela）盛赞了君士坦丁堡的浓郁的商业氛围，除了其他人的商品之外，他还列举了佩切涅格人的商品。但他所记载的应该不是同时代的事情，而是更早时代的事情（可能是十和十一世纪），因为他的文本提到当时还并存着佩切涅格人和可萨人。[49]如果承认本杰明的说法真实，则他的论述具有重要意义，因为它证明了拜占庭和佩切涅格人统治下的黑海北部地区存在着贸易关系。

游牧的生活方式和好战的倾向，是阻碍佩切涅格人与周围人进行持续且高密度交流的因素。事实上，正是这种生活方式特征维持了这个游牧社群的不充分发展的状态。

三、社会和政治组织

佩切涅格人是按等级制组织其社会结构的，氏族和部落首领家族占据金字塔顶端。一些坟墓拥有丰富的随葬品，包括珠宝首饰和贵金属制成的衣服，这与游牧社群的财富差异有关。部落统治阶层的职位已经世袭化，不过并非父传子，而是叔叔传给侄子①或侄子的儿子。君士坦丁七世的言说就与此有关[50]，而且它与我们所掌握的欧亚大陆其他游牧社群的材料相吻合。当发生重大的对外战争活动时，部落首领的权威不断提升，此时，部落联盟的强力和权力的集中化更显著。

正如其他的处在文明不稳定阶段的游牧社会一样，奴隶制并不是佩切涅格社会的主要方面，而大规模使用奴隶劳动的利益组织的存在，乃是一个拥有更高发展水平的国家的特征。显然，佩切涅格人抓捕俘虏的首要目的是从试图占有奴隶的人或愿意付赎金的人手中获得交易价值，而很少打算在公共或家庭活动中使用之。

在东欧，佩切涅格人对斯拉夫人的统治区域发动突袭，然后将俘虏卖给奴隶贩子。[51] 他们在拜占庭帝国作战所获得的俘虏，要么被杀，要么被高价出售（特别是那些来自富裕家庭的俘虏）。[52] 反过来，在十世纪中期之前就已败落的所谓的"可萨的佩切涅格人"，也沦为持有相同目标的可萨侵略者的牺牲品，可萨人把他们卖到伊斯兰国家。[53] 那些向拜占庭军队投降的人也面临类似的命运，而其他佩切涅格群体只能迁往一些人口稀少的地区，或充当帝国军队的士兵。[54] 在一些特殊场合，佩切涅格人也奴役自己的同

---

① 译者注：原文为"from uncles to brothers' nephews"，疑似错误。

胞，这就是基肯（Kegen）的随从在多瑙河左岸的所作所为：他们将河岸对面泰拉赫（Tyrach）所领导的部落的妇女儿童卖到了拜占庭。[55]

战俘的赎金非常诱人，这是一项非常重要的收入。有时，战争期间的战俘待遇也是一个争议性问题，甚至在共同利益受到威胁的情况下，普通战士也反对领袖的决定。这里有一个例子：有一次佩切涅格人战胜了阿莱克修斯一世的军队，但部落首领受到了随从们的压力，不得不重新考虑杀光所有战俘的决定，因为他的随从们想获得高额赎金[56]，即便那些被释放的战俘极有可能重新回到敌方军队。

在十至十一世纪，即能够给我们提供一些有关佩切涅格人信息的历史时期，关于他们部落结构的材料揭示出了多样性的特征。982年波斯的一部佚名地理学著作提到了两群人：讲突厥语的佩切涅格人和讲可萨语的佩切涅格人。[57]该书所记载的事件早于其创作的年代，当时，一部分佩切涅格人处在可萨汗国的政治统治之下，也由此出现了这个名称。

关于佩切涅格人组织体系的更多材料，是由君士坦丁七世和马苏第提供的，在一定程度上，他们的信息是互相补充的。君士坦丁七世声称，佩切涅格国家分为8个郡（themata），然后再分为40个区（mére），实际上，他所说的"郡"对应于部落，"区"对应于氏族。其中的4个部落，即绰本（Giazichopon）、吉剌（Kato Gyla）、察剌孛亦（Charaboi）、亦尔添（Iabdiertim）住在第聂伯河右岸；另外的4个部落，即佐兀尔（Kuartzitzur）、阔勒纰（Syrukalpei）、塔尔马特（Borotalmat）和邹本（Bulatzopon）住在河的左岸。[58]一般来说，他们的名称是来自于与政治共同体前任领袖的名字相关的马匹的颜色。[59]这份希腊文抄本并没有达到最高的精准度，可以肯定，给这位学者皇帝提供信息的人并没有完全掌握佩切涅格人的语言，因此，在经过修改后准确的名称应该如下：Yazi-Qapan、(Qabuqšin)-Yula、Qara Bay、Yavdi ertim、Küerči-Čur、Suru Kül Bey、Boru Tolmač和Bula-Čopan。[60]这些信息是从著名阿拉伯编年史家马苏第已进行部分修改的版本得来的：Ärtim、Čur、Jyla、Kulpej、Charawoj、Talmač、Chopon和Čopon。[61]

住在第聂伯河西面的亦尔添部和吉剌部，与对面的佐兀尔部被统称为

"康加尔"（Kangar），即更有天赋、出身更高贵[62]，这表明，它们的起源与其他同胞不同。君士坦丁七世关于绰本部和吉剌部分别住在保加利亚和匈牙利附近的观点，表明了一个事实：他们定居在喀尔巴阡山脉以外的罗马尼亚地区。另外，居住在第聂伯河西岸的察剌孛亦部和亦尔添部，与基辅罗斯及其统治下的斯拉夫人群——乌利奇人、德列夫利安人、波兰人——接壤。[63]

与迄今为止所引述的作者们的说法不同，十一世纪早期的主教布鲁诺·冯·奎尔富特（Bruno von Querfurt）只提到了四个佩切涅格部落[64]，这可能是他只熟悉居住在第聂伯河西岸的社群，因为他曾在那里担任传教士。在论及十一世纪中期的实际情况时，迈克尔·阿塔利亚斯（Michael Attaliates）确认了佩切涅格人（斯基泰人）被分成几个部落的事实，但没有提供任何细节[65]；尼基塔斯·蔡尼亚提斯（Nicetas Choniates）也确认了相同的事实，他在描述约翰二世统治前期的事件时，提到了佩切涅格人群从多瑙河左岸移到右岸的情况[66]。

十一世纪中叶，由于受到乌古斯人的攻击，佩切涅格人的领地不断缩小，只剩下从第聂伯河到多瑙河之间的狭长地带，他们拥有13个部落，每个部落都以其创始人的名字命名。约翰·思利特扎的编年史记载，这13个部落中的11个在泰拉赫的领导下联合起来，人口总数达到80万，另外2个部落在基肯领导下也联合起来。泰拉赫出身于望族，基肯则出身于普通人家。[67]

一些希腊史料记载了1122—1223年佩切涅格人最后一次涌入巴尔干半岛的事件，这些史料显示，在1046年佩切涅格大部分军队逐渐定居拜占庭帝国之后，留在多瑙河北部的少数人群依然保持原来的部落结构。这些希腊史料没有提到部落的数量，只是说明每个部落都有自己的名称，而且没有一个能够真正号令整个游牧社群的稳固的中央权力。[68]

除了部落统一体结构不稳定——这可能是上述情况的结果——之外，佩切涅格人有时也严重缺乏凝聚力，他们无法协调一些军事行动，甚至在许多政治和军事活动中陷入互相矛盾的境地。除了其他方面的例子以外，我们还可以看到一些佩切涅格群体的不和谐举动，他们因为自身的利益而受到拜占庭外交的操控。在这方面，泰拉赫部落和基肯部落之间的激烈厮杀已众所周知。[69] 从佩切涅格首领泰兰尼斯（Tatranes）的例子也可以看到他们来回摇摆的态度。泰兰尼斯曾数度抛弃他的兄弟，短暂地服务于阿莱克修斯一世，后者也随时准备原谅其背信弃义的行为，因为，事实证明，阿莱克修斯有时能够利用泰兰尼斯影响图兰人的举动。[70] 即使在1091年4月黎布联（Lebunion）决战之际，佩切涅格部落联盟也无法采取共同行动，一些军队竟然出乎意料地站在库蛮人一边[71]；这种叛变带来了混乱的局面，导致同胞的失败。

上面材料证明了这个图兰语社会部落结构的脆弱性，这是他们所在草原地区政治不稳定的结果；这种情况实质上导致了佩切涅格族群的全面崩溃，并且将经历一个不可避免的衰败和解体的过程。

四、宗教信仰和实践

至于佩切涅格人的宗教信仰，可用的信息很少，而且经常模棱两可或者不精确。尽管如此，我们无法苟同约安尼斯·莫罗普斯的观点，如前所示，他认为他们没有宗教信仰；我们也不同意迈克尔·普塞洛斯（Michael Psellos），他声称他们不崇拜神。[72] 事实上，与其他图兰语部落一样，佩切涅格人也践行某种形式的萨满教，其仪式混合了万物有灵论、图腾崇拜和其他各种因素。[73] 根据一些宗教史权威专家的观点，"萨满教实际上不是宗教，毋宁说是一种亢奋状态和治疗方法的集合体，它旨在与共生的但无形的神灵世界进行交流，寻求他们对于人类活动的支持"。[74]

人类社群的巫术和宗教生活集中在萨满的身上。他在人与神灵之间扮演协调者的角色，拥有牧师、巫师和算命师等特权。萨满教的原则既包含了与整个自然的特权关系，也包含了与一些重要事物的特权关系。尽管累积了如此之多的特权，萨满并没有承担所有的巫术或宗教活动，例如，在家庭层面崇拜仪式中，由家族首领承担重要角色。萨满资格的获得，要么是通过遗传的美德，要么是得到一些自然的神召而获得共同体权威人物的认可。前一种萨满的特权限制在氏族层面，后一种萨满则通常独立在氏族结构之外。即使是处于青春期的萨满也要有超群的行为举止，人们希望看到他们选择独居和隐居的生活。在人们不得不面对恶劣气候，为寻找生活资料而历经苦难的时候，萨满的工作就是维持社群成员内心的安宁和活力。通过自身感应到的神召——经过长时间的主动搜寻，并传输到外部世界——萨满进入一种恍惚的状态，幻觉着从世俗世界进入神域世界，实际上，这种出神的潜能意味着宗教体验。萨满若要获得认证，需要完成各种技能的训练，以便能够打通氏族或部落日常生活中的意义和超自然神灵的联系。为了进行特殊的仪式，萨满必须使用一套具有象征性和标志性价值的辅助物品，包括面具、服饰、击打设备，等等。通过这些仪式，他们试图驱赶那些带来死亡、疾病、不孕和其他麻烦的恶魔，并获得保护神的善意。[75]

在黑海-里海地区，只有极少数的佩切涅格群体响应了基督教和伊斯兰教的改宗运动，而绝大多数依然是异教徒，这体现在丧葬仪式的稳定性上——一个多世纪以来在黑海以北地区和多瑙河河口的考古研究证明了这一点。十一世纪晚期，阿拉伯地理学家巴卡里在借鉴前人作品的基础上创作了一部著作，在提到佩切涅格人选择偶像崇拜的宗教之后，他声称一些人选择了伊斯兰教，这导致了穆斯林和"不信教者"的激烈对抗。据说这场冲突是以前者的胜利而告终，失败者则被迫选择新的宗教[76]；当然，这种说法更像是作者的臆断，而非实际情况。

同样，基督教在图兰语游牧部落中间也没有取得多少成功。公元988年，佩切涅格王公曼提嘉（Metigai）请求基辅公爵弗拉基米尔给他洗礼[77]，而弗拉基米尔也是刚刚在拜占庭的赫尔松要塞受洗。他的努力得到了成效，991年黑海北部地区的酋长古楚格（Kuchug）也向基辅统治者提出了相同的要求[78]；当然，公爵非常欣喜于能有如此良机，由此不仅能够向自己的人民，而且也能够向异教的邻居展示自己的传教热情。

当住在拜占庭土地上的时候，佩切涅格人不得不选择基督教的规范。基肯部落就属于这种情况。在获准定居于巴尔干山脉北部之后不久，基肯就得到了"孤身战斗者"君士坦丁九世皇帝（Constantine IX Monomachos，

1042—1055）和君士坦丁堡宫廷的热烈欢迎，基肯则许诺让自己和臣民接受洗礼，最终，由修士艾普提米欧斯（Ephtimios）主持仪式，在多瑙河中给他们施洗。[79]这样，他们模仿了耶稣基督的事迹，因为耶稣基督是在约旦河接受圣洗礼的（《马太福音》第3章第13节、《马可福音》第1章第9节）。而在988年，基辅罗斯人就举行了接受基督教信仰的象征性仪式，并在第聂伯河中受洗[80]；这也是一些鞑靼人的情况，十四世纪九十年代初期，他们在俄国的都主教的主持下，在莫斯科河中受洗[81]。泰拉赫部落被击败且得到安抚之后，也移居拜占庭帝国，他们的首领也得到了与同胞暨对手基肯一样的待遇：他和140个最亲密的臣属一起在君士坦丁堡受洗。[82]

　　类似的举动在接下来的几十年里也有记载。因此，得益于斐利亚的圣西里尔（Saint Cyril of Philea）的努力，在黎布联大屠杀之后残存的佩切涅格人也实现了皈依。[83]京纳莫斯（Kinnamos）描述了佩切涅格人对抗约翰二世并被俘虏，然后被帝国士兵（Stratiots）[84]同化而接受当地习俗的事实，按照一贯风格，他重点强调佩切涅格人已皈依基督教。改变移民人口的宗教信仰是拜占庭现行政策之一；随着殖民活动——它必然要求他们文明化并将希腊-拜占庭的生活方式强加给他们——的展开，这个宗教政策得到了严格和系统的执行。

　　事实证明，这些做法只在拜占庭帝国区域内有效，而在游牧部落发源地是无效的，那里仍然固守先辈们的信仰。十一世纪初期，在抵达佩切涅格国家的五个月之内，主教布鲁诺·冯·奎尔富特在传播福音方面没有取得什么重大成就，虽然他付出了巨大的努力，却只有不到30人改变了信仰。[85]

　　即使是为外国君主服务之际，佩切涅格群体也常常发现难以接受对方的宗教。托努佐巴（Thonuzoba）给我们展示了一个逃避官方宗教的经典例子：托努佐巴来自陶克绍尼（Thocsun/Taksony）大公统治时期的匈牙利拜森诺乌姆地区（terra Byssenorum），当国王圣史蒂芬要他的臣民改变信仰时，这位在蒂萨河左岸被授封土地的佩切涅格酋长却设法让自己和妻子逃避改宗，不过，后来他的儿子乌尔坎（Urcan）不得不接受新的宗教时，就摒弃了父母亲的做法。[86]

在草原地区，人们以暴力形式表达对于宗教传播的抵制，尽管一般来说，在对待他者宗教的问题上，欧亚大陆草原游牧民族相比邻近的定居民族更灵活和更宽容。

根据夏巴纳的阿德玛尔（Adémar of Chabannes，约988—1034年）所著编年史的一段补插性文字，奥托三世（Otto III，985—1002）所信任的两个高级教士，即布拉格大主教圣阿达尔贝特（Saint Adalbert）和奥古斯堡主教暨皇帝的堂兄弟圣布鲁诺（Saint Bruno）的传教事业遭遇了悲剧性的失败。在波兰传教成功之后，圣阿达尔贝特（约956—997年）只在佩切涅格人居住地传教8天，而到了第9天就成为图兰弓箭手的目标。圣布鲁诺在放弃了安逸的大主教职位之后，最先在所谓的阿尔巴匈牙利（Alba Ungria）和俄国传教，其事业的巅峰大概是为匈牙利统治者洗礼的事件。随后，据说他在为佩切涅格人传播圣经义理时殉教了。[87]

后来，这位阿奎丹教士的编年史增加了一些段落，但在证据方面充斥着大量的混乱和错误，因此对此编年史必须秉持批判和质疑的精神进行分析。在不深究细节的情况下，我们只注意到，在其他著作中圣阿达尔贝特遇害的经过是不同的，据说他是普鲁士异教徒的暴行的牺牲品。[88]正如人们已经注意到的，对阿德玛尔的著作进行改编的人，是以一种莫名其妙的方式描述圣布鲁诺的故事——即同时杂糅了三位同名的高级教士的事迹。他们三位都是第一千纪末期和第二千纪初期的主教：布鲁诺·冯·奎尔富特（即人们所周知的圣卜尼法斯），奥格斯堡的布鲁诺和圣加仑的布鲁诺。[89]根据更可靠的材料，布鲁诺·冯·奎尔富特是在1009年殉难的，地点不是在佩切涅格人居住地（虽然他曾在那里活动了几个月），而是在靠近俄国边界的普鲁士地区。[90]且不论新增文本的材料的相对可信度如何，人们将两位备受尊敬的教士的遇害归咎于佩切涅格人的事实，就表明当时的佩切涅格人已恶名远扬。这种血腥行为在那个时期并不罕见，通常欧洲北部改信基督教的活动是以众多传教士的牺牲为代价的。

十一世纪拜占庭学者迈克尔·普塞洛斯——前文曾引述他的观点——断言，佩切涅格人认为人死万事空，但这个断言是错误的。[91]晚期突厥坟墓的考古研究所展示的丧葬仪式（图27；图31：左；图33：左）表明，佩切涅格人对于死后的问题拥有截然不同的信念：死者旁边埋葬了一些武器和各种各样的家庭用品（图27：下；图28；图31—34；图39；图40；图43），而且，在这种场合下，他最喜欢的马也被献祭了。

在讨论同样的一些争议性问题时，我们也应该注意到，前述阿布·菲达的信息在黑海-里海的考古研究中没有得到证实，这些考古只证明土葬墓穴的普遍存在，这些墓穴通常散布在小山岗上，有可能是佩切涅格人掩埋的，更多可能是前印欧语时代草原定居者或史前及古典时代的伊朗人掩埋的。尽管如此，在第一千纪后期中亚突厥人区域，可能出现了火葬的仪式——这已得到文字资料和考古资料的证明——但没有广泛流传[92]，因此，佩切涅格人的祖先是绝不可能了解这些仪式的。

五、政治演变

（一）出现在黑海-里海草原及周边地区

与大多数突厥语族群一样，佩切涅格的演变过程需要在中亚地区寻找，虽然我们不能准确界定其族群形成及其跟兄弟部落相分离的日期。一些东方学家认为，关于佩切涅格的最早的书面证据来自于公元七世纪中国的史书《隋书》，他们在书中被称为Pei-ju，指的是居住在拂菻（罗马/拜占庭帝国）以东，与欧诺古尔人（？）及阿兰人相邻的族群。[93]这个身份信息片段仍存在模糊之处，引发了一些疑虑，因此，关于佩切涅格的最早的书面证据，我们只能依赖于八世纪前后的一个回鹘文献的藏语译本，当中论及"北方族群"时，提到佩切涅格人和乌古斯人可能在锡尔河（Syr-Daria）流域发生了一场冲突。[94]九世纪下半期佩切涅格人同乌古斯人及其他族群的冲突，迫使佩切涅格人迁到乌拉尔河与伏尔加河之间的地区。

在当地居住下来之后，佩切涅格人就和布尔塔斯人（Burtas）发生了冲突，后者的"家园"位于可萨汗国和保加利亚汗国的中间地带。[95]佩切涅格人也正是从那里出发给可萨人带去严重的侵害。正如许多史料所显示的，可萨汗国内部——特别是在伏尔加河下游流域地区——存在一个比较完整的城市中心网络，而这些城市毫无疑问成了游牧民族袭击的目标。事实上，在他撰写于十世纪早期的地理著作中，伊本·鲁斯塔就声称，可萨人和佩切涅格人每年都发生冲突。[96] 前文提到的一份东方史料[97]表明，"可萨的佩切涅格人"被用来指称佩切涅格人的一个分支，这说明他们可能与可萨人的土地非常接近，或者，他们更可能是暂时接受了可萨汗国的政治霸权，因为，佩切涅格人发现难以阻挡对方的军事行动。

一些历史学家认为，讲突厥语的佩切涅格人的土地位于乌拉尔河与伏尔加河之间，讲可萨语的佩切涅格人的土地则在亚速海区域的某个地方。[98] 就目前所知的，我们不能排除这样一种可能性，即在迁往伏尔加西部之前，佩切涅格人两个分支已经出现了分离的苗头。如果这种可能性具有可信度的话，那么，讲突厥语的佩切涅格人迁往了乌拉尔河以东地区，讲可萨语的佩切涅格人迁往了乌拉尔河与伏尔加河之间地区，亦即可萨人附近。

关于这两个民族的"家园"的距离，如果是穿过草原和森林的话，合计十天的路程[99]，这种距离对于机动的马上骑兵而言根本不是障碍。阿拉伯和波斯的一些地理、历史著作一方面记载了布尔塔斯人进攻保加利亚汗国和佩切涅格之国的情况[100]；另一方面，这些著作也提到，布尔塔斯人受制于可萨人的规则，根据这个规则，他们需要提供一万个骑兵为可萨人服务[101]。鉴于前文已经提到的可萨人与佩切涅格人的长期冲突，我们认为，布尔塔斯人之所以进攻这些游牧的图兰人，至少在某种程度上是受到可萨可汗的鼓动。佩切涅格人的居住地非常宽广，同时代的一个文本估计，从头走到尾需要三十天。它在北面与库蛮人相邻，在西南面与可萨人相邻，在东面与乌古斯人相邻，在西面与斯拉夫人相邻，佩切涅格人跟所有这些族群都发生过冲突，从他们那里抓捕并贩卖俘虏。[102]

为了摆脱这个令人不安的邻居，可萨人和乌古斯人[103]联合迫使佩切涅格人继续西迁。尽管九世纪晚期可萨人和乌古斯人的联合进攻迫使大部分佩切涅格人不得不离开自己的土地，前往欧洲东端地区，但一些佩切涅格社群并没有追随其同伴，而是选择住在以前靠近乌古斯征服者的地方。[104]当然，为了避免出现混乱，他们不得不付出高昂的代价，丧失了独立地位，接受乌古斯人的统治。十世纪中期，这些佩切涅格少数民族群体仍然保持自己的族群身份，并试图通过一些特色的传统民族服饰区别于乌古斯人，特别是，他们还穿着不过膝的长袖袍子。[105]

如果这两个突厥语族群的差异只停留在服饰细节的话，那么，佩切涅格人群体的处境还算可观。但不幸的是，现实是另外一种样子，当然，那都是他们自己选择屈服归顺的结果。众所周知，对于大多数游牧部落而言，接受其他部落联盟的政治和军事霸权就意味着失去最好的牧场、被剥夺部分财产权、履行军事义务和定期纳税，等等。佩切涅格人至少也承担了这其中的一部分义务。伏尔加河下游两岸发现了佩切涅格人的许多遗迹，包括用土堆起来的孤坟或墓群。这些坟墓有许多是属于自治的部落联盟，其他的是属于乌古斯人霸权之下的族群。[106]

被黑海北部地区的可萨人和乌古斯人驱使的佩切涅格部落，大部分都和匈牙利人发生了冲突。为了阻止匈牙利人与拜占庭结盟，保加利亚沙皇西美昂和佩切涅格人结成了共同的利益关系，双方给予马扎尔部落沉重打击，迫使其在896年迁居潘诺尼亚平原。

马扎尔部落所放弃的黑海北部地区，被佩切涅格人占据了一个半世纪以上。900年前后他们越过东喀尔巴阡山脉，进攻格鲁领导下的罗马尼亚-斯拉夫国家，后者同时也受到来自西边的阿尔帕德的威胁。[107]这次入侵严峻考验了格鲁的防卫能力。根据安诺尼慕斯提供的信息，为了避免军队遭受两线作战的风险以及能够应付匈牙利人的威胁，巴纳特统治者格拉德向"库蛮人"请求军事援助。[108]国王贝拉三世的宫廷编年史家认为这里的"库蛮人"是指佩切涅格人，他们在巴纳特出现的史实得到一些地名学和考古发现的证实。这些考古发现——得益于早年的一些发掘工作，遗憾的是，它们没有得到科学的保存——包括一些土墩墓穴，死者旁边有马的残骸，随葬品包括武器（箭头）、马具（马嚼子、马镫）、服饰（搭扣），等等。[109]

佩切涅格部落迁居黑海以北草原地区，这对整个东欧地区而言是一个重大事件。他们令人瞩目的军事潜力给该地区的权力关系带来了新的格局。除了主动行动之外，佩切涅格人也经常卷入邻国的冲突，他们毫不犹豫地利用这些冲突。由于第聂伯河下游著名的"瓦兰吉-希腊线路"有很长一段要经过佩切涅格人的居住地，他们自然而然控制了这条重要的陆上商业路线。那些沿着第聂伯河航行的人则极易受到攻击，在大瀑布区域更是如此——在这里，船只不得不靠岸拖着行走，很容易受到游牧骑兵的捕获和抢劫。因此，如果事先没有与佩切涅格人达成协议，那么几乎不可能在第聂伯河上通行。即便这个草原部落无意破坏波罗的海和黑海之间的联系，但这种联系还是被极不安全的环境削弱，从而沉重打击了大陆东部地区的贸易关系。

佩切涅格人在东欧政治舞台崛起的时期，正值居住在欧洲大陆东部战略要地的斯堪的纳维亚人群统一斯拉夫部落之后不久，这种统一为强大的基辅公国奠定了基础。瓦兰吉人（Varangians）的留里克王朝取代了饱受内部纷争且无力应对近邻侵略的部落集团，为一个拥有巨大人口和经济潜力的国家补充了元气，在882年奥列格统治了被誉为"俄国所有城市之母"的基辅之后，这个国家日益强大。[110]奥列格利用可萨汗国衰落的良机，迫使黑海北部草原附近的斯拉夫社群脱离可萨的政治统治，转而臣服于基辅的权威。奥列格的权威向东北方向延伸到一些芬兰人的后裔。政治与行政凝聚力的巩固以及广泛的土地扩张，使基辅王公能够再次通过军事措施（当然也有其他措施）渗透到当时东欧的主要贸易路线：即从伏尔加河、第聂伯河、里海、黑海通往中亚和拜占庭的路线。[111]通过这些行动，基辅罗斯不断干预黑海-里海地区的游牧人群。

在基辅罗斯领土和佩切涅格领土之间绵延数百里的边界——这通常对应于干草原和森林草原的边界——附近，自然而然产生了稳定的接触和相互的影响。这些现象也应该是佩切涅格人和罗马尼亚人互相渗透的结果，须知这种互相渗透已经持续超过一个半世纪。不过，游牧社群和农耕定居社群在生活方式上的巨大差异，对两者关系产生了负面影响，并往往导致军事对抗。

据史载，915年佩切涅格人第一次入侵俄国，但没有遭受任何反击。相反，根据古老的俄国编年史，伊戈尔公爵（knez Igor）认为与佩切涅格人缔结和约是比较明智的，随后，据说佩切涅格人就转向多瑙河进发了。[112] 上述编年史没有解释他们这次行动的原因，好在希腊史料对此进行了补充，其中的原因可以归结为这样一个事实，即佩切涅格人试图介入拜占庭与保加利亚之间的新冲突。甚至在升级为公开对抗之前，拜占庭帝国和保加利亚帝国都坚持要确保与图兰人的同盟关系。

君士坦丁堡宫廷也收到了赫尔松显贵约翰·博加斯（John Bogas）提供的可靠信息（来源于与佩切涅格人关系密切的圈子），说佩切涅格人在保加利亚人的唆使下，准备对拜占庭开战，为了达到目的，保加利亚人还准备与佩切涅格人联姻。[113] 根据弗兰茨·德尔格（Franz Dölger）的记载，约翰·博加斯与游牧部落的接触发生在914年9月。[114] 在得知佩切涅格人倾向于保加利亚阵营之后，君士坦丁堡的外交界通过各种努力讨取佩切涅格人的欢心，包括提供礼物和巨额资金。拜占庭使节在帝国辖区的克里米亚附近地区接触佩切涅格人，这个事实表明，佩切涅格的主力部队已经在附近区域集结。事实上，正是在克里米亚伊伊拉山（Iaila Mountains）北部地区，大部分佩切涅格人的坟墓已经被发掘。[115] 与此同时，在九至十世纪塔曼（Taman）防御区的一些居住地，考古学家发现了一些原始手工陶器，它们也被认为是属于佩切涅格人（图30）。[116]

尽管已经说服游牧民族加入他们的阵营，但拜占庭舰队指挥官们（他们负责运送佩切涅格人渡过多瑙河）的内讧，让佩切涅格人在战争爆发的最后时刻放弃干预。由于不再被迫分散兵力，保加利亚沙皇西美昂（893—927）能够集中力量，并于917年击败敌军。[117]

继915年与基辅罗斯的摩擦之后，这个草原游牧民族又再次与伊戈尔公爵发生冲突，根据俄国编年史的记载，该事件发生于俄历6428年，即公元920年。它与皇帝罗曼努斯一世的加冕礼同时[118]，所以记录得非常详细。因此，我们有充分的理由相信关于与佩切涅格人开战的信息，虽然其中并没有细谈战役的结果。在接下来的几年里，黑海-里海地区的骑兵很可能还会与基辅的王公发生类似争端，但它们可能没有被《往年纪事》记载，该书基本上忽略了十世纪上半期的材料。

随后的数年里，佩切涅格人和保加利亚人和解了，因此，934年他们和匈牙利人一起进攻拜占庭帝国。[119] 可能正是在这个时候，佩切涅格人第一次穿过多瑙河和巴尔干半岛。为了平息这次威胁事件，拜占庭的外交人员试图鼓动匈牙利人反对图兰人。但他们失败了，这可能是因为匈牙利人全神贯注地入侵中欧和西欧地区，以至心无旁骛；但也有可能是因为匈牙利人对896年惨败于佩切涅格人的事件记忆犹新。[120]

君士坦丁堡外交圈惧怕游牧民族的敌意的事实并不是没有根据的，因为，944年伊戈尔公爵第二次从海上和陆上进攻拜占庭的时候，他就向佩切涅格人寻求帮助。通过图兰人给基辅公爵提供人质的事实[121]，人们可以推断：一方面，这是基辅为了让佩切涅格人加入战争而给予的贵重物品；另一方面，由于佩切涅格人的言语不太诚实，因此必须提供一些人质做担保。据说，在多瑙河河口被拜占庭皇帝的使节劝服并接受了贵重礼物之后，基辅王公建议他的游牧部落盟友停止对拜占庭的进攻，转而进攻保加利亚，佩切涅格人也可能从拜占庭的这项精心策划的慷慨行动中获益。[122] 我们不确定伊戈尔公爵对于佩切涅格人的指使是出于希腊使节的建议（当时拜占庭帝国和保加利亚帝国的关系并不太紧张），还是因为这个煽动行为实际上是对一个事件的弹压性反应：即保加利亚人曾警告拜占庭要提防基辅罗斯在941年和944年策划的近在咫尺的进攻。[123] 此外，人们也不确定，在那个特定场合下进行煽动是否有任何效果。无论如何，有确切证据表明，十世纪上半期佩切涅格人曾数度入侵保加利亚和白克罗地亚。[124]

倘若在多瑙河下游左岸没有可靠的进攻基地的话，对于巴尔干半岛的掠夺战争就不可能发生，自从匈牙利人被逐出潘诺尼亚之后，佩切涅格人就开始渗透到那里。十世纪中期君士坦丁七世提到，佩切涅格部落拥有的土地从德里斯特拉河（Dristra，即今天的锡利斯特拉河）对岸延伸到顿河的萨克尔要塞，与保加利亚帝国的土地间隔着多瑙河，从头走到尾约半天时间。[125] 著名的《苏达辞典》（Suidas lexicon）——其创作时间和皇帝编年史家的作品非常接近——曾提到，达契亚人（Dacians）被称为佩切涅格人[126]，这是指达契亚人古老的土地已经落入图兰人的控制之下。这种明显时代错置的说法，在十二世纪上半期约安尼斯·佐纳拉斯（Ioannes Zonaras）所撰的一部希腊辞典中反复出现且没有明显的差异，他说，佩切涅格人"以前叫达契亚人"。[127]

佩切涅格人出现在多瑙河地区的事实，也被十世纪中期意大利南部的一部希伯来文匿名著作《约西波》（Josippon）所证实[128]，而该事实也可以从十世纪下半期克雷莫纳的利乌特普兰德（Liudprand of Cremona）的笔记中推断出来。利乌特普兰德认为佩切涅格人是居住在君士坦丁堡北部地区的民族[129]，这个观点与犹太人亚伯拉罕·雅各布森的观点相同[130]。与此同时，十一世纪中期西班牙南部的一份阿拉伯资料——即伊本·哈扬所著的编年史——记载了一个世纪前发生的事情，它宣称佩切涅格人（Bacanāk）生活在突厥人的土地以东地区，也就是在匈牙利人的土地上。[131]

尽管这些游牧骑兵群体向多瑙河北部地区渗透（图27、31、34、43），但当地民众并没有被驱逐，这也可以从十世纪在喀尔巴阡山脉外侧区域大量存在德里杜文化定居点的事实得出结论。多瑙河地区（即沿着游牧路线的一条主要走廊）的一些土著定居点甚至存留到下个世纪的头几十年，除了其他方面的证据以外，人们在德里杜文化区森德列尼［Şendreni，罗马尼亚的加拉第县（Galaţi county，Romania）］的一个定居点发现了拜占庭钱币。[132]

即使当地人和这个游牧民族的关系得到一定程度的缓和，但是很明显，后者对于多瑙河河口附近地区的渗透损害了罗马尼亚社会的自然演进。罗马尼亚明确反对佩切涅格人的霸道倾向，但这肯定是无效的，而且也不会被这个武士社群所容忍，因为佩切涅格人甚至有能力挑战欧洲大陆上最强大的国家。

在东喀尔巴阡地区，佩切涅格人和提维尔人（Tivertsians）发生了冲突，一些研究者就认为鲁特（Răut）河与德涅斯特河之间的考古遗迹是属于提维尔人的。在十世纪下半期，很可能在十一世纪上半期，阿尔塞达（Alcedar）、埃希姆乌提（Echimăuţi）、鲁迪（Rudi）（图35）等防御坚固的定居点被摧毁了，这大概是受到黑海北部草原的游牧群体的入侵。[133]根据另一种不完全可靠的观点，比萨拉比亚（Bessarabia）东北部有一些戒备森严的据点可能属于斯拉夫部落的乌利奇人，并且在十一世纪中期至十二世纪早期，它们可能被摧毁并被遗弃了。[134] 如果对于鲁特河与德涅斯特河之间的据点的攻击发生在十二世纪上半期，那么进攻者不可能是佩切涅格人，而是库蛮人。然而，这更加不可能，因为在阿尔塞达、埃希姆乌提、鲁迪出土的考古物件不可能晚于十一世纪。同一时期，比克（Bîc）河与德涅斯特河交汇处附近的卡尔法（Calfa）的德里杜要塞被烧毁并被遗弃。[135] 可以推测，这些定居点的非军事化是为了防止周边人群潜在的反攻企图。德涅斯特河流域的要塞的毁灭肯定没有给佩切涅格人带来重大的战略影响，因为，这些要塞不是用石墙建立的，而是用土垒和高木栅栏围起来的。

佩切涅格人占据的是拜占庭东欧外交战略的一个重要地区，他们在那里获得重要的政治利益和商业利益。因此，毫不奇怪的是，君士坦丁七世在写给儿子罗曼努斯——当时的共治皇帝（945年起）及未来的皇帝（959—963）——的"教诲"中，非常令人信服地谈到要利用游牧民族的潜在的军事力量。君士坦丁堡当局清楚，没有佩切涅格人的首肯，基辅罗斯是不可能从第聂伯河上进攻帝国的，因为他们必须穿过佩切涅格人的土地；而收受拜占庭礼物的佩切涅格人也将会按照拜占庭设定的规则行事。[136] 如果要对匈牙利人和保加利亚人实施打击，也需要考虑到佩切涅格的因素。[137] 因此，在给罗曼努斯的"教诲"的第一部分，君士坦丁七世建议每年派遣使者给佩切涅格人送礼，以确保他们的忠诚，他们反过来也被要求提供人质。[138] 对于君士坦丁堡宫廷而言，为了避免克里米亚南部的科森内索斯（Chersones）"行省"受到攻击，让游牧民族保持中立也是非常重要的。[139] 在其著作的一章中，君士坦丁七世也不经意地提到乌古斯人进攻佩切涅格人的可能性[140]，这一点很重要，因为他怀疑佩切涅格人是否会忠于君士坦丁堡的利益。拜占庭宫廷始终严格遵循罗马的外交原则，表明它意识到，利用金钱收买外国军队以夷制夷，比动用自己军队成本更低，风险也更小。

直到十世纪的后三分之一时期，佩切涅格人虽然对基辅罗斯构成潜在威胁，但似乎并没有引起特别的问题。拜占庭也没有把他们视为赫尔松安全问题的威胁。对于拜占庭——公元945年与伊戈尔公爵签订了条约——而言，潜在的威胁不是佩切涅格人,而是黑保加利亚人(Black Bulgarians)。[141] 佩切涅格人在黑海北部地区的活动可能在一定程度上受到了可萨汗国的限制,即使后者已经出现不可逆转的衰落。伊戈尔公爵之子,野心勃勃和富有开创精神的斯维亚托斯拉夫利用有利的形势,于965年大举进攻可萨人,可萨军队被击败,顿河地区的坚固的萨克尔-贝拉亚·维札要塞落入罗斯人手中。[142]

一些史料表明,在接下来的几年里,他们的攻击主要集中在可萨以东的目标,而艾特尔库祖就是其中之一,事实表明它受到了严重破坏。[143]在萨克尔-贝拉亚·维札,考古调查发现了罗斯统治时期的一个富人阶层;罗斯人的统治持续了数十年,当时这个中心区域及周围地区出现了一个东斯拉夫文化殖民区。[144]另一方面,在要塞附近,考古学家挖掘出一个被认为是属于佩切涅格人和乌古斯人的巨大墓葬群。[145]在进攻可萨汗国的时期,基辅罗斯可能与游牧人群保持着良好关系。事实上,十世纪下半期一位撰写地理学著作的阿拉伯学者伊本·豪卡尔(Ibn Hauqal)已经指出,佩切涅格人和罗斯人之间存在着军事协议。[146]我们不清楚是什么原因促成了两个民族的亲密关系,但可以猜测,他们的共同目标是可萨人。

基辅政权在草原地区持续扩张土地的时候,也在不断干预这个游牧社群,后者已经摆脱了以前所谓的"可萨治世"加诸在自己身上的政治制度。在人类演化的过程中,两个族群的接近并不总是意味着互助友爱,这种规律的有效范围也可以被进一步扩大,以用来标记俄国人与佩切涅格人的关系性质。随着可萨汗国的消损和陷落,这两个民族之间的冲突猛然达到了最激烈的程度。

安娜·科穆宁拥有拜占庭有史以来最精致的一颗女性心灵。[147]根据她所提供的不甚清晰的材料,人们可以推断,在约翰一世统治时期(969—976),"斯基泰游牧人",即佩切涅格人的另一种提法,曾经对帝国发动几次进攻,但据说帝国在摩尼教徒的帮助下击退了进攻。[148]由于拜占庭和图兰人在971年缔结和平条约,人们可以猜测,入侵事件发生在约翰·齐米斯西斯统治的第一年,当时帝国的边界还没有到达巴尔干山脉北部的山峰地带,而这个区域正好聚集了大部分摩尼教徒的居住地。

公元967—972年间，佩切涅格人卷入了拜占庭-保加利亚和基辅罗斯之间的战争，并在其中扮演了非常重要的角色，虽然其在巴尔干半岛北部战场的表现并不出色。在这场战争的初始阶段，一些来源不明的佩切涅格军队肯定是站在基辅公爵斯维亚托斯拉夫的一边。[149]当公爵决定扩大对于保加利亚人的战果，拒绝遵照先前协议将征服的土地归还拜占庭时，佩切涅格人在968年入侵俄国并包围了基辅，使防卫部队和城市居民的抵抗能力面临严峻考验。这个行动很可能是受到君士坦丁堡的鼓动，后者希望夺取野心勃勃的公爵所声称的对于巴尔干地区的控制权。由于首都受到威胁，公爵被迫回来保卫国家，在图兰人被赶出草原之后，他又返回保加利亚战场，不过没能阻止拜占庭的进攻。[150]

归途中的基辅军队——在巴尔干半岛的激烈战争中已被削弱——在第聂伯河河口地区遭到佩切涅格人的袭击。当时，佩列亚斯拉维茨（Pereiaslavets，位于巴尔干半岛东北部，公爵曾想迁都于此）的居民向佩切涅格人通风报信，说罗斯军队押解战俘归来。由于未能顺利通行，罗斯军队被迫在第聂伯河河口别洛别列日耶（Beloberezhie）过冬，忍受严寒的环境，直到972年他们再次启程返回基辅。在与库里亚（Kuria）率领的佩切涅格人战斗时，斯维亚托斯拉夫被杀，按照一项被证实存在于斯基泰人、日耳曼人、保加利亚人的野蛮习俗，他的头盖骨被获胜的敌人制成了酒杯。[151]只有他的少数随从保住了性命并回到故乡。[152]

圣弗拉基米尔（Vladimir the Saint，980—1015）统治时期，佩切涅格人与罗斯的紧张关系也有记载，而圣弗拉基米尔决定在国家的南部边界建造一系列堡垒[153]，以抵御草原游牧民族的袭击。发生在988年[154]和992年[155]的冲突事件，都是以罗斯的胜利而告终。尽管如此，996年发生在首都西南方瓦西列夫（Vasilev）附近的军事对峙并不利于罗斯军队，只率领少量部队的公爵甚至几乎被俘。[156]在此次胜利的鼓舞下，佩切涅格人第二年再次侵入俄国土地，但他们没有能够攻克别尔哥罗德（Bielgorod），该城建于991年，坐落在基辅以西的尔彭河河畔[157]，这表明草原骑兵无法威胁和破坏拥有强大防御系统的中心城市。当时，为了防御草原骑兵，公爵正在诺夫哥罗德（Novgorod）监督骑兵部队的装备事项，佩切涅格人则试图趁着他不在别尔哥罗德的良机发起偷袭。[158]

1015年圣弗拉基米尔患绝症卧病在床，在生命的最后几周里，佩切涅格人又对俄国发动新的袭击。圣弗拉基米尔的儿子鲍里斯（Boris）受命率军抵御外敌，但没有能够截获敌人[159]，可能是图兰人已经发现，遭遇强敌时闪避到草原上是一种谨慎的做法。

在统治基辅的漫长岁月中，圣弗拉基米尔也和一些佩切涅格群体保持友好关系。正如前所示，在他统治前期曾有两位佩切涅格王公请他帮助解决信仰问题。他的前任雅罗波尔克（Iaropolk，972—980）也曾得到另一位佩切涅格首领伊尔德什（Ildeï）的服务，作为回报，979年雅罗波尔克赠给对方一座庄园。[160] 伊尔德什的投诚可能是缘于游牧社会内部的激烈纷争，这种纷争迫使弱势的一方不得不选择移居国外。

佩切涅格人清楚地表明，他们有时候乐意支持弗拉基米尔的对手。瓦利亚日科（Variazhko）是雅罗波尔克公爵最亲近的人之一，因为被哥哥弗拉基米尔剥夺了特权并被镇压，他逃到佩切涅格之地避难。俄国《往年纪事》宣称，瓦利亚日科曾多次站在佩切涅格人一边反对弗拉基米尔[161]，但是该书没有说明他是否参与了前述988、992、996、997和1015年的战争，或者是否可能参与了其他的战争。

除了自己发动的侵略之外，一些佩切涅格群体也加入波兰国王"勇士"博莱斯洛一世（Boleslaw I the Brave）在1013年[162]和1018年[163]对基辅罗斯的侵略战争。第二次入侵的时候，他得到了1000个佩切涅格人的帮助，其他一起参与行动的雇佣军包括：300个德意志人和500个匈牙利人。记载这些事件的梅泽堡主教蒂特马尔（Thietmar of Merseburg）声称：基辅公爵驻跸城市的诺曼卫队由丹麦人组成，他们数次击退了佩切涅格人和其他敌人的进攻。[164]

十一世纪下半期的高加索编年史也提到，佩切涅格群体作为雇佣军参与了高加索地区一些小君主——其来自黑海-里海草原地区——的争端事件。

他们被提到与利克斯（L'ik's）相伴[165]，遗憾的是，我们没有任何关于他们与格鲁吉亚封建社会相联系的细节。根据一些材料我们可以推断，佩切涅格人甚至在更早的时候就参与了高加索地区的军事争端。我们在塔戎的斯蒂芬·阿索利克（Stephen Asolik of Tarôn）的编年史的参考文献中找到了证据，其中讲述了格鲁吉亚人和萨尔马特人停止入侵国王阿拔斯（Abbas，928—952）统治下的亚美尼亚的事情[166]，以及提到阿布哈兹人（Abkhaz）在同格鲁吉亚人发生争端时获得了"萨尔马特之国的帮助"，而格鲁吉亚人则向亚美尼亚国王"征服者"斯姆巴特二世（Smbat II the Conqueror，977—989）求援[167]。从所有这些现象来看，斯蒂芬·阿索利克是用"萨尔马特人"这个古老族名指涉居住在黑海东北部地区的佩切涅格人。在北高加索地区佩切涅格人接触的民族有阿兰人和雅西人。关于这些关系的一条不甚清晰的线索已经被阿尔·比茹尼（al-Birüni）所著编年史的一段文字否定，这部编年史大约出现于1025年，其中书写了很久以前发生的许多事情。该段文字提到，"阿兰和阿速部落"是从以前阿姆河（Amu-Daria，里海东部海岸地区）流域的"佩切涅格之地"迁来的。与此同时，阿尔·比茹尼声称：阿兰语可能是花剌子模语和佩切涅格语的混合，这条信息产生这样一种观念，即伊朗语的一个分支受到了突厥语的影响。[168]当然，佩切涅格人是与亚速海周围地区的阿兰人交往，这个地区是萨尔托沃-马雅基文化的重要部分。作为佩切涅格人在东欧平原的继承者，库蛮人在更大的范围内不断提及佩切涅格人在高加索的经历。

圣弗拉基米尔死后，在1018—1019年出现的基辅王位继承权争端中，佩切涅格人和弗拉赫人一起被邀请加入斯维亚托波尔克（Sviatopolk）的阵营。[169]斯维亚托波尔克为了控制基辅［由他的兄弟雅罗斯拉夫（Iaroslav）所有］，向"勇士"博莱斯洛求助，但看到自己的愿望将要实现时，他试图摆脱令他不安的盟友，遂下令屠杀之，波兰人猝不及防，只好匆忙逃离公爵的驻地。由于失去了他们的帮助，斯维亚托波尔克无力抵御雅罗斯拉夫的反击；1018年雅罗斯拉夫率领瓦兰吉雇佣军从诺夫哥罗德返回，斯维亚托波尔克被迫逃到佩切涅格之地寻求庇护。斯维亚托波尔克是第一位沦落到如此境地的基辅公爵,他请求图兰人助他恢复王位。虽然他们义无反顾地与他并肩作战,但在1019年的阿尔达战役(battle of Alta)中,他们一伙被击败了。[170]

在"智者"雅罗斯拉夫(Iaroslav the Wise)决定性地解决与他兄弟的冲突之后,在超过15年的时间里,图兰骑兵不再介入基辅罗斯的事务,这也可能是因为他们正在与乌古斯人,或与拜占庭人及匈牙利人发生冲突。尽管如此,至少在1036年的大战之前,雅罗斯拉夫已经在国家的南部边境线采取一些防御措施:1031年他利用在波兰战争中抓获的俘虏,向基辅南部的罗斯盆地殖民[171],次年,他在同一个地区建立了据点[172],其位于森林草原和干草原之间的边界地带。这些举措是一个信号,表明他产生了一种合理的担忧。

与佩切涅格人的对抗被推迟到了1036年,当时他们利用雅罗斯拉夫身处诺夫哥罗德的良机,占领了他的首都。这是佩切涅格人第二次试图完全依靠自身力量征服基辅,之前一次类似的尝试在968年失败了。尽管不得不面对一支极为庞大的军队,但雅罗斯拉夫依靠由瓦兰吉人和斯洛文尼亚人组成的强大军队,给予他们严重的打击,从而消除了佩切涅格人对于基辅罗斯的威胁。大获全胜的公爵在战役地点建立了著名的圣索菲亚教堂[173],它后面变成了一座都主教教堂,不断提醒人们感谢神恩赐胜利,同时也象征着公爵专制统治的欲望。战争发生的时候,大部分佩切涅格军队——在乌古斯人的压力下——正在从第聂伯河流域前往多瑙河下游流域的途中。

正如和其他邻居的关系一样,佩切涅格人和匈牙利人的关系在敌对与合作之间摇摆不定。由于他们的土地相距较远,所以他们之间的关系不能保持不变。为了统治、保护和开发多瑙河中部地区的潜力,匈牙利的领袖们需要大量的人力资源,甚至在定居于潘诺尼亚平原的头几十年,他们就开始推进一项持久政策,以吸引具有军事潜力的社群。某些佩切涅格群体成为接受这种辅助部队地位的社群之一。

据记载,十世纪早期,佩切涅格人第一次以这种身份出现在匈牙利,当时,匈牙利的权力被阿尔帕德的继承人佐尔坦接管。[174] 在陶克绍尼

（Taksony，955—970）统治期间，托努佐巴（Thonuzoba）领导的一支新的佩切涅格队伍在匈牙利土地上居住[175]，接着，在圣斯蒂芬（997—1038）统治时期，另一支佩切涅格队伍也迁居于此[176]。后来，其他的佩切涅格军队也被获准居住在阿尔帕德王朝，特别是在多瑙河和蒂萨河附近殖民。[177]（图36）一些研究人员认为，他们得到的最大一块土地位于巴拉顿湖和多瑙河之间的萨维兹（Sárvíz）河流域，一直到十三、十四世纪左右，他们在那里还保持着半自治的政治形式。当地也出现了一些考古遗迹，其中有图兰人典型的武器、马具配件和珠宝。[178]（图37、38）

在1051年神圣罗马帝国皇帝亨利三世对匈牙利作战期间，佩切涅格群体加入了匈牙利国王安德烈一世的军队。与匈牙利弓箭手并肩作战的佩切涅格人被证明是极其危险的，因为他们在发射毒箭方面富有技巧，这造成德意志远征军的失败。[179]在接下来的几十年里，在盖萨一世统领的辅助部队中，不断有佩切涅格队伍加入。1074年4月14日莫乔罗德战役（battle of Mogyoród）之后不久，国王所罗门失去了王位，只继续控制了匈牙利西北部地区，新君主派遣图兰人攻击他，这些图兰人首领的名字是"Zultan"（佐尔坦），与阿尔帕德的儿子兼继承人的名字类似。图兰人在与所罗门军队对抗时的表现远非辉煌，因为他们当着敌人的面弃甲逃跑了。[180]有关皇家军队中佩切涅格人和塞克勒人的极简材料，也提到了斯蒂芬二世（1116—1131）[181]、盖萨二世（1141—1162）[182]，但可以肯定的是，在之前和之后的几十年里，他们都是匈牙利王朝附属军队的一部分。

十三世纪上半期，在特兰瓦尼亚南部也发现了佩切涅格人。1210年左右，锡比乌的乔阿克西姆（Joakhim of Sibiu）征伐维丁的军队就由萨克森人、罗马尼亚人、塞克勒人、佩切涅格人组成。[183]1224年匈牙利国王安德烈二世向特兰西瓦尼亚的日耳曼族群颁布《黄金诏书》，其中提到"罗马尼亚人和佩切涅格人的森林"。[184]事实上，中世纪外交文件记载了特兰西瓦尼亚土地的几个地名，它们都来源于佩切涅格人的名字。在迁居黑海北部地区很久之后，一些地区的图兰人群体还设法保持他们的个性和古老特权。因此，匈牙利国王拉约什一世在1369年8月7日颁布的一份文件中，确认了其父亲查理·罗伯特（1308—1342）授予佩切涅格人在塞纳德郡贝森诺瓦（Beşenova, Cenad）的领地权，坚决禁止地方行政和立法当局干预他们的利益，这表明，他们作为战士的素质依然受到重视。[185]

就在一些佩切涅格部落为匈牙利君主提供服务的时候，另一些佩切涅格部落则在阿尔帕德王朝进行掠夺袭击。掠夺事件发生在圣斯蒂芬统治后期的特兰西瓦尼亚。[186]有一部圣徒传提到，一群未知其名的"野蛮人"在1053年攻击匈牙利[187]，这似乎是佩切涅格人所为。

这类侵略的最后一次，可能发生在1068年，它不仅波及特兰西瓦尼亚，还波及匈牙利东北地区。一些拉丁-马扎尔编年史，包括凯札的西蒙的编年史，都认为佩切涅格人是入侵者，事件发生在圣拉迪斯拉斯统治时期（1077—1095）[188]，但是，十四至十五世纪的一些叙事文献认为入侵者是库蛮人，日期是在所罗门国王的统治时期（1063—1074）。[189]根据俄国西部制造的一部计时仪显示，这次入侵是库蛮人和罗马尼亚人在1059年发起的，盖萨和所罗门两兄弟抵御了入侵。[190]最近，出现了一些确切的证据，让专家们更倾向于认为这次入侵是由佩切涅格人发起的，不过入侵的时间不是在拉迪斯拉斯统治时期，而是在所罗门统治时期。[191]

这些图兰人穿越东喀尔巴阡山脉，向特兰西瓦尼亚推进，穿过梅塞什之门，从尼儿（Nyr）省区一直掠夺到比哈里亚要塞，然后满载着奴隶和牲口，沿着拉普斯（Lăpuş）河和索梅什河，返回特兰西瓦尼亚高原。为了追击图兰人，匈牙利国王所罗门、未来的国王盖萨公爵和拉迪斯拉斯公爵埋伏在索米苏尔米克河附近的达比卡（Dăbîca）森林。战斗在凯利埃利斯（Kyrieleys）山附近打响了，这个地名可能来源于索梅什河流域的西坞（Şieu）河河畔的村庄奇拉雷什（Chiraleş）。[192]战争的过程极其激烈，欧苏尔（Osul）率领的佩切涅格人被打败了。[193]

这些事件发生三年后，即1071年，匈牙利人不得不面对佩切涅格人的新攻击。这一次不是由喀尔巴阡山脉东部的部落发起的，而是由贝尔格莱德附近的那些在可萨人统治下为拜占庭服务的人发起的[194]，他们曾参与前文提到的那场导致多瑙河要塞丧失的激烈战斗，它对于整个中世纪都有着极其重要的战略意义。

在那场激烈战斗之前的几十年里,拜占庭帝国成为图兰人袭击的一个主要目标,彼时,双方于971年缔结的条约——保证了多瑙河下游地区数十年的和平——已经到期但未能更新。公元1025/1027年,对于多瑙河南部的一系列入侵开始了,其在1032/1033、1034、1035和1036年继续进行,深刻影响了巴尔干半岛两侧的局势。1025—1027年,佩切涅格人的目标是保加利亚,他们在那里成功抓捕了许多战俘,但在当地军事集团的连续冲击之下,他们被驱赶到多瑙河左岸。1032/1033年,他们重新入侵保加利亚及拜占庭帝国的一部分土地。1034年,他们洗劫了摩西亚,但没有到达塞萨洛尼基(Thessaloniki)。1035年,摩西亚和色雷斯成为他们袭击的目标。次年,他们发动了三次入侵,并在造成拜占庭帝国的一次重大灾难后停止了。前去抗击这些游牧骑兵的几位军事将领和许多士兵被俘虏了,遭受了极其残忍的虐待。[195] 佩切涅格人的入侵对人口造成了影响。考古发现,在相当短的一段时间里,沿马里查(Maritsa)河的左侧支流出现了一些新的定居点,同时,在十一世纪上半叶的后期,色雷斯东北部的人口密度增加了,这被认为是居住在巴尔干北部地区社群出逃的结果。[196] 毫无疑问,他们是为了躲避佩切涅格人的多次侵袭。这些掠夺行为的频度和强度表明,在多瑙河左岸的摩尔达维亚和瓦拉几亚南部地区,部落联盟的加强是大批佩切涅格人自黑海北部地区逐渐西迁的结果。一些新条约规范了这个游牧民族与拜占庭的外交关系,使他们暂时停止进攻巴尔干半岛。泰拉赫的使者曾提到这些条约,在十一世纪中期前后,他们被派往君士坦丁堡,抗议盟友拜占庭对于他们的欺凌。[197]

(二)涌入拜占庭帝国

十一世纪上半叶末期,由于外部的威胁,佩切涅格社会出现了政治统一的趋势,这个过程也伴随着最高统治权的激烈争夺。权力斗争在泰拉赫和基肯之间展开,前者的权威得到十一个部落的承认,后者只能仰仗两个部落,即贝勒马尼斯(Belermanis/Belemarnis/Belemarne)和帕久马尼斯(Pagumanis)。在对抗乌古斯人——在大部分佩切涅格人迁往第聂伯河西部之后就已经连续发动几次进攻——的过程中,基肯的表现极其英勇,而他的竞争对手则采取完全的防守立场。个人仇恨，也许还有其他的因素，都甚于乌古斯人的威胁，因此，矛盾双方更倾向于了断彼此之间的争端，而不是试图阻挡迫在眉睫的外部威胁。双方的实力完全不对等，因此，虽然基肯汗比对手更具雄心和能力，但还是被迫在1046年逃亡拜占庭帝国[198]，最初，他居住在锡利斯特拉（Dorostolon）附近多瑙河的一个岛屿上，此处被称为"雅洛米察沼泽"（Ialomița bog）[199]。经过帕里斯特利翁地区将军的牵线而与皇帝君士坦丁七世取得联系之后，基肯受邀来到君士坦丁堡，在受洗后得到了三个防御中心和一片土地，用以安置他的两万臣民。这片土地位于多瑙河沿岸，作为回报，他们需要履行兵役。

基肯超越了他的特权，入侵喀尔巴阡山脉外侧同族人的土地，他不仅为了报复以前的对手，也是为了劫掠妇女和儿童，并将之卖到拜占庭帝国做奴隶。泰拉赫遣使到君士坦丁堡，谴责拜占庭接受他的敌人的服务，并且声称，根据双方之前缔结的一项条约，拜占庭应该阻止辖下的佩切涅格人发动新攻势。拜占庭拒绝了这个警告，并预料到泰拉赫的部分臣民将产生暴力反应，为防止受袭，派遣一支由100艘三层桨座战船组成的舰队前往多瑙河巡游。[200]

某些拜占庭史料声称，泰拉赫入侵拜占庭（实际上，这是一次真正的人员涌入），是为报复拜占庭没有重视他们之前的警告。但是，泰拉赫领导的部落在多瑙河南部追击自己的同胞，是因为他们无力应对乌古斯人与日俱增的压力。这11个部落的力量无疑是惊人的，甚至一些最细致的史料提到有80万人牵涉了此事[201]，尽管这听起来不太合理。

一些拜占庭作家指控那些负责监视多瑙河边界的人无能，没有能够阻止佩切涅格人渡河进入拜占庭[202]，另一些作家则声称——毫无疑问是错误的——在多瑙河的边界没有任何防护和监视[203]。尽管有这些评论，必须承认的是，图兰人的入侵实际上是不可阻挡的，因为当时正值寒冬，河面被厚厚的冰层覆盖，他们的行进没有遇到任何障碍。[204] 原本在舰队的帮助下是能够在河流下游实施有效监控的，然而一旦结冰，这些机会便消失了。居住在河岸北部的部落迫切希望看到这样的自然现象，以便能够入侵更富庶的河岸右侧地区，因为那里没有任何防御系统的保护范围能够覆盖整个河段。

佩切涅格人掠夺他人的精力几乎被一场毁灭性的瘟疫耗尽，这让基肯军队帮助下的拜占庭军队赢得了胜利。泰拉赫和并肩作战的将领们对受到的重击感到迷茫和气馁，遂向胜利者投降。虽然他们对拜占庭帝国发动了大规模的毁灭性掠夺战争，胜利者依然宽容以待，而不愿意屈从于基肯的要求——要么消灭他们，要么把他们赶出帝国的边界。[205]

基肯集团高效地顺应了君士坦丁堡的利益诉求，证明了他们已融入帝国的军事系统。在这方面，最近颇受瞩目的两枚印章具有重要意义：其中一枚出自锡利斯特拉[206]，另一枚出处不明[207]（图40：14）。约安尼斯·基肯（Ioannes Kegen）在上面表明了身份，"佩切涅格人的领帅和执政官"（magistros and archon of Patzinakia）。这两个头衔分别揭示出，拜占庭将一片区域的军事和行政权授给巴尔干半岛东北部的图兰人。还有一块印章来自锡利斯特拉以西20公里处，多瑙河上的要塞伟伦特（Vetren），据说它上面有泰拉赫的名字。印章背面的名字，只有后半段的音节可以辨认，而前半段的音节已无法辨认，需要重新恢复。据推测，印章上所指的人拥有"皇家护卫队长官"（protospathar）和"地方行政长官"（eparch）的尊位。[208]印章的所有者被认为是泰拉赫（这还不太确定），这可能从另外一个方面表明，拜占庭统治者努力将包括佩切涅格人在内的，对君士坦丁堡有敌意的人，整合进了巴尔干半岛的政治与行政结构。

1046年之后，大批游牧人在多瑙河和巴尔干半岛之间定居，导致商业交易的严重失灵。由于不习惯货币经济，佩切涅格部落导致了货币流通的混乱。市场上的货币数量保持在相当高的水平，这主要是由于君士坦丁九世的金融政策造成了一些通货膨胀，该政策设想着一方面降低货币的重量，一方面削减货币的贵金属含量。[209]在多布罗加（Dobrudja）的中心地区和海岸地区，在迈克尔四世和君士坦丁九世统治期间，记录货币流通量的曲线呈下降趋势。尽管如此，在多布罗加北部地区，迈克尔四世统治时期的货币流通记录没有出现什么波动；这种波动只发生在君士坦丁九世统治时期，显然是受到了佩切涅格移民的影响。[210]在嘎万-迪诺格夏（Garvăn-Dinogetia），一些住宅被焚毁，卡皮达瓦（Capidava）要塞也在那时候消失了。[211]

为了借佩切涅格人的军事力量反对塞尔柱突厥人——其威胁到了拜占庭帝国在亚洲的地位——和其他敌人，拜占庭战略家让他们在多瑙河附近的一个地方殖民，这个地方位于撒底迦（Sardica）、纳伊斯（Naissos）和欧特扎佩隆（Eutzapelon）之间，它在游牧部落入侵时期曾出现局部的人口下降。彼时，泰拉赫和140个佩切涅格人（可能是部落贵族）被带到君士坦丁堡，在那里他们受到热烈欢迎并接受了洗礼。[212] 不久之后，由于不满塞尔柱人对于亚洲边境的骚扰，"孤身战斗者"君士坦丁九世下令武装1.5万个佩切涅格人，由四位将军苏特祖（Sultzun）、塞尔特（Selte）、卡拉曼（Karaman）和卡达雷姆（Kataleim）率领，在贵族君士坦丁（又称阿德罗巴兰诺斯）的监督下，开赴伊比利亚（Iberia）①。在被运送至亚洲海岸之后，这支远征军爆发起义，反抗拜占庭帝国当局，在仔细衡量定居于比提尼亚（Bithynia）山区的机会之后，他们遵循了卡达雷姆的建议，最终决定回到欧洲的同胞身边。在这种想法的驱使下，这些逃兵骑马渡过博斯普鲁斯海峡，返回到最初割让给他们的土地。[213]

在疾病所造成的破坏和拜占庭军队的打击所造成的混乱时期之后，佩切涅格人恭顺地接受了在保加利亚西部殖民的安排，这时，他们走出了昏沉状态，认清了帝国在巴尔干半岛事务的局势，这种局势是在马其顿王朝灭亡后，军事体制不断恶化、领导体制长期腐败无能的结果。在军队得不到重视的背景下，帝国权力衰落，不断依赖雇佣军的效力，这些现象在君士坦丁统治时期达到了一个明显的临界点，而在其直接继承人的统治时期更趋严重。[214]

正如在其他情况下一样，来源于外部的刺激因素迫使佩切涅格人抛弃消极状态，在这方面，利奥·托尔尼基奥斯（Leo Tornikios）起义的爆发提供了良机。他的雄心壮志得到了一些阿德里安堡人民的鼎力支持，他们奋力坚持他的事业。这个篡位者没有能够征服君士坦丁堡，并在1047年最后几个月被押送给了合法的君主，他的支持者包括"游牧的斯基泰人"[215]，这是对佩切涅格人的一种称呼。

---

① 译者注：指的是今格鲁吉亚东部和南部，而不是西班牙半岛。

由于能够应付首都和省区军队的脆弱的自卫能力，图兰人开始振作起来，越过君士坦丁九世所授之地的边界，发动对外掠夺战争。他们对巴尔干两侧南部地区的入侵造成了巨大破坏，而且，派去压制他们的军队也失败了。这种情况下，巴尔干以北地区的大片土地摆脱了君士坦丁堡的霸权。为了平息叛乱，泰拉赫和其他被软禁在首都的佩切涅格首领，被拜占庭派去安抚他们的同胞，拜占庭真心实意地指望他们的忠诚（通过慷慨的礼物收买），但他们还是没有达到目的。[216] 后来，拜占庭再次尝试使用相同的方法，不过这次的人选是基肯。基肯曾在某个时候被怀疑不忠而遭受逮捕，现在，他被释放了，以便能够和他的臣民达成协议。这个计划也没有取得预期的效果，他的臣民认为这位前领袖口是心非，没有顺从他。[217]

君士坦丁堡当局不仅依赖于对部落首领的操控，而且在塞尔柱人的压力减缓时，还让指挥官尼基弗鲁斯（Nikephoros）和卡塔卡隆（Katakalon Kekaumenos）带领军队从亚洲转移到欧洲，以恢复巴尔干地区的秩序。他们推进到了巴尔干山脉北部，虽然指挥官们富有战斗经验，但是在保加利亚东北部被称为"千山之地"附近[218]，被佩切涅格人击败了[219]。另一位指挥官君士坦丁带领的军队也面临类似命运，一些学者认为，这位君士坦丁就是西部执政官君士坦丁·阿里亚尼提斯（Constantine Arianites）。阿里亚尼提斯忽视了他的士兵缺乏经验的事实，没有采取预防措施，没有建立营地，却将连续行军后疲惫不堪的士兵投入战场，而对手以逸待劳，士气高涨，这些因素对于战争结局起到了关键作用。[220] 除了一些无关紧要的冲突之外，拜占庭没有赢得任何重要战役，因此，佩切涅格人继续在马其顿和色雷斯进行掠夺。

毫无疑问，在巴尔干半岛东北部流窜的佩切涅格人给拜占庭政府带来严重问题，因此必须要采取有效的办法解决之。除同时期编年史所提供的信息之外，对于印章的研究似乎也提供了一条线索。一枚来自保加利亚的印章的背面图案，证明瓦尔纳（Varna）出现过一位将军。这枚印章的日期是十一世纪中期前后（大概是六十年代），当时将军的住所已经安定下来，这说明，这里可能是一个军事缓冲区，以抵御当地的游牧部落。它的统治者是一个名叫阿索特奥斯的显贵，此人必定臣服于帕里斯特利翁当局。[221]

在1054年君士坦丁堡教会和罗马教会大分裂这个严重伤害基督教世界的事件发生之前，在君士坦丁九世统治的最后几年，拜占庭和佩切涅格人的战争在普雷斯拉夫（Preslav）附近继续进行，但情况并不利于拜占庭军队，虽然他们是由迈克尔·阿库洛托斯（Michael Akoluthos）和其他杰出战略家率领的精锐部队，而且，其中的两位战略家尼基弗鲁斯·波塔尼特斯（Nikephoros Botaniates）和罗曼努斯·戴奥吉尼斯（Roman Diogenes）后来还都成了皇帝。1053年，在保加利亚第一帝国前首都附近的战争中，佩切涅格人——泰拉赫再次与他们并肩作战——重创了对手，迈克尔·阿库洛托斯为了保住性命而非常可耻地逃跑了，保加利亚战区军事指挥官巴塞尔·莫纳乔斯（Basil Monachos）则战死了。[222]

最终，在没有被同时代史料提及的情况之下，参战军队——在这种对抗频率下，他们无疑都已筋疲力尽——达成一项为期30年的协议。[223] 但协议很快就被撕毁了。

在巴尔干山脉和多瑙河之间殖民的佩切涅格人，其行动自由受到很大限制，他们不愿意接受拜占庭地方教士和当局的苛刻要求，一旦有机会就设法摆脱束缚。在伊萨克一世（Isaak I Comnenos，1057—1059）统治时期，匈牙利人进攻帝国，佩切涅格人的机会来了。皇帝迅速干预，有效地驱散了反对者，大多数图兰酋长都准备投降。塞尔特（Selte）是唯一继续坚持抵抗的佩切涅格酋长，但他没有足够兵力和拜占庭军队进行决战，于是很快就在多瑙河附近山区被击败了。[224] 然而，伊萨克一世的打击只是短暂抑制了这个游牧民族要求重新独立的倾向。

佩切涅格人向多瑙河南部的迁移以及他们造成的混乱和不安全状态，给当地人口和经济造成重大影响，帕里斯特利翁地区尤其如此。乡村地区受到的影响最大，因为这些地方没有配备防御工事和守备部队，它们大部分在遭受敌人的袭击时都被抛弃了。从1035—1036年的猛烈进攻开始，政治环境的恶化导致了货币流通的急剧下降。一些货币学研究揭示：在巴尔干半岛东北部农村地区，现金总量不断下降的趋势一直持续到十一世纪初期。城市的情况明显不同,那里的货币流通只是短暂性的恶化。尽管帝国当局试图恢复巴尔干山脉北部的秩序,但是,一直到下个世纪的来临,农村地区的人口数量和货币流通也没有出现大幅度的恢复。[225]

拜占庭在必要时总是利用佩切涅格人——虽然他们混乱不堪和难以预测。因此,当公元1071年拜占庭皇帝开始征战塞尔柱人时,随行的就有一小股佩切涅格军队,战争以"曼兹科特(Manzikert/Malazgyrt)灾难"而告终。[226] 同年,我们发现佩切涅格人卷入了拜占庭和匈牙利的战争,当然,他们不是被派往安纳托利亚的那拨人,而是来源于其他部落。他们在潘诺尼亚平原南部发动一次劫掠性袭击之后,迎来了匈牙利人的反击,这给帝国造成了严重破坏。试图援助拜占庭的佩切涅格人被击退了,损失惨重。[227]

基肯之子巴尔察(Baltzar)是被君士坦丁堡委以重任的一位佩切涅格酋长。自然地,当父亲由于亲拜占庭立场而与族人冲突时,他站在父亲的一边。[228] 有一枚十一世纪中期左右的印章,上面写着森布里亚领帅和都督的名字"Balatzertes",可能是指"巴尔察"。基肯之子获得重要军职的事实,充分表明他深受宫廷信任,也表明他对新主人的依附。[229]

佩切涅格人加入了帝国军队,构成了公元第一千纪末期和第二千纪初期典型的拜占庭军事制度——外国因素在其中占据重要地位——的组成部分。君士坦丁堡在利用居住在帝国边界之内的非希腊土著和外国群体的同时,也吸收其他国家的雇佣军。从帝国境内的外国定居者中间招募的军队属于不同的单位编制,它们通常有自己的指挥官——军官必须是希腊人,而雇佣军则保留原来的统领。[230]

在罗曼努斯四世被废黜及其执政伙伴迈克尔七世(1071—1078)继承权力之后不久,巴尔干半岛的佩切涅格殖民者愤怒于当局——根据行政官尼基弗鲁斯(Nikephoros/Nikephoritzes)的计划而制定了过度紧缩的财政政策——取消其年金的做法,而与多瑙河下游的族群结盟。[231] 粮食贸易的垄断导致价格上涨,使抗议的人数暴增,降低了皇帝的支持度。[232] 为了防止突发性的不满情绪,皇帝任命司门人内斯特(vestarches Nestor)担任德里斯特拉督军,寄希望于他的奉献精神和能力。这被证明是无效的,因为,他受到了贪婪的行政官尼基弗鲁斯的刺激，转而与当地人结盟，更重要的是，一些当地人倾向于承认佩切涅格人塔里斯（Tatrys）作为城市的领导人。[233]

可能是迫于当时的形势，而不是出于自愿，内斯特成为帕里斯特利翁叛军的首领，他联合当地民众及佩切涅格军队，进军巴尔干南部，而且，根据一些作者在1076年的说法，内斯特直指帝国首都，目标是迫使尼基弗鲁斯辞职。由于质疑成功的可能性和佩切涅格人的忠诚度，内斯特决定放弃最初的计划，在与图兰人几番掠夺色雷斯和马其顿之后，撤到多瑙河地区。[234] 无怪乎，同时代的高级将领格里高利·帕克利亚诺斯（Gregory Pakourianos）在1083年12月所写的一本《礼规》（*Typikon*）中将佩切涅格人描述为"最可怕和最傲慢的人，他们不仅反对罗马帝国，也反对任何一个基督教民族"。[235]

同时代的帝国政要迈克尔·阿塔利亚斯（Michael Attaliates）认为，居住在内斯特起义所在地（多瑙河附近）的族群是一个民族混合体，他称之为"mixobarbaroi"，亦即"半野蛮人"。[236] 这个混合体除了希腊人、罗马尼亚人和保加利亚人之外，还有大量的佩切涅格人，他们在该区域的城市中心留下了鲜亮的印记，考古学家在那里发现了物质文化的"野蛮化"，这不仅体现在游牧部落的某些典型物件残片和居家用品之上，也体现在生活标准的逐步下降。[237] 人们频繁地发掘出一些典型的佩切涅格和乌古斯首饰残片，例如青铜垂坠（图32:11），这尤其在多布罗加的城市区域和保加利亚东北部[嘎万-迪诺格夏、伊萨克恰（Isaccea）、努法鲁（Nufǎru）、佩库伊乌·卢伊·索阿雷（Pǎcuiul lui Soare）、普利斯卡（Pliska）、锡利斯特拉（Silistra）、瓦尔纳（Varna）等]更显著（图41、42）[238]，这表明一个事实，这些物件或者是通过贸易，或者（更合理地说）是跟随着它们的制造者到达这些地区的。

锡利斯特拉及其周边地区，人们发现了几枚十一世纪下半期的铜钱，它们别具特色。研究发现，它们是当地仿制的拜占庭货币，而且，人们认为它们是在这样一个紧张时刻发行的：当时，帕里斯特利翁地方当局在佩切涅格人的帮助下，争取改变与中央权力的关系，谋求自治地位。[239]

觊觎皇位的将军尼基弗鲁斯·布里尼乌斯（Nikephoros Bryennios）为

了巩固自己在巴尔干的地位，对抗新皇帝尼基弗鲁斯三世（Nikephoros III Botaniates，1078—1081），也寻求佩切涅格人的帮助。尼基弗鲁斯·布里尼乌斯知道佩切涅格弓箭手的灵巧，因此命令他们向前来讨伐的阿莱克修斯·科穆宁（后来的阿莱克修斯一世）的军队射箭，但成效并不显著，他们也没有对这位皇位竞争者表现出忠诚感，相反，他们专注于自己的利益，掠夺各种货物。在这种情况下，阿莱克修斯一世——他率领一支塞尔柱突厥先遣队，他们是其他游牧民族作战方略的克星——的任务就变得简单了，而且还能俘获敌人。[240] 尽管年事已高，但通过一些具体的军事措施，尼基弗鲁斯三世无疑保持了自己在战略问题上的威信，使多瑙河下游城市改变了对于君士坦丁堡的态度，在某种意义上，它们承认他的权威，反对阴谋策划叛乱的人，反对与佩切涅格人结盟的人，让这些城市尤为满意的是，不受欢迎的尼基弗鲁斯被解职并被惩罚了。[241] 在1082年年末和次年年初被格里高利·帕克利亚诺斯击败后，佩切涅格人曾经有一段时间短暂抑制了自己的扩张性。[242] 不过，阿莱克修斯一世所必须面对的政治困难，并不是那种一旦解决便能够扭转乾坤的困难。

帕里斯特利翁的佩切涅格人的特权并没有真正受到威胁，甚至，在尼基弗鲁斯三世被迫让位给阿莱克修斯一世之后，由于新君主不得不面临巨大的困难，他们的特权反而增加了。当时，塞尔柱人的威胁已经逼近爱琴海沿岸，诺曼人则在伊庇鲁斯（Epirus）海岸登陆了。1085—1086年间，佩切涅格人带来的麻烦迫使他——他极力设法武装一支具有战斗力的军队——没收了教会的财产，由此还引发一些高级教士的强烈反对。[243] 保罗派（Paulicians）也试图利用佩切涅格人的军事能力，因为年轻的皇帝对该派进行了严厉的镇压。在帕里斯特利翁避难时，特劳洛斯（Traulos）统领的一个异端群体确保了格拉维尼茨（Glavinitza）和德里斯特拉地区的图兰酋长们对于其事业的支持，为了巩固他们的军事合作，特劳洛斯还和一个酋长的女儿结婚。阿莱克修斯一世意识到这个联盟的危险性，表示愿意放弃对宗派主义者的强硬政策，但后者以图兰人作为挡箭牌，不肯妥协。[244]

佩切涅格人利用了巴尔干半岛北部的民族和社会动乱，为反对拜占庭中央政府的行为火上浇油。随着其兄弟部落在多瑙河南部定居,他们军队的数量和实力不断增强。他们联合帕里斯特利翁当地人,试图脱离君士坦丁堡当局的统治。在德里斯特拉、维希纳(Vicina)及莱茵河下游其他城市,反叛的首领是塔托斯(Tatos/alias Chalis)、塞斯拉夫(Sesthlav)和萨特扎(Satza),为了消灭他们,拜占庭帝国不得不使出浑身解数。[245]当然,书写这场反叛的编年史——在其中最突出的人物是司门人内斯特——所提到的塔里斯(Tatrys),其实和塔托斯是同一个人。这三位酋长认为和佩切涅格人并肩作战是有利的。关于他们的族群起源,各种文献存在着巨大分歧并一直延续至今,因为,巴尔干半岛东北部的人口构成是多样化的。[246]

与此同时,为了避免君士坦丁堡的打击,特劳洛斯领导的保罗派——他们在通往巴尔干的峡谷中设置了障碍——投向了佩切涅格人,并在1086年说服其对帝国腹地发动掠夺性袭击。帕克利亚诺斯(Pakourianos)和拉万斯(Vranas)奉命率军迎战,但被击败了,敌人的数量远超于他们,两位指挥官阵亡。在色雷斯周围四下掠夺之后,一部分佩切涅格人带着奴隶和许多战利品返回,在菲利波波利(Philippopolis)附近遭到塔提基奥斯(Tatikios)的袭击和拦截,塔提基奥斯拥有一支由罗伯特·奎斯卡德(Robert Guiscard)的亲戚君士坦丁·亨伯托普洛斯(Constantine Humbertopulos)率领的诺曼辅助部队。[247]尽管佩切涅格人带着新部队回来攻击驻扎在菲利波波利的拜占庭人,但他们不敢再进攻塔提基奥斯的部队,而是借道锡德拉隘口的"铁门"(Sidera pass, The Iron Gates)撤回巴尔干北部。考虑到己方的生力军在数量上处于弱势,塔提基奥斯认为跨越山脉追击敌人过于危险,更何况寒冬即将降临,不利于军事行动。[248]

无论如何,1087年夏天策尔古(Tzelgu)率领的另一支佩切涅格军队,连同匈牙利人和库蛮人的后援部队,给拜占庭的抵御能力带来严峻考验。尽管策尔古兵力众多(安娜·科穆宁夸张地说有8万人),但在与尼古拉斯·马夫罗卡塔卡隆(Nicholas Mavrokatakalon)率领的军队交战时,却遭遇灾难性的失败,这位佩切涅格酋长在战场上被杀了。[249]

在马其顿和色雷斯遭遇到抵抗之后,佩切涅格人继续在帕里斯特利翁自由行动，他们形成了从此地出发掠夺帝国其他地区的习惯，像阿莱克修斯一世这样雄心勃勃的、能力超群的皇帝，认为这种情况已经无法忍受。他试图离间对手，让其中的一部分人归顺于他，但这个策略失败了。[250]与一些叙事资料得出的解释相反，最近对于货币和图章的考古表明：尽管佩切涅格人带来了各种变化，但是，甚至在黎布联战役之前，帕里斯特利翁地区的重要区域（包括与多布罗加北部相对应的区域）还都是处在拜占庭的控制之下。[251]

由于来自小亚细亚塞尔柱突厥人的压力暂时得到缓解，皇帝打算给予佩切涅格人决定性一击。为此，他计划从两条战线上发起进攻：一方面，派遣乔治斯·欧普霍毕诺斯（Georgios Euphorbenos）率领一支装备优良的舰队在多瑙河游弋，阻止图兰人在多瑙河北部的兄弟部落的支援；另一方面，皇帝自己率军亲征巴尔干峡谷。在意识到迫近的危险之后，佩切涅格人向皇帝派遣了一支500人的使团，目的是达成一份协议，并表示愿意提供三万多骑兵为皇帝服务。[252]阿莱克修斯一世有充足的理由认为，这是一个缓兵之计，意在暂时改变他的进攻计划，根据其女儿富于启发性的表述，他预言拜占庭的敌人"的仇恨和敌意一旦得到机会就死灰复燃，向拜占庭宣泄怒火"。[253]

帝国军队穿过锡德拉峡谷，到达保加利亚旧都普利斯卡（Pliska），然后挥戈德里斯特拉，但在"大多瑙河港"（great Danubian harbour）附近遇到了佩切涅格人出其不意的攻击，引起了巨大混乱。佩切涅格人屠杀了许多拜占庭士兵，并俘虏了一些士兵，混战中皇帝的营帐被掀翻。在设法平息这个时期的混乱之后，阿莱克修斯一世进攻德里斯特拉，但他只是攻克了外城，而不是城堡本身，尽管塔托斯已经放弃了城堡，前往多瑙河北部向库蛮人求援。当拜占庭将领在大本营商讨未来的行动计划时，佩切涅格人发动了一次猛烈进攻，以大篷马车作为掩体，从背后连续射箭。在战争此消彼长之际，一支新的图兰军队（大约3.6万人）突然出现，决定性地扭转了拜占庭的运势，使胜利的天平倒向佩切涅格人。[254]阿莱克修斯一世本人面临被杀或被俘的风险，甚至还受了轻伤。佩切涅格人的冲锋极其强悍，迫使拜占庭军队在混乱中慌忙逃脱。皇帝几乎没能保住自己的性命，与兄弟哈德良逃往比罗[Beroe，今天的旧扎戈拉（Stara Zagora）]避难，而他的妹夫，拜占庭侧翼军队指挥官尼基弗鲁斯·梅里森诺（Nikephoros Melissenos）被俘。佩切涅格人在获得大笔赎金之后，才释放皇帝的亲戚和其他俘虏。[255]

佩切涅格人没有机会庆祝他们赢得辉煌的胜利和抓捕了这么多的战俘，因为，被塔托斯说服加入巴尔干战局的库蛮军队要求平分战俘，作为对他们长途跋涉的奖励。佩切涅格人拒绝满足对方的要求，这引发了一场激烈冲突，而拥有生力军的库蛮军队赢得了决定性胜利。在被彻底击败之后，佩切涅格人在奥佐利姆（Ozolimne）湖地区找到了庇护所，只待到敌人撤退之后他们才重新自由行动。[256] 安娜·科穆宁在提到他们的藏身之处时引起了众多专家的注意，关于这个问题出现了许多观点。[257] 阿莱克修斯一世虽然有时间逐步恢复自己的实力，但他认为与佩切涅格人缔结和平条约更为可取，拜占庭承担的义务是给对方支付一定数额的补助金，并承认他们对于帕里斯特利翁的统治，这意味着佩切涅格人赢得了胜利。[258]

与罗马-拜占庭外交的传统准则——主要被归纳为"分而治之"——相反，阿莱克修斯一世拒绝给予库蛮人任何东西，虽然后者曾返回多瑙河南部进攻佩切涅格人[259]，他之所以不愿意这么做，是因为他可能不希望用一个不仅更有活力，也更加不可预测，而且还非常陌生的敌人（库蛮人），取代一个虽不安分却也具有明显军事潜力的敌人（佩切涅格人）。为了抵御多瑙河左岸的库蛮人，皇帝甚至准备与佩切涅格人结盟。[260] 从短期来看，这种选择没有奏效，因为佩切涅格人一如既往地破坏条约的规定，并在1090年掠夺了巴尔干南部地区，而在安纳托利亚西岸，塞尔柱人变得越来越具有扩张性。

事实证明，阿莱克修斯一世的境况极其艰难，拜占庭帝国——实际上其领土已经缩小到首都周边地区[261]和一些海岛——正在面临其存在数个世纪以来的最关键时刻，而困难的克服全赖于皇帝的韧性和能力。有趣的是，佩切涅格人的战术被经验丰富的战略家阿莱克修斯一世所采用。1090年年末在色雷斯的交战时，他极其娴熟地使用这个战术，战胜了佩切涅格人。当时，皇帝佯装进攻却突然撤退，吸引佩切涅格人的追击；他导演了一次混乱的撤退，让敌人进入事先设计好的被完全暴露的缺口，然后，他出其不意地从两个侧面发起进攻。[262]

由于数量上远超于拜占庭军队，1091年2月佩切涅格人勇敢地挺进到帝国城墙附近。阿莱克修斯一世发起反击，但为避免正面冲突，他逃到基洛瓦基（Kirovaki）的据点避难。听到大约6000个佩切涅格人离开基地四处劫掠的消息后，皇帝便设法击败留守基地的敌军，并以胜利的姿态凯旋，回到君士坦丁堡。与实际取得的战果相比，拜占庭庆祝胜利的仪式实在是小题大做了，因为，其他佩切涅格群体还控制着色雷斯的大片区域，而在安纳托利亚海域，埃米尔扎卡斯（Tzakas）的进攻已经令拜占庭瘫痪。[263]正因为如此，尼基弗鲁斯·梅里森诺在提到这场对于佩切涅格的被夸大的胜利时，使用了一种极具暗示性的痛苦说辞："这场胜利于我们而言是无益的快乐，于他们而言是无害的痛苦。"[264]

在军队的帮助下，1091年年初阿莱克修斯一世最终粉碎了佩切涅格人对于首都的进攻，但是他的力量不足以将他们赶出色雷斯。因此，他让尼基弗鲁斯·梅里森诺负责招募保加利亚人和游牧的弗拉赫人，与此同时，他接受了库蛮人提出的缔结新同盟的建议。[265]佩切涅格人拉拢库蛮人的意图失败了，君士坦丁堡的外交成功利用了两个图兰语族群之间的尖锐矛盾。[266]

这一政策的结果在1091年4月29日的黎布联大战役中得到了体现，当时，阿莱克修斯一世的军队在库蛮人的帮助下，决定性地战胜了佩切涅格人，后者被赶出巴尔干半岛的政治舞台："当时，佩切涅格人像其他的被全能上帝所抛弃的人一样，遭受了可怕的屠杀，"安娜·科穆宁在关于父亲的传记中写道，"他们的武士心生厌倦，在战斗中疲惫不堪，在持续的剑击中筋疲力尽，他们开始丧失动力……这个情景极其惨烈。那一天，不是数万人，而是整个民族，无以计数的人，包括他们的妻儿，都被彻底消灭……因此，拜占庭人唱起了滑稽剧：'正是因为那一天，佩切涅格人再也见不到5月的来临。'"[267]

（三）在政治舞台上的最后表现

佩切涅格人的残部被招募进拜占庭军队的辅助部队，他们多次被提及阻挠途经巴尔干地区前往圣地的十字军队伍。

特别是在第一次十字军东征时期，佩切涅格人扮演了非常活跃的角色，当时，十字军队伍分几个阶段沿着不同的路线穿过拜占庭帝国，他们通常都得到了阿莱克修斯一世的批准。十字军的行军缺乏细致的协调，参加者的混乱和侵略性活动、等级制度的脆弱、长期的食物短缺、骑士的胡作非为，成为他们和拜占庭中央地方当局频繁冲突的根源，当局往往缺乏同情心，对于那些立志从穆斯林手中解放圣墓的人，总是抱有敌意和不合作。这种互相猜疑的氛围——甚至在第一次接触之前就已经出现了——经常演化为激烈的冲突，造成大量的伤亡。根据皇帝指示，地方军队必须和十字军合作，方便他们的运输和确保食品供应，并密切监视他们的行动，防止他们出现任何抢劫行为，降低他们破坏的范围。[268]

负责监视十字军和控制其过激行为的是在各省来回移动的辅助军队，佩切涅格人是其中的主要组成部分。1096年夏天，隐士彼得（Peter the Hermit）率领第一批数量庞大的穷人十字军，在穿过匈牙利之后，进入拜占庭帝国在巴尔干半岛西北部的领土。为防止他们偏离既定的路线，缩小掠夺的区域，保加利亚地区公爵尼基塔斯（Nicetas）在东征队伍两侧部署了图兰骑兵，保持对他们的监控。尽管采取这些措施，抢劫还是无法阻止，从而不可避免地导致冲突。双方发生的第一次冲突就是十字军和"居住在保加利亚的佩切涅格人"的对峙，后者射箭的效率造成了十字军的重大损失，十字军只能乘着简易船只和木筏横渡摩拉瓦河逃命。有趣的是，佩切涅格人也坐船追击[269]，这证明一个事实：在巴尔干半岛居住的时候，佩切涅格人掌握了一些当地的技能，显示了其适应非典型游牧生活环境和条件的能力。

面对艰难的境地，隐士彼得和他的法国队伍向德国军队请求帮助。借助这些额外的力量，他击沉了佩切涅格人驾驶的七艘船只，七个佩切涅格人被俘获并当着彼得的面被处决。1096年7月初，当十字军向西南推进，掠夺尼什（Niš）的周围地区时，由库蛮人、匈牙利人和佩切涅格人辅助军队组成的拜占庭军队奋力阻挡。[270]

隐士彼得的队伍组织混乱，缺乏适当的军事训练和装备，后来在进入小亚细亚时遭遇悲惨的失败，几个月后，布永的戈德弗雷（Godefroi of Bouillon）率领强大的骑士军队尾随其后，他们在11月初离开贝尔格莱德前往尼什。记载前两次东征的编年史家提尔的威廉（William of Tyre）在提到尼什时，使用的是古名Dacia Ripensis和Dacia Mediterranea，后者也被称为摩西亚。[271] 1096年12月下旬，布永的戈德弗雷在君士坦丁堡城墙附近扎营，等待其他的十字军战士。戈德弗雷的人员对食物和饲料的掠夺引起了拜占庭皇帝的不满，他下令特科波人（Turcopols）和佩切涅格军队出击镇压洛林公爵戈德弗雷（duke Godfrey of Lorraine）①，后者是未来耶路撒冷拉丁王国的第一任国王。在皇帝对布永的戈德弗雷采取坚决措施之后，布永的戈德弗雷的兄弟鲍德温帮助他赢得了胜利，还俘获了60个敌人。这些胜利使阿莱克修斯一世走向和解，并加速十字军向博斯普鲁斯海峡亚洲海岸的转移。[272]

1096年秋天，由塔兰托的博希蒙德（Bohemond of Tarent）率领并得到其侄子坦克雷德（Tancred）增援的一支十字军，抵达了亚得里亚海东部海岸阿弗罗那（Avlona）和都拉佐（Durazzo）附近地区，他们也不得不面对特科波人和佩切涅格人。尽管博希蒙德要求随行者坚守朝圣者的行为准则，禁止掠夺行为，但他的话被抛诸脑后，缺少食物并被当地人排挤的十字军开始夺走牛、马、驴和其他类似的财产。不久，拜占庭的反击来了，他们利用了对方行军散漫的有利因素。1097年2月18日，特科波和佩切涅格部队在等待塔兰托的诺曼公爵（Norman count of Tarent）②的主力部队穿过佩拉戈尼亚（Pelagonia）之后，在瓦尔达尔（Vardar）山谷发动了袭击。得知消息之后，坦克雷德率领军队突然袭击侵犯者，造成对方的诸多混乱。战俘们向博希蒙德供认，是皇帝下令他们行动的。[273]

最后，在该月的最初几天，一支从普罗旺斯出发的十字军刚刚行军至都拉佐，就遭到一支由塞尔柱突厥、佩切涅格人、库蛮人、*Tanaces*（？）③、斯拉夫/保加利亚人和乌古斯人等组成的高度多元化的拜占庭军队的阻挠，尽管阿莱克修斯一世保证对十字军以礼相待。几天后，来自普罗旺斯的队伍在闯过马其顿西北地区的佩拉戈尼亚时，遭到了佩切涅格人的一次攻击，十字

---

① 译者注："布永的戈德弗雷"和"洛林公爵戈德弗雷"是同一个人。
② 译者注：塔兰托的诺曼公爵，实际上就是塔兰托的博希蒙德。
③ 译者注：这是一个比较怪异的词语，作者使用了斜体和问号，相关解释见下一章的注解189。

军的主要精神导师阿德马尔·勒·普伊主教被俘虏、打劫和侵犯。为了得到赎金，一个佩切涅格人将主教置于自己的保护之下，随后，这位高级教士的伙伴出面干预，主教才最终被释放。在接到图兰人即将发动另一次进攻的消息之后，来自普罗旺斯的十字军领袖圣吉勒斯伯爵雷蒙德四世立即主动采取措施，在一次山峡战役中将之击败、驱逐，随后，他继续前往君士坦丁堡，与皇帝和解了。[274]

西方基督教世界伟大梦想的实现——占领圣地，征服耶路撒冷，建立耶路撒冷王国——并没有结束十字军战士涌向东方的潮流。在这个非凡成就所营造的热烈气氛中，一些骑士和朝圣者的队伍再度出发，前去巩固和扩大既得的成就，因为，在可预见的穆斯林即将反击的情况下，这些成就显得非常脆弱，而且，内部的混乱和敌意消耗了十字军的精力，他们的人数或者因为激烈的交战，或者因为返回欧洲，而在不断地减少。由于现有舰队的运输能力不足，大部分军队继续走陆路，这需要穿越拜占庭的土地，从而带来许多麻烦。

公元1101年，新的十字军队伍开始行动：先是米兰大主教安瑟伦率领的一支散漫的部队和纳韦尔暨奥塞尔的威廉二世（William II of Nevers and Auxerre）率领的一支纪律严明的部队，然后是阿奎丹公爵普瓦捷的威廉九世和巴伐利亚公爵韦尔夫四世率领的一支混乱不堪的部队。[275]他们与拜占庭当局的紧张关系，在亚德里亚堡城市附近发生的暴力冲突中急剧恶化，在这场交战中，帝国军队中的佩切涅格人和库蛮人无情地射箭，重创了从阿奎丹和巴伐利亚赶过来的联合军队。[276]

在第二、三次十字军东征期间，拜占庭和西方世界的紧张局面——图兰人的辅助部队也介入其中——一再出现，虽然激烈程度有所下降。第二次东征的战士分两批沿着"贝尔格莱德-尼什-菲利波波利-亚德里亚堡"的路线穿过巴尔干半岛：前者由神圣罗马帝国皇帝康拉德三世率领，后者由法国国王路易七世率领，这次行动的特点是不可避免的滥权和过激。正因为如此，佩切涅格人和库蛮人在法国人穿过保加利亚的人口稀少的地区时给对方造成了伤害。十字军穿越拜占庭帝国领土的路线面临巨大困难，当局几乎不愿意合作。正如罗伯特·德·蒙特（Robert de Monte）记载的，除了饥荒和瘟疫之外，法国国王率领的军队还要面对"不信教"的公爵。写到这里时，这位编年史家一定想到的是拜占庭军队中的突厥辅助部队。[277] 1147年秋天，当路易七世率领的先头部队到达拜占庭帝国城市的外墙时，同一支佩切涅格和库蛮部队再次对他们发起攻击，因为路易七世违背了曼努埃尔一世（Manuel I Comnenos）所批准的行军路线。即使在法国使节到达拜占庭宫廷之后，佩切涅格人的进攻也没有停止——也许佩切涅格人本身也不愿意停战，这就加深了双方的仇恨，因此，（法国）卡佩君主随从中的重要人物都在劝说国王占领拜占庭皇帝的首都。[278]

因为用于补充军队的大部分兵源已经枯竭，在十二世纪晚期第三次十字军东征期间，佩切涅格人在拜占庭辅助军队中的比例大幅下降。1189年中期，第三次东征主要发起人神圣罗马帝国皇帝腓特烈一世（Frederick I Barbarossa）率领十字军穿过多瑙河，向博斯普鲁斯海峡进发，在这里他们遇到了由匈人、阿兰人、保加利亚人和佩切涅格人组成的多国部队[279]，当然，这些部队是受拜占庭战略家的调配，后者对于他人践踏自己的国土极度不满。

拜占庭利用佩切涅格人的军事潜力的策略，也见于其他的战争场合。因此，当诺曼人与拜占庭的关系变得非常紧张，并很快于1107年夏天登陆伊利里亚时，伊萨克·康托斯特法诺斯（Isaak Kontostephanos）率领拜占庭舰队进攻意大利南部的亚得里亚海岸，包围了海德鲁斯［Hydrus，今天的奥特朗托（Otranto）］要塞，他在这个过程中得到了斯基泰弓箭手和骑兵部队的帮助，斯基泰是个古老的族名，在这里无疑是指佩切涅格人。由于诺曼人的反应非常激烈，拜占庭舰队慌忙起航撤离，留下了仍在四处掠夺的斯基泰人，他们中的许多人被俘。博希蒙德将其中的六个俘虏交给教皇帕斯卡二世，并希望教皇批准对拜占庭的战争，而指控拜占庭的理由之一，就是它用粗野的异教徒反对基督徒。[280]

除了拜占庭帝国的巴尔干地区之外，一些佩切涅格士兵还在安纳托利亚南部地区游荡，然后，在托鲁斯山脉南部的摩普绥提亚（Mopsuestia）城定居下来。1108年，一支佩切涅格部队被派去支援埃德萨的鲍德温（Baldwin of Edessa），后者正在与十字军的另一位亲王安条克的坦克雷德（Tancred of Antioch）[①]争夺土地[281]，当时，坦克雷德的叔叔塔兰托的博希蒙德登陆伊庇鲁斯，给拜占庭带来很大麻烦。

迄今为止，除了少数例外情况，考古研究者还没有在拜占庭帝国欧洲区域的部落文化中找到佩切涅格因素的充足证据。正如我们已经揭示的，巴尔干半岛东北部一些城市中心发现了属于这些游牧骑兵的金属制品，这意味着他们在该地区的存在，以及他们与当地社群非常紧密且稳定的关系。尽管如此，我们还不清楚他们所拥有的土地的确切位置，他们住宅的特征，他们生活方式的演化，等等。不过，最近几年在保加利亚东北部发现了与之具有很大相关度的丧葬习俗。在大多数情况下，这些发现清晰地阐明了这个地区与黑海-里海地区丧葬实践的差异，这些差异因素源于当地人口对于突厥语部落的影响。关于佩切涅格人的坟地，最近在保加利亚多布里奇地区的奥杜特斯（Odŭrtsi）的发现特别重要，即在1983—1991年间有535座坟墓被发掘。不幸的是，在这个墓场所发现的物件只是被选择性地发表出来，因此，我们无法拥有墓主的族群和文化归属等方面的充分论据。一般来说，葬礼是按照基督教仪式举行的，不过，也有一些偏离了基督教仪式，例如，一些骸骨是在"特定"的方位被发现的，死者手臂的姿势各种各样，他们的头颅被开孔，或者在尸身上面有各种石头、煤、燧石和动物骨头。这些异教仪式的痕迹表明，采用这种仪式的社群刚刚皈依基督教，但还没有完全放弃一些祖传的丧葬仪式。

随葬品极其丰富多样，也非常有趣。除了装饰性物品（耳环、珠子、手镯、指环）和宗教仪式用品（挂在胸前的十字架）之外，它还包括了拜占庭作坊的手工制品，其中有一系列文物与黑海-里海草原地区、喀尔巴阡山脉至多瑙河之间地区以及多瑙河中游地区的手工制品存在高度相似：贴花、吊坠、纽扣、小件饰品、骑手护身符（图39；图40：1—13）。从一些墓中发现了七枚拜占庭钱币（由利奥六世、巴塞尔二世、君士坦丁八世、君士坦丁

---

① 译者注：即上文提到的坦克雷德。

九世发行），但它们与墓场的年代没有什么特别的关联性，因为，其中有一些钱币已经被穿孔，像装饰品一样佩戴，可知它们的使用时间已经很长，可能超过了它们作为货币使用的时间。奥杜特斯墓场最早的日期可以追溯到十一世纪中期，当时，君士坦丁九世批准佩切涅格人在巴尔干半岛北部居住，并且施压要求他们皈依基督教。这个地区的头颅钻孔的比例（占全部头颅的36%）对于草原游牧民族而言出奇地高，可能表明：来自东欧的其他族群和佩切涅格人一起居住在巴尔干半岛。没有重叠墓穴的情况说明，墓场使用的时间不是很长，也就是说，不超过几十年。奥杜特斯墓场的发现非常重要，因为它们代表了游牧民族向严格的基督教生活转变的某个阶段，这个阶段还伴随着对于传统仪式的眷恋。同时，它们还揭示出，佩切涅格人准备放弃自己的传统服饰，而使用当地人的典型服饰。[282]

在十一世纪的最后几十年和十二世纪的最初几十年，留在黑海北部地区的佩切涅格社群为俄国王公效力，后者设法保护他们免遭库蛮人的打击。他们很快被其他族群同化，1169年[283]以后，俄国的编年史再也没有提到过他们。1122—1123年，多瑙河下游北部地区的佩切涅格人最后一次入侵拜占庭。[284]

佩切涅格人穿过多瑙河，远赴巴尔干南部，在色雷斯进行了一次掠夺。约安尼斯·京纳莫斯的编年史对此有所涉及，据载，侵略者的家人坐上皮蓬马车一起前行[285]，从那些妇女、孩子和各种用品来看，他们的行动不仅仅是一次掠夺性袭击，而是一次真正的移民，这使他们的移动非常困难，无法发挥以快速行动和突然打击为特征的战争策略。鉴于对手的实力非常强大，皇帝约翰二世认为在他们内部制造分裂是可取的，他试图通过丰厚的礼物拉拢他们。这种伎俩——它在几个世纪以来一直受到拜占庭外交实践的谨慎考量——确保了预期的结果，因此，皇帝的军队面对的是资源不断减少的敌人。尽管如此，敌人依旧非常顽固，拜占庭皇帝在克服种种困难之后才得以击败他们。对这次胜利感到特别满意的约翰二世举行了一次以"佩切涅格"为主题的庆典活动，以唤起胜利的喜悦。[286]

被俘获的众多囚犯有多种用途：有的被编入拜占庭军队的辅助军队，有的在帝国西部地区殖民，最后但并非最不重要的是，还有一些战俘被作为奴隶出售。[287]对于巴尔干半岛的佩切涅格人的记忆，以一种相对模糊的形式一直流传到十四世纪，当时，一位勇敢的英国旅行家约翰·曼德维尔记录了这段记忆，他提到了希腊附近的所谓的"佩切涅格之地"（la terre des Pincemarcz[288]/Pintenars[289]，英语版本为 land of Pynceras[290]）。曼德维尔列举了生活在拜占庭帝国的民族：特科波人、佩切涅格人和库蛮人。[291]

佩切涅格人在1122—1123年的远征可能与1121年俄国南部发生的事件存在某种关联。这种可能性已被俄国编年史简略提到的事实所证实。当年，弗拉基米尔·莫诺马赫大公（Vladimir Monomakh）把贝伦代伊人（Berendeis）赶出了俄国，接着，赶走了乌古斯人和佩切涅格人[292]，但编年史没有说明他们被赶走的原因和走出的方向。由于库蛮人控制了黑海-里海草原，贝伦代伊人、乌古斯人和佩切涅格人经常与库蛮人发生冲突，因此，他们自然而然地往西方避难。结果，这给留在多瑙河下游北部地区的佩切涅格人造成了压力，他们被迫迁往多瑙河南部，甚至与新来者一起前往巴尔干半岛。

1122—1123年多瑙河流域北部地区的战争、1068年反对匈牙利人的战争、十一世纪下半期反对拜占庭的战争，都表明一个事实：有一个非常重要的佩切涅格部落社群继续居住在喀尔巴阡山脉以外地区，虽然从1046年起他们的大多数同胞就已经迁往多瑙河南部地区。这个社群作为一个独立实体的存在，也被这样一个事实所证实：十二世纪中期博学的主教奥托·冯·弗莱辛和继任者哈赫温在论及阿尔帕德王朝的邻居时，提到了佩切涅格人和库蛮人。[293]同时期，雷根斯堡一位匿名作家用诗歌体写了一部关于日耳曼语世界的编年史，作者列举了东欧的民族，佩切涅格人和库蛮人（Petsenaere unt Valwen[294]/Betsenâre unde Valwen[295]）就挨在一起。在近一个世纪内，佩切涅格社群试图与库蛮人保持一定程度的自由关系，但从十一世纪晚期开始成为对方的附庸，因为，黑海-里海地区的主要霸权势力不可能容忍这个地区出现违背其利益的草原部落。不幸的是，至少到现在，无论是叙事资料还是考古资料，都无法让我们准确定位多瑙河左岸佩切涅格人的居住地，不过，我们倾向于相信一种假说，即他们居住在库蛮人土地的边缘区域，可能是瓦拉几亚和摩尔达维亚的草原地带。或许也是由于附近环境不舒适，佩切涅格人余部持续从多瑙河下游向巴尔干地区迁徙，他们的活力逐渐减弱，不可避免地被库蛮人同化和取代。

根据文字资料和考古资料，在十一世纪上半期，他们的聚居地集中在喀尔巴阡山脉东部和南部草原地区，特别是布贾克（Bugeac/Budjak）和巴拉干（Bărăgan）（图52），这期间，他们在邻近区域的活动越来越活跃，当地土著人栖息地开始消失，转移到了高地地区，那里的森林能够确保更多的安全。除其他方面的证据之外，在德涅斯特河和奥尔特（Olt）河之间存在的大量古墓，也证明了图兰人的出走。在喀尔巴阡山脉以外的罗马尼亚土地上，已经发现了数百座墓穴，它们属于晚期的图兰语部落。不幸的是，在目前的研究状况下，我们并不总是能追溯和准确查明这些被发现物的起源，因为，有时并没有任何标准能够将佩切涅格人的遗迹与乌古斯人、库蛮人及其他突厥语群体的遗迹区分出来。总的来说，晚期的图兰语族群的墓群有一些共同特征。它们绝大多数坐落在以前草原部落所垒建的小山丘上。其中一些包含马骨架和马具配件的残余物（图27、31、34、43），这是马上民族社会的典型的随葬品清单。[296]

从佩切涅格人和喀尔巴阡山脉-多瑙河地区的其他图兰语族群那里，罗马尼亚语吸收了许多通用词汇，以及人名、河流和地域的专有名称。就考古发现来说，不可能在任何情况下都能够明确区分每个突厥语群体的语言贡献。有趣的是，我们注意到，源于佩切涅格人名的地名绝大多数都没有在他们集中定居的里海和黑海北部草原地区保留下来，而是在他们殖民或掠夺的附近地区保留下来了。在巴尔干半岛、匈牙利、斯洛伐克、罗马尼亚、乌克兰、波兰、安纳托利亚等地也都可以发现这样的地名。与此同时，在其他人迁到拜占庭之后，黑海-里海地区的佩切涅格余部很快被其他游牧部落联盟同化，这些少数群体试图留在这片他们曾长期殖民的土地上。

正如神话人物安泰俄斯[①]触碰大地的效果一样，草原赋予佩切涅格人活

[①] 译者注：安泰俄斯（Antaeus）是希腊神话中的巨人，只要他保持与大地接触，就是不可战胜的，最后，他被敌人举到空中杀死。

力和健壮,而被残酷地逐出草原,进而失去了在欧洲东部和东南部政治格局中的显赫地位之后,他们走到了痛苦的黄昏,只是偶尔出现一些微弱复兴的插曲。倒是在远离最初居住地的地方,他们旧时的名声被传播开来。这些名声也在欧洲大陆西部得到流传,其中包括著名的诗歌作品《罗兰之歌》[297]、《帝国大事记》[298]和《尼伯龙根之歌》[299]。佩切涅格人的名字出现在各种各样的绘画版本之中,特别是出现在中世纪德国各种匿名诗歌手稿之中,例如在《帝国大事记》中被称作Betschenaer、Betschner、Betsenaer、Betsenaere、Betsenâre、Peschaer、Petschenâr、Petschnaer、Petzenere等,在《尼伯龙根之歌》中被称作Betschenere、Pescenaere、Pescenär、Peschenaer、Peschenare、Pesnaere、Petsschenaere、Potchiuere。其中,在中世纪一幅著名的地图中——它创作于十三世纪初期,保存在汉诺威附近的埃布斯托夫本笃修道院——提到佩切涅格人是北欧的居民,他们被称作Pescinagi。[300]十三世纪上半期的俄国还保存着对于他们的记忆,1223年蒙古人突然出现在黑海北部草原,当时他们的来历不明,一些修道院的学者倾向于认为他们是佩切涅格人的同种人。[301]

■ 注释

[1] A.M. Shcherbak, "Znaki na keramike i kirpichakh Sarkela - Beloĭ Vezhi," *MIA*, 75, Moscow-Leningrad, 1959, pp. 368-370; P.B. Golden, *An Introduction*, pp. 264-265; idem, "Pečenegs", in *The Encyclopaedia of Islam*, NE, VIII, Leiden, 1995, p. 289. Cf. also U. Schamiloglu, "The Name of the Pechenegs in Ibn Hayyân's *Al-muqtabas*," *Journal of Turkish Studies*, 8, 1984 (*Turks, Hungarians and Kipchaks. A Festschrift in Honor of Tibor Halasi-Kun*, ed. P. Oberling, Harvard University), pp. 215-222.

[2] L. Bazin, "À propos du nom des «Petchénègues»," in *Passé turco-tatar, présent soviétique. Études offertes à Alexandre Bennigsen*, eds. Ch. Lemercier-Quelquejay, G. Veinstein, S.E. Wimbush, Louvain-Paris, 1986, pp. 66-77.

[3] G. Moravcsik, *Byzantinoturcica*, II, *Sprachreste der Türkvölker in den byzantinischen Quellen*, 2nd ed., Berlin, 1958, pp. 116, 208, 270, 280.

[4] *DAI*, pp. 170-171.

[5] V. Thomsen, "Altürkische Inschriften aus der Mongolei in Übersetzung und mit Einleitung," *Zeitschrift der Deutschen Morgenländischen Gesellschaft*, NF, 3 (78), 1924, p. 153.

[6] O. Pritsak, "Pechenigi," *Ukrains'kiĭ istorik*, VII, 1970, 1-3 (25-27), p. 95; idem, "The Pečenegs," *AEMA*, I, 1975, pp. 6-8.

[7] G. Vörös, "Relics of the Pecheneg Language in the Works of Constantine," in *The Turks*, 1, *Early Ages*, ed. H.C. Güzel, C.C. Oğuz, O. Karatay, chief of the editorial board Y. Halaçoğlu, Ankara, 2002, pp. 621-622, 629.

[8] P.B. Golden, "Pečenegs," p. 289; A. Alemany, *Sources on the Alans. A Critical Compilation*, Leiden- Boston- Cologne, 2000, p. 253.

[9] N.A. Meshcherskié, *Istoriia iudeiskoĭ voiny Iosifa Flaviia v drevnerusskom perevode*, Moscow-Leningrad, 1958, pp. 454, 530.

[10] *Ibidem*, pp. 15-20.

[11] H.-J. Graf, *Orientalische Berichte des Mittelalters über die Germanen – Eine Quellensammlung*, Krefeld, 1971, p. 41.

[12] J. Németh, *Die Inschriften des Schatzes von Nagy-Szent-Miklós*, Budapest, 1932, pp. 9-44; A.M. Shcherbak, *op.cit.*, pp. 385-388; R. Göbl, A. Róna-Tas, *Die Inschriften des Schatzes von Nagy- Szentmiklós. Eine paläographische Dokumentation*, Vienna, 1995; C. Bálint, "Der Schatz von Nagyszentmiklós in der bulgarischen archäologischen Forschung," *AAH*, 51, 1999-2000, pp. 429-438. 最近，对于图兰语游牧民族"如尼文"的详细研究（包含对各地区差异的说明），参见 I.L. Kyzlasov, *Runicheskie*

pis'mennosti evraziĭskikh stepeĭ, Moscow, 1994。

[13] Mahmūd al-Kāšrarī, *Compendium of the Turkic Dialects (Dīwān Luyāt at-Turk)*, ed. R. Dankoff, in collab. with J. Kelley, I, Harvard, 1982, pp. 183-184; C. Brockelmann, "Mahmud al-Kašgari über die Sprachen und die Stämme der Türken im 11. Jahrh.," *Körösi Csoma-Archivum*, I, 1921, 1, pp. 37-38.

[14] Anne Comnène, *Alexiade*, II, ed. B. Leib, Paris, 1943, p. 142.

[15] N.A. Baskakov, *Tiurkskie iazyki*, Moscow, 1960, p. 21 ff.

[16] P.B. Golden, *An Introduction*, p. 17.

[17] K.H. Menges, *The Turkic languages and peoples. An introduction to Turkic studies*, Wiesbaden, 1968, pp. 56-57.

[18] L.P. Potapov, "The Origin of the Altayans," in *Studies in Siberian Ethnogenesis*, ed. H.N. Michael, Toronto, 1962, p. 169 ff.

[19] E.A. Thompson, *A History of Attila and the Huns*, Oxford, 1948; A.N. Bernshtam, *Ocherk istorii gunnov*, Leningrad, 1951; J. Werner, *Beiträge zur Archäologie des Attila-Reiches*, A(*Textteil*), B(*Tafelteil*), Munich, 1956; D. Csallány, *Archäologische Denkmäler der Awarenzeit in Mitteleuropa*, Budapest, 1956; F. Altheim, *Geschichte der Hunnen*, Berlin, I, II, 2nd ed., 1969; III, 2nd ed., 1975, IV, V, 1962; A. Kollautz and H. Miyakawa, *Geschichte und Kultur eines völkerwanderungszeitlichen Nomadenvolkes. Die Jou-Jan der Mongolei und die Awaren in Mitteleuropa*, I, II, Klagenfurt, 1970; O. Maenchen-Helfen, *The World of the Huns. Studies in Their History and Culture*, ed. M. Knight, Berkeley-Los Angeles-London, 1973; S. Szádeczky-Kardoss, "Avarica. Über die Awarengeschichte und ihre Quellen," *Acta Antiqua et Archaeologica*, Szeged, XXII, 1986; W. Pohl, *Die Awaren. Ein Steppenvolk in Mitteleuropa, 567- 822 n.Chr.*, Munich, 1988; 2nd ed., Munich, 2002; idem, *Die Völkerwanderung. Eroberung und Integration*, Stuttgart-Berlin-Cologne, 2002, p. 100 ff.; I. Bóna, *Das Hunnenreich*, Stuttgart, 1991; B. Anke, *Studien zur reiternomadischen Kultur des 4. bis 5. Jahrhunderts*, 1, Weissbach, 1998, p. 5 ff.; H.R. Roemer, W.-E. Scharlipp (*Philologiae et Historiae Turcicae Fundamenta*, I) eds., *History of the Turkic Peoples in the Pre-Islamic Period/Histoire des Peuples Turcs à l'Époque Pré-Islamique*, ed. H.R. Roemer, with the assistance of W.-E. Scharlipp (*Philologiae et Historiae Turcicae Fundamenta, I*), Berlin, 2000; I. Lebedynsky, *Les Nomades. Les peuples nomades de la steppe des origines aux invasions mongoles (IXe siècle av. J.-C.-XIIIe siècle apr. J.- C.)*, Paris, 2003, pp. 109-160; F. Daim, "Avars and Avar Archaeology. An Introduction," in *Regna and Gentes. The Relationship between Late Antique and Early Medieval Peoples and Kingdoms in the Transformation of the Roman World*, eds. H.-W. Goetz, J. Jarnut and W. Pohl,

Leiden- Boston, 2003, pp. 463-570; M. Kazanski, A. Mastykova, *Les peuples du Caucase du Nord. Le début de l'histoire (Ier-VIIe s. apr. J.-C.)*, Paris, 2003, p. 61 ff.

[20] Liu Mau-Tsai, *Die chinesischen Nachrichten zur Geschichte der Ost-Türken (T'u-kűe)*, I, *Texte*, Wiesbaden, 1958; L. Bazin, "Les peuples turcophones en Eurasie: un cas majeur d'expansion ethnolinguistique," *Hérodote. Revue de géographie et de géopolitique*, 42, 1986, 3, pp. 75-108; W.-E. Scharlipp, *Die frühen Türken in Zentralasien. Eine Einführung in ihre Geschichte und Kultur*, Darmstadt, 1992, p. 18 ff.; *The Turkic Peoples of the World*, ed. M. Bainbridge, London- New York, 1993; S.G. Kliashtornyĭ, D.G. Savinov, *Stepnye imperii Evrazii*, Sankt-Peterburg, 1994, p. 8 ff.; L.R. Kyzlasov, "Northern nomads," in *History of civilizations of Central Asia*, III, *The crossroads of civilizations: A.D. 250 to 750*, ed. B.A. Litvinsky, co-eds. Zhang Guang-da and R. Shabani Samghabadi, Paris, 1996, pp. 315-326; D. Sinor and S.G. Klyashtorny, "The Türk Empire," in *ibidem*, pp. 327-348; L. Jisl, "The Orkhon Türks and Problems of the Archaeology of the Second Eastern Türk Kaghanate," *Annals of the Náprstek Museum Praha*, 18, 1997, p. 5 ff.; J. Hamilton, "L'origine des Turcs," *Turcica*, 30, 1998, pp. 255-261; L. Bazin, P.B. Golden, "Turks," in *The Encyclopaedia of Islam*, NE, X, Leiden, 2000, pp. 686-693; I.P. Tagirov, *Istoriia natsional'noĭ gosudarstvennosti tatarskogo naroda i Tatarstana*, Kazan, 2000, pp. 12-46; *The Turks*, 1, *Early Ages, passim*; G. Clauson, *Studies in Turkic and Mongolic Linguistics*, 2nd ed., London-New York, 2002, p. 1 ff.

[21] A. Ayda, "Une théorie sur l'origine du mot «Türk»," *Belleten (Türk Tarih Kurumu)*, XL, 157-160, 1976, pp. 229-237; H.W. Haussig, "Überlegungen zum Namen der Türken," in *Turcica et orientalia. Studies in honour of Gunnar Jarring on his eightieth birthday 12 October 1987*, Stockholm, 1988, pp. 45-50; W.-E. Scharlipp, *op.cit.*, pp. 13-17; L. Jisl, *op.cit.*, pp. 4-5; T. Baykara, "Early Times of the Turks," in *The Turks*, 1, *Early Ages*, pp. 44-45.

[22] *Extrait* d'Abou-Obeid Al-Bécri, in Defrémery, *Fragments de géographes et d'historiens arabes et persans inédits relatifs aux anciens peuples du Caucase et de la Russie Méridionale, JA*, 4th Ser., XIII, 1849, 6, p. 466; *Orient. Ber.*, p. 221 (Aus dem *Kitāb al-masālik wa-l-mamālik* des Abū 'Ubayd 'Abdallah ibn 'Abd al- 'Azīz al-Bakrī al-Qurtubī). Cf. also G. Hazai, "Les manuscrits, conservés à Sofia, des remaniements médiévals de Marvazî et 'Aufî," *AOH*, VII, 1957, 2-3, pp. 160, 163.

[23] Leonis Diaconi Caloënsis *Historiae libri decem*, ed. C.B. Hase, Bonn, 1828, p. 157.
[24] *DAI*, pp. 56-57.
[25] Ioannis Skylitzae *Synopsis historiarum*, ed. I. Thurn, Berolini et Novi Eboraci,

1973, p. 455. Cf. also Georgii Cedreni *Compendium historiarum*, ed. Im. Bekker, II, Bonn, 1839, p. 582.

[26] Johannis Euchaitorum metropolitae *Quae in codice Vaticano graeco 676 supersunt*, J. Bollig descripsit, P. de Lagarde edidit, Gottingae, 1882, p. 144; *FHDR*, III, pp. 4-5.

[27] Matthieu d'Édesse, *Chronique*, ed. Éd. Dulaurier, Paris, 1858, p. 200; *Armenia and the Crusades. Tenth to Twelfth Centuries. The Chronicle of* Matthew of Edessa, trans. A.E. Dostourian, Lanham-New York-London, 1993, p. 155.

[28] Snorri Sturluson, *Heimskringla*, II, eds. B.S. Kristjánsdóttir, B. Halldórsson, J. Torfason, Ö. Thorsson, Reykjavik, 1991, p. 814. Cf. also Snorre Sturlasson, *Norges konungasagor*, trans. E. Olson, III, Lund, 1926, p. 427.

[29] *Saga Óláfs konungs hins helga. Den store saga om Olav den Heillige*, I, eds. O.A. Johnsen and J. Helgason, Oslo, 1941, p. 633.

[30] E. Lozovan, "Vikings et Valaques au Moyen Age," *Revue Internationale d'Onomastique*, 15, 1963, 2, pp. 112-114; V. Spinei, "Informaţii despre vlahi în izvoarele medievale nordice, II," *SCIV*, 24, 1973, 2, pp. 271-272; M.G. Larsson, *Väringer Nordbor hos kejsarem i Miklagård*, in idem, *Vikingar i Osterled*, Stockholm, 1999, p. 109; F. Pintescu, "Présences de l'élément viking dans l'espace de la romanité orientale en contexte méditerranéen," *Studia Antiqua et Archaeologica*, VIII, 2001, pp. 262-263.

[31] Anne Comnène, II, p. 96.

[32] *Ibidem*, pp. 107-108.

[33] Ioannis Cinnami *Epitome rerum ab Ioanne et Alexio Comnenis gestarum*, ed. A. Meineke, Bonn, 1836, p. 8; Nicetae Choniatae *Historia*, ed. Im. Bekker, Bonn, 1835, p. 21.

[34] Michel le Syrien, *Chronique*, III, ed. J.-B. Chabot, Paris, 1905, p. 207.

[35] Iordanis *Romana et Getica*, ed. Th. Mommsen, in *MGH*, *Auctorum antiquissimorum*, V, 1, Berolini, 1882, pp. 111-112 (*De origine actibusque Getarum*); Jordanès, *Histoire des Goths*, trans. O. Devillers, Paris, 1995, p. 81.

[36] D. Ludwig, *Struktur und Gesellschaft des Chazaren-Reiches im Licht der schriftlichen Quellen*, Münster (Westf.), 1982, p. 217.

[37] *Hudūd*, p. 101.

[38] *Ibidem*, p. 160.

[39] Aboulféda, *Géographie*, II, 1, ed. T.J. Reinaud, Paris, 1848, p. 293.

[40] *Ibidem*, pp. 292-293.

[41] Ottonis episcopi Frisingensis et Rahewini *Gesta Frederici seu rectius Cronica*, ed. F.-J. Schmale, Darmstadt, 1965, pp. 192-193.

[42] Ottonis episcopi Frisingensis *Chronica sive historia de duabus civitatibus*, trans. A.

Schmidt, ed. W. Lammers, Darmstadt, 1961, pp. 448-449.
[43] *Hudūd*, p. 160; Al-Bécri, p. 467; Sharaf al-Zamān Tāhir Marvazi, *On China, the Turks and India*, ed. V. Minorsky, London, 1942, p. 33; *Orient. Ber.*, pp. 215 (*Hudūd al-'Ālam*), 250 (*al-Marwazī, Tabā'i 'al-hayawān*, Kapitel IX).
[44] *DAI*, pp. 50-51.
[45] Anne Comnène, II, p. 121.
[46] *PVL*, I, p. 48; *Ip. let.*, col. 55.
[47] S.A. Pletnëva, "Pechenegi, torki i polovtsy v iuzhnorusskikh stepiakh," *MIA*, 62, Moscow-Lenin-grad, 1958, pp. 153-161; eadem, *Pechenegi i guzy na Nizhnem Donu (po materialam kochevnicheskogo mogil'nika u Sarkela-Beloĭ Vezhi)*, Moscow, 1990, *passim*; G.A. Fëdorov-Davydov, *Kochevniki Vostochnoĭ Evropy pod vlast'iu zolotoordynskikh khanov*, Moscow, 1966, p. 11 ff.; V. Spinei, *Realități etnice și politice în Moldova Meridională în secolele X-XIII. Români și turanici*, Iași, 1985, pp. 110-123; A.O. Dobroliubskiĭ, *Kochevniki Severo-Zapadnogo Prichernomor'ia v epokhu srednevekov'ia*, Kiev, 1986, *passim*; G.N. Garustovich, V.A. Ivanov, *Oguzy i pechenegi v evraziĭskikh stepiakh*, Ufa, 2001, p. 66 ff.
[48] M. Takács, *Die arpadenzeitlichen Tonkessel im Karpatenbecken*, Budapest, 1986; *Die Keramik der Saltovo-Majaki Kultur und ihrer Varianten*, ed. C. Bálint, Budapest, 1990.
[49] Benjamin of Tudela, *The Itinerary*, ed. M.N. Adler, London, 1907, p. 12; *The Travels of Rabbi Benjamin of Tudela, 1160-1173*, in *Contemporaries of Marco Polo*, ed. M. Komroff, London, p. 264.
[50] *DAI*, pp. 166-167.
[51] P. Martinez (ed.), *Gardizi's two chapters on the Turks*, in *AEMA*, II, 1982, p. 151.
[52] Michel Psellos, *Chronographie ou Histoire d'un siècle de Byzance*, ed. É. Renault, II, Paris, 1928, p. 127.
[53] *Hudūd*, p. 160; *Orient. Ber.*, p. 215 (*Hudūd al-'Ālam*).
[54] Joannis Zonarae Annales, II, in *Patrologiae cursus completus. Patrologiae Grecae*, ed. J.-P. Migne, CXXXV, Paris, 1887, col. 303-304; Choniates, p. 22.
[55] Skylitzes, p. 457; Kedrenos, II, p. 584. Cf. also Jean Skylitzès, *Empereurs de Constantinople*, trans. B. Flusin, ed. J.-C. Cheynet, Paris, 2003, p. 379.
[56] Anne Comnène, II, p. 103.
[57] *Hudūd*, pp. 101 and 160; *Orient. Ber.*, pp. 207, 215 (*Hudūd al-'Ālam*).
[58] *DAI*, pp. 166-169.
[59] J. Németh, "Die petschenegischen Stammesnamen," *Ungarische Jahrbücher*, X,

1930, pp. 27-34; K.H. Menges, "Etymological Notes on Some Päčänäg Names," *Byzantion*, XVII, 1944-1945, pp. 260-265; P.B. Golden, *An Introduction*, p. 266.

[60] A.N. Kurat, *Peçenek tarihi*, Istanbul, 1937, pp. 52-53; G. Györffy, "Sur la question de l'établissement des Petchénègues en Europe," *AOH*, XXV, 1972, 1-3, p. 289; P.B. Golden, *An Introduction*, p. 266; G. Vörös, *op. cit.*, pp. 623-626.

[61] J. Marquart, *Osteuropäische und ostasiatische Streifzüge*, Leipzig, 1903, p. 65.

[62] *DAI*, pp. 170-171.

[63] *Ibidem*, pp. 168-169.

[64] *Epistola Brunonis ad Henricum regem*, in *MPH*, I, ed. A. Bielowski, Lwow, 1864, p. 225.

[65] Michaelis Attaliotae *Historia*, ed. Im. Bekker, Bonn, 1853, p. 67.

[66] Choniates, p. 20.

[67] Skylitzes, pp. 455-456; Kedrenos, II, pp. 581-583; Zonaras, *Annales*, II, col. 223-226.

[68] Ioannis Cinnami *Epitome...*, p. 7; Choniates, p. 2.

[69] Skylitzes, pp. 455-457; Kedrenos, II, pp. 582-584; Zonaras *Annales*, II, col. 223-226.

[70] Anne Comnène, II, p. 121.

[71] *Ibidem*, p. 142.

[72] Psellos, II, p. 126.

[73] E. Tryjarski, "Les religions des Petchénègues," in *Traditions religieuses et parareligieuses des peuples altaïques*, Paris, 1972, pp. 139-148; idem, *Kultura ludów tureckich w świetle przekazu Mahmuda z Kaszgaru (XI w.)*, Warsaw, 1993, p. 263 ff.; O. Pritsak, "Pechenigi," p. 98.

[74] M. Eliade, I.P. Culianu, in collaboration with H.S. Wiesner, *Dicționar al religiilor*, trans. C. Baltag, Bucharest, 1993, p. 252.

[75] 关于萨满教的各种一般研究和专题研究，参见W. Radloff, *Aus Sibirien. Lose Blätter aus meinem Tagebuche*, II, 2nd ed., Leipzig, 1893, pp. 1-67; M. Eliade, *Le chamanisme et les techniques archaïques de l'extase*, Paris, 1951; A.E. Jensen, *Myth and Cult among Primitive People*, trans. T. Choldin and W. Weissleder, Chicago-London, 1963; *Religions-Ethnologie*, ed. C.A. Schmitz, Frankfurt a. M., 1964 (L. Vajda; D. Schröder); M. Hermanns, *Schamanen-Pseudoschamanen Erlöser und Heilbringer. Eine vergleichende Studie religiöser Urphänomene*, 1-3, Wiesbaden, 1970; S.A. Tokarev, *Religia în istoria popoarelor lumii*, trans. I. Vasilescu-Albu, Bucharest, 1974, pp. 196-206; D.O. Manning, "Shamanism as a Profession," in *The Realm of Extra-Human. Agents and Audience*, ed. A. Bharati, The Hague-Paris, 1976, pp. 73-94; S. Golowin, *Das Reich des Schamanen. Der eurasische Weg der Weisheit*, Basel, 1981; H. Findeisen, H. Gehrts, *Die Schamanen. Jagdhelfer und Ratgeber, Seelenfahrer,*

Künder und Heiler, Cologne, 1983; M. Waida, "Problems of Central Asian and Siberian Shamanism," *Numen*, XXX, 1983, 2, pp. 215-239; *Shamanism in Eurasia*, I, ed. M. Hoppál, Göttingen, 1984; M. Salzmann, "Les religions sibériennes," in *Mythes et croyances du monde entier*, IV, *Les mondes asiatiques*, co-ord. A. Akoun, Paris, 1985, p. 50 ff.; N.A. Alekseev, *Shamanismus der Türken Sibiriens. Versuch einer vergleichenden arealen Untersuchung*, trans. R. Schletzer, Hamburg, 1987; A.-L. Siikala, "Siberian and Inner Asian Shamanism," in *The Encyclopedia of Religion*, editor in chief M. Eliade, 13, New York-London, 1987, pp. 208-215; G. Weiss, *Elementarreligionen. Eine Einführung in die Religionsethnologie*, Vienna-New York, 1987, pp. 189-203; E.S. Novik, *Ritual und Folklore im sibirischen Schamanismus. Eine vergleichende Strukturanalyse*, Hamburg, 1989; J. Pandian, *Culture, Religion, and the Sacred Self. A Critical Introduction to the Anthropological Study of Religion*, Englewood Cliffs, New Jersey, 1991, pp. 93-110; R.N. Walsch, *Der Geist des Schamanismus*, Olten-Freiburg im Breisgau, 1992; V.N. Basilov, *Shamanstvo u narodov Srednei̇̆ Azii i Kazakhstana*, Moscow, 1992; M. Mercier, *Chamanisme et chamans*, Paris, 1977; I.M. Lewis, *Religion in context. Cults and charisma*, 2nd ed., Cambridge, 1996, pp. 105-121; C. Corradi Musi, *Shamanism from East to West*, Budapest, 1997; J.B. Townsend, "Shamanism," in *Anthropology of Religion. A Handbook*, ed. S. O. Glazier, Westport, Connecticut-London, 1997, pp. 429-469; G. Boileau, "Wu and Shaman," *Bulletin of the School of Oriental and African Studies. University of London*, 65, 2002, 2, pp. 350-378。

[76] Al-Bécri, pp. 467-468; *Orient. Ber.*, pp. 222-223 (al-Bakrī al-Qurtubī).
[77] *Nik. let.*, in *PSRL*, IX, p. 57.
[78] *Ibidem*, p. 64.
[79] Skylitzes, p. 457; Kedrenos, II, pp. 583-584.
[80] *PVL*, I, p. 80; *Ip. let.*, col. 102.
[81] *Letopis' po Tipografskomu spisku*, in *PSRL*, XXIV, Petrograd, 1921, p. 159; *Letopis' po Uvarovskomu spisku*, in *PSRL*, XXV, Moscow-Leningrad, 1949, p. 221.
[82] Skylitzes, p. 459; Kedrenos, II, p. 587.
[83] *FHDR*, III, pp. 160-161 (Nikolaos Kataskepenos).
[84] Ioannis Cinnami *Epitome...*, p. 8.
[85] *Epistola Brunnonis...*, pp. 223-228.
[86] P. Magistri qui Anonymus dicitur, *Gesta Hungarorum*, ed. A. Jakubovich, D. Pais, in *SRH*, I, pp. 116-117.
[87] Ademari *Historiarum libri* III, ed. G. Waitz, in *MGH*, *SS*, IV, ed. G.H. Pertz, Hannoverae, 1841, pp. 129-130; Ademari Cabannensis *Chronicon*, ed. P. Bougain

(Corpus Christianorum, Continuatio Mediaeualis, CXXIX, Ademari Cabannensis *Opera omnia*, I), Turnhout, 1999, pp. 152-153.

[88] Brunonis *Vita S. Adalberti*, in *MGH*, *SS*, IV, pp. 596-612; *Miracula Sancti Adalberti martiris*, in *ibidem*, pp. 513-616; *Annales S. Crucis*, ed. A. Rutkowska-Płachcińska, in *MPH*, NS, XII, Cracoviae, 1996, p. 8; *Secuntur gesta cronicalia que in Polonia contingebant compendiose conscripta*, in *ibidem*, p. 103; Ioannis Dlugossii *Annales seu cronicae incliti regni Poloniae*, [I,] ed. I. Dabrowski, Warsaw, 1964, pp. 215-218. Cf. also: R. Hennig, *Terrae incognitae. Eine Zusammenstellung und kritische Bewertung der wichtigsten vorcolumbischen Entdeckungsreisen an Hand der darüber vorliegenden Originalberichte*, 2nd ed., II, *200-1200* n. Chr., Leiden, 1950, pp. 302-310; Z. Świechowski, "Adalbert von Prag – Bischof, Mönch, Missionar und Märtyren an der Jahrhundertwende," in H.H. Henrix (ed.), *Adalbert von Prag – Brückenbauer zwischen dem Osten und Westen Europas*, Baden-Baden, 1997, pp. 49-58; T. Zebrowski, "Der Missionsweg des Heiligen Adalbert zu den Prussen durch das nördliche Mazowien," in *ibidem*, pp. 193-196.

[89] G. Györffy, *König Stephan der Heilige*, Budapest, 1988, p. 64; G. Pon and R. Landes, *Notes critiques*, in Ademari Cabannensis *Chronicon*, pp. 280-281.

[90] Thietmar von Merseburg, *Chronik*, ed. W. Trillmich, Darmstadt, 1962, pp. 344-345. cf. also D.H.G. Voigt, *Brun von Querfurt. Mönch, Eremit, Erzbischof der Heiden und Märtyrer*, Stuttgart 1907, pp. 126-136; I. Wood, *The Missionary Life. Saints and the Evangelisation of Europe, 400-1050*, Harlow, 2001, pp. 232-233.

[91] Psellos, II, p. 126.

[92] L. Jisl, *op. cit.*, pp. 53-56.

[93] P. Peliot, *Notes sur l'histoire de la Horde d'Or*, Paris, 1949, p. 226, footnote 1; P.B. Golden, *An Introduction*, p. 264; idem, "Pečenegs," p. 289.

[94] O. Pritsak, "The Pečenegs," p. 9.

[95] Ibn Dasta [Ibn Rusta], *Izvestiia o khazarakh, burtasakh, mad'iarakh, slavianakh i russakh*, ed. D.A. Khvolson, S.-Peterburg, 1869, p. 18; Ibn Rusteh, *Les Atours précieux*, trans. G. Wieh, Cairo, 1955, p. 157; Al-Bécri, p. 471; P. Martinez (ed.), *Gardizi...*, p. 155; Marvazi, p. 33; *Orient. Ber.*, pp. 56 (Beschreibung der Nordvölker nach dem *Kitāb al-a'lāq an-nafīsa* des Abū 'Alī Ahmad ibn 'Umar ibn Rusta), 169 (Übersetzung von Gardīzī's Abhandlung über die Türkenstämme), 221 (al-Bakrī al-Qurtubī), 251 (al-Marwazī).

[96] Ibn Dasta [Ibn Rusta], p. 18; Ibn Rusteh, p. 157; *Orient. Ber.*, p. 54 (ibn Rusta). Cf. also P. Martinez (ed.), *Gardizi...*, p. 154; *Orient. Ber.*, p. 167 (Gardīzī).

[97] *Hudūd*, p. 160; *Orient. Ber.*, p. 215 (*Hudūd al-'Ālam*).

[98] V. Minorsky, *Commentary on the translation on the Hudūd al-'Ālam*, in *Hudud*, p. 443; B.Z. Takács, "Khazars, Pechenegs and Hungarians in the Ninth Century," in *The Turks*, 1, *Early Ages*, p. 526.

[99] Ibn Dasta [Ibn Rusta], p. 15; Ibn Rusteh, p. 156; P. Martinez (ed.), *Gardizi...*, p. 152; Marvazi, p. 33; *Orient. Ber.*, pp. 54 (ibn Rusta), 166 (Gardīzī), 250 (al-Marwazī).

[100] Ibn Rusteh, p. 158; P. Martinez (ed.), *Gardizi...*, p. 155; Marvazi, p. 33; *Orient. Ber.*, pp. 56 (ibn Rusta), 169 (Gardīzī), 251 (al-Marwazī).

[101] Ibn Rusteh, pp. 157-158; P. Martinez (ed.), *Gardizi...*, p. 155; Marvazi, p. 33; *Orient. Ber.*, pp. 55 (ibn Rusta), 168 (Gardīzī), 251 (al-Marwazī).

[102] P. Martinez (ed.), *Gardizi...*, p. 151; *Orient. Ber.*, pp. 164-165 (Gardīzī).

[103] *DAI*, pp. 166-168.

[104] *Ibidem*, pp. 168-169.

[105] *Ibidem*.

[106] E.V. Shnaidshtein, "Pechenezhskie pamiatniki Nizhnego Povolzh'ia," in *Problemy arkheologii i etnografii*, III, *Istoricheskaia etnografiia*, Leningrad, 1985, pp. 79-85; S.A. Pletnëva, *Kochevniki iuzhnorusskikh stepeĭ v épokhu srednevekov'ia IV-XII veka. Uchebnoe posobie*, Voronezh, 2003, pp. 128-131.

[107] Anonymus, p. 66.

[108] *Ibidem*, pp. 49-50.

[109] N.G. Kisléghi, "Arankavidéki halmok (Torontál m.)," *Archaeológiai Értesítő*, XXVII, 1907, 2, p. 275 and pl. II, 4-27; A. Bejan, M. Mare, "Dudeştii Vechi-Pusta Bucova. Necropolă şi morminte de înhumaţie din secolele VI-XII (I)," *Analele Banatului*, SN, *Arheologie-istorie*, V, 1997, pp. 139-158.

[110] *PVL*, I, p. 20; *Ip. let.*, col. 16-17.

[111] B.D. Grekov, *Kievskaia Rus'*, Moscow-Leningrad, 1939; G. Vernadsky, *A History of Russia*, I, *Ancient Russia*, 7th ed., New Haven-London, 1969, p. 261 ff.; II, *Kievan Russia*, 5th ed., 1966; H. Paszkiewicz, *The Origin of Russia*, New York, 1969; O. Pritsak, *The Origin of Rus'*, I, *Old Scandinavian Sources Other than the Sagas*, Cambridge, Mass., 1981; E. Patzelt, H. Patzelt, *Schiffe machen Geschichte. Beiträge zur Kulturentwicklung im vorchristlichen Schweden*, Vienna-Cologne-Graz, 1981, p. 315 ff.; S. Franklin and J. Shepard, *The Emergence of Rus, 750-1200*, London-New York, 1996; A.A. Preobrazhenskiĭ, V.B. Perkhavko, *Kupechestvo Rusi IX-XVII veka*, Ekaterinburg, 1997, p. 7 ff.; O. Tolochko, "Kievan Rus' around the year 1000," in *Europe around the year 1000*, ed. P. Urbańczyk, Warsaw, 2001, p. 123 ff.

[112] *PVL*, I, p. 31; *Die Nestorchronik: Die altrussische Chronik, zugeschrieben dem Mönch des Kiever Höhlenklosters Nestor, in der Redaktion des Abtes Sil'vestr aus dem Jahre 1116, rekonstruiert nach den Handschriften Lavrent'evskaja, Radzivilovskaja Akademičeskaja, Troickaja, Ipat'evskaja und Chlebnikovskaja*, trans. L. Müller, Munich, 2001, p. 48. Cf. also *Ip. let.*, col. 32.

[113] Nicholas I, Patriarch of Constantinople, *Letters*, ed. R.J.H. Jenkins and L.G. Westerink, Washington, D.C., 1973, pp. 61-63.

[114] F. Dölger, *Regesten der Kaisezurkunden des Oströmischen Reiches von 565-1453*, 1, *Regesten von 565-1025*, Munich-Berlin, 1925, p. 69.

[115] E.N. Cherepanova, A.A.Shchepinskiĭ, "Pogrebeniia pozdnikh kochevnikov v stepnom Krymu," in *Arkheologicheskie issledovaniia srednevekovogo Kryma*, gen. ed. O.I. Dombrovskiĭ, Kiev, 1968, p. 181 ff.

[116] S.A. Pletnëva, "Kochevniki v Tamatarkhe," *Rosiĭskaia arkheologiia*, 2001, 2, pp. 97-107.

[117] Theophanes Continuatus, *Chronographia*, in Theophanes Continuatus, Ioannes Cameniata, Symeon Magister, Georgius Monachus, ed. Im. Bekker, Bonn, 1838, pp. 387, 389-390; Symeonis Magistri *Annales*, in *ibidem*, pp. 722, 724; Georgii Monachi *Vitae imperatorum recentiorum*, in *ibidem*, pp. 879, 882; Leonis Grammatici *Chronographia*, ed. Im. Bekker, Bonn, 1842, pp. 293, 296; Skylitzes, pp. 201-205; Kedrenos, II, pp. 286-288; Zonaras, *Annales*, II, col. 85-88; *PVL*, I, pp. 31-32; *Ip. let.*, col. 32.

[118] *PVL*, I, p. 32; *Ip. let.*, col. 32.

[119] Maçoudi, *Les Prairies d'or*, eds. C. Barbier de Meynard and P. de Courteille, II, Paris, 1863, pp. 58-64; idem, *Le livre de l'avertissement et de la révision*, ed. B. Carra de Vaux, Paris, 1896, pp. 244-245.

[120] *DAI*, pp. 56-57.

[121] *PVL*, I, p. 34; *Ip. let.*, col. 34.

[122] *PVL*, I, p. 34; *Ip. let.*, col. 34-35.

[123] *PVL*, pp. 33-34; *Ip. let.*, col. 33-34.

[124] *DAI*, pp. 52-53, 152-153.

[125] *Ibidem*, pp.168-169,182-183.

[126] *Suidae Lexicon*, ed. A. Adler, II, Lipsiae, 1931, p. 2.

[127] Ioannis Zonarae *Lexicon*, ed. I.A. Tittmann, I, Lipsiae, 1808, p. 464.

[128] *Skazaniia evreĭskikh pisateleĭ o khazarakh i khazarskom tsarstve*, ed. A. Ia. Garkavi, S.-Peterburg, 1874, p. 39.

[129] Liudprand von Cremona, *Buch der Vergeltung*/Liudprandi *antapodosis*, in *Quellen zur Geschichte der Sächsischen Keizerzeit*, eds. A. Bauer and R. Rau, Darmstadt, 1971, pp. 258-259.

[130] *Pramene z dejinám Vel'kei Moravy*, ed. P. Ratkoš, Bratislava, 1964, p. 340; D. Mishin, "Ibrahim Ibn-Ya'qub At-Turtushi's Account of the Slavs from the Middle of the Tenth Century," *Annual of Medieval Studies at the CEU 1994-1995*, Budapest, 1996, p. 189.

[131] P. Chalmeta, "La Méditerranée occidentale et al-Andalus de 934 à 941: les données d'Ibn Hayyân," *Rivista degli studi orientali*, L, 1976, 1-2, p. 343; U. Schamiloglu, "The Name of the Pechenegs...," p. 215 ff.

[132] D.Gh. Teodor, "Descoperirile arheologice de la Şendreni-Galaţi," *Danubius*,I, 1967, pp. 129-135.

[133] G. B. Fedorov, "Naselenie Iugo-Zapada SSSR v I – nachale II tysiacheletiia nasheĭ ery," *Sovetskaia etnografiia*, 1961, 5, p. 106; V.V. Sedov, *Vostochnye slaviane v VI-XIII vv.* (Arkheologiia SSSR), Moscow, 1982, p. 128.

[134] I. G. Hîncu [Hâncu], *Vestigii strămoşeşti*, Chişinău, 1990, p. 18 ff.; idem, "Triburile tiverţilor şi ulicilor în spaţiul carpato-nistrian," in *Spaţiul nord-est-carpatic în mileniul întunecat*, coord. V. Spinei, Iaşi, 1997, pp. 128-130; idem, *Cultura băştinaşilor din spaţiul pruto-nistrean în evul mediu timpuriu*, Chişinău, 2002, p. 115.

[135] G.F. Cebotarenko, *Kalfa-gorodishche VIII-X vv. na Dnestre*, Kishinev, 1973.

[136] *DAI*, pp. 48-51.

[137] *Ibidem*, pp. 64-65.

[138] *Ibidem*, pp. 48-49.

[139] *Ibidem*.

[140] *Ibidem*, pp. 62-63.

[141] *PVL*, I, p. 37; *Ip. let.*, col. 39.

[142] *PVL*, I, p. 47; *Ip. let.*, col. 53.

[143] A.Iu. Iakubovskiĭ, "O russko-khazarskikh i russko-kavkazskikh otnosheniiakh v IX-X vv.," *Izvestiia Akademii Nauk SSSR, Seriia istorii i filosofii*, III, 5, 1946, pp. 470-472; D.M. Dunlop, *The History of the Jewish Khazars*, New York, 1967, p. 222 ff.; A.N. Sakharov, *Diplomatiia Sviatoslava*, 2nd ed., Moscow, 1991, pp. 91-97; V.Ya. Petrukhin, "The Decline and Legacy of Khazaria," in *Europe around the year 1000*, pp. 114-115.

[144] M.I. Artamonov, "Sarkel - Belaia Vezha," *MIA*, 62, Moscow-Leningrad, 1958, pp. 56-65; S.S. Sorokin, "Zheleznye izdeliia Sarkela - Beloĭ Vezhi," *MIA*, 75, Moscow-

Leningrad, 1959, pp. 135-136, 152-199.

［145］ S.A. Pletnëva, "Kochevnicheskiĭ mogil'nik bliz Sarkela-Beloĭ Vezhi," *MIA*, 109, Moscow-Lenin- grad, 1963, pp. 216-259; eadem, *Pechenegi i guzy...*, *passim*.

［146］ Ibn Hauqal, *Configuration de la Terre (Kitab surat al-ard)*, I, eds. J.H. Kramers and G. Wiet, Beyrouth-Paris, 1964, p. 15.

［147］ Ch. Diehl, *Figures byzantines*, II, 4th ed., Paris,1909 (reprinted Hildesheim,1965), p. 52.

［148］ Anne Comnène, III, 1945, p. 180.

［149］ Skylitzes, pp. 288-290; Kedrenos, II, pp. 384-386; Zonaras, *Annales*, II, col. 135-136.

［150］ *PVL*, I, pp. 47-48; *Novgorodskaia pervaia letopis' starshego i mladshego izvodov*, ed. A.N. Nasonov, Moscow-Leningrad, 1950, pp. 118-119; *Ip. let.*, col. 53-55.

［151］ *PVL*, I, pp. 52-53; *Ip. let.*, col. 61-62.

［152］ Leonis Diaconi Caloënsis *Historiae...*, p. 157.

［153］ *PVL*, I, p. 83; *Ip. let.*, col. 106. Cf. also Iu. Iu. Morgunov, "O pogranichnom stroitel'stve Vladimira Sviatoslavicha na Pereiaslavskom Levoberezh'e," *Rossiĭskaia arkheologiia*, 1999, 3, pp. 69-78.

［154］ *PVL*, I, p. 83; *Ip. let.*, col. 106.

［155］ *PVL*, I, pp. 84-85; *Ip. let.*, col. 106-108.

［156］ *PVL*, I, p. 85; *Ip. let.*, col. 109.

［157］ *PVL*, I, pp. 87-88; *Ip. let.*, col. 112-114.

［158］ *PVL*, I, p. 87; *Ip. let.*, col. 112.

［159］ *PVL*, I, pp. 89-90; *Ip. let.*, col. 115 and 118; *S'kazanie i strast' i pokhvala sviatuiu mucheniku Borisa i Glieba*, in *Die altrussischen hagiographischen Erzählungen und liturgischen Dichtungen über die heiligen Boris und Gleb*, ed. L. Müller, Munich, 1967, p. 28; *Tale and Passion and Encomium of the Holy Martyrs Boris and Gleb*, in *The Hagiography of Kievan Rus'*, trans. P. Hollingsworth, Harvard, 1992, p. 99.

［160］ *Nik. let.*, in *PSRL*, IX, p. 39. 根据这部俄国编年史，这发生在佩切涅格人被 Iaropolk 击败并被迫进贡之前的一年。虽然这则消息引起了人们的怀疑。

［161］ *PVL*, I, p. 55; *Ip. let.*, col. 66.

［162］ Thietmar von Merseburg, pp. 340-341.

［163］ *Ibidem*, pp. 474-475.

［164］ *Ibidem*.

［165］ Leonti Mroveli, *History of the Kings of K'art'li*, in *Rewriting Caucasian History. The Medieval Armenian Adaptation of the Georgian Chronicles*, ed. R.W. Thomson, Oxford, 1996, p. 54; Ĵuanšer, *History of King Vaxt'ang Gorgasali*, in *ibidem*, pp. 171-172. Cf. also M. Istvánovits, "Georgian data bearing on the Pechenegs," *AOH*, XVI,

1965, pp. 320-321.
[166] Étienne Asolik de Tarôn, *Histoire universelle*, II, ed. F. Macler, Paris, 1917, p. 26.
[167] *Ibidem*, pp.134-135.
[168] A. Alemany, "Historical Contacts between Alanic and Turkish Peoples in the West Eurasian Steppes," in *The Turks*, 1, *Early Ages*, p. 550.
[169] *Olafs saga hins helga, in Flateyjarbok. En samling af norske konge-sagaer*, II, Christiania, 1862, p. 126 (*Eymundar pattr Hringssonar*); *Wikings in Russia. Yngvar's Saga and Eymund's Saga*, trans. H. Palsson and P. Edwards, Edinburgh, 1989, pp. 79-80; M.G. Larsson, "Rusernas rike. Nordborna och Rysslands födelse," in idem, *Vikingar i Osterled*, Stockholm, 1999, p. 154. Cf. also R. Cook, "Russian History, Icelandic Story, and Byzantine Strategy in Eymundar páttr Hringssonar," *Viator*, 17, 1986, p. 65 ff.
[170] *PVL*, I, p. 97; *Ip. let.*, col. 131-132.
[171] *PVL*, I, p.101; *Ip.let.*,col. 137.
[172] *PVL*, I, p.101; *Ip.let.*, col.137.
[173] PVL, I, pp.101-102; *Ip.let.*, col.138-139.
[174] Anonymus, pp. 113-114.
[175] *Ibidem*, pp. 116-117.
[176] *Legenda S.Stephani regis maior et minor, atque legenda ab Hartvico episcopo conscripta*, ed. E. Bartoniek, in *SRH*, II, pp. 398, 425-426.
[177] H. Göckenjan, *Hilfsvölker und Grenzwächter im mittelalterlichen Ungarn*, Wiesbaden,1972, p. 97 ff.; A. Pálóczi Horváth, *Petschenegen, Kumanen, Jassen. Steppenvölker im mittelalterlichen Ungarn*, Budapest, 1989, p. 27 ff.
[178] G. Hatházi, "A besenyő megtelepedés régészeti nyomai Fejér megyében," *Savaria*, 22/3, 1992- 1995, *Pars archaeologica*, pp. 223-248.
[179] *Chronici Hungarici compositio saeculi XIV*, ed. A. Domanovszky, in *SRH*, I, pp. 348-349; *Cronica pictată de la Viena/Chronicon Pictum Vindobonense (IIR, XI)*, 1937, pp. 48, 167; Johannes de Thurocz, *Chronica Hungarorum*, I, *Textus*, eds. E. Galántai and J. Kristó, Budapest, 1985, p. 91.
[180] *Chronici Hungarici...*, pp. 395-396; *Cronica pictată de la Viena*, pp. 68-69 and 189-190. Cf. also *Chronicon Monacense*, ed. A. Domanovszky, in *SRH*, II, p. 77; Johannes de Thurocz, p. 110.
[181] *Chronici Hungarici...*, p. 436; *Cronica pictată de la Viena*, pp. 84, 206; Johannes de Thurocz, p. 125.
[182] *Chronici Hungarici...*, p. 456; *Cronica pictată de la Viena*, pp. 91, 214; Johannes de

Thurocz, p. 132.

[183] *Székely oklevéltár*, ed. S.Barabás, Budapest, 1934, pp. 4-5; *DRH*, D, I, eds. Şt. Pascu, C. Cihodaru, K.G. Gündisch, D. Mioc, V. Pervain, 1977, no. 11.

[184] E. Hurmuzaki, *Documente privitoare la istoria românilor*, I, ed. N. Densuşianu, Bucharest, 1887, p. 84. 关于这片区域的位置，参见 O. Mittelstrass, *Beiträge zur Siedlungsgeschichte Siebenbürgens im Mittelalter*, Munich, 1961, p. 59; A. Lukács, *Ţara Făgăraşului în evul mediu (secolele XIII-XIV)*, Bucharest, 1999, pp. 17, 157-158; D.N. Busuioc-von Hasselbach, *Ţara Făgăraşului în secolul al XIII-lea. Mănăstirea cisterciană Cârţa*, I, Cluj-Napoca, 2000, pp. 79, 176, 253-259, 268-274, 326-328; II, 2000, p. 30; G. Hochstrasser, "Zur Lokalisierung des Wlachenund Bissenenwaldes," *Zeitschrift für Siebenbürgische Landeskunde*, 26, 2003, 1, pp. 68-69。十六世纪在波兰王国东南部的一份文件中提到 "forest of the Pechenegs" (*Silva Pieczyngarum*)。Cf. M. Parczewski, *Poczatki ksztaltowania sie polsko ruskiej rubiezy etnicznej w Karpatach*, Cracow, 1991, p. 42.

[185] *DRH*, C, XIII, eds. I. Dani, K. Gündisch, V. Pervain, A. Răduţiu, A. Rusu, S. Andea, 1994, no. 410.

[186] *Legenda S. Stephani...*, pp. 389, 397, 423; *Chronicon* Henrici de Mügeln *germanice conscriptum*, ed. E. Travnik, in *SRH*, II, pp. 109-111.

[187] *Vita Theoderici abbatis Andaginensis*, ed. W. Wattenbach, in *MGH*, *SS*, XII, Hannoverae, 1856, p. 44.

[188] Simonis de Keza *Gesta Hungarorum*, ed. A. Domanovszky, in *SRH*, I, p. 182; *Annales Posonienses*, ed. E. Madzsar, in *ibidem*, p. 126. Cf. also Andreae Danduli *Chronica per extensum descripta aa. 46-1280 d.C.*, ed. E. Pastorello, in *RIS*, NE, XII, 1, Bologna, 1938, p. 215.

[189] *Chronicon Posoniense*, ed. A. Domanovszky, in *SRH*, II, pp. 38-39; *Chronicon Monacense*, p. 75; *Chronici Hungarici...*, pp. 366-368; *Cronica pictată de la Viena*, pp. 55-57 and 175-177; *Chronicon Dubnicense*, in *Historiae Hungaricae fontes domestici, Scriptores*, III, ed. M. Florianus, Quinque-Ecclesiis, 1884, pp. 75-76; Johannes de Thurocz, pp. 98-99; *Chronicon Budense*, ed. I. Podhradczky, Budae, 1838, pp. 127-129.

[190] *Russkiĭ khronograf*, 2, *Khronograf Zapadno-Russkoĭ redaktsii*, in *PSRL*, XXII, 2, Petrograd, 1914, p. 211.

[191] H. Göckenjan, *Hilfsvölker...*, pp. 97 and 187, footnote 90; I. Bóna, in *Kurze Geschichte Siebenbürgens*, gen. ed. B. Köpeczi, Budapest, 1990, p. 146; G. Kristó, *Die Arpadendynastie. Die Geschichte Ungarn von 895 bis 1301*, Budapest, 1993,

pp. 94-95. *Istoria României*, II, Bucharest, 1962, p. 68 (Şt. Pascu), 提出一种折中的观点, 该书声称: 1068年的远征是由Osul领导的, 由佩切涅格人和库蛮联合采取的行动。

[192] It has been assumed that this name could derive from the Greek *Kyrie eléeson* (Κύριε ελέησον). Cf. P.Ş. Năsturel, *Un vestige cyrillo-méthodien dans la toponymie de la Transylvanie en 1068*, in Εόρτιος τόμος Κυρίλλου καὶ Μετοδιου |πὶ τῇ 1100 |τηρῖδι, II, Thessaloniki, 1968, pp. 213-216.

[193] Cf. footnotes 189 and 190.

[194] *Chronici Hungarici...*, pp. 369-371; *Cronica pictată de la Viena*, pp. 57-58 and 177-178; *Chronicon Posoniense*, p. 39; *Chronicon Monacense*, pp. 75-76; Henric de Mügeln, pp. 178-179; *Chronicon Budense*, pp. 133-135; Johannes de Thurocz, pp. 100-101.

[195] Skylitzes, pp. 373, 385, 397, 399; Kedrenos, II, pp. 483, 499, 512, 514-515; Michaelis Glycae *Annales*, ed. Im. Bekker, Bonn, 1836, p. 584.

[196] B.D. Borisov, "Settlements of Northeast Thrace: 11-12 Centuries," *Archaeologia Bulgarica*, V, 2001, 2, p. 89.

[197] Skylitzes, p. 457; Kedrenos, II, p. 584.

[198] Skylitzes, p. 455 ff.; Kedrenos, II, p. 581 ff.; Zonaras, *Annales*, II, col. 223 ff.; *FHDR*, III, p. 2 ff. (Ioan Mauropus); *Sovety i rasskazy* Kekavmena/Cecaumeni *Consilia et narrationes*, ed. G.G. Litavrin, Moscow, 1972, pp. 150-153, 162-167. Cf. also P. Diaconu, *Les Petchénègues au Bas-Danube*, Bucharest, 1970, p. 39 ff.; A.P. Kazhdan, "Ioann Mavropod, pechenegi i russkie v seredine XI v.," *Zbornik radova Vizantološkog instituta*, VIII, 1963, 1, pp. 177-184; I. Barnea, Şt. Ştefănescu, *Din istoria Dobrogei*, III, *Bizantini, români şi bulgari la Dunărea de Jos*, Bucharest, 1971, p. 126 ff. (I. Barnea); J. Shepard, "John Mauropous, Leo Tornicius and an Alleged Russian Army: The Chronology of the Pecheneg Crisis of 1048-1049," *JOB*, 24, 1975, pp. 61-89; J. Lefort, "Rhétorique et politique: Trois discours de Jean Mauropous en 1047," *Travaux et mémoires*, 6, 1976, pp. 265-303; J.V.A. Fine, Jr., *The Early Medieval Balkans. A Critical Survey from the Sixth to the Late Twelfth Century*, Ann Arbor, 1991, pp. 208-211; E. Malamut, "L'image byzantine des Petchénègues," *BZ*, 88, 1995, 1, p. 118 ff.; W. Treadgold, *A History of the Byzantine State and Society*, Stanford, 1997, pp. 593-595; P. Stephenson, *Byzantium's Balkan Frontier. A Political Study of the Northern Balkans, 900-1204*, Cambridge, 2000, p. 89 ff.; Gh. Mănucu-Adameşteanu, *Istoria Dobrogei în perioada 969-1204. Contribuţii arheologice şi numismatice*, Bucharest, 2001, p. 115 ff.

[199] P. Diaconu, *Les Petchénègues...*, p. 57, footnote 161.

［200］ Skylitzes, p. 458; Kedrenos, II, p. 585.
［201］ Skylitzes, p. 458. Cf. also Kedrenos, II, p. 585.
［202］ *Sovety i rasskazy* Kekavmena, pp. 150-153.
［203］ Skylitzes, p. 458; Kedrenos, II, p. 585.
［204］ Johannis Euchaitorum metropolitae *Quae in codice...*, p. 145; Skylitzes, p. 458; Kedrenos, II, p. 585; Zonaras, *Annales*, II, col. 225-226.
［205］ Skylitzes, pp. 458-459; Kedrenos, II, pp. 486-487.
［206］ I. Jordanov, "Sceau d'archonte de Πατξινακία du XIe siècle," *Études balkaniques*, XXVIII, 1992, 2, pp. 79-82.
［207］ W. Seibt, M.L. Zarnitz, *Das byzantinische Bleisiegel als Kunstwerk. Katalog zur Ausstellung*, Vienna, 1997, pp. 131-132; I. Ĭordanov, "Pechati na Ĭoan Kegen, magistur i arkhont na Pechenegiia (1050-1051)," *Numizmatika i sfragistika*, V, 1998, 1, pp. 96-101.
［208］ G. Atanasov, I. Ĭordanov, *Srednovekovniiat Vetren na Dunav*, Shumen, 1994, pp. 41, 63 and pl. XIII, 118.
［209］ Ph. Grierson, *Catalogue of the Byzantine Coins in the Dumbarton Oaks Collection and in the Whittemore Collection*, III, *Leo III to Nicephorus III, 717-1081*, 2, *Basil I to Nicephorus III (867-1081)*, Washington, D.C., 1973, pp. 733-737; D.M. Metcalf, *Coinage in South-Eastern Europe, 820-1396*, London, 1979, p. 69; G.Gh. Custurea, *Circulaţia monedei bizantine în Dobrogea (secolele IX-XI)*, Constanţa, 2000, pp. 117-127.
［210］ Gh. Mănucu-Adameşteanu, *op.cit.*, p.117 ff.
［211］ *Ibidem*, pp. 44, 119-122.
［212］ Skylitzes, p. 459; Kedrenos, II, p. 587. Cf. also Zonaras, *Annales*, II, col. 225-226.
［213］ Skylitzes, pp. 460-461; Kedrenos, II, pp. 587-590; Zonaras, *Annales*, II, col. 225-226.
［214］ G. Ostrogorsky, *Geschichte des Byzantinischen Staates*, 3rd ed., Munich, 1963, pp. 274-276; W. Treadgold, *Byzantium and Its Army, 284-1081*, Stanford, 1995, pp. 39-41; N. Bănescu, *Istoria Imperiului Bizantin, II, [Imperiul Bizantin clasic] (610-1081)*, ed. T. Teoteoi, Bucharest, 2003, p. 589 ff.
［215］ Johannes Euchaitorum metropolae *Quae in codice...*, p. 192; *FHDR*, III, pp. 10-11 (Ioan Mauropus).
［216］ Skylitzes, pp. 467-468; Kedrenos, II, pp. 297-298.
［217］ Skylitzes, p. 472; Kedrenos, II, pp. 602-603.
［218］ 关于有关地名的看法，参见 P. Diaconu, *Les Petchénègues...*, pp. 66-69。
［219］ Skylitzes, pp. 466-467; Kedrenos, II, pp. 596-598.

[220] *Sovety i rasskazy* Kekavmena, pp. 162-163. Cf. also the editor's well grounded comments at pp. 395-400 (G.G. Litavrin).
[221] W. Seibt. "Probleme der historischen Geographie Bulgariens im späteren 10. und 11. Jahrhundertein sigillographischer Beitrag," *Acta Musei Varnaensis*, II, *Numismatic and Sphragistic Contributions to History of the Western Black Sea Coast*, 2004, pp. 253-255 and fig. 1.
[222] Attaliates, pp. 36-43. Cf. also Skylitzes, pp. 475-476; Kedrenos, II, pp. 607-608.
[223] Attaliates, p. 43; Skylitzes, p. 476; Kedrenos, II, p. 608.
[224] Psellos, II, pp. 124-126; Attaliates, pp. 66-67; *Excerpta ex breviario historico Ioannis Scylitzae Curopalatae* (Skylitzes Continuatus), in Kedrenos, II, pp. 645-646; Anne Comnène, I, 1937, pp. 127-129; Matthieu d'Édesse, pp. 105-106; Michel le Syrien, III, p. 165.
[225] E. Oberländer-Târnoveanu, "La monnaie dans l'espace rural byzantin des Balkans orientaux–unessai de synthèse au commencement du XXIe siècle," *Peuce*, SN, I (XIV), 2003, pp. 357-359, 384-393, 410.
[226] Matthieu d'Édesse, p.169.
[227] *Chronici Hungarici...*, pp. 369-371; *Cronica pictată de la Viena*, pp. 57-58, 177-178; *Chronicon Posoniense*, p. 39; *Chronicon Monacense*, pp. 75-76; Henric de Mügeln, pp. 178-179.
[228] Skylitzes, p. 465. Cf. also Jean Skylitzès, *Empereurs de Constantinople*, trans. B. Flusin, ed. J.-C. Cheynet, Paris, 2003, p. 385.
[229] W. Seibt, "Probleme...," pp. 258-259 and fig. 6.
[230] H. Glykatzi-Ahrweiler, "Recherches sur l'administration de l'Empire byzantin aux IXe-XIe siècles," *Bulletin de correspondance hellénique*, LXXXIV, 1960, pp. 32-36.
[231] Attaliates, p. 205.
[232] *Ibidem*, pp. 202-204. Cf. also G.I. Brătianu, *Études byzantines d'histoire économique et sociale*, Paris, 1938, p. 141 ff.; P. Stephenson, *op. cit.*, pp. 98-100.
[233] Attaliates, p. 205; Skylitzes Continuatus, p. 719; Zonaras, *Annales*, II, col. 281-282.
[234] Attaliates, pp. 205-209. Cf. also Nicephori Bryennii *Commentarii*, ed. A. Meineke, Bonn, 1836, p. 100; Skylitzes Continuatus, pp. 719-720; Zonaras, *Annales*, II, col. 281-282.
[235] *Byzantine Monastic Foundation Documents. A Complete Translation of the Surviving Founder's* Typika *and Testaments*, 2, eds. J. Thomas and A. Constantinides Hero, with the assistance of G. Constable, Washington, D.C., 2000, p. 526.
[236] Attaliates, p. 204. For the significance of this term, Cf. E. Stănescu, "Les

«Mixobarbares» du Bas-Danube au XIe siècle," in *Nouvelles études d'histoire*, III, Bucharest, 1965, pp. 45-53; V. Tapkova-Zaimova, "Les μιξοβάρβαροι et la situation politique et ethnique au Bas-Danube pendant la seconde moitié du XIe s.," in *Actes du XIVe Congrès International des Études byzantines, Bucarest, 6-12 Septembre 1971*, II, eds. M. Berza and E. Stănescu, Bucharest, 1975, pp. 615-619; N.-Ş. Tanaşoca, "Les Mixobarbares et les formations politiques paristriennes du XIe siècle," *Revue Roumaine d'Histoire*, XII, 1973, 1, pp. 61-82; P. Stephenson, *op. cit.*, pp. 109-110.

[237] V. Tapkova-Zaimova, "Vtorata «varvarizatsiia» na Dunavskite gradove (XI-XII v.)," in *Srednevekovniiat bŭlgarski grad*, co-ord. P. Petrov, Sofia, 1980, pp. 47-55. 对于多布罗加地区物质文化特征的全面介绍，参见 I. Barnea, Şt. Ştefănescu, *op. cit.*, pp. 169-335 (I. Barnea)。

[238] I. Barnea, in Gh. Ştefan, I. Barnea, M. Comşa, E. Comşa, *Dinogetia, I, Aşezarea feudală timpurie de la Bisericuţa-Garvăn*, Bucharest, 1967, pp. 281, 282, 284 and fig. 168/10-15; G. Atanasov, "Srednevekovni amuleti ot Silistra," *Izvestiia na Narodniia Muzeĭ-Varna*, 22(37), 1986, pp. 78-81; P. Diaconu, "Două pandantive foliforme de bronz de la Păcuiul lui Soare," in *Cultură şi civilizaţie la Dunărea de Jos*, III-IV, Călăraşi, 1987, pp. 113-114 and pl. LXXIX; V. Iotov, "Listovidni azhurni amuleti ot XI v.," in *Pliska-Preslav*, 8, Shumen, 2000, pp. 242-246; idem, "O material'noš kul'ture pechenegov k iugu ot Dunaia – listovidnye azhurnye amulety XI v.," *Stratum plus*, 2000, 5, pp. 209-212; L. Dumitriu, *Der mittelalterliche Schmuck des Unteren Donaugebietes im 11.-15. Jahrhundert*, trans. R. Harhoiu, Bucharest, 2001, pp. 49, 105, 112, 113 and pl. 4/7-10; 15/1-5, 9; 71/1, 9, 10; 80/13, 14. 在乡村，这种情况很少发生，参见 T. Papasima, "Pandantiv foliaceu descoperit în Dobrogea," *Pontica*, XXIII, 1990, pp. 359-361; V. Iotov, *op. cit.*, in *Pliska- Preslav*, 8, p. 242 ff.; L. Dumitriu, *op. cit.*, p. 114 and pl. 55/12。

[239] G. Atanasov, I. Ĭordanov, *op. cit.*, pp. 50, 67.

[240] Anne Comnène, I, 1937, pp. 20-22.

[241] Attaliates, pp. 302-303.

[242] *Byzantine Monastic Foundation Documents*, 2, p. 526. Cf. also P. Doimi de Frankopan, "A Victory of Gregory Pakourianos against the Pechenegs," *Byzantinoslavica*, LVII, 1996, 2, pp. 278-281.

[243] Anne Comnène, II, p. 12.

[244] *Ibidem*, pp. 48-50. Cf. also A. Dantchéva-Vassiléva, "La Commune des Pauliciens à Plovdiv pendant le Moyen-Âge," *Bulgarian Historical Review*, XXIX, 2001, 1-2, pp. 40-42.

［245］ Anne Comnène, II, pp. 81-82.
［246］ 关于多瑙河下游叛军首领和该地区的一般政治局势，参见V.G. Vasilievskiš, "Vizantiia i pechenegi (1048-1094)," in idem, *Trudy*, I, Sanktpeterburg, 1908, p. 38 ff.; N. Iorga, "Les premières cristallisations d'État des Roumains," *Académie Roumaine. Bulletin de la Section Historique*, V-VIII, 1920, 1, pp. 33-46; N. Bănescu, "Les premiers témoignages byzantins sur les Roumains du Bas-Danube," *Byzantinisch-neugriechische Jahrbücher*, III, 1922, pp. 287-310; C. Necşulescu, "Ipoteza formaţiunilor politice române la Dunăre în sec. XI," *Revista istorică română*, VII, 1937, pp. 122-151; M. Gyóni, "Zur Frage der rumänischen Staatsbildungen in XI. Jahrhundert in Paristrion," *AECO*, IX-X, 1943-1944, pp. 83-188; P. Diaconu, *Les Petchénègues*..., p. 112 ff.。
［247］ Anne Comnène, II, pp. 82-84.
［248］ *Ibidem*, pp. 84-86.
［249］ *Ibidem*, pp. 87-89.
［250］ *Ibidem*, p. 89.
［251］ Gh. Mănucu-Adameşteanu, "Aspecte ale politicii împăratului Alexios I Comnenul la Dunărea de Jos în lumina ultimelor descoperiri sfragistice şi numismatice," *RI*, SN, VI, 1995, 3-4, pp. 345-366; idem, *Istoria Dobrogei*..., p. 148 ff.; G.Gh. Custurea, *op. cit.*, p. 129. Cf. also D.A. Zakythinos, *Byzantinische Geschichte. 324-1071*, Vienna-Cologne-Graz, 1979, p. 265.
［252］ Anne Comnène, II, pp. 90-93.
［253］ *Ibidem*, p. 92.
［254］ *Ibidem*, p. 98.
［255］ *Ibidem*, p.103.
［256］ *Ibidem*, pp.103-105.
［257］ P. Diaconu, *Les Petchénègues*..., pp. 121-129.
［258］ Anne Comnène, II, p. 108.
［259］ *Ibidem*, p. 106.
［260］ *Ibidem*, pp. 105-106.
［261］ *FHDR*, III, pp. 56-57 (Ioan Oxites).
［262］ Anne Comnène, II, pp. 117-118.
［263］ *Ibidem*, pp. 127-132.
［264］ *Ibidem*, p. 133; Anna Comnena, *The Alexiad*, trans. E.R.A. Sewter, Harmondsworth-Baltimore- Ringwood, 1969, p. 251.
［265］ Anne Comnène, II, p. 135.
［266］ *Ibidem*, p. 139.

[267] *Ibidem*, pp. 142-143; Anna Comnena, *The Alexiad*, p. 258.

[268] Anne Comnène, II, p. 209.

[269] Alberti Aquensis *Historia Hierosolymitana*, in *Recueil des historiens des Croisades. Historiens occidentaux*, IV, Paris, 1879, p. 278.

[270] *Ibidem*, p. 279.

[271] Willelmi Tyrensis archiepiscopi *Chronicon*, ed. R.B.C. Huygens (*Corpus Christianorum Continuatio Mediaevalis*, LXIII), Tvrnholti, 1986, pp. 142, 167, 741; William Archbishop of Tyre, *A History of Deeds Done Beyond the Sea*, I, trans. E.A. Babcock and A.C. Krey, Saint Paul, Minn., 1943, p. 122.

[272] Petrus Tudebodus, *Historia de Hierosolymitano itinere*, ed. J. H. Hill and L.L. Hill, Paris, 1977, pp. 38-39; Anonymi *Gesta Francorum et aliorum Hierosolymitanorum*, ed. H. Hagenmeyer, Heidelberg, 1890, p. 142; Orderici Vitalis *Historiae ecclesiasticae libri XIII*, in *Patrologiae cursus completus. Patrologiae Latinae*, ed. J.-P. Migne, CLXXXVIII, Paris, 1890, col. 661; Metellus von Tegernsee, *Expeditio Ierosolimitana*, ed. P. Ch. Jacobsen, Stuttgart, 1980, p. 11.

[273] Anonymi *Gesta Francorum...*, p. 162; Petrus Tudebodus, p. 42; Robertus Monachus, *Historia Hierosolimitana*, in *Itinera Hierosolymitana Crucesignatorum (saec. XII-XIII)*, I, ed. S. de Sandoli, Jerusalem, 1978, p. 204; *Historia Iherosolimitana* a Baldrico episcopo Dolensis, in *Gesta Dei per Francos*, I, ed. I. Bongarsius, Hanoviae, 1611, p. 91; Tudebodus imitatus et continuatus, *Historia Peregrinorum,* in *Recueil des historiens des Croisades. Historiens occidentaux*, III, Paris, 1866, p. 178; A.F. Gombos, *Catalogus fontium historiae Hungaricae*, II, Budapest, 1937, p. 1450 (Leo Marsicanus).

[274] Petrus Tudebodus, pp. 44-45; Raymond d'Aguilers, *Le "Liber,"* eds. J.H. Hill and L.L. Hill, Paris, 1969, p. 39. 关于十字军在巴尔干地区活动的纪年，参见 H. Hagenmeyer, "Chronologie de la première Croisade," *Revue de l'Orient Latin*, VI, 1898, p. 241 ff.; F. Duncalf, "The First Crusade: Clermont to Constantinople," in *A History of the Crusades*, ed. K.M. Setton, I, 2nd ed., Madison-Milwaukee-London, 1969, pp. 261-274; J. Prawer, *Histoire du Royaume latin de Jérusalem*, I, trans. G. Nahon, I, Paris, 1969, pp. 186-201; S. Runciman, *Histoire des Croisades*, I, *La Première Croisade et la fondation du royaume de Jérusalem*, trans. D.-A. Canal, Paris, 1998, p. 156 ff.。

[275] R. Grousset, *Histoire des Croisades et du Royaume franc de Jérusalem*, I, Paris, 1934, p. 322 ff.; J.L. Cate, "The Crusade of 1101," in *A History of the Crusades*, I, pp. 343-367; H.E. Mayer, *Geschichte der Kreuzzüge*, 5th ed., Stuttgart-Berlin-Cologne-Mainz, 1980, p. 74 ff.

[276] Alberti Aquensis *Historia Hierosolymitana*, p. 579; Ekkehardi *Chronicon universale*,

ed. G. Waitz, in *MGH*, *SS*, VI, ed. G.H. Pertz, Hannoverae, 1844, p. 220; *Analista Saxo*, ed. G. Waitz, in *ibidem*, p. 737.

[277] Robert de Monte, *The Cronicles*, trans. J. Stevenson, London, 1856 (reprinted 1991), p. 61.

[278] Odo of Deuil, *De profectione Ludovici VII in Orientem*, ed. V. Gingerick Berry, New York, 1948, pp. 52-53.

[279] *Das Itinerarium peregrinorum*, ed. H.E. Mayer, in *MGH*, *Schriften*, 18, Stuttgart, 1962, p. 291. Cf. also *Chronicle of the Third Crusade. A Translation of the* Itinerarium Peregrinorum *et* Gesta Regis Ricardi, ed. H.J. Nicholson, Aldershot-Vermont, 1997, p. 56.

[280] Anne Comnène, III, pp. 78-80.

[281] Matthieu d'Édesse, pp. 266-267.

[282] L. Doncheva-Petkova, "Srednovekoven nekropol pri selo Odŭrtsi, Dobrichko (Predvaritelno suobshchenie)," *Dobrudzha*, 10, 1993, pp. 134-144; eadem, "Adornments from a 11th century Pechenegs' necropolis by Odartsi village, Dobrich district (North Eastern Bulgaria)," *Archaeologia Bulgarica*, II, 1998, 3, pp. 126-138.

[283] *Ip. let.*, col. 533.

[284] Ioannis Cinnami *Epitome*..., pp. 7-8; Choniates, pp. 19-23; Rhetoris anonymi *Oratio ad Ioannem Comnenum imperatorum*, in *Fontes rerum Byzantinarum*, 2, ed. W. Regel, Petropoli, 1917, p. 334; *FHDR*, III, pp. 182-183 (Eustathios al Thessalonikului); IV, pp. 62-63 (*Typica*), 70-71 (Theodoros Prodromos).根据十二、十三世纪之交叙利亚的资料来源，这次侵略是库蛮人进行的，参见 Michel le Syrien, III, pp. 206-207。

[285] Ioannis Cinnami *Epitome*..., p. 8.

[286] Choniates, p. 22.

[287] *Ibidem*.

[288] Jean de Mandeville, *Le livre des merveilles du monde*, ed. Ch. Deluz, Paris, 2002, p. 96.

[289] Mandeville's *Travels*, ed. M. Letts, II, Nendeln/Liechtenstein, 1967, p. 232.

[290] *Ibidem*, I, p. 5.

[291] Jean de Mandeville, *Le livre*..., p. 108.

[292] *Ip. let.*, col. 286; *Gustinskaia letopis'*, in *PSRL*, II, Sanktpeterburg, 1843, p. 292; *Letopis' po Uvarovskomu spisku*, p. 28.其他一些编年史只提到乌古斯人和贝伦代伊人逃离俄罗斯的故事，时间是俄历的6628年（1120）。参见 *Lavrent'evskaia letopis'*, 2, *Suzdal'skaia letopis' po Lavrent'evskomu spisku*, 2nd ed., co-ord. E.F. Karskiǐ, in *PSRL*, I, 2, Leningrad, 1927, col. 292; *Nik. let.*, in *PSRL*, IX, p. 151; *Radzivilovskaia letopis'*, in *PSRL*, 38, Leningrad, 1989, p. 104。

［293］ Ottonis episcopi Frisingensis et Rahewini *Gesta Frederici*..., pp. 192-193.

［294］ *Die Kaiserchronik eines regensburger Geistlichen*, ed. E. Schröder, in *MGH, Deutsche Chroniken und andere Geschichtsbücher des Mittelalters*, I, 1, Hannover, 1892, p. 335.

［295］ *Der keiser und der kunige buoch oder die sogenannte Kaiserchronik, Gedicht des zwölften Jahrhundert von 18,578 Reimzeilen*, II, ed. H.F. Massmann, Queldinburg-Leipzig, 1849, p. 324. 近期学界关于这部作品写作时间和地点的种种意见，参见 E. Nellman, "Kaiserchronik," in *Die deutsche Literatur des Mittelalters. Verfasserlexikon*, begründet von W. Stammler, 2nd ed., co-ord. K. Ruh, in collab. with G. Keil, W. Schröder, B. Wachinger, F.J. Worstbrock, ed. Ch. Stöllinger, 4, Berlin-New York, 1983, col. 949-963; E. Hellgardt, "Kaiserchronik," in *Literatur Lexikon. Autoren und Werke deutscher Sprache*, co-ord. W. Killy, 6, Munich, 1990, pp. 193-195。

［296］ V. Spinei, *Realităţi*..., pp. 110-124; idem, "Les Petchénègues au nord du Bas-Danube aux Xe-XIe siècles," in *Actes du XIIe Congrčs International des Sciences Préhistoriques et Protohistoriques, Bratislava, 1-7 septembre 1991*, co-ord. J. Pavúk, 4, Bratislava, 1993, pp. 285-290.

［297］ *La Chanson de Roland*, I, ed. C. Segre, Geneva, 1989, p. 255.

［298］ *Der keiser und der kunige buoch*..., p. 324.

［299］ *Das Nibelungenlied. Paralleldruck der Handschriften A, B und C nebst Lesarten der übrigen Hanschriften*, ed. M.S. Batts, Tübingen, 1971, pp. 406-407, 740; *Das Nibelungenlied nach der Handschrift C*, ed. U. Hennig, Tübingen, 1977, p. 212; *Das Nibelungenlied, mittelhochdeutsch/neuhochdeutsch*, eds. D. Buschinger and W. Spiewok, Amiens, 1991, pp. 310-311.

［300］ K. Miller, *Maepemundi. Die ältesten Weltkarten, V, Die Ebstorfkarte*, Stuttgart, 1896, p. 24; L.S. Chekin, *Kartografiia khristianskogo srednevekov'ia*, Moscow, 1999, p. 145.

［301］ *Lavrent'evskaia letopis'*, 2, col. 445; *Lavrent'evskaia letopis'*, 3, *Prilozheniia: Prodolzhenie Suzdal'skoš letopisi po Akademicheskomu spisku*, 2nd ed., co-ord. E.F. Karskii˘, in *PSRL*, I, 3, Leningrad, 1928, col. 503; *Novgorodskaia pervaia letopis'*..., p. 264; *Letopis' po Voskresenskomu spisku*, in *PSRL*, VII, Sanktpeterburg, 1856, p. 129; *Troitskaia letopis'*, ed. M.D. Priselkov, Moscow-Leningrad, 1950, p. 307; *Nik. let.*, in *PSRL*, X, p. 89; *Letopisnyš sbornik, imenuemyš Tverskoiu letopis'iu*, in *PSRL*, XV, Sanktpeterburg, 1863, col. 336; *Letopisnyš sbornik, imenuemyš L'vovskoiu letopis'iu (I)*, in *PSRL*, XX, 1, S. Peterburg, 1910, p. 151; *Letopis' po Uvarovskomu spisku*, p. 118; *Piskarevskiš letopisets*, in *PSRL*, 34, co-ord. V.I. Buganov, V.I. Koretskiš, Moscow, 1978, p. 83; *Vologodsko-Permskaia letopis'*, in *PSRL*, 26, Moscow-Leningrad, 1959, p. 66.

参考文献

Alexios I Komnenos, eds. M. Mullett and D. Smythe, Belfast, 1996 (M. Mullett, J. Shepard, P. Magdalino).

Alin, V.V., "Rus' na bogatyrskikh zastavakh [1]," *Voprosy istorii*, 1968, 12, pp. 99-107.

Angelov, D., *Istoriia na Vizantiia*, II, *867-1204*, 3rd ed., Sofia, 1968.

Angold, M., *The Byzantine Empire, 1025-1204*, London-New York, 1984.

Artamonov, M.I., *Istoriia khazar*, Leningrad, 1962.

Atanasov, G., "Anonimnye vizantiiskie follisy klassa «B» i nashestvie pechenegov v Dobrudzhu 1036 g.," *Stratum plus*, 1999, 6, pp. 111-122.

Balić, S., "Der Islam im mittelalterlichen Ungarn," *Südost-Forschungen*, XXIII, 1964, pp. 19-35.

Barnea, I., "Le Danube, voie de communication byzantine," in 'Η ἐπικοινωνια στό Βυζαντιό, 4-6 'Οκτωβριου 1990, ed. N.G. Moschonas, Athens, 1993, pp. 577-595.

Bănescu, N., "La question du Paristrion," *Byzantion*, VIII, 1933, 1, pp. 277-308.

Idem, *Bizanţul şi romanitatea de la Dunărea de Jos* (Academia Română, Discursuri de recepţie, LXXII), Bucharest, 1938.

Idem, *Les duchés byzantins de Paristrion (Paradounavon) et de Bulgarie*, Bucharest, 1946.

Idem, *Istoria Imperiului Bizantin*, II, *[Imperiul Bizantin clasic] (610-1081)*, ed. T. Teoteoi, Bucharest, 2003.

Bibikov, M.V., "Istochnikovedcheskie problemy izucheniia istorii kochevnikov v Nizhnem Podunav'e v XII veke," *Revue Roumaine d'Histoire*, XIX, 1980, 1, pp. 47-52.

Božilov, I.A., "Kŭm vŭprosa za vizantiiskoto gospodstvo na Dolniia Dunav v kraia na X vek," in *Studia Balcanica*, Sofia, 1970, pp. 75-96.

Idem, "Les Petchénègues dans l' histoire des terres du Bas-Danube," *Études balkaniques*, 1971, 3, pp. 170-175.

Idem, "Bŭlgariia i pechenezite (896-1018 g.)," *Istoricheski pregled*, XXIX, 1973, 2, pp. 37-62.

Brudiu, M., *Lumea de sub tumulii din sudul Moldovei. De la indo-europeni la turanicii târzii. Mărturii arheologice*, Bucharest, 2003.

Busuioc-von Hasselbach, D.N., *Ţara Făgăraşului în secolul al XIII-lea. Mănăstirea cisteriană Cârţa*, I, II, Cluj-Napoca, 2000.

Cândea, I., *Brăila. Origini şi evoluţie pînă la jumătatea secolului al XVI-lea*, Brăila, 1995.

Chalandon, F., *Les Comnène, I, Essai sur le règne d'Alexis Ier Comnène (1081-1118)*, Paris, 1900.

Cihodaru, C., "Informaţii despre pecenegi din opera lui Constantin Porphirogenetos," *Analele ştiinţifice ale Universităţii "Al. I. Cuza" din Iaşi*, SN, 3rd Sect., *a. Istorie*, XX, 1974, 1, pp. 17-30.

Constantinescu, E.-M., *Memoria pământului dintre Carpaţi şi Dunăre. Nord-estul Munteniei şi sud-vestul Moldovei în veacurile IV-XI d.Hr.*, Bucharest, 1999.

Custurea, G.Gh., *Circulaţia monedei bizantine în Dobrogea (secolele IX-XI)*, Constanţa, 2000.

Diaconu P., "Despre pecenegi la Dunărea de Jos în prima jumătate a secolului al XI-lea," *SCIV*, 18, 1967, 3, pp. 463-476.

Idem, "Despre pecenegii de la Dunărea de Jos în secolul al X-lea," *Studii. Revistă de istorie*, 18, 1965, 5, pp. 1117-1129.

Idem, *Les Petchénègues au Bas-Danube*, Bucharest, 1970.

Idem, "A propos de «Les Petchénègues au Bas-Danube»," *RESEE*, XIII, 1975, 1, pp. 131-135.

Idem, "Istoria Dobrogei în unele lucrări străine recente (II)," *Revista de istorie*, 30, 1977, 10, pp. 1893-1900.

Idem, "Pătrunderea pecenegilor în Cîmpia Română şi argumentul numismatic," *SCIVA*, 35, 1984, 1, pp. 68-73.

Diaconu, P., Vîlceanu, D., *Păcuiul lui Soare*, I, *Cetatea bizantină*, Bucharest, 1972.

Dieter, K., "Zur Glaubwürdigkeit der Anna Komnena, 1. Der Petschenegenkrieg 1084-1091," *BZ*, III, 1894, pp. 386-390.

Dölger, F., *Regesten der Kaisezurkunden des Oströmischen Reiches von 565-1453*, Munich-Berlin, 1, *Regesten von 565-1025*, 1925; 2, *Regesten von 1025-1204*, 1925; 3, *Regesten von 1204-1282*, 1932.

Dujčev, I., *Prouchvaniia vŭrkhu bŭlgarskoto srednevekovie*, Sofia, 1945.

Erdélyi, I., "O pechenegakh na territorii Vengrii (k postanovke voprosa)," in *Materialy I tys. n.e. po arkheologii i istorii Ukrainy i Vengrii*, Kiev, 1996, pp. 163-166.

Etnichna istoriia davn'oï Ukraïni, eds. P.P. Tolochko (gen. ed.), D.N. Kozak, O.P. Motsia, V. Iu. Murzin, V.V. Otroshchenko, S.P. Segeda, Kiev, 2000.

Fehér, G., "Die Petschenegen und ungarischen Hunnensagen," *Körösi Csoma-Archivum*, I, 1921, 2, pp. 123-140.

Ferluga, J., "Quelques problèmes de politique byzantine de colonisation au XIe siècle dans les Balkans," *Byzantinische Forschungen*, VII, 1979, pp. 37-56.

Fine, Jr., J.V.A., *The Early Medieval Balkans. A Critical Survey from the Sixth to the Late Twelfth Century*, Ann Arbor, 1991.

Finlay, G., *A History of Greece from its Conquest by the Romans to the Present Time*, II, III, Oxford, 1877.

Franklin, S. and Shepard, J., *The Emergence of Rus, 750-1200*, London-New York, 1996.

Garustovich, G.N., Ivanov, V.A., *Oguzy i pechenegi v evraziĭskikh stepiakh*, Ufa, 2001.

Gfrörer, A.F., *Byzantinische Geschichte*, III, Graz, 1877.

Gherghel, I., *Zur Geschichte Siebenbürgens nach den Quellen dargestellt*, Vienna, 1891.

Golden, P.B., "Aspects of the Nomadic Factor in the Economic Development of Kievan Rus'," in *Ukrainian Economic History. Interpretive Essays*, ed. I.S. Koropeckyj, Cambridge, Mass., 1991, pp. 58-101.

Gyárfás, I., *A jasz-kunok története*, II, Kecskemét, 1873.

Gyóni, M., "Zur Frage der rumänischen Staatsbildungen im XI. Jahrhundert in Paristrion," *AECO*, IX-X, 1943-1944, pp. 83-188.

Györffy, G., "Besenyők és magyarok," *Körösi Csoma-Archivum*, I. Ergänzungsband, 1939, 3, pp. 397-500.

Idem, "Monuments du lexique petchénègue," *AOH*, XVIII, 1965, pp. 73-81.

Idem, "Sur la question de l' établissement des Petchénègues en Europe," *AOH*, XXV, 1972, 1-3, pp. 283-292.

Hatházi, G., "A besenyő megtelepedés régészeti nyomai Fejér megyében," *Savaria*, 22/3, 1992-1995, *Pars archaeologica*, pp. 223-248.

Howard-Johnston, J., "Byzantium, Bulgaria and the Peoples of Ukraine in the 890s," *Materialy po arkheologii, istorii i etnografii Tavrii*, VII, Simferopol, 2000, pp. 342-356.

Iorga, N., *Geschichte des Rumänischen Volkes im Rahmen seiner Staatsbildungen*, I, Gotha, 1905.

Istoria RSS Moldoveneşti, I, gen. ed. V.L. Ianin, Kishinev, 1988.

Istoriia SSSR, NS, I, gen. eds. S.A. Pletněva, B.A. Rybakov, Moscow, 1966.

Ivanov, V.A., Garustovič, G.N., "The Results of the Statistical Analyses of Funeral Rites of the Nomads in the «Great Steppe Belt» in the 10th-11th Centuries and their Ethnic Interpretation," in *The Archaeology of the Steppes. Methods and Strategies*, ed. B. Genito, Naples, 1994, pp. 573-589.

Jireček, C., "Einige Bemerkungen über die Überreste der Petschenegen und Kumanen, sowie über die Volkerschaften der sogennanten Gagauzi und Surguči im heutigen Bulgarien," *Sitzungsberichte der königl. böhmischen Gesellschaft der Wissenschaften. Classe für Philosophie, Geschichte und Philologie*, 1889, pp. 3-30.

Kazhdan, A.P., "Once More about the 'Alleged' Russo-Byzantine Treaty (ca. 1047) and the Pecheneg Crossing of the Danube," *JOB*, 26, 1977, pp. 65-77.

Kniaz' kiĭ, I.O., "Pis' mennye istochniki o kochevnikakh v Dnestrovsko-Karpatskikh zemliakh XI-XII vv.," in *Problemy istochnikovedeniia istorii Moldavii perioda feodalizma i kapitalizma*, Kishinev, 1983, pp. 5-23.

Kordé, Z., "Kabars, Sicules et Petchenègues. Les Hongrois et les auxiliaires militaires (IXe-XIIesiècle)," in *Les Hongrois et l'Europe: conquête et intégration,* eds. S. Csernus and K. Korompay, Paris-Szeged, 1999, pp. 231-237.

Kühn, H.-J., *Die byzantinische Armee im 10. und 11. Jahrhundert. Studien zur Organisation der Tagmata*, Vienna, 1991.

Kurat, A.N., *Peçenek tarihi*, Istanbul, 1937.

Kurtz, E., "Unedierte Texte aus der Zeit des Kaisers Johannes Komnenos," *BZ*, 16, 1907, pp. 69-119.

Macartney, C.A., "The Petchenegs," *The Slavonic (and East European) Review*, VIII, 1929-30, pp. 342-355.

Madgearu, A., "The Military Organization of Paradunavon," *Byzantinoslavica*, LX, 1999, 2, pp. 421-446.

Idem, "Dunărea în epoca bizantină (secolele X-XII): o frontieră permeabilă," *RI*, SN, X, 1999, 1-2, pp. 41-55.

Malamut, E., "L' image byzantine des Petchénègues," *BZ*, 88, 1995, 1, pp. 105-147.

Eadem, "Les peuples étrangers dans l' idéologie impériale. Scythes et Occidentaux," in *L'étranger au Moyen Âge. XXXe Congrès de la S.H.M.E.S. (Göttingen, juin 1999)*, Paris, 2000, pp. 119-132.

Marquart, J., *Osteuropäische und ostasiatische Streifzüge*, Leipzig, 1903.

Mavrodin, V.V., *Obrazovanie drevnerusskogo gosudarstva*, Leningrad, 1945.

Mănucu-Adameşteanu, Gh., "Les invasions des Petchénègues au Bas Danube, 1027-1048," in *Études byzantines et post-byzantines*, IV, eds. E. Popescu and T. Teoteoi, Iaşi, 2001.

Idem, *Istoria Dobrogei în perioada 969-1204. Contribuţii arheologice şi numismatice,* Bucharest, 2001.

Idem, "Les invasions des Petchénègues au Bas Danube," *Acta Musei Varnaensis,* II, *Numismatic and Sphragistic Contributions to History of the Western Black Sea Coast,* 2004, pp. 299-311.

Metcalf, D.M., *Coinage in South-Eastern Europe, 820-1396,* London, 1979.

Mladenov, S., "Pechenezi i uzi-kumani vŭ bŭlgarskata istoriia," *Bŭlgarska istoricheska biblioteka,* IV, 1931, 1, pp. 115-136.

Nagy, A., "Eger környéki és Tiszavidéki besenyö települések a X-XI. században (Kisérlet a magyarországi besenyök régészeti hagyatékának meghatározására)," *Az Egri Múzeum Évkönyve,* VII, 1970, pp. 129-157.

Németh, J., "Zur Kenntnis der Petschenegen," *Körösi Csoma-Archivum,* I, 1921-1925, pp. 219-225.

Noonan, T.S., "Rus', Pechenegs, and Polovtsy: Economic Interpretation along the Steppe Frontier in the Pre-Mongol Era," *Russian History,* 19, 1992, 1-4, pp. 301-327.

Novosel'tsev, A.P., Pashuto, V.T., Cherepnin, L.V., Shusharin, V.P., Shchiapov, I.N., *Drevnerusskoe gosudarstvo i ego mezhdunarodnoe znachenie,* Moscow, 1965.

Oberländer-Târnoveanu, E., "La monnaie dans l' espace rural byzantin des Balkans Orientaux – unessai de synthèse au commencement du XXIe siècle," *Peuce,* SN, I (XIV), 2003, pp. 341-412.

Ocherki istorii SSSR. Krizis rabovladel'cheskoĭ sistemy i zarozhdenie feodalizma na territorii SSSR III-IX vv., co-ord. B.A. Rybakov, Moscow, 1958.

D' Ohsson, C., *Des peuples du Caucase et des pays au Nord de la mer Noire et de la mer Caspienne, dans le dixième siècle, ou Voyage d'Abou-el-Cassim,* Paris, 1828.

Oikonomidès, N.A., "Recherches sur l' histoire du Bas-Danube aux Xe-XIe siècles: la Mésopotamie de l' Occident," *RESEE,* III, 1965, 1-2, pp. 57-79.

Pandrea, A., *Pecenegii şi cumanii din Ţara Loviştei,* Aalborg, 1994.

Parkhomenko, V., "Rus' i pechenegi," *Slavia,* VIII, 1929, 1, pp. 138-144.

Pletnëva, S.A., "Khan Boniak i ego vremia," in *Problemy arkheologii,* II, Leningrad, 1978, pp. 174-180.

Eadem (Pletnjowa), *Die Chasaren. Mittelalterliches Reich an Donau und Wolga,* trans. A. Häusler, Vienna, 1979.

Eadem, "Svedeniia russkikh letopiseĭ o vostochnoevropeiskikh kochevnikakh epokhi rannego srednevekov' ia (VII–nachalo X v.)," in *Arkheologiia vostochnoevropeĭskoĭ lesostepi,* Voronezh, 1979, pp. 24-36.

Eadem, "Pechenegi," in *Ischeznuvshie narody*, co-ord. P.I. Puchkov, Moscow, 1988, pp. 35-46.

Eadem, *Pechenegi i guzy na Nizhnem Donu (po materialam kochevnicheskogo mogil'nika u Sarkela - Beloĭ Vezhi)*, Moscow, 1990.

Pritsak, O., "Pechenigi," *Ukrains'kiĭ istorik*, VII, 1970, 1-3 (25-27), pp. 95-101.

Idem, "The Pečenegs," *AEMA*, I, 1975, pp. 4-29.

Rásonyi, L., *Hidak a Dunán. A régi török népek a Dunánál*, Budapest, 1981.

Rassovsky, D.A., "Pechenegi, torki i berendei na Rusi i v Ugrii," *Seminarium Kondakovianum*, VI, 1933, pp. 1-66.

Idem, "Rus' i kochevniki v epokhu Sviatogo Vladimira," in *Vladimirskiĭ sbornik v pamiat' 950-letiia kreshcheniia Rusi, 988-1938*, Belgrade, 1938, pp. 149-154.

Romashov, S.A., "The Pechenegs in Europe in the 9-10th Centuries," *Rocznik orientalistyczny*, LII, 1999, 1, pp. 21-35.

Runciman, S., *The emperor Romanus Lacapenus and his reign. A study of tenth-century Byzantium*, Cambridge, 1963.

Idem, *Histoire des Croisades, I, La Première Croisade et la fondation du royaume de Jérusalem*, trans. D.-A. Canal, Paris, 1998.

Rybakov, B.A., *Pervye veka russkoĭ istorii*, Moscow, 1964.

Idem, *Kievskaia Rus' i russkie kniazhestva XII-XIII vv.*, Moscow, 1982.

Savvides, A.G.C., "Η τελευταια Πατζινακική επιδρομή στό Βυζάντιο (1122/23)," *Παρνασσός*, 27, 1985, 3, pp. 493-503.

Idem, *Οἳ Τοῦρκοι καῖ τὸ Βυζάντιο, I, Προ-'Οθωμανικὰ φύλα στὴν 'Ασῖα καῖ στὰ Βαλκάνια*, Athens, 1996.

Sâmpetru, M., "Înmormîntări pecenege din Cîmpia Dunării," *SCIV*, 24, 1973, 3, pp. 453-464.

Schamiloglu, U., "The Name of the Pechenegs in Ibn Hayyân's *Al-muqtabas*," *Journal of Turkish Studies*, 8, 1984 (=*Turks, Hungarians and Kipchaks. A Festschrift in Honor of Tibor Halasi-Kun*, ed. P. Oberling, Harvard University), pp. 215-222.

Schlumberger, G., *L'épopée byzantine à la fin du dixième siècle, III, Les Porphyrogénètes Zoe et Théodora (1025-1057)*, Paris, 1905.

Shepard, J., "John Mauropous, Leo Tornicius and an Alleged Russian Army: The Chronology of the Pecheneg Crisis of 1048-1049," *JOB*, 24, 1975, pp. 61-89.

Idem, "The Russian Steppe-Frontier and the Black Sea Zone," *Αρχειον Ποντου*, 35, 1979, pp. 218-237.

Shnaidshtein, E.V., "Pechenezhskie pamiatniki Nizhnego Povolzh' ia," in *Problemy arkheologii i étnografii*, III, *Istoricheskaia étnografiia*, Leningrad, 1985, pp. 79-85.

Spinei, V., "Antichităţile nomazilor turanici din Moldova în primul sfert al mileniului al II-lea," *SCIVA*, 25, 1974, 3, pp. 389-415.

Idem, "Les Petchénègues au nord du Bas-Danube aux Xe-XIe siècles," in *Actes du XIIe Congrès International des Sciences Préhistoriques et Protohistoriques, Bratislava, 1-7 septembre 1991*, co-ord. J. Pavúk, 4, Bratislava, 1993, pp. 285-290.

Stănescu, E., "Byzance et les Pays Roumains aux IXe-XVe siècles," in *XIVe Congrès International des Études byzantines, Bucarest, 6-12 Septembre 1971, Rapports*, IV, Bucharest, 1971, pp. 7-47.

Stephenson, P., "Byzantine conceptions otherness after the Annexation of Bulgaria (1018)," in *Strangers to Themselves: the Byzantine Outsider. Papers from the Thirty-second Spring Symposium of Byzantine Studies, University of Sussex, Brighton, March 1998*, ed. D.C. Smythe, Aldershot-Burlington-Singapore-Sydney, 2000, pp. 245-257.

Idem, *Byzantium's Balkan Frontier. A Political Study of the Northern Balkans, 900-1204*, Cambridge, 2000.

Ştefan, Gh., Barnea, I., Comşa, M., Comşa, E., *Dinogetia*, I, *Aşezarea feudală timpurie de la Bisericuţa-Garvăn*, Bucharest, 1967.

Ştefănescu, Şt., *Istoria medie a României*, I, *Principatele Române. Originea şi afirmarea lor*, Bucharest, 1991.

Tanaşoca, N.-Ş., "Les Mixobarbares et les formations politiques paristriennes du XIe siècle," *Revue Roumaine d'Histoire*, XII, 1973, 1, pp. 61-82.

Tăpkova-Zaimova, V., "Quelques particularités dans l' organisation militaire des régions du Bas-Danube et la politique byzantine aux XIe-XIIe siècles," in *Études de civilisation médiévale (IXe-XIIe siècles). Mélanges offerts à Edmond-René Labande*, Poitiers, 1974, pp. 667-674.

Eadem, "Les μιξοβάρβαροι et la situation politique et ethnique au Bas-Danube pendant la seconde moitié du XIe s.," in *Actes du XIVe Congrès International des Études byzantines, Bucarest, 6-12 Septembre 1971*, II, eds. M. Berza and E. Stănescu, Bucharest, 1975, pp. 615-619.

Eadem, *Dolni Dunav – granichna zona na vizantiiskiia zapad*, Sofia, 1976.

Eadem, "La population du Bas-Danube et le pouvoir byzantin (XIe-XIIe s.)," in *Actes du XVe Congrès international d'études byzantines, Athènes – Septembre 1976*, IV, *Histoire. Communications*, Athens, 1980, pp. 331-339.

Eadem, "Migrations frontalières en Bulgarie médiévale," in *Migrations et diasporas méditerranéennes (Xe-XVIe siècles). Actes du colloque de Congrès (octobre 1999)*, co-ord. M. Balard and A. Ducellier, Paris, 2002, pp. 125-131.

Tentiuc, I., *Populaţia din Moldova Centrală în secolele XI-XIII*, Iaşi, 1996.

Teodor, D.Gh., *Spaţiul carpato-dunăreano-pontic în mileniul marilor migraţii*, Buzău, 2003.

Tolochko, P.P., "Kiïvs' ka Rus' i kochoviki pivdennorus' kikh stepiv u X-XIII st.," in *Starozhitnosti Rusi-Ukraïni*, co-ord. P.P. Tolochko, Kiev, 1994, pp. 80-90.

Toynbee, A., *Constantine Porphyrogenitus and His World*, London, 1973.

Treadgold, W., *Byzantium and Its Army, 284-1081*, Stanford, 1995.

Idem, *A Concise History of Byzantium*, Houndmills-New York, 2001.

Tryjarski, E., "A Note on the Relations between the Petchenegs and Poland," in *Studia Turcica*, ed. L. Ligeti, Budapest, 1971, pp. 461-468.

Idem, "Pieczyngowie," in K. Dabrowski, T. Nagrodzka-Majchrzyk, E. Tryjarski, *Hunowie europejscy, protobulgarzy, chazarowie, pieczyngowie*, Wrocław- Warsaw- Cracow- Gdańsk, 1975, pp. 481-625.

Vasil' evskiĭ, V.G., "Vizantiia i pechenegi (1048-1094)," in idem, *Trudy*, I, Sanktpeterburg, 1908, pp. 1-117.

Velter, A.-M., *Transilvania în secolele V-XII. Interpretări istorico-politice şi economice pe baza descoperirilor monetare din bazinul carpatic, secolele V-XII*, Bucharest, 2002.

Wendt, H.F., *Die türkischen Elemente in Rumänischen*, Berlin, 1960.

Whittow, M., *The Making of Orthodox Byzantium, 600-1025*, Houndmills-London, 1996.

Wozniak, F.E., "The Crimean Question, the Black Bulgarians and the Russo-Byzantine Treaty of 988," *Journal of Medieval History*, 5, 1979, pp. 115-126.

Idem, "Byzantium, the Pechenegs and the Rus' : The Limitations of a Great Power's Influence on its Clients in the 10th Century Eurasian Steppe," *AEMA*, IV, 1984, pp. 299-316.

Zakhoder, B.N., *Kaspiĭskiĭ svid svedenii o Vostochnoĭ Evrope*, II, *Bulgary, mad'iary, narody Severa, pechenegi, rusy, slaviane*, Moscow, 1967.

Zakythinos, D.A., *Byzantinische Geschichte, 324-1071*, Vienna-Cologne-Graz, 1979.

第三章 乌古斯人

在公元第一千纪后期欧亚大陆东部地区形成的突厥语部落联盟中,实力最强大、资源最雄厚的一个是乌古斯。正如其他游牧社群一样,乌古斯人逐渐吸收、融合了许多在人数和军事潜力方面稍逊的群体。

一、名称和族裔构成

在同时期的史料中,乌古斯人被突厥语族群称为Oghuz,被阿拉伯人和波斯人称为Ghuzz,被拜占庭人称为Οὐζοι,被俄国人称为Torki/Tortsi,等等。在词源学上,Oghuz意为"氏族/部落"、"亚部落群体"、"血缘氏族/部落同盟",它可能源于突厥词根oğ,意为"血缘关系"或"部落"。还有一种解释认为Oghuz可能源于oq,意为"箭",由于这个武器逐渐成为领袖人物的象征,该词的初始含义也进一步延伸,意为"部落/部落组织"。[1]

除了以上列举的族名之外,乌古斯部落联盟的某些特殊元素在最初的发展阶段也衍生出其他名称。它们当中流传最广的都是以数词开头,表示一个部落社群的成员数量:Üč Oghuz(三姓乌古斯)、Sekiz Oghuz(八姓乌古斯)、Toquz Oghuz(九姓乌古斯)分别表示由3、8、9个乌古斯群体组成。根据一些东方史料,人们可以推断,乌古斯部落联盟和九姓乌古斯部落联盟之间存在一些差异,但它们最初可能拥有共同的起源。[2]

从今天的蒙古地区向西亚迁徙以后,乌古斯人在这个时期的文本中开始被称为土库曼人（Turkmen），不过，"土库曼人"也被用来称呼其他相关的族群。这个术语经常指伊斯兰化的乌古斯人，以区别于那些仍然保持异教信仰或仍然被称为"Oghuz/Ghuzz"的乌古斯人，尽管相关的史料在这方面并非完全统一。在一些情况下，乌古斯部落联盟也被称为"突厥人"，尽管这个名称通常适用于一个具有独特语言系统的大型部落集团。[3]事实上，东方的和拜占庭的作家有时错将众多生活在纯正突厥人附近的、具有自己属别的外国族群（匈牙利人、斯拉夫人、阿兰人、蒙古人等）囊括在一起；这种情况就类似于，在古代和中世纪早期，许多起源于欧亚大陆的民族都被通称为"斯基泰人"。

同时代的一些伊斯兰史料显示，乌古斯人是突厥语民族大家庭的一员[4]，这也得到了俄国编年史的确认[5]。在十一世纪中期格儿迪齐（Gardizi）讲述的传奇故事中，乌古斯人据说在突厥语部落形成过程中扮演了一个最重要的角色。[6]十五世纪后半期拜占庭编年史家拉奥尼科斯·哈尔科孔蒂利斯（Laonikos Chalkokondyles）的著作也表明乌古斯人在突厥语部落集团中的特殊地位。[7]根据马合木德·喀什噶里（Mahmud al-Kashghari）的观察，乌古斯人和钦察人（Qipchaq）在语言方面显然是相似的。[8]

在对突厥语铭文、编年史中乌古斯语常用术语及名字等方面的理解分析之后，巴斯卡科夫（N.A. Baskakov）区分了乌古斯语的三个亚种：土库曼-乌古斯语（Turkmen-Oghuz）、保加利亚-乌古斯语（Bulgarian-Oghuz）和塞尔柱-乌古斯语（Seljuk-Oghuz）。第一种的特点是受到了中亚乌古斯语的影响，第二种插入了黑海-里海地区的乌古斯语，第三种掺有乌古斯人后裔塞尔柱突厥人所说的语言。这种分化是中亚部落社群经过漫长的演化阶段的结果，但在公元第一、二千纪的过渡期，语言上的分化是微不足道的。[9]

关于突厥语和乌古斯语支系的分类问题，还有其他观点值得一提，虽然它们极为简略。约翰纳斯·本辛（Johannes Benzing）提到，当今更大范围的突厥语包括以下几个分支：保加尔语（Bolgar）、南突厥语（或乌古斯语）、西突厥语（或钦察-科马语）、回鹘语和北突厥语。他将奥斯曼语、阿塞拜疆语和土库曼语归入南突厥语（或乌古斯语）支系。[10]卡尔·海因里希·门格斯（Karl Heinrich Menges）借鉴了"一战"后萨莫伊洛维奇（A. N. Samoilovich）所采取的划分标准，他认为突厥语系有六个分支，包括十二个支系。这六个分支包括：1.中亚和西南亚语（Türküt①语）；2.西北或钦察分支；3.卫拉特（Oyrat）分支；4.西伯利亚中部-南部、阿巴坎或哈卡斯语群；5.西伯利亚东北-东部或雅库特语群；6.伏尔加-保加利亚或匈奴-保加利亚分支（古代西北部分）。第一个分支还包括两个支系：中亚和西南亚语，以及乌古斯语，后者包括以下古老语言：古安纳托利亚语（Selğuqide）和古奥斯曼语。算上现代的语言就完整了：奥斯曼语［含鲁米利亚（Rumelian）、安纳托利亚、克里米亚南部方言］、加告兹语、阿塞拜疆语的西部分支、土库曼语的东方分支。[11]

拉尔斯·约翰逊（Lars Johanson）结合遗传学和类型学的标准，将一个更大的现代突厥语系划分为六个分支：西南语（乌古斯突厥语），西北语（钦察突厥语），东南语（回鹘突厥语），东北语（西伯利亚突厥语），相当于乌古斯突厥语或不里阿耳突厥语（Bulghar Turkic）的楚瓦什语（Chuvash），相当于阿尔胡突厥语（Arghu Turkic）的哈拉吉语（Khalaj）。这些分支自身还可以再细分为若干支系。因此，西南分支包括一个由土耳其语、加告兹语、阿塞拜疆语组成的西乌古斯语群，一个由土库曼语、呼罗珊语（Khorasan）组成的东乌古斯语群，一个由伊朗和阿富汗多种方言组成的南乌古斯语群。正是由于同一位学者的努力，我们才能够在既有的书写文本的基础上，将书本中的突厥语习语划分为古、中、前现代和现代时期。古突厥语时期始于八世纪，一直持续到蒙古霸权的确立，其特点是写法的多样性。除了突厥东部的"如尼文"之外，回鹘字母、摩尼字母和阿拉伯字母也被使用。而这时期本身又分为三个时间序列：严格意义上的东古突厥语、古回鹘语和喀喇汗语（Karakhanid）。第一个时段对应了突厥第二汗国统治时期，当时制成了鄂尔浑流域石碑上的铭文。这些铭文的语言特征后来也出现在乌古斯习语中。[12]

---

① 译者注：Türküt是突厥（Türk）一词的蒙古语复数形式。

突厥语在许多不同的书写系统中被使用，它们随着时间的推移而自然地演化。古突厥语文本使用的字母分为两类：一类是闪米特语，一类是印度语。一般来说，闪米特语文字是按字母顺序书写，而印度语是按音节书写。源于闪米特语的语言系统包括：如尼文字、粟特字母、回鹘字母和摩尼字母。其中的第一个（如尼文字）包括纪念碑和岩石上的纪念性铭文，金属和陶器上的简短铭文，用刷子或羽毛管在石头及纸本上进行的涂鸦。根据最近的估计，现在已知的有300个如尼文文本。其中，普里贝加尔列纳（Pribaikal-Lena）地区约18个，叶尼塞地区约150个，蒙古约35个，中国阿勒泰地区约16个，南疆约14个，吉尔吉斯斯坦北部和哈萨克斯坦约28个，费尔干纳（Ferghana）、阿莱（Alay）和吐火罗斯坦（Tokharistan）北部约18个。大多数专家认为，在蒙古发现的版本更古老，可能追溯到公元720年左右。尽管如此，一些专家认为，在叶尼塞河流域发现的文本可能更古老。[13]当然，所谓的如尼字母的出现要早于碑文的文本，这种字母可能是在六世纪后半期发明的。它最晚是在十一世纪停止使用，此时正值图瓦和哈卡斯（Tuva and Khakassia）的碑文被发现。[14]相对于如尼字母，突厥人更早地使用了粟特字母，这是因为，突厥第一汗国的领袖将粟特语选定为官方语言。他们用粟特语书写的一些文本——属于闪米特文字的阿拉米语（Aramaic）支系——可以追溯到六世纪下半期。回鹘文字是作为粟特文字的升级版和改良版而出现的。十二世纪蒙古人也使用回鹘字母。突厥人在粟特地区也接触到了摩尼字母，当地有许多摩尼字母的专家。[15]

至于古突厥字母的起源，旧的历史著作认为它们可能来源于阿拉米语。考虑到至少部分字母是通过突厥-中亚文化所使用的某些符号演变而来，一些突厥语言和文化专家更重视这些文字在各自地区的演变发展。[16]

在欧亚大陆的广大地区，突厥语已经取得一种文化语言（cultural language）的地位，它是一种在国际上广泛流通的语言媒介，也是一种与西亚及中亚的阿拉伯语并驾齐驱的货真价实的通用语。有趣的是，十一世纪阿拉伯世界的传统中还牢记着先知穆罕默德的一个告诫："学习突厥人的语言，因为他们的统治会很长久！"[17]

古突厥语最具启示性的遗迹是在鄂尔浑河某处发现的著名的八世纪铭文，鄂尔浑河是贝尔加河南部的一条河流，离哈拉和林（Qaraqorum）不远，公元第一千纪中期，这里建立起了蒙古帝国的首都。关于所谓的"如尼"突厥字母，最有意思的文本来源于七世纪晚期八世纪初期的翁金（Ongin）河流域。对于语言学家和历史学家来说同样重要的是，铭文所反映的关于后突厥社群的民族、社会和政治情况，虽然他们的解读还存在分歧。除了其他方面的内容之外，它们表明了突厥人和九姓乌古斯人之间的联系，以及后者谋求重获政治自主权的企图和这种离心倾向的失败，等等。[18]

乌古斯语的分支在巴尔干半岛部分地区、比萨拉比亚南部、克里米亚南部、阿塞拜疆、土库曼斯坦、乌兹别克斯坦等一部分地区得到传播，它包括了以下这些地区的人的语言：巴尔干半岛和安纳托利亚的突厥人，加告兹人、克里米亚西部的鞑靼人、阿塞拜疆人、土库曼人、部分乌兹别克斯坦人、突厥语族群周围的与乌古斯人联系密切的人。随着时间的推移，巴尔干半岛的斯拉夫语、高加索地区的伊朗语、小亚细亚地区的希腊语等，都对于一些边缘地区的乌古斯语产生了影响。[19]

二、经济和生活方式

乌古斯人生活方式的各个方面几乎与在草原世界生活的前辈们相同。东方世界的许多地理学家和编年史家都明白无误地指出乌古斯人的游牧特征。最自然不过的是，他们神话中的祖先雅弗——在当地称为乌来可汗（Ulğai-khan）——据说是传统的突厥牧人，夏天和冬天在 Turkestan 扎营。据称，第一批定居点是位于 Inanğ 城附近的 'Artaq 和 K. rtaq 地区，其他定居点位于哈拉和林地区的波尔苏克（Bursuq）[20]，毫无疑问，它们分布在一些突厥人的活动路线上。至于以乌古斯人为主导的，在特兰索赫尼亚（Transoxania）①、喀什噶尔（Kashghar）、阿克-卡胡（aç-Çâghûn）和费尔干纳之间活动的突

---

① 译者注：亦即中亚的河中地区。

厥部落，伊本·赫勒敦（Ibn Khaldun）认为，他们一直寻找雨水充沛、水草茂盛之地。[21] 拉奥尼科斯·哈尔科孔蒂利斯认为这些突厥人是斯基泰人的后裔，他们拥有相同的游牧生活方式。这位拜占庭作家用"斯基泰人"一词同时称呼古斯基泰人和那些迁居欧洲东部的鞑靼人[22]，而且，正如我已经提及的，他将乌古斯人归入了突厥部落联盟。

伊本·法德兰熟知乌古斯人，他曾在922年沿着伏尔加下游流域旅行，他表示，乌古斯人是住在毡帐的游牧民族，带着家当周期性迁移。他们不在乎极不稳定的身体护理条件，他们很少——如果有的话——梳洗，在冬季更是如此。他们的衣物是否清洁也令人怀疑。男人们过去刮胡须，但现在蓄胡。[23]

根据十四至十五世纪埃及编年史家记载的信息，乌古斯人的一个主要分支塞尔柱人，夏天居住在不里阿耳（伏尔加），冬天居住在Turkestan[24]，这意味着他们根据预定的路线按季节迁动。在到达近东地区——也即拜占庭帝国和十字军国家边界附近——之后，他们继续保持了依寒冷季节和炎热季节在两个营地间来回移动的方式。

一个充满神话色彩的故事讲到，某个时期，乌古斯——乌古斯人的名祖——在底格里斯河边扎营过冬，从那里他可以到周边地区探险。他的一个夏季营地（他经常迁移，在严寒季节也是如此）似乎是在库尔德斯坦的山区，从那里他搬到德马峰（Demawend）山区。[25] 十二世纪末期，在迁到里海以南地区之后，塞尔柱突厥人保留了他们的游牧生活方式，他们住在帐篷里，冬天在气候温和干燥的南部地区（包括叙利亚南部），夏天则往北迁到河泊遍布、新鲜空气的地区。[26] 十二世纪中期，一位来自格拉纳达的阿拉伯旅行家写道，留在伏尔加河岸萨克辛（Saksin）城附近的乌古斯人有舒适的帐篷（可能属于部落首领），可容纳一百多人。[27]

同时代的提尔大主教威廉描述了塞尔柱突厥人生活方式的许多细节，他声称："突厥人或土库曼人（他们拥有相同的血统），亦即塞尔柱人，最初来自北方。他们粗野，没有固定居所。他们一直漫游，带着羊群寻找最好的牧场。他们没有城市、乡镇或者永久定居地。他们变换居住地时，同部落的人相伴而行，一些老者担任首领……他们漫游时随身携带一切财物：马、羊、牛、仆人和女婢，这些就是他们的全部家当。他们无视农耕。他们不知买卖，因为他们只通过交换来获得生活必需品。当被水草丰茂之地所吸引、渴望多留住一些时日且不愿被骚扰时，他们通常会派遣一些智者请求当地统治者，以便能够安营扎寨。"[28] 与此同时，982年波斯匿名作家编写的一部地理著作提到，乌古斯人在夏季和冬季交替寻找草场。[29] 九姓乌古斯人的情况也一样，据说他们"循着牧场四处游荡"。[30]

不过，虽然这部著作认为乌古斯人住在毡帐且没有城市[31]，但是据说，他们在九姓乌古斯部落联盟的兄弟社群，正好居住在前文提及的两座中型城市的所在区域。在这位波斯地理学家所言及的年代，九姓乌古斯之国东临中国，以密集的城市和繁荣的交通路线而闻名。因此，绝非偶然的是，它们最重要的城市，亦即国家的行政中心，被称为"华夏城"（Jinānjkath/Chinānjkath）。[32] 除其他方面之外，这些材料需要哥疾宁（Gaznevids）国家①的波斯人格尔迪齐所载的事实加以补充，这位人士宣称，九姓乌古斯汗国用栅栏和城墙加固其宫殿[33]，这是典型的城市居住地的防御工事。

上述982年的著作对于乌古斯人定居点的记录与其他史料的记载并不相符。十二世纪阿拉伯地理学家伊德里希（Idrisi）声称，乌古斯人已经建立了几个坚固的堡垒，上层人物用它们来躲避敌人的攻击和隐藏宝物。[34] 马合木德·喀什噶里表明乌古斯人在中亚拥有一些城市，并提到这些城市的名字。[35] 另一位出身于阿塞拜疆的东方地理学家阿尔-巴库维（'Abd ar-Rāšid al-Bakuvi）提到，乌古斯人拥有一座由石头、木头和茅草屋构成的城市。[36] 尽管他的著作是在十五世纪初期完成的，但相关的信息值得考虑，因为其中的素材来源于许多以前的史料。在相同的背景下，众所周知，咸海地区的乌古斯人领袖叶护（yabghu）的主要住所在养吉干（Yangikent）城，这个源于突厥语的名称意为"新定居地/新城"，这表明它所具有的都市特征。[37] 另一方面，乌古斯人获许进入一些隶属于其他国家的中亚城市，诸如久加尼亚（Djurdjaniya）和萨布朗（Sabran），他们在那里展开政治活动，或建立外交

---

① 译者注：哥疾宁也称伽色尼、加兹尼、吉慈尼，位于阿富汗东部地区。

联系（萨布朗）。[38]

东方的其他史料也证明乌古斯人在中亚的居住地拥有城市。[39] 其中的一些城市很难断定是从周边族群征服得来的，还是乌古斯人自己建立的，抑或是在修建时得到了具有都市生活经验的外国族群的建议，而且，即便是对这些城市居民的族群结构进行小小的推测也是有风险的。有的城市可能是由一些基本稳定的冬日活动中心演变而来，恶劣的气候迫使游牧社群在此居住数月。[40] 由于靠近贸易路线，也有利于这些中心区域变成交易市场。

即便乌古斯部落联盟的少数核心成员选择了城市生活的元素，大多数人也依然继续固守游牧生活方式的原则。显然，这种生活方式之所以能够得到维系，在于他们拥有作为最好的牧牛人的资质，以至于几乎完全忽视了农业事务。事实上，一位拜占庭编年史家曾指出，十二世纪三十年代塞尔柱突厥人在小亚细亚东部受到约翰二世攻击的时期，他们对农业一无所知，他们所知的食物就是牛奶和牛肉，这也是以前斯基泰人唯一习惯的食物。[41] 在乌古斯人的经济中，马、牛和羊是最重要的动物。[42] 他们的马匹速度惊人，这是其轻骑兵的重要优势。第一次东征的队伍进入小亚细亚时，军队首领诺曼底公爵罗伯特就非常羡慕塞尔柱突厥人——乌古斯人的亲戚——的马跑得比其士兵的马快。[43] 除了马和羊之外，塞尔柱突厥人偶尔也拥有骆驼，这可以从1116年格鲁吉亚击败塞尔柱人之后获得的战利品中推断出来。[44]

乌古斯社会富裕阶层的人物拥有大量的马和牛。根据阿拉伯人伊本·法德兰的说法，乌古斯富人拥有1万匹马和10万只绵羊。[45] 这些数字看起来太高了，因此我们认为这些马和羊不是属于一个人，而是属于整个氏族或部落。据另一份资料（这是基于传统的说法），在塞尔柱克（Seljuk）属下的百人骑兵团离开领地时，他本人就拥有1.5万头骆驼和5000只羊。[46] 即便如此，我们也认为可能是言过其实了：羊的数量看起来还算合理，但是骆驼的数量听起来着实夸张。在说到塞尔柱克属下迁徙的同一幕场景时，叙利亚聂斯托利教派历史编纂学的杰出代表，被称为"巴·赫卜烈思"（意为"犹太人之子"）的格里高利·阿布·法拉指出，他们拥有数量众多的马、骆驼、羊和公牛。[47]

240

如果说人们很少提到乌古斯人热衷于狩猎的话，那么，关于其名祖乌古斯汗的传奇文学表明，他经常专注于如何更多地捕杀猎物的问题。[48]然而，同代人更关注的是乌古斯人对于邻居的掠夺。关于乌古斯人的一些狂暴侵略的记载，及其拥有大量武器的说法，造就了他们在军事方面的名声[49]，而且，这些武器似乎是他们自己制造的。

他们的武器库——既用于狩猎也用于征战——是所有突厥语游牧民族的典型。[50]一份匿名的中世纪回鹘文献描述了乌古斯可汗如何进行狩猎，作者谈到，这个神话人物使用一根长矛、一把弓、许多箭头、一把刀和一面盾牌[51]，这些构成了草原骑兵的常规武器。史诗《科尔库特之书》（*Dede Korku/Kitâb-i Dede Korkut*）也提到，乌古斯人使用的武器是弓箭、马刀和长矛[52]，这部史诗的创作日期不明，但在中亚、阿塞拜疆、安纳托利亚的突厥-乌古斯人群中得到广泛流传。以上引述的信息得到了巴·赫卜烈思所著编年史的部分证实，该书淋漓尽致地讲述了塞尔柱克侄子脱黑鲁勒伯克（Tughril Beg）的宏伟抱负，并描绘了脱黑鲁勒伯克的宫殿：后墙以盾牌和长矛作为装饰，前墙以一把大弓作为装饰，而他本人习惯在正式仪式上手持两支箭。[53]乌古斯人起源于突厥语部落联盟，后者在传统上包括40个民族，众所周知，他们关于马的知识极为丰富，在制造弓和箭方面也鲜有对手。[54]

关于乌古斯人战斗策略的信息只有只言片语。他们作为草原游牧民族及其墓葬中包含有与欧亚大陆其他游牧社群类似武器类型的事实表明，他们在军事对抗中使用的战略与他们的亲属部落非常相似。在这方面，关于乌古斯人塞尔柱支系的叙事资料拥有丰富的细节。其中，拉万迪（Mohammad ibn Ali ibn Soleyman al-Rawandi）的文本尤为突出，他在十三世纪上半期为科尼亚（Konya）的塞尔柱君主服务。他认为，在战前，战略家最重要的事是熟悉敌人军事潜力的最细微的细节。作战体系的设计取决于各方军队的骑兵和步兵的比例，如何配置战场上的生力军并熟悉战地支援情况。关于战场上军队的排列位置，拉万迪这样谈道："作战当天的战场布置有几种形式。在每个区域和每个地方，军力都必须充足。一般而言，战斗的秩序分为两种：紧凑型或分散型。紧凑的队列只能有三种形式：直线形、曲线形和三角形。所有这些队形都应该有左翼、中心和右翼。分散的队列只有当您的军队由装备精良的骑兵组成并且地形足够广阔以使士兵能够逐个机动分离时，才能够使用。每个分队必须形成一个三角形，在战斗中每一边都必须始终是另外两边的支点。战场的布局和人员的部署必须使战斗人员能够清楚地看到他们的同伴和敌人。通过观察敌军的调动和使用的武器，才能知道以何种武器和方法应对。军队必须能够熟练使用武器，士兵须已经完成武器使用方面的严格训练。如果敌军由步兵组成，而国王的骑兵数量占优，那么，必须选择广阔而分散的战场。这时必须选择曲线形的队列，队伍头尾的两个分队必须保持一定的距离。他们将成为战线的支柱，无论是进攻期间，还是在撤退期间，抑或是敌人调兵遣将准备发起总攻的时候，通过移动，他们就能够防止敌人的步兵向左或向右移动。"[55]作者还就如何如何扎营和防止偷袭的问题提供了一些建议。他的建议表明，塞尔柱突厥人已经部分超越了他们所在的游牧生活阶段，正在迈向一种定居生活的方式。[56]

　　资料显示，无论是乌古斯人部落联盟核心部分仍然居住在中亚的时候，还是已经开始向伏尔加河下游地区迁移的时候，他们中间就已经有许多商人了。[57]在某些情况下，很难说这个社会阶层是来自于乌古斯社会，还是来自于哈里发国家或其他具有商业交流传统的地区。乌古斯人典型的生活方式及其城市生活不发达的特征，更偏向于证实后面一种假说，不过，也不能完全排除部落联盟的某些成员直接参与商业活动。[58]事实上，有一些资料证明乌古斯人在呼罗珊出售山羊，由于羊毛质量优良，他们在那里颇受欢迎。[59]十世纪乌古斯人经常来到花剌子模统治下的一个商业中心久加尼亚，贩卖他们的山羊。这个城镇之所以重要，是因为它处在通往久尔加（Djurdjan）的重要的商队路线上。[60]

　　外国商人为了能够进入乌古斯人的领地，必须在当地人中间找到一个联系人，当然，被选之人应该具有较高的社会等级。联系人将收到许多礼物：男人的衣服、胡椒、栗子，以及送给他们妻子的葡萄干和坚果。反过来，东道主给予商人一个帐篷和一定数量的羊作为食物。如果商队有一些羸弱的动物，可以留给东道主帮忙照顾，后者给他们骆驼和马，甚至给他们继续旅行所需要的钱，商人做完生意归来后要全部返还这些东西。倘若商人在穿越乌古斯的土地时去世，他的财产作为退款交还给东道主。[61]伊本·法德兰的游记所概述的这个故事表明，乌古斯人对于商队通勤感兴趣，他们将之转化为可观的利润。这个游牧社会能够保护穆斯林商人，并在运输货物和获取食物方面给他们提供某些便利。

三、社会和政治组织

部落社群的核心是家庭。结婚时男方必须给女方监护人（父母或兄弟）赠送彩礼，例如衣服、骆驼和马。如在穆斯林社会一样，乌古斯社会也认可一夫多妻制，当然，只有富人才能负担得起众多妻子。对一些罕见的通奸案将施以极其严厉的惩罚，乃至处决。同性恋行为也受到坚决的制裁和严厉的惩罚。正如伊本·法德兰声称的，仅仅因为试图虐待一个年轻的乌古斯人，一个来到伏尔加地区的花剌子模商人不得不以400只羊作为礼物进行赎罪，不然就被处决，这样，他才能够回家。出于避免家庭财产的流失和其他方面的原因，收继婚制度继续得以维持，这正如《旧约》所描述的古老社群的典型做法：死者的长子必须与死者的遗孀结婚，除非后者是其生母。[62]

社会财富出现了严重分化。尽管数字夸张，伊本·法德兰的游记——上文已引用——所提到的乌古斯人遍地牛马的例子，不禁让人浮想联翩。同一份资料还讲述了富人所拥有的奴隶，以及后者如何被当成家仆使唤。奴隶的境遇揭示了自身朝不保夕的地位：如果富人生病，须和家人隔离，住在单独的帐篷里，以免传染，而奴隶却要受托照顾富人，如果奴隶倒霉病倒了，就只能像穷人一样被遗弃在浩瀚的大草原上。[63]

乌古斯社群的内部演化和政治的不稳定性，搅动了当地的部族，使各政治体分分合合，随着时间的推移，这必然导致乌古斯组织结构的长期而脆弱的变化。一些被称为"三姓乌古斯"、"八姓乌古斯"、"九姓乌古斯"的实体的存在表明，这些结构组织甚至在乌古斯部落联盟起源过程未完成之前就已经出现了。之后，在十世纪中期，阿拉伯学者马苏第认为乌古斯人是突厥人中的最勇敢者，他将乌古斯人社群内部划分为高、中、低三个等级。[64]

除了以上提到的材料，在乌古斯人离开中亚之后，阿拉伯历史著作也提供了乌古斯部落联盟结构的一些信息，记录了早期时代的情况（可能是从公元1000年左右开始）。十二世纪初期阿拉伯作家马卫集回忆了乌古斯的十二个部落，"有的被称为九姓乌古斯，有的是回鹘，有的是 *Üch-ghur*(?)[①]"。[65] 九姓乌古斯被纳入乌古斯部落联盟的事实并不令人惊讶，但是，回鹘人也被纳入该联盟的说法似乎不太可信，这种隶属关系在公元第一、二千纪之交就已经完全改变了，当时回鹘人在中亚地区成功建立起强大的国家。在其他一些东方史料中，乌古斯人和九姓乌古斯人被认为是不同的部落联盟。[66]

十一世纪后半期，在巴格达进行写作的马合木德·喀什噶里声称：突厥最初有20个部落，最靠近拜占庭的是佩切涅格、钦察和乌古斯。[67] 这位学者还列举了乌古斯的22个氏族或部落。[68] 然而，曾在蒙古服务并掌握大量东方信息资料的波斯编年史家拉施德丁（Räšid od-Din, 1247—1318）却说有24个部落。阿布·加齐（Abu'l-Ghazi, 1603—1664）依照其犹太裔波斯同胞的观点，在一部用察合台方言撰写的编年史中也说是24个部落。

马合木德·喀什噶里所列举的部落名称，有21个或与拉施德丁所列的相同，或在形式上非常相似，我们进行了复制，括号中是比较项：Qiniq、Qayigh (Qayi)、Bayundur、Ivä/Yewä (Yive)、Salghur (Salur)、Afshar (Avshar)、Bäktili (Begdili)、Bügdüz、Bayat、Yazghir (Yazir)、Äymür、Qara-bölük (Qara-evli)、Alqa-bölük (Alqir-evli)、Igdir (Yigder)、Ürägir/Yürägir (Ürekir)、Tutirqa (Dudurgha)、Ula-yondlugh (Ula-yontli)、Tögär (Düker)、Bäčänäk (Bijne)、Čuvaldar (Juvuldur)、Čäpni (Chebni)。马合木德·喀什噶里名单上的第22个名称是"Čaruqlugh"，它没有出现在伊尔汗国波斯历史学家的名单中，而且，后者所列的最后三个名称"Yayrli"、"Qariq/Qiriq?"、"Qarqin"也没有出现

[①] 译者注：作者在这里使用了斜体和问号，表明他自己对于该词也存在疑问，类似情况在本书中亦出现数次。

在那位拥有突厥系血统的伊拉克学者的名单中。[69]

在社会组织的早期阶段，部落平等的习俗发挥着作用，那些离开欧亚地区或社会结构已经革新的社群还残留着相关记忆。十二世纪，在地中海东部海岸参加十字军东征的一位主教、编年史家记载了一件事情，它证明上述习俗的强大力量：各突厥社群的代表依照旧制举行会议，选出暂时领头的部落。[70] 只有具备一定声望的部落才有资格竞争。在选出领头部落之后，通常也从中选择最高酋长，不过要考虑候选人的年龄、性格和价值。[71]

无论是马合木德·喀什噶里列举的名单，还是拉施德丁和阿布·加齐列举的名单，都出现了一个族名"Bäčanäk/Bijne/Bečene"，指的是佩切涅格人。显然，他们所想的并不是整个佩切涅格部落联盟，而是从部落联盟分离出来的、不知何故在政治方面臣服于乌古斯人的一个佩切涅格分支。大型社群包含各种小社群的现象——这也得到了君士坦丁七世的证实[72]——在欧亚大草原游牧部落迁徙过程中颇为普遍，此时，小型氏族将被较大的部落联盟排挤和同化。可以肯定，也有其他突厥人面临着与佩切涅格人一样的命运，就像一些乌古斯社群也依附于亲戚的部落联盟。

与其他游牧的突厥人不同，乌古斯人有一个被称为"叶护"的最高酋长，这至少是十世纪时期的情况，当时，他们到达了咸海和里海之间的地区。在周围的一些图兰语族群中，"叶护"是指可汗的亲属，社会和政治等级相对较低。根据八世纪中期的一段如尼文铭文，回鹘可汗分别将"叶护"和"沙"（shad）的头衔，连同一些土地，授给他的两个儿子。[73]

在喀喇汗王朝（Qarakhanid）时期，在以可汗和特勤（tigin）为首的等级制度中，叶护的地位要低于尤格鲁什（yughrush）或维齐尔（vezier）。在八世纪后期阿富汗北部所谓的嚈哒人群的衰落时代，叶护的职位也得到了证实。这个术语的词源和起源仍存有争议，有人推测它可能出现在前伊斯兰时期和突厥第一汗国（中亚）形成之前。一些专家认为它属于印欧语系，可能来源于吐火罗语或伊朗语。[74] 显然，乌古斯人是在臣服于外来族群的时候采用了叶护的职位，但在获得自主权后依然沿用之。叶护之下还有一个所谓的库厄金（kudherkin）等级。[75]

就九姓乌古斯而言，可汗是部落联盟的最高领袖[76]，这也是欧亚大陆大多数突厥游牧民族的共同模式[77]。可汗——实际上被称为九姓可汗——拥有一支1000名武士的卫队和400名女奴[78]，这与游牧生活方式的节俭的风格大相径庭，而与东方君主奢华的品位相一致。

至于王位的继承则显示出欧亚大陆图兰语部落的一些特殊性。对此，八世纪上半期鄂尔浑河的一些突厥汗国／蓝突厥（Kök Türks）碑文甚至已有所概述。从735年纪念毗伽可汗（Bilgä kaghan/the White kaghan）的碑文来看，其祖先土门（Bumin）和室点密（Istämi）立他们的弟弟作为继承人，然后再立他们的儿子作为继承人。[79]在毗伽之前，他的父亲和叔父都是可汗。他之所以能够继承王位是被认为"天命所归"。[80]在塞尔柱突厥人中间，领导权通常都是王族中的最年长者的权利，虽然这种习好从未成为严格的制度。为了能走向社会金字塔的顶端，候选人的素质至关重要。不仅已故统治者的儿子们拥有继承权，他的侄子们也有继承权，例如，阿尔普·阿尔斯兰（Alp Arslan）就从他的叔叔脱黑鲁勒那里获得了权力。在安纳托利亚的塞尔柱人中间，苏丹任命一个儿子作为继承人，但不总是以年龄作为标准。没有获得最高职位的儿子将被授予"马利克"（malik）的头衔，有权统治国家的几个省区。苏丹的决定有时引起继承者们的不和，从而导致自相残杀的权力斗争。[81]从上面提到的情况来看，王朝继承没有严格的规则，儿子、侄子或者已故统治者的兄弟都有机会继承王位。为确保继承的合法性不可动摇，突厥统治精英尽可能使君权神授的观念变得更加可信。[82]

部落组织既是一种内在需要，以调解社会各阶层关系，也是一种外在要求，以应对常见的其他游牧社群的暴力对抗。鄂尔浑河铭文和古老民族史诗《乌古斯汗传》（Oghuzname）记录了乌古斯突厥君主的神权观念和对于统治全世界的渴望。[83]关于最高政治领袖与神的密切关系的观念，可以从另一部著名的乌古斯史诗中推断出来，它重点突出了科尔库特（Dede Korkut）的形象，其中一个段落提到，"君主在腾格里（Tangri）的庇护之下"，腾格里①是前伊斯兰时代突厥部落最重要的神祇。[84]这个文本意在表明，乌古斯领袖的决定乃出于天神的意志，全体臣民都必须严格遵守。

十世纪中期，塞尔柱克被叶护授予"苏巴什"（sü-bashi，意为"军头"）的职位，一个世纪之后，他的孙子脱黑鲁勒甚至在进入巴格达之前，就以一种狂妄自大的姿态接管了波斯最高头衔"万王之王"（shahanshah/shâh-in-shâh），之后，这个词被阿拉伯语的对应词"苏丹"所取代。[85]除非我们想到乌古斯的血统，否则他的鲁莽举动似乎令人惊讶。这要回溯草原上的热烈氛围，那里突然形成的帝国传统被人尊崇地保存下来。

草原游牧民族社会的典型结构和乌古斯人的部落组织被证明是非常有效的。与这些方面有关的术语，在八世纪古突厥语铭文中得到了证实，并以几乎完全相同的形式出现在安纳托利亚塞尔柱的社会环境之中。这些术语一直存在于当地社群的词汇库，直到当代游牧民族的遗迹逐渐消失，被现代化进程中的动力所吞噬。[86]

四、宗教信仰和实践

根据专家们的看法，前伊斯兰时期乌古斯人的宗教信仰和中亚地区其他突厥语族群的宗教信仰有着共同特征。他们的主要神祇腾格里——其名称含有"神"和"天"的意思——确立了宇宙及人间的秩序。伊本·法德兰是最了解乌古斯人日常生活的人之一，他认为，乌古斯人在遇到不公正或不愉快的情况时，通过一些程式召唤他们的最高神 Bir Tängri，Bir Tängri 意为"唯一的神"。[87] Tängri 可能是前突厥语系的一个词语，它甚至被匈奴各部落所熟知。据说，其最初是指眼前的天空，后来具有"天堂"的含义，指一个非个人化的神。[88]这个词在八世纪蒙古的古突厥"如尼文"铭文中经常出现，有时候还伴随着某些限定语。[89]马合木德·喀什噶里在一部论述突厥语方言的颇具价值的作品中指出，TANKRIY tänri 的意思是"光荣而崇高的

---

① 译者注：腾格里，意为"天神"。

神",为了揭示更多的内容,他还引用了一句谚语:"异教徒的祭司敬拜至高的神,但被赞颂的、崇高的神不满意他的奉献。"[90] 在《库蛮语汇编》(*Codex Comanicus*)中,Tengri 对应的拉丁词是 Deus①。[91] 根据十四世纪阿拉伯世界编写的另一部词典,即所谓的《拉苏勒国王词典》(*Rasūlid Hexaglot*),突厥词 tengri 在不同语言中的对应词是:Allâh(阿拉伯语)、hudây(波斯语)、oteyos(希腊语)、aswadz(亚美尼亚语),所有这些词都表示"上帝"。[92] bir tänri 一词在十四世纪早期土耳其-安纳托利亚诗歌中也有相同的意思[93],同时代埃及马穆鲁克-钦察文献中的词 Tänri、Tängri[94],十七世纪波兰-乌克兰地区的亚美尼亚-钦察词汇表记录的词 tëngri、tënri[95],等等,都有相同的意思。前引例子表明,tängri 一词在突厥语世界被频繁使用,并且它能随着时间流逝而保持语义的连贯性。这也是因为,该词所指的神在欧亚草原游牧民族(包括乌古斯人)的万神殿中占据了重要地位。

与此同时,他们崇拜天上的和神秘性的元素:星体、地球和水系。万物有灵的信仰也存在,因为乌古斯人相信各种物体都有自己的生命。萨满仪式在这里是一个非常古老的传统,它们基于这样的理念:萨满其人被赋予神秘使命和祭司身份、拥有魔法和治病的能力,在经过漫长的启蒙过程和各种仪式实践之后,能够确保抵御恶灵,治疗疾病,保护人群及兽群不受敌人的侵害,指导狩猎探险,引导生者和王者的心灵等。为了赢得善神的好意和驱赶恶灵,人们需要在圣洁之地献祭。[96]

关于九姓乌古斯人的超自然宇宙(当然,它与乌古斯人的超自然世界没有多大区别),最令人感兴趣的是阿尔-巴库维的证据,他认为他们没有庙宇,而且崇拜马。他还提到,他们"庆祝彩虹。他们的土地上有一种'血石'。如果把它挂在一个血管里流淌着鲜血的人身上,血液就会突然停止流动"。[97] 格尔迪齐更倾向于一种普遍性的观点,他表明,九姓乌古斯人传统上信仰摩尼教,尽管他们也有基督教、琐罗亚斯德教和佛教的行家。[98] 早期的阿拉伯史料也表明,九姓乌古斯部落社群也有基督教徒和佛教徒。[99] 佛

---

① 译者注:Deus 意为"上帝"。

教在公元六世纪已经渗透到中亚的突厥帝国,这尤其是受到了中国的影响。它对于贵族阶层和商业环境有一定的影响。在蒙古布古特(Bugut)发现了突厥人用粟特语撰写的最古老文本(约581年),其中提到塔斯帕汗(kaghan Taspar)得到一位前任可汗的灵魂的命令,敦促他建立一座佛教寺院。[100]摩尼教对于突厥世界的影响更大,这尤其是与粟特人的改宗相关。762年回鹘可汗的皈依表明摩尼(216—277)的教义对于突厥语社群思想观念的影响达到顶峰,随后,第二年摩尼教作为国教得到了推行。[101]鉴于乌古斯人被纳入回鹘国已逾数十载,摩尼教自然也对他们产生了某些影响。

在突厥-乌古斯世界中,存在许多涉及万物诞生、突厥民族的出现、部落分裂、扩张进程等的宇宙神话。一些传说反映了图腾崇拜的影响。关于乌古斯汗的神话流传很广,它们包含了真实和魔幻的元素。根据一个古老的突厥传说,乌古斯汗和他的军队在征战中得到一只会说话的神奇的狼指引。[102]然而,叙利亚的米海尔(Michael the Syriac)在他的编年史中声称,塞尔柱突厥人在扩张战争中得到一只形如猎狗的动物指引。[103]这两个故事都属于神性-导游性动物的神话类型,这在许多亚欧族裔族群的传说中较为常见。

一般而言,图兰游牧民族宽容对待各个教派,无论是其他族群在草原上陷入精神迷茫的时候,还是自己的同胞意欲抵触外国传教士的传教行为的时候,都是如此。不过,这种宽容是有限度的。因此,当伏尔加地区的乌古斯王子穆尔克(mulk)皈依伊斯兰教的时候,臣民们以他放弃新信仰为条件保留他的权力。[104]通常,只要选择其他宗教的行为是个人的孤立事件时,对于教义问题的宽容态度就能够得到维持,然而,当新宗教获得越来越多的青睐时,冲突就无法避免了。马卫集的地理著作就记载了这样一种冲突。马卫集是一位学者,正如其名字所揭示的,他出身于木鹿(Merv/Marv),曾为著名的塞尔柱君主梅里克·沙服务。他告诉人们,在乌古斯人与伊斯兰国家建立联系,接受其宗教并获得"突厥人"的称呼之后,就跟没有皈依的人发生了冲突,后者被击败,被迫离开花剌子模,前往佩切涅格人的居住地。[105]

作为一个充满活力并与周边文明保持联系的族群,乌古斯人有可能受到佛教、摩尼教、基督教的景教分支、可萨犹太教等宗教的影响。十五世纪早期一部地理著作中关于乌古斯人洗礼的信息[106]无疑是错误的，因为在草原地区基督教的传播过程相对不那么显著。在塞尔柱克的四个儿子迈克尔（Michael）、阿尔斯兰（Arslan/Israil）、优素福（Yusuf）、穆萨（Musa）之中，两个拥有典型的基督教及犹太教名字，另外两个拥有穆斯林名字，专家们根据这个事实提出假设，东正教派在王族中具有相当大的吸引力。不幸的是，这个假设不能被证明，尽管它听起来相当可信。[107]

伊斯兰教义的影响更强烈和更持久，这种影响早在公元八世纪就开始了，十世纪时在塞尔柱人中间获得了令人瞩目的成就，在城市地区尤其如此。伊斯兰教在不同阶段以不同的交流渠道进行传播，这有利于吸收阿拉伯和波斯文化特色的重要元素。同时，与伊斯兰教的联系激发了全体人员的宗教和政治归属感，乌古斯突厥人反过来成为先知的宗教理想的有力拥护者。

如果说，在选择伊斯兰教之前，他们像其他图兰语游牧部落一样表现出宽容的话，那么，在此之后，他们对于信仰其他教派的族群的态度发生了变化。塞尔柱人经常以借口宗教、政治和经济上的矛盾，镇压其他教派的臣民。同时，在一些情况下，他们采取了歧视性政策，例如，禁止基督教徒、犹太教徒、琐罗亚斯德教徒和被视为穆斯林异端教派的信徒担任国家管理机构中的某些职务和职位（秘书、税务员）。[108]

尽管伊斯兰教取得了成功，但是大批乌古斯牧人仍然保留异教传统，这种情况在黑海-里海草原墓穴发现的宗教遗迹中已得到证实，这些遗迹离亚洲西南部和中部的伊斯兰教中心相对较远。对于这些墓群的分析表明，他们的丧葬实践带有保守主义色彩。乌古斯人将死者与献祭的马埋在一起，连同马具配件、珠宝、武器等，横放在木制平台上（图45、46）。随葬品及其摆放位置揭示了人们对于来世的信念。[109]

关于伏尔加河流域乌古斯人的丧葬仪式，伊本·法德兰的描述具有很高的史料价值。根据他的游记所载，埋在大坟墓里的死者穿着衣服，系着腰带，别着弓，还带了钱和装满某些饮料的木杯。人们在坟上垒起土堆，并在附近献祭死者的马。这位阿拉伯旅行家还提到，他们还在战死沙场的勇士的坟上放置木雕，其数量等于杀敌数量。[110] 这一发现表明：在黑海北部草原上发现的、被大多数专家认为属于库蛮部落的拟人石像——即所谓的"kamennye baby"——实际上至少有一部分是属于乌古斯人的。

五、政治演变

（一）脱离突厥部落集团：乌古斯人的塞尔柱分支

随着时间的推移，乌古斯人的历史源头渐渐模糊了，他们的起源是中世纪中亚复杂的族群大熔炉的一部分。尽管过去几十年里考古调查取得显著进展，但还是完全不能判断其族群形成的具体过程，目前，只有鄂尔浑河的铭文、一些东方编年史文本和地理学著作所提供的信息，能够让事情变得稍许清晰。

乌古斯人的祖先属于东方突厥人，在很大程度上，后者的汗国曾与今天的蒙古领土相当。突厥汗国的统治阶层面临着治下人民的离心倾向。在这方面，乌古斯人也给他们带来了麻烦，因此，在公元七世纪晚期颉跌利施可汗（Kaghan Elterish）统治时期，他不得不五战乌古斯人。[111] 九姓乌古斯人也敌视汗国的中央权威。[112] 在中国唐朝藩臣数十年的统治之后，这个地区在八世纪中期获得独立地位，此时正值拥有百年国祚的回鹘汗国的形成时期。目前还不清楚的是，在中国统治时期，乌古斯人和九姓乌古斯人是否组成单一的部落联盟，还是他们已经完全脱离了这个联盟。正如一些专家曾经认为的，九姓乌古斯人可能并不等同于回鹘人，他们在回鹘汗国内保持了自己的个性。

八世纪下半期乌古斯人向西迁移，最初在额尔齐斯（Irtysh）河下游和锡尔河之间地区居住。他们的迁徙可能是由于葛逻禄（Qarluqs）的霸权扩张引起的。在九世纪早期的几十年里，乌古斯人被发现在阿拔斯哈里发帝国附近出没，他们当时正在和呼罗珊总督阿卜杜拉·伊本·塔希尔（Abdallah ibn Tahir）发生冲突。总督派军讨伐，由他的儿子塔希尔（Tahir）率领，洗劫了他们的国家，夺走一些土地并捕获许多俘虏。由于毗邻波斯人和阿拉伯人所居住的国家，这有利于伊斯兰教在乌古斯部落联盟的最初传播。乌古斯人向锡尔河和咸海扩张土地，他们与佩切涅格人发生了冲突，然后被迫离开（图48）。

在向西缓慢迁移的过程中，一部分乌古斯人群暂时受到中亚地区其他突厥国家的统治。[113] 因此，由于得知"下乌古斯国属于花剌子模"的消息，十一世纪阿拉伯地理学家伊斯泰赫里（al-Istakhri）似乎认为，花剌子模的统治已经扩张到西亚的乌古斯人的土地。[114] 遗憾的是，对于这些事件的确切年代，中世纪学者并没有什么准确信息。在阿尔泰山脉西北斜坡，考古发现证实了乌古斯人的存在。他们的遗迹可以追溯到八世纪初期至十世纪早期。古墓中的这些遗迹，除了骨架之外，还有马头骨和马脚的尖部。同一地区也发现了基马克人（Kimeks）、钦察人和黠戛斯人（Kirghiz）的坟地，他们在九至十世纪与乌古斯人存在各种联系。[115] 在这些人中，乌古斯人与基马克人的关系比较密切。在双方的蜜月期，基马克人被允许冬天在乌古斯人土地上放牧，因为那里的气候比较暖和。[116]

与邻国争夺土地所有权的争端促进了乌古斯社群内部的统一，这在九世纪进一步催生了以其部落首领名字命名的所谓的叶护乌古斯（Yabghu Uzes）国。这个国家位于锡尔河流域和里海之间的狭长地带，北面与基马克人相邻，南面与花剌子模及萨曼王朝接壤，东面与葛逻禄人相邻，西面与可萨人相邻。首都养吉干城是游牧人古老的夏季定居地，大体相当于今天的加吉卡拉（Djankent-kala），它位于锡尔河左岸，在该河进入咸海的入口附近（图47、48）。与其他族群的对峙，加之内部的矛盾，逐渐动摇了叶护乌古斯国统一的根基，最终导致它的灭亡。

十世纪伊本·豪卡尔的地理学著作有一些关于乌古斯部落集团内部激烈冲突的材料，他写道，由于这些冲突，一些部落跟同胞断绝了关系，从而居住在里海和可萨人土地附近的、带有泉水的大牧场。[117] 同一位作者指出，伏尔加的部分区域构成了基马克人和乌古斯人的边界[118]，乌古斯人与基马克人、黠戛斯人和可萨人比邻而居，他们也临近巴什基尔人某支系的居住地[119]。他的另外一个段落额外提到了中亚西部和东欧的地缘政治："乌古斯人的领土，从可萨人、基马克人、葛逻禄人及保加利亚人之间的区域，延伸到伊斯兰帝国边界，位于久尔加、巴拉布（Barab）和白水城之间。"[120]

十世纪晚期乌古斯部落联盟分离出一个充满活力的群体，他们由克尼柯（Qiniq）部落领袖塞尔柱克所领导，克尼柯部必定是最重要的部落，因为它在东方学者所列的部落名单中排名第一。塞尔柱克的父亲杜卡克（Dukak）绰号"铁弓"，在乌古斯人的等级体系中拥有特权地位，塞尔柱克继承了这个地位，他在叶护的保护下长大，被叶护授予"苏巴什"的头衔。根据一个传说故事，在某个时候塞尔柱克和叶护之妻陷入了丑闻，叶护则加以利用这件丑事，因此，塞尔柱克被迫与仅有的100名忠实臣民迁到锡尔河左岸，在扬恩德（Jand）定居下来。由于这个地方与伊斯兰世界接壤，塞尔柱克接受了伊斯兰教，这对其臣民后来的变化是一个非常重要的举措，当然，他选择伊斯兰教主要是基于政治上的考量。

十世纪晚期和十一世纪初期，以塞尔柱克名字命名的塞尔柱突厥部落联盟开始向南扩张。这个举动得到了许多地方统治者的极大鼓励，他们在政治上目光短浅，企图借塞尔柱突厥的军事潜力为自己谋利，事实证明这完全是幻想。

1018/1019年塞尔柱突厥人向西发动一次大胆的突袭，远至亚美尼亚。出乎意料的是，当地王朝没有组织有效的反击，从而损失了许多土地。当地居民极度震惊，将掠夺者比喻为"嗜血的野兽"，圣经关于世界末日来临的预言在宫廷圈子流传开来。[121] 大约同一时期，西方编年史记载了公元1000年前后在教士中间弥漫的世界末日的精神恐慌，他们执着于最后审判的顽固观念。[122] 在不到半个世纪的时间里，塞尔柱人再次派更多兵力返回之前被他们劫掠的地区，甚至成功地征服了这些地区并统治了数十载。

十一世纪上半叶的中期，塞尔柱突厥内部出现了裂痕，主要的势力在中亚霸权问题上分化出两派：喀喇汗派和哥疾宁派。其中一派臣服于塞尔柱克的儿子阿尔斯兰（Arslan/Israil），并为呼罗珊的哥疾宁人（Gaznevids of Khorasan）服务。另一派由迈克尔（塞尔柱克之子，父亲在世时，他就已战死）的两个儿子脱黑鲁勒和察吉里（Chaghri）领导，他们曾为喀喇汗王朝服务过一段时间。

苏丹马合木德·伊本·索卜克塔琴（Mahmud ibn Sebüktegin，998—1030）统治时期，哥疾宁王朝在吞并呼罗珊之后，就谋划着在河中地区占领新的土地，但这个野心难以实现，因为他们卷入了对印度西部和伊朗东部的战争。他们觊觎的是繁忙的布哈拉（Bukhara）城，该城由喀喇汗王子阿里特勒（Ali-Tegin）控制，并得到塞尔柱的重要部队的支持。马合木德死后不久，他的继承人马苏德一世（Masud I，1030—1041）下令进攻布哈拉城，塞尔柱人由于受到乌古斯科云鲁（Baranli/Koyunlu）下属的沙·马利克（Shah-Malik）的猛烈进攻，无法有效抵挡哥疾宁王朝。塞尔柱人战死7000—8000人，众多的人员和马匹被掳走，只好被迫于1034年离开他们在花剌子模的居住地，待到将来才返回。

在迅速摆脱强邻的统治之后，两支塞尔柱人群开始觊觎南部伊斯兰地区。在穿过阿尔斯兰的军队打开的缺口之后，脱黑鲁勒和察吉里率领的一支人数更多、力量更强的塞尔柱突厥军队长驱直入。

塞尔柱人得到了里海东南部适合居住的土地，其中包括哥疾宁王朝国家（他们对其负有军事义务）的一些土地，他们还提出了超越底线的要求。哥疾宁苏丹马苏德一世试图浇灭他们的扩张主义热情，但在1040年的丹丹坎（Dandanakan）战役中惨败，此后，他的对手先是占领了富饶的呼罗珊地区，然后是伊朗和伊拉克，这为塞尔柱之孙脱黑鲁勒伯克（Tughril-beg）所统治的强大国家（即所谓的"塞尔柱突厥帝国"）奠定了基础。塞尔柱的进攻在波斯湾以北地区造成了大规模的破坏，大片区域被摧毁，农民外逃，人口下降，土地被游牧部落贵族占领。因此，毫不奇怪，塞尔柱人的东方邻国都是用最灰暗的笔调描述他们，并强烈谴责他们的残暴和野蛮的习俗。不过，作为杰出的武士，他们无可挑剔的素质始终受到人们的认可。[123]

丹丹坎战役结束不久，1040年秋天塞尔柱人攻克了阿姆河（Amu-Daria）南部的大城市巴尔赫（Balkh）及附近的其他中心地区。三年后，他们大举进攻花剌子模，察吉里和脱黑鲁勒都参与了战争。1041年，与塞尔柱人关系良好的花剌子模沙被沙·马利克废黜，但后者没有能够抵挡察吉里和脱黑鲁勒的进攻，不得不放弃首都玉龙杰赤/乌尔根奇（Urghench/Gurganj），同盟友哥疾宁人一起逃难。由于遭遇察吉里伯克（Chaghri-beg）之子小阿尔普·阿尔斯兰的阻击，喀喇汗的阿尔斯兰汗（Arslan-Khan）夺取花剌子模的图谋失败，他被迫承认塞尔柱人在该地区的权威。

大约同一时期，塞尔柱的其他部队对伊朗采取了行动，易卜拉欣·伊纳尔（Ibrahim Yinal）攻克了里海以南的莱伊（Raiy）城，后来脱黑鲁勒伯克在1042年定居于此。随后，他们往南推进，夺取了白益（Buyid）王朝埃米尔的大片土地，接着，进攻阿塞拜疆和新近纳入拜占庭帝国统治的亚美尼亚诸省。继一系列成功的行动之后，1047年塞尔柱克之孙、穆萨之子哈桑（Hasan）率领的军队，被格鲁吉亚王子利帕里特（Liparit）指挥的拜占庭－亚美尼亚－格鲁吉亚联军拦截和消灭。为了报仇，易卜拉欣·伊纳尔和库特鲁米什（Qutlumush）率领塞尔柱军队直指安纳托利亚东部地区，在那里，他们遭遇了利帕里特率领的强大的拜占庭军队，后者得到了格鲁吉亚和阿布哈兹（Abkhaz）军队的支援。1048年秋天在安纳托利亚东北部埃尔斯伦城（Erzerum）哈桑－卡勒（Hasan-Kale）附近的战役中，塞尔柱人取得辉煌的胜利，迫使"孤身战斗者"君士坦丁九世寻求解决方案，以制止某些极端残暴的侵略。

至此，拜占庭清晰地意识到，自己必须在亚洲边界附近面对一个强大的对手，如果忽视这一点，必将犯下严重错误。此时，皇帝拒绝给他们缴纳年贡，但下令加强小亚细亚东部的要塞和守军。布置防守阵地并不是一个有效的策略，因为它给予塞尔柱人充分的行动自由，后者也充分利用了这一点。[124]

由于信奉伊斯兰逊尼派教义，塞尔柱突厥人和巴格达哈里发的关系变得亲近，后者意欲摆脱白益埃米尔的保护；那些人是什叶派信徒，被认为是伊斯兰异端教派的成员。在这种背景下，1055年脱黑鲁勒伯克和平进入巴格达。自同时期巴格达牧师哈提卜（al-Khatib，1002—1071）称其为"乌古斯人脱黑鲁勒伯克"以来，其血统就丝毫没有被人遗忘过。[125]此后不久，哈里发卡伊姆（al-Qaim）给予他苏丹头衔，这意味着正式认可塞尔柱人的扩张，从而有助于巩固他们在穆斯林世界的威望。随着他们控制了阿拔斯哈里发首都巴格达这样的大城市，威望也得到了进一步提高，在第一、二千纪之交的几个世纪里，巴格达是世界上最伟大和最繁荣的城市堡垒，只有君士坦丁堡能够与之相媲美。

雅库比（Yakubi）关于十世纪巴格达在东方世界的意义的论述，虽然带有一些主观色彩，却极其雄辩，他解释了这座城市所拥有的魅力。这位阿拉伯学者认为，他生于斯长于斯的这座大都市"是伊拉克的心脏。无论是在东方和西方，它在城市规模、重要性、繁荣程度、丰富的水资源和气候的纯净度方面，都是最杰出的和无与伦比的。这里居住了来自城市或乡村的各种人，它吸引了全世界远近不同的移民，许多人爱它胜于爱自己的故乡。全世界各民族在这里都有自己的街区和商业中心：这就是为什么人们在这里看到在世界其他城市所没有的多样性。只要些许努力，所有买卖的物品都可以源源不断地从东方或西方，从伊斯兰或非伊斯兰世界运到这里。的确，这些货物是从印度、信德（Sind）①、中国（西藏），以及突厥人、德拉米人（Delamitians）、可萨人、阿比西尼亚人（Abyssinians）的国家运来的，一句话，它们来自世界各地，因此，人们会发现这些货物在巴格达多于在原产地。你可以轻易获得这些货物，你也可以确信这里汇集了全世界的所有货物，所有财富和所有赞颂"。[126]

尽管哈提卜哀叹，他所生活时代的巴格达相较于著名哈里发哈伦·拉希德（Harun ar-Rašid，786—809）统治时代的巴格达，已经在走下坡路，但他依然使用同样强有力的修辞语言来描述这座大都市，其中特别突出了其建筑的辉煌和热闹喧嚣的经济文化生活："在财富及商业的重要性、学者及高素质人才的数量、贵族和平民等级制度、街区宽度、城区范围、宫殿奢华度、住宅、街道、大马路、小区、广场、道路、小巷、清真寺、浴场、码头、旅舍、空气的新鲜度、清水的甜度、露水的清澈度、树荫、冬天的温和性、春秋的清新度方面，世界上没有任何一座城市能够比得上巴格达，这里居民的数量众多。"[127] 这些描述色彩过于诱人，充满了这位阿拉伯作家的微妙的主观体验，尽管如此，它仍然暗含了对于底格里斯河岸边这座著名城市的美好

---

① 译者注：位于巴基斯坦。

想象，并证明了当世豪杰试图将之征服的雄心壮志。

公元第一千纪晚期，伊斯兰世界在宗教和政治方面出现两股竞争的力量：定都于巴格达的阿拔斯王朝和定都于开罗的法蒂玛王朝，前者是逊尼派，后者是什叶派。这场危机——自十世纪中期以来，它使得受什叶派白益王朝影响的阿拔斯王朝疲惫不堪——趋于破坏近东的均势，因此，与塞尔柱突厥人结盟，是恢复已遭破坏的平衡局面的有效办法。

1055年巴格达白益集团的瓦解并没有使阿拔斯首都的局势立即得到恢复，塞尔柱王族的内部纷争导致新一轮的政治动荡。为了埃及和叙利亚王朝的利益，趁易卜拉欣·伊纳尔反叛其表兄弟脱黑鲁勒所造成的紧张局势，1058年12月法蒂玛王朝精干的突厥人巴萨里西（Basarîsî）再次占领巴格达，赶走哈里发卡伊姆。脱黑鲁勒矢志扭转局面，于次年采取坚决的措施镇压叛乱，恢复了阿拔斯王朝成员在底格里斯河岸这座大城市的权力，并捕杀巴萨里西的支持者。通过这次实力展示，他宣称自己是阿拔斯王朝——穆斯林世界的宗教中心——合法地位的保护者，并致力于恢复其政治统一。

阿拔斯哈里发和塞尔柱苏丹之间的旨在促进双方的利益的共治模式，一直持续到塞尔柱克继承人的国家垮台为止。脱黑鲁勒和他的侄子暨继承人阿尔普·阿尔斯兰（Alp Arslan, 1063—1072）继续顽强地向西挺进，掠夺和摧毁了阿拉伯人、高加索人、拜占庭人居住的大片地区，他们兼并了新的地区并进行殖民，这导致其族群结构的逐步变化。自七世纪阿拉伯人暴风骤雨般地崛起以来，中东和近东地区还没有任何一支政治力量能够像塞尔柱突厥人这样强大。

在塞尔柱人开疆拓土的目标之中，高加索地区尤其能激起他们的兴趣，因为，从政治角度来看，当时这个地区支离破碎，减少了有效自卫的机会。拜占庭帝国在十一世纪上半期吞并了亚美尼亚，但即便如此也未能阻止他们。塞尔柱突厥人几番掠夺亚美尼亚。最突出的袭击事件发生在1064年，当时亚美尼亚诸王的古都阿尼（Ani）惨遭无情的掠夺，虽然它拥有坚固的防御工事。第二年，高加索的大部分地区或者被占领，或者主动归顺塞尔柱人的统治。这场动乱的一个后果是，大批亚美尼亚人迁移到小亚细亚东南部，在西里西亚建立了几个公国，他们在十二至十四世纪期间形成了统一的国家。对塞尔柱征服活动感触最深的是阿塞拜疆，当地伊朗裔居民受到了突厥人的强烈影响，这是阿塞拜疆民族形成的最后一个阶段。格鲁吉亚顽强地反抗塞尔柱人的霸权，它将权力延伸到阿布哈兹、希尔凡（Shirvan）和亚美尼亚的一些地方，使自己在十二世纪摆脱了作为外国附庸的负担。[128]

由于阿尔普·阿尔斯兰无法有效统治一大片征服得来的土地，他委托兄弟、儿子和亲戚进行管理，从短期来看，这是个明智的解决办法，但从长远来看后患无穷，为随后几十年塞尔柱国家的瓦解埋下伏笔。这个多族群、多宗教帝国继承的许多文化和政治传统难以抹杀或归并，因此难以实现和平、平衡和统一，这让阿尔普·阿尔斯兰疲于奔命。在攻占阿尼要塞后不久，这位精力旺盛、足智多谋的苏丹前往塞尔柱国家的东部区域，因为当地正逐渐脱离他的权威。1065年他进入Turkestan，然后推进到里海沿岸。他在此与库蛮军队作战，并制服了他们。作为回报，他努力与喀喇汗王朝恢复友好关系，由此，中亚王族的一位公主被许配给阿尔普·阿尔斯兰的儿子梅里克（Melik）。

塞尔柱突厥的首领们不仅破坏了拜占庭在外高加索地区的利益，也破坏了它在安纳托利亚地区的利益，他们在那里发动了几次掠夺性袭击。皇帝罗曼努斯四世（Roman IV Diogenes）下定决心终结这些侵略活动，于1068、1069和1071年在帝国东部边境组织了三次征战，但均以失败告终。更糟糕的是，最后一次战役，即1071年8月26日在凡湖（Van Lake）东北的曼兹科特战役，皇帝遭遇了彻底的军事灾难，他本人被阿尔普·阿尔斯兰俘虏，沦为阶下囚。罗曼努斯四世率领的军队中也有乌古斯部队，当然，他们是从居住在多瑙河和黑海以北的群体招募而来，并于1064年在帝国定居下来。其中，塔慕斯（Tames）率领的一些部队不愿意向自己的同胞开战，这两个群体是在一个世纪之前在咸海周围的草原上分开的，因此，在这场决定性的对峙之前塔慕斯部就和一群佩切涅格人转投到了塞尔柱人的阵营。[129]这次变阵并没有显著地改变军事力量的对比，但对希腊士兵产生了巨大的心理影响，他们开始怀疑其他的辅助部队会起而效仿乌古斯人。

尽管曼兹科特会战的结局是拜占庭历史上最严重的军事灾难之一，但它并没有直接对帝国的亚洲属地造成什么严重后果，因为胜利者索取的土地微乎其微。然而，阿尔普·阿尔斯兰要求对方缴纳年贡，提供军事援助并释放阿拉伯囚犯，作为交换，他同意释放被关押数月的拜占庭皇帝，某些历史学家认为此举是出于道德方面的考虑，但他更多的是出于现实方面的考虑，因为，皇帝支付的赎金无疑是巨大的。另一方面，突厥苏丹当时没有兴趣在西方吞并新的土地，他的精力主要集中于巩固以前征服的成果，扩大在中亚地区的权威。这就是为何在曼兹科特战役一年后，他远征河中地区，并最终死在了那里。就拜占庭帝国而言，如果说，与阿尔普·阿尔斯兰的对峙，导致军队彻底溃败并欠下巨额债务，却没有显著影响其东方边界的话，那么，在同样不幸的1071年，在帝国其他地方出现的冲突则至少带来了相同的伤害：匈牙利人正在进攻贝尔格莱德，诺曼人正在进攻巴里，拜占庭帝国分别丧失了巴尔干半岛西北部的战略要地及其南部意大利统治区的最后一块土地。[130]

关于十世纪的实际情况，人们可以套用阿米亚努斯·马塞林努斯（Ammianus Marcellinus）编年史的一句名言：曼兹科特战役的失败及帝国欧洲边境所受到的打击，是拜占庭"全部灾难的种子和各种不幸的根源"。[131]

阿尔普·阿尔斯兰的儿子暨继承人梅里克·沙/灭里沙（Melik-shah，1072—1092）继位后，面临严重的内忧外患。在苏丹国的东部边界，喀喇汗人和哥疾宁人伺机出动，在1072—1073年冬季发动了一些袭击。梅里克的叔父卡乌特（Qavurt）的叛乱也造成严重的问题；他是起儿漫（Kirman/Kerman）的统治者，该地区靠近阿曼海（Oman Sea）北部的哥疾宁统治区。在1073年击败和俘虏卡乌特，并从哈里发手中获得苏丹头衔之后，梅里克·沙巩固和强化了自己的权威。他延续了阿尔普·阿尔斯兰的政策，扩张了塞尔柱国家，后者在其统治期间达到了发展的顶峰。当时，河中地区和也门成为塞尔柱帝国的附属，叙利亚、安纳托利亚等也被它吞并，不过，分离的倾向从未停止过，在他死之后更甚。

自1071年以来，塞尔柱酋长阿齐兹·伊本·阿巴克（Atsiz ibn Abaq）袭击了法蒂玛王朝在地中海东部沿岸的土地，征服了耶路撒冷和一部分巴勒斯坦，并且在1076年攻克了大马士革。事实证明，埃及人无法有效贯彻哈里发穆斯坦绥尔（al-Mustansir）关于反击对手的旨意，因此，塞尔柱人巩固了在叙利亚和巴勒斯坦的地位，他们在梅里克·沙的兄弟突突什（Tutush）的领导下进入这些地区，而正是突突什压制了阿齐兹·伊本·阿巴克。为了削弱突突什的权威，制止其霸权倾向，一向善于维护塞尔柱帝国统一理念的梅里克·沙离开位于里海和波斯湾中间地带的首都伊斯法罕（Isfakhan），前往叙利亚，将阿勒颇、安条克和埃德萨（Edessa）的土地重新分配给一些忠诚的埃米尔，而只把大马士革和巴勒斯坦留给突突什。后来，这些中心获得了自治权，当地的埃米尔因各种缘由发生冲突，并被十字军所利用；在这种情况下，他们重蹈了先辈们的覆辙，分裂成不同的国家。

在所谓的"塞尔柱突厥帝国"的一系列人物中，最后一位是桑贾尔（Sandjar，1117—1157），他的权力核心在呼罗珊，试图确保在河中地区（由喀喇汗王朝所控制）和花剌子模的统治。在权力的巅峰时期，他遭受到了居住在阿姆河上游巴尔赫的乌古斯人突然而猛烈的打击。由于不满波斯强权在行政和财政方面的严苛，这些民族发动起义并抢劫呼罗珊的主要城市。花剌子模利用了当时塞尔柱突厥帝国苏丹的弱势地位，在十二世纪的最后几十年吞并了一些塞尔柱国家及其伊朗西部的一些古老区域。

由于塞尔柱突厥国家的衰败，十一世纪晚期和十二世纪早期在叙利亚、安纳托利亚、伊拉克和起儿漫出现了新的苏丹国，同时，也出现了一些自治的埃米尔国。其中最具活力的是鲁姆苏丹国（Rum Sultanate），作为阿尔普·阿尔斯兰堂兄弟苏莱曼·伊本·库特鲁米什（Süleyman ibn Qutlumush）领导的军事进攻的成果，它是在十一世纪最后二十五年在小亚细亚建立起来的。这个苏丹国盗用了罗马/拜占庭帝国的名号，在曼兹科特战役之后几年，它征服了拜占庭的亚洲领土。在不到一个世纪的时间里，散布在叙利亚和伊拉克的突厥人受到了阿拉伯人的强烈影响，散布在起儿漫的突厥人受到了伊朗人的强烈影响，后者在人数和文明程度方面稍逊，他们与大批塞尔柱牧民向安纳托利亚中心地区殖民，赶走了许多当地人，给当地带来新的族群和多元的人口。

正如后来十四世纪所发生的事情——在当时的皇位纷争之中，拜占庭皇帝寻求奥斯曼土耳其人的帮助，后者利用各派系的不负责任的争执，进入巴尔干地区——一样，十一世纪晚期塞尔柱突厥人介入了君士坦丁堡的权力斗争，他们利用那些权力争夺者的愚钝，占领了小亚细亚。为了推翻迈克尔七世，安纳托利亚地区将军尼基弗鲁斯·波塔尼特斯（Nikephoros Botaniates）请求一些塞尔柱雇佣兵的援助，这些雇佣兵甚至在他成为皇帝之后仍滞留在拜占庭的许多要塞之中。然后，轮到尼基弗鲁斯·波塔尼特斯不得不面对竞争对手尼基弗鲁斯·梅里森诺（Nikephoros Melissenos）的阴谋，后者试图取而代之。由于在希腊军事机构中没有足够的支持者，尼基弗鲁斯·梅里森诺重复了尼基弗鲁斯·波塔尼特斯的卑微姿态，向塞尔柱首领苏莱曼·伊本·库特鲁米什求援，承诺割让安纳托利亚的大片土地回报对方的支持。梅里森诺没有能实现自己的计划，但塞尔柱人实现了自己的目标，尼基弗鲁斯三世被迫退位，帝国的权杖落到阿莱克修斯一世的手中，但塞尔柱人不愿承认他的权威。事实上，他们在扩展和巩固自身在安纳托利亚高原的地位的过程中，展示出了能力和韧性。

鉴于阿莱克修斯一世的地位面临着挑战，帝国的命运也受到在巴尔干半岛西部登陆的罗伯特·奎斯卡德的诺曼军队的威胁，拜占庭不得不与塞尔柱突厥人缔结和平，当时后者已被赶出博斯普鲁斯海峡海岸，然后又离开了尼提亚（Thynia）和比提尼亚（Bithynia）。条约对塞尔柱人非常有利，没有阻碍他们的行动自由，使他们能够争取时间强化在已征服地区的地位。领袖苏莱曼·伊本·库特鲁米什从君士坦丁堡出发，仅仅数日之后就在尼西亚（突厥人称之为Iznik）定居下来，这为一个存续到十四世纪初期的生机勃勃的国家奠定了基础。

在其统治的最后时期，苏莱曼军事行动的重点不是对抗筋疲力尽和混乱不堪的拜占庭，而是对抗突突什治下的叙利亚和巴勒斯坦的塞尔柱人。当苏莱曼征服了安条克的坚固堡垒时，双方的冲突爆发了；安条克曾属于亚美尼亚公国，长期脱离拜占庭帝国的权威。对于苏莱曼·伊本·库特鲁米什来说，公元1086年与突突什的战争是致命的，他的死让安纳托利亚陷入混乱，因为他的继承人基利杰-阿尔斯兰一世（Qilij-Arslan I）年纪太小，无法亲政。[132]

地方埃米尔乐于从苏莱曼的死亡中获得自主权，在其生前的居住地尼西亚，权力归于阿布·卡辛（Abul Kasin）。尽管与阿莱克修斯一世缔结了和平协议，但阿布·卡辛利用拜占庭主力部队正在巴尔干半岛与佩切涅格人交战的机会，恢复了敌对行动。阿布·卡辛展示了扩张主义的巨大野心，他开始建造一些船只，但拜占庭摧毁了他的计划，在船只建好之前就放火烧毁了它们。当苏丹国领导层决定派兵围攻尼西亚，消灭安纳托利亚的塞尔柱人的自治愿望时，他们与拜占庭的冲突被搁置了。在这种情况下，阿布·卡辛说服宿敌拜占庭给予支持，拜占庭宫廷也倾向于援助看起来更弱小的突厥国家。另一方面，由于意识到自己无法长期对抗塞尔柱帝国，阿布·卡辛寻求和解，但在帝国的命令下他很快屈服，这样，在小亚细亚的大部分地区，苏丹国的权威得到了暂时恢复。[133]

在这个地区的埃米尔之中，扎卡斯（Tzakas/Cheaka）被证明是极其活跃和充满活力的；他的领地位于士麦那（Smyrna，突厥人称之为Izmir）周围地区。正如阿布·卡辛一样，扎卡斯极好地利用所征服地区提供的条件，他组织舰队，进攻爱琴海中的希腊岛屿，这个行动看起来令人惊讶，因为它由一个基本上是半游牧族群的领袖所领导。人们很难相信，以前缺乏经验的塞尔柱人竟然在造船方面获得了熟练的技能，这种能力足以使像拜占庭人这样经验丰富的航海者陷入困境。

在这些海军力量的帮助下，扎卡斯占领了希俄斯（Chios）、萨摩斯（Samos）和莱斯沃斯（Lesbos）的战略要地，驱散了尼基弗鲁斯·卡斯塔莫尼特斯（Nikephoros Kastamonites）率领的舰队，这对拜占庭的海上霸权构成了威胁。不过，在1091年拜占庭与佩切涅格人于黎布联的关键对决之前不久，来自士麦那的塞尔柱人没有能够抵挡君士坦丁·达拉瑟诺斯（Constantine Dalassenos）率领的海军，而被迫放弃希俄斯和爱琴海的其他岛屿。[134]这次失败并没有能阻止这位土耳其埃米尔，他继续进攻爱琴海岛屿，不过，行动都失败了。[135]

扎卡斯也在外交方面证明了自己的能力和足智多谋，他甚至试图在边远地区打造联盟关系，并制造与第三方的冲突，以从中牟利。因此，为了扩大反拜占庭帝国的效果，他将自己的行动与佩切涅格人在巴尔干半岛的行动协调起来。1090—1091年冬天，他派遣使者联系博斯普鲁斯和达达尼尔海峡欧洲沿岸的佩切涅格人，怂恿对方采取行动占领切索尼斯（Chersonese）。[136] 如果计划成功，不仅打击了一个拥有重要军事潜力的战略区域，而且还带来严重的经济后果，因为色雷斯半岛垄断了拜占庭的商业机会。但计划未能实现，这无疑是因为，当时佩切涅格首领们正在巴尔干半岛东南部进行其他军事行动。

士麦那埃米尔在起兵反对拜占庭帝国的事业中所呈现出来的顽强和雄心，被安娜·科穆宁解释为争夺皇位的野心[137]，但这是无法证实的。尽管如此，她的叙述强调了扎卡斯夺取拜占庭土地的强烈热情，认为他期望由此带来可观收入，确保政治及军事的稳定性，这是更显而易见和更现实的好处。但是在1093年，他的热情不是被拜占庭，而是被苏莱曼之子苏丹基利杰-阿尔斯兰一世的军队浇灭了。[138] 基利杰-阿尔斯兰一世控制了小亚细亚中部和西部地区，而将卡帕多西亚（Cappadocia）给了达尼什曼埃米尔（Danishmend），后者是一个同名王朝的建立者。1097年拜占庭和来自小亚细亚的十字军采取了联合进攻，扎卡斯再次出现在政治舞台上，当时，他不得不将士麦那割让给对手。[139] 尼西亚的情况也类似。

塞尔柱突厥人和希腊人之间的激烈对抗是两个不同族群之间的对立，他们各自拥有不同的信仰和文化脉络，每一方都有自己的历史经历，因此他们对抗的形式并不是完全的僵化和非理性的敌意。相反，基于各种理由——首先是因为迫在眉睫的战略需要，两个国家之间存在着准永久性的沟通渠道，虽然这个渠道并不总是顺畅。在经历一个由于领袖们在一系列事务中的无能和缺乏洞见使双方关系被推向不可避免的崩溃边缘的时期之后，在十一至十二世纪之交拜占庭试图通过雇佣军的效力而重新恢复自身的军事潜力，其中最具有特色的是所谓的土尔克伯（Turcopoles/Turcopouloi），这些族名是指塞尔柱人和其他突厥语族群。这些雇佣军是著名的骑兵和弓箭手，他们起源于中亚，当时被广泛用来监视和控制正在穿越巴尔干地区的十字军的滥权。后来，尤其是在十一、十二世纪，他们还出现在其他许多场合，当时他们有很大一部分皈依了基督教。有时，在帝国军队中充当雇佣军的个体突厥人被地方社会同化了。直到十一世纪，这个融合过程非常平稳，改宗活动也并未受到多少阻力，因为突厥人对于伊斯兰教的追捧还没有那么热烈。[140]

在精力充沛、能力超群的科穆宁王朝时期 [阿莱克修斯一世 (1081—1118)、约翰二世 (1118—1143)、曼努埃尔一世 (1143—1180)]，拜占庭帝国恢复了元气，并与一个受到王朝斗争困扰的鲁姆苏丹国发生了战争，大大地压缩了对方在安纳托利亚的土地。1097年，在第一次十字军东征参与者的帮助下，拜占庭征服了尼西亚，迫使苏丹国迁都科尼亚（图50、51）。科尼亚作为首都一直持续到十四世纪初期苏丹国的灭亡，之后，它被并入了奥斯曼土耳其国家。1176年苏丹基利杰-阿尔斯兰二世（Qilij-Arslan II，1156—1192）在密列奥赛法隆（Myriokephalon）战役中取得辉煌胜利，阻止了拜占庭的攻势，这场战役经常被用来与前一个世纪的曼兹科特战役相提并论，尽管它的影响远远没有曼兹科特战役那么重要。同一位塞尔柱君主也在考虑吞并达尼什曼地区的敌对的埃米尔国。在苏丹基利杰-阿尔斯兰二世生命的晚期，腓特烈·巴巴罗萨率领第三次东征的德国军队穿过他的国家，并在1190年5月攻克其首都，这是曼努埃尔一世在1146年的征战中所没有做到的。[141]

在密列奥赛法隆会战之后的几年里，许多塞尔柱突厥人可能居住在安纳托利亚中心地区。在成吉思汗的战争冲击下，中亚地区新一拨突厥语族群在该区找到了避难所，这进一步弱化了希腊元素。地名及其他史料表明：马合木德·喀什噶里和拉施德丁所记载的 Qiniq、Qayigh、Bayundur、Yive、Salghur、Afshar、Qara-bölük、Bäčänäk 等乌古斯部落渗透到了小亚细亚。[142] 根据伊斯兰的传统观点，作为安纳托利亚塞尔柱宗教和政治遗产的主要受益者，奥斯曼土耳其可能是乌古斯部落海亦部（Qayi/Qayigh）的后代，但是这个观点没有得到所有专家的认可。

尽管塞尔柱突厥人独占安纳托利亚中部领土并不符合拜占庭的利益，但它们之间的关系没有受到太大的损害，还不至于在气氛宽松的时代出现反复。在政治上，旧的敌意随着新的敌意的出现而缓和，拜占庭帝国和塞尔柱人之间建立了某种形式的军事合作。例如，当君士坦丁堡没有办法制服马其顿的弗拉赫人酋长莱索斯的时候，1199年皇帝阿莱克修斯三世（Alexios III Angelos）向安卡拉（Ancyra/Ankara）埃米尔求助。突厥人登上了博斯普鲁斯海峡的欧洲海岸，但只是成功俘获了一些弗拉赫人，无法扭转拜占庭的劣势。在伊斯兰国家中，将同宗派之人贬为奴隶的意图是有罪的，阿莱克修斯三世已经注意到这些突厥人的罪责，但拒绝干预[143]，显然，他是为了避免让盟友感到不安。

十三世纪三十年代，鲁姆苏丹国冒险进行了一次勇敢而令人惊讶的海军行动，扩大了对于克里米亚繁荣的苏达克（Sudak）港的控制，该港口是连接黎凡特和黑海以北地区的最活跃商业中心，彼时正由库蛮人控制。塞尔柱突厥人也利用了特拉比松（Trebizond）的希腊帝国的虚弱地位，这个希腊帝国是1204年十字军攻陷君士坦丁堡之后建立起来的，只继承了原来拜占庭帝国在克里米亚南部的土地。库蛮人试图在罗斯人的帮助下重新征服苏达克港，罗斯人也觊觎这个城市所掌握的商业潮流，但是他们被塞尔柱人击败了。[144]苏丹国的胜利在于控制了安纳托利亚的黑海海岸地区，以及参加此次进攻活动的舰队拥有先进的装备。[145]

1243年蒙古人进入小亚细亚时，鲁姆苏丹国正经历一段极其困难的时期，不得不承认自己的封臣地位。在与伊朗蒙古人发生争端之后，苏丹伊兹丁·凯卡兀思（Izz ed-Din Kaikaus）和一批臣民逃到拜占庭的土地避难，1263/1264年迈克尔八世（Michael VIII Paleologos）建议他们移居多布罗加，在那里他们处在伊兹丁的亲戚萨里·萨尔图克·巴巴（Sary-Saltuk-Baba）的指挥之下，后者在宗教界极富影响力。根据当地土耳其人的传统材料所示，他的墓穴位于巴巴达格（Babadag）城附近，正如许多专家所说的，这个地名就是来源于他的名字。在征战摩尔达维亚和波兰期间，奥斯曼苏丹和维齐尔通常在巴巴达格停留，前往传奇的萨里·萨尔图克·巴巴的墓前祈祷。同样，奥斯曼帝国的其他地方也声称有幸并有权保存他的遗骸，为此也援引一些传统的说辞。[146]

在关于多布罗加和保加利亚东北部加告兹人——他们在近代被沙俄帝国吸引到比萨拉比亚地区——起源的众多假说中，专家们最青睐的是认为他们是迈克尔八世统治初期迁到多瑙河和黑海之间地区的塞尔柱人后裔。语言学的观点也支持这种假说的有效性。事实上，加告兹的名称似乎与他们祖先乌古斯人的记忆相关。一些历史学家认为，在塞尔柱突厥人后裔中，前往多布罗加殖民并皈依东正教的是"执政官"巴利卡（Balica/Balyk/Baliq）和多布罗提赫（Dobrotich）。[147] 关于加告兹民族的起源，还存在其他说法。一些历史学家认为他们是原始保加利亚人、佩切涅格人和库蛮人的后裔，但支持这些假说的论据似乎不能够令人信服。

在两次世界大战期间的末期，人们对于加告兹人居住的比萨拉比亚南部六个村庄的居民样本进行人类学分析，得到了一些有趣的结论。从颅骨结构来看，四分之三的受检者属于短头型，四分之一属于长头型。最基本的人类学要素是安纳托利亚、阿尔卑斯山和迪纳里克（Dinaric）类型，它们都受到蒙古人的影响，表现了明显的混血现象。地中海、东欧、北欧和蒙古要素——都不是典型形式，而是混合形式，因此显示出外来的强烈影响——的比例要小很多。从骨骼特征和种族结构来看，比萨拉比亚的样本的特点，大大不同于保加利亚人、阿尔巴尼亚人的特点，而后两者的安纳托利亚要素并不典型。不过，该研究样本与巴尔干半岛及小亚细亚的突厥语族群——在它们的种族结构中，迪纳里克-安纳托利亚要素尤为突出——均存在着很强的亲缘关系。[148]

来自南方的塞尔柱突厥群体居住在巴尔干半岛东北部，他们改变了欧洲东部传统的迁徙模式，这种模式采用的常规路线是从东向西穿过黑海-里海草原，然后分叉到潘诺尼亚平原和巴尔干地区。

（二）在东欧的停留和向巴尔干半岛的迁徙

甚至在塞尔柱克领导的群体脱离部落联盟的主体之前，一部分乌古斯人就已经挺进里海和伏尔加河下游的佩切涅格人的一块居住地，该地靠近可萨汗国。根据马卫集的说法，一群乌古斯人在一个具体不明的时期里从花剌子模迁到佩切涅格人的土地，这很可能是源于宗教争端，他们不愿接受伊斯兰主义而大批出走。[149]

在争夺这个地区的所有权时，乌古斯人寻求与可萨人联盟。[150] 后者曾不得不遭受佩切涅格人的一系列进攻，因此，在九至十世纪之交他们要做的就是将之阻拦在国家周边之外。如果说，在那个特殊时期可萨汗国与乌古斯人结盟是有利的，那么，在接下来的几十年里这个邻居被证明是动乱的根源，同时代的编年史记录了可萨人和乌古斯人的紧张关系。

乌古斯人经常利用冬季伏尔加河结冰的机会，掠夺可萨汗国，后者却未能找到办法抵御这些突袭。只有冰雪融化后，可萨人才能迎来片刻的安宁与和平。[151] 一般来说，伏尔加河下游每年结冰的时间超过3个月，而上游结冰的时间至少还要多2个月。要在解冻之后沿着下游穿越伏尔加河是极其困难的，无论是在三角洲地带，还是在岔流阿赫图巴（Akhtuba）支流和主要河床的草甸地带都是如此。这片区域被迷宫般的溪流和湖泊所围绕，春季暴雨时节它们汇合成巨大的水库。[152]

正如前所述，在922年横穿伏尔加河地区的旅行中，伊本·法德兰遇到了乌古斯社群，他们过着游牧生活，拥有大量的马。一些中世纪文献表明，乌古斯人在965年参与了基辅公爵斯维亚托斯拉夫对于可萨汗国的战争，战争导致了可萨汗国的衰落。[153] 乌古斯人很可能试图从可萨人所指责的战争中获利，夺取了里海附近的一些地区。

20年后的985年，再次出现一场大规模的军事行动，基辅罗斯人和乌古斯人并肩作战，共同讨伐不里阿耳人。正如人们可以预料的，圣弗拉基米尔从海上出击，乌古斯人骑马从陆路出发。[154] 这个联盟的建立并非偶然：一方面，乌古斯人居住在保加利亚附近；另一方面，罗斯人与佩切涅格人的关系日益紧张，佩切涅格人在草原上的敌人就是罗斯人必须选择的合作者。在公元第一千纪晚期，伏尔加河流域中部保加利亚已经成为东欧最强大的政治中心之一，这里地理位置优越，是欧洲大陆几条重要商路的交汇处，许多城市蓬勃发展［博尔加尔（Bolgar）、比里亚（Biliar）等］，经济生活繁荣。最近几十年丰富的考古研究成果证实它的繁荣，也证实它不得不面对掠夺性的袭击，当然，它不缺乏自卫和反击的潜力。[155] 在欧洲大陆东部，乌古斯人似乎与北高加索的一些社群有接触。当地一些传统的流传也表明了乌古斯人对奥塞梯人起源的贡献。因此，南奥塞梯许多家庭声称自己是阿古斯（乌古斯）的后裔，阿古斯是当地民族传说中的君主。奥塞梯人的一个分支

"Digors"和乌古斯人的一个部落"Tögä/Düker"在术语上的接近也可能不是偶然的。另一方面,在丧葬仪式方面,奥塞梯人也与这个突厥游牧群体有相似之处。[156]当然,高加索山脉北坡的社群和乌古斯人之间的一些联系也不可忽视。就我们关注的问题而言,我们认为他们与佩切涅格人及库蛮人的接触形式可能要复杂得多,因为,这些突厥语部落在高加索地区附近居住的时间较乌古斯人的更长。

至少从十世纪中期开始,乌古斯人就被认为是东欧南部地区一支威胁性力量。因此,并不令人意外的是,拜占庭皇帝君士坦丁七世为确保国家安全而给予儿子暨共治皇帝罗曼努斯(他是一系列同名皇帝中的第二个)的一些信息和忠告,就认为乌古斯人会毫不犹豫地侵略佩切涅格人[157]和可萨人[158]。他的意思是,如果君士坦丁堡对佩切涅格人和可萨人采取敌对行动,乌古斯人将站在君士坦丁堡一边。这些话也表明博斯普鲁斯海峡沿岸外交界对于乌古斯军事潜力的高度评价。

在985年袭击事件之后的几十年里,我们没有乌古斯人在东欧活动的准确信息。有一些线索提到了十世纪乌古斯部落联盟的内部分裂,当然,这说明了塞尔柱克部的分离大约发生在他们进攻伏尔加河流域的不里阿耳人的时期。但很难说乌古斯部落联盟的内部动乱,是否解释了十一世纪上半期东欧平原地区相对和平局面的形成。

在十一世纪中期前后,在黑海北部草原地区重新出现了常见的骚乱,这是由于中亚地区蒙古部落和突厥部落一系列移民运动的结果,而这些移民活动的最后一拨是库蛮人。他们的压力迫使乌古斯人向黑海北部地区迁移,在那里乌古斯人又遇到了佩切涅格人。在1046年基肯和泰拉赫领导的诸部落迁移到拜占庭帝国之前,在多瑙河河口不远处,两个具有亲属关系的图兰语民族发生了冲突。基肯的军队虽寡,但以猛烈的反攻成功击退了乌古斯人。泰拉赫尽管是11个部落的首领,却不敢公开战斗,只能撤到多瑙河下游区域的湖泊地区。[159]

希腊编年史认为这些事件可能发生在布贾克(Bugeac)南部地区,这个地方深受游牧民族的青睐,在冬季时更是如此。最终,军事潜力更弱的一方不得不在巴尔干半岛寻找避难所。多瑙河沼泽地具有一定的战略价值，掌握这片区域之精髓的人就能够成功利用这些价值。在佩切涅格人之前，即公元四世纪后半期哥特人在进攻罗马皇帝瓦伦斯（Valens）的军队时就充分利用了这些价值。[160]

几乎可以肯定的是，在迁到拜占庭帝国之后，乌古斯部落就匆匆忙忙占领了喀尔巴阡山脉之外的平原地区。留在多瑙河下游北部地区的佩切涅格群体不得不接受乌古斯人的霸权，奉献出最好的牧场。在摩尔达维亚南部和瓦拉几亚东部发现了众多十一世纪时期的图兰游牧部落坟墓（图52），不幸的是，在目前的研究阶段，我们还无法进行有效的辨别，断定这些坟墓哪些属于乌古斯人哪些属于佩切涅格人。在匈牙利，在区分乌古斯人的文物和其他那些服务于阿尔帕德王朝的突厥人的文物方面，也存在相同的困难（图53）。

据史载，在佩切涅格人离开几年后，乌古斯人就出现在俄国边境，与当地王公发生了冲突。根据编年史，1055年秋天佩列亚斯拉夫的弗谢沃洛德公爵（knez Vsevolod of Pereiaslavl）对他们发起进攻并赢得了胜利。[161]五年后的1060年，"智者"雅罗斯拉夫的诸位儿子和继承人，即基辅公爵伊贾斯拉夫（Iziaslav）、切尔尼戈夫公爵斯维亚托斯拉夫和佩列亚斯拉夫公爵弗谢沃洛德，在波洛茨克公爵弗谢斯拉夫·布里阿齐斯拉维奇（Vseslav Briachislavich, the knez of Polotsk）的帮助下，在大草原上组织了大规模征战，他们派出了一支由骑兵和步兵（通过第聂伯河运送）组成的庞大军队。我们不知道这场战役是不是对图兰人的某些袭击的回应，但这种假设确实是合情合理的。乌古斯人被敌人的数量吓坏了，他们慌忙撤退，许多人死于寒冷、饥饿和疾病。正如古老的编年史所说的，他们再也没有回来过。[162]

由于罗斯诸公爵联军的进攻，特别是由于库蛮人的威胁，乌古斯人集体迁移到多瑙河下游北部以北地区，虽然他们只在当地待了数年。库蛮人的威胁、土地的不足、巴尔干沃土的诱惑，或者所有这些因素的综合作用，使乌古斯人在1064年急急忙忙横渡多瑙河。拜占庭编年史记载，他们乘坐船只、木筏和皮革袋渡河。[163]众所周知，草原游牧族群通常为了渡水而使用大量的皮革袋。

上面提到的兼用船只和木筏的事实，可以得出这样的结论：这些木船取自于当地社群，这证明，尽管出现连续不断的移民浪潮，罗马尼亚人仍然在以多瑙河为轴心的地区居住。当时的文献没有明确记载这个事实，是因为一个没有任何特殊军事技能的社群未能引起当时政界的注意，而且这也含蓄地表明，没有编年史家会对这样的社群感到特别的兴趣。尼古拉·约尔加（Nicolae Iorga）有一个极富启发性的说法，虽然指的是其他事情，却非常适合目前谈论的情况："乖孩子的生活是不会被记载的。"[164]对十一世纪下半期和十二世纪摩尔达维亚中心地区的考古研究所揭示的人口网络，证明了地方人口的持续性[165]，它也尤其证明了在本地人与乌古斯人及其他图兰人之间存在着一定程度的混合。

多布罗加北部加夫·丁诺吉亚（Garvăn-Dinogetia）拥有巨大火灾和破坏痕迹的地层[166]，可以追溯到十一世纪七十年代，同时，在同一地区发现了埋藏于同一年代的硬币堆［1939年[167]、1954年[168] 8月23日[169]，于佩库伊乌·卢伊·索阿雷（康斯坦察县）][170]，这些都与乌古斯人在巴尔干地区的大肆渗透有关。这些发现表明，他们是借道布贾克和多布罗加迁到拜占庭帝国的。[171]多瑙河和黑海之间有一个乌佐利姆尼（Ozolimne/Uzolimne）湖，它的名称来源于"乌古斯"[172]，但它与拉泽姆湖（Razelm lake）、伊洛米达沼泽（Ialomița bog）、多瑙河三角洲、普利斯卡附近沼泽地或其他水域[173]的关系仍不太确定。

正当拜占庭帝国为应战意大利南部诺曼人和近东乌古斯的亲戚塞尔柱突厥人而疲惫不堪的时候，再次出现了游牧民族涌入的事件，1064年，乌古斯人击败了坚固的阿尼要塞的守军，这表明帝国在亚美尼亚的虚弱地位。

拜占庭编年史认为，入侵者的数量达到了60万。尽管这个数字无疑是夸张而疑点重重，但是入侵者的数量一定是压倒性的。派去阻止其穿越多瑙河的军队被轻易消灭了，他们的领导人也被俘虏了，其中包括尼基弗鲁斯·波塔尼特斯，即未来的皇帝尼基弗鲁斯三世。由于拜占庭在多瑙河周围的防御系统遭到破坏，乌古斯人可以自由深入拜占庭的土地。他们尽其所能地疯狂掠夺，其中一些人到达了伊利里亚和希腊，并最远推进到塞萨洛尼基城下。

1064—1065年的严冬弥补了帝国军队抵御乌古斯人入侵的能力，这场严寒给乌古斯人造成巨大的损失，以至于一些人决心返回多瑙河北部地区。[174]

迈克尔·普塞洛斯罕见地以公开仇外的语气叙述君士坦丁十世（Constantine X Dukas, 1059—1067）统治时期的历史事件，他提到了"Misiens"和"Tribals"对于帝国的战争。[175]这段文字显然是指乌古斯人的大规模入侵，因为乌古斯人在编年史中就是使用"Tribals"这个古老的族名，它在拜占庭历史文献中常常被指塞尔维亚人（Serbs）[176]；而"Misiens"指佩切涅格人，虽然它现在通常指保加利亚人，而在极少情况下指弗拉赫人或匈牙利人[177]。在写有1059年佩切涅格人入侵事件的编年史中，迈克尔·普塞洛斯还有一段文字也证明了前面提到的族群身份问题，佩切涅格人在其中被称为Mysoi[178]，这个名称也被安娜·科穆宁采用[179]。如果这些身份证明真实有效，人们可以推断，乌古斯人在1064年是与佩切涅格人共同行动的，而另外一份材料的记载与此相悖，它声称佩切涅格人是和拜占庭帝国军队一起反对乌古斯人。[180]尽管如此，我们不能排除这样一种可能，即在多瑙河南部平原的拜占庭军事行动体制之外散布着一些佩切涅格人，他们可能暂时与遍布于巴尔干半岛的新一批图兰人群有关。我们也可以假设，在开始阶段佩切涅格人与乌古斯人是并肩作战的，而当他们意识到自己所处的混乱局面时，可能就考虑抛弃这个联盟，转而投靠拜占庭帝国，参加了拜占庭帝国利益主导下的权力游戏。

眼看着事业显然走向失败，一些乌古斯群体就决定撤离拜占庭帝国，而皇帝君士坦丁十世打发给的礼物也坚定了他们的决心。在归途中行进太慢的军队沦为了饥饿和流行病的牺牲品，因此，地方驻军在佩切涅格人辅助军队的帮助下，更轻易地摧毁他们，或让他们变得规矩。存留下来的人为皇帝提供服务，后者下令他们前往马其顿殖民。为了激励一些领袖的奉献精神，皇帝给予他们高官职位。[181]

拜占庭军队的乌古斯分队在帝国的亚洲和欧洲省份从事各种活动。如前所述，派他们上曼兹科特战场是一个糟糕的主意，他们在决定性的时刻背叛了皇帝。[182]

根据阿莱克修斯一世之女安娜提供的信息，在1090年左右，阿莱克修斯一世为反对帕里斯特利翁的佩切涅格人而抽调的辅助部队也包括萨尔马特人乌扎斯（Uzas）和卡拉扎斯（Karatzas）[183]，而在她的编年史的另一个段落，只有乌扎斯被认为是萨尔马特人，卡拉扎斯则被认为是斯基泰人[184]。有一个图章表明，阿吉罗斯·卡拉扎斯（Argyros Karatzas）是"宫廷第一总管兼菲利波波利公爵"[185]，如果说他看起来具有佩切涅格人血统，那么，他的全副武装的兄弟乌扎斯可能是乌古斯族群的代表（正如其名字所示的）。事实上，《阿莱克修斯》叙述1082年拜占庭征战意大利南部诺曼人事件的另一个段落，也明确提到了乌扎斯之名源于其所属民族的事实。[186]该书还提到，除乌古斯人之外，迈克尔·杜卡斯麾下的突厥和萨尔马特人弓箭手也参加了拉里萨（Larissa）和卡斯托里亚（Kastoria）附近山区的战役。[187]这些族名可能是指塞尔柱人和乌古斯人，他们是同一民族的分支，大约在一个世纪之前，他们因命运而分离，现在又在外国人的旗帜之下联合起来。随后，乌扎斯、卡拉扎斯、"混血的野蛮人"莫纳斯特拉斯（Monastras）共同领导了一支雇佣军（这支军队在1094年曾被阿莱克修斯一世用来对付库蛮人），他们在亚德里亚堡附近的阿布里列波（Abrilebo）被打败，撤退到了巴尔干半岛的锡德拉"铁门"。[188]

1097年第一次东征的十字军队伍穿过巴尔干半岛时，四处劫掠，拜占庭当局派遣乌古斯部队对付他们，乌古斯人给十字军带来巨大伤害，延阻了他们的圣地之行。连同乌古斯人一起对抗十字军的还有帝国军队的其他辅助部队：塞尔柱突厥人、库蛮人、*Tanace*s（？）、佩切涅格人和保加利亚人。图鲁斯伯爵圣吉勒斯的雷蒙德四世率领的十字军在冬季穿过达尔马提亚海岸之后，于1097年2月初在都拉佐附近遭遇了他们的进攻。[189]

在多瑙河左岸避难的乌古斯人也有类似的命运，根据编年史家迈克尔·阿塔利亚斯（Michael Attaliates）的说法，他们服务于"米尔米东人（Mirmidons）的执政官"[190]，这个术语是指一个罗斯公爵。比照俄国编年史的信息，这个版本无疑是具有可信度的。在十一世纪最后三分之一的时间里，库蛮人成为黑海-里海草原无可争辩的主人，在这种特殊的背景下，其他血统的游牧群体只有两种生存的机会：或者服从于库蛮人的酋长，或者臣服于当地的强国。正如佩切涅格人一样，乌古斯人发现自己也面临同样的处境。

在1064—1065年征战拜占庭失败之后，乌古斯人直到1080年才再次在黑海北部地区出现，但行迹模糊。是年，所谓的"佩列亚斯拉夫的乌古斯人（Pereiaslavl Tortsi/Uzes）"进攻基辅罗斯，但被大公弗谢沃洛德一世（Vsevolod I Iaroslavich）之子弗拉基米尔击败。[191]考虑到在仅仅一年前弗谢沃洛德才对佩列亚斯拉夫行使权力（包括与库蛮人缔结和平），那么，将这些乌古斯人称为"佩列亚斯拉夫人"是比较怪异的。[192]因此，人们可以假设，在基辅东南附近公国落脚的乌古斯群体，要么是自愿行动，要么是受到大公的敌人的怂恿。

上述事件发生后不久，乌古斯人就转为基辅王公效力，关于这方面最早的记录是在1093年[193]，在相同的背景下，托切斯克（Torchesk）也被提及，毫无疑问，这个地名来源于族名"Torki/Tortsi"，俄国人就是以此来称呼乌古斯人的。这里人口相对众多，并建造了非常坚固的防御工事以至能够连续数周抵御库蛮人的猛烈进攻。[194]这个事实表明，这座城市是在数年之前修建的，更确定无疑的是，它的修建得到了基辅王公的批准并极有可能得到对方的技术支持。

在某种程度上，1095年的乌古斯人有机会报复库蛮人，当时他们响应弗拉基米尔·莫诺马赫的号召，与一支基辅军队共同讨伐契丹的军队，后者到佩列亚斯拉夫与俄国人缔约和平。[195]除了臣服于俄国王公的乌古斯人之外，在黑海北部草原还有一些依附于库蛮人的乌古斯人。当斯维亚托波尔克二世（Sviatopolk II Iziaslavich）和弗拉基米尔·莫诺马赫领导的罗斯军队大胜库蛮人之后，掠夺了对方的居住地，俘获了一大批俘虏，其中就包括佩切涅格人和乌古斯人。[196]这些人似乎是有意选择这种结果，因为他们并没有逃到草原的纵深处。尽管如此，乌古斯人远远不能满足库蛮人的兴趣，1105年波尼亚克汗（khan Boniak）袭击了扎鲁卜（Zarub）城的乌古斯人和贝伦代伊人。[197]，扎鲁卜城是特鲁比特（Trubezh）河往第聂伯河方向的一个据点，位于佩列亚斯拉夫公国之内。

十一世纪最后二十年和十二世纪前四分之三时期的古俄国编年史记载了乌古斯群体。1193年之后[198]，他们只出现过一次，见于1235年圣希帕蒂亚（St. Hypatian）修道院的编年史[199]。在大多数情况下，他们被写成是基辅王公的雇佣军，居住在后者所统治区域的最南端，即位于第聂伯河右岸支流的罗斯河（Ros river）流域。也正是在那里，其他一些群体如贝伦代伊人、佩切涅格人、黑罩人（Black Hoods），以及一些可能具有突厥血统的人数较少的群体（例如Turpeis、Kouis、Kaepiks）都被赐予一些土地。所有这些部落都充当了基辅罗斯在草原上的盾牌，以抵挡库蛮人从北方的入侵，与此同时，他们也充当公爵的远征部队的先锋队伍。

尽管十一世纪中出现了大规模西迁的浪潮，但还是有庞大的乌古斯人群继续留在伏尔加河沿岸。一个世纪以后，阿布·哈米德（Abu Hamid）记载了萨克辛城附近的40余个乌古斯部落，他声称，每个部落都由独立的埃米尔领导。[200]对于这些信息必须要有所保留，因为，很难令人相信在黑海－里海还有哪个游牧社群能够逃避库蛮人的统治。

在近几十年的史学研究中，一个得到普遍接受的观点是，1146—1201年俄国文献中出现的黑罩人部落联盟也包括了贝伦代伊人、佩切涅格人及乌古斯人的残部。[201]直至1169年[202]和1206年[203]，俄国编年史中还分别提到佩切涅格人和贝伦代伊人的名字，且通常是和黑罩人一同出现，这个事实表明，他们和乌古斯人一样，在当时还没有被同化。只有在十二世纪晚期，在罗斯河的图兰语部落中，黑罩人的普遍才是理所当然的，从那时之后，他们显然丧失了自己的重要性。拉施德丁的编年史有对于黑罩人的简短记载，那都是与1239年蒙古人入侵南俄有关。[204]关于其突厥特征的线索是来源于这样一个事实，即在马合木德·喀什噶里、拉施德丁和阿布·加齐所列举的22/24个乌古斯部落中，它们被提到了：它们被称为"Qara-bölük/Qara-evli"，这个名称由"黑罩人"一词翻译得来。[205]然而，金帐汗国建立之后，Qara Börklü/Börkli——迪马什齐[206]和伊本·赫勒敦都提到了这个称呼，其意为"戴着小黑帽"[207]——被纳入一个小型的突厥语群体，该群体属于库蛮部落，而后者则处在蒙古人的统治之下[208]。

在黑海北部乌古斯人和黑罩人接壤的地区，贝伦代伊族群也在四下活动。贝伦代伊人族名的词源学模糊不清，专家们争论不休。根据一个较老的观点，该词来源于突厥语的ber-"给予"（to give），这表明ber-in-di的原意是"一个舍己的人"。最近，这种解释受到了质疑，而在关于beren（金鹰）一词的讨论中提出了一种新的族名起源论，因此，如果这种假说可信的话，意味着贝伦代伊人是"以一只金鹰作为图腾"。[209]

俄国编年史中关于其最早的书面记录是1097年（以Berendichi的形式出现）。这段文字非常模糊，可有多种解释。它提到了贝伦代伊人、佩切涅格人和乌古斯人进攻特列伯瓦尔的瓦席尔科·罗斯蒂斯拉维奇公爵（knez Vasilko Rostislavich of Terebovl）[210]，但没有清楚说明这三个游牧群体的行动是否是基于自己的意愿。这样一种行动选择令人难以置信，因为众所周知，黑海北部地区大多数的小型图兰语群体都是为基辅大公服务的，以免自己在完全丧失任何特权的情况下被并入库蛮部落联盟。俄国编年史在记载同一年（1097）一桩反对瓦西里科（Vasilko）的阴谋时，提到一个叫Beren'di的人，他得到斯维亚托波尔克二世的命令，在基辅附近的别尔哥罗德将特波夫（Terbovl）公爵的眼睛弄瞎。[211]毫无疑问，Beren'di是臣服于基辅公爵的乌古斯支队的一分子，他的名字是其族群名称的一个派生词。

在接下来的几年里，我们看到贝伦代伊人和其他图兰语群体卷入了俄国南部诸侯的冲突。然而，与基辅当局的冲突迫使他们迁往其他地区。一个人数众多的群体暂时得到了阿尔帕德王朝的保护。1139年，国王"瞎子"贝拉二世——他热衷于确保对俄国诸侯的影响——派遣3万贝伦代伊士兵为亚罗波尔克二世（Iaropolk II Vladimirovich）服务，以应对弗谢沃洛德·奥利戈维奇（Vsevolod Olegovich）的挑战，后者对基辅王座虎视眈眈。[212]遗憾的是，我们不知道这支军队是否返回匈牙利，或者他们是否留在黑海北部草原周围的旧领地上。这就是为什么我们不知道，1139年出现在俄国南部的贝伦代伊人群体是否包括其已经返回阿尔帕德王朝的血亲，或者仍在欧洲东部活动的亲属。数十年之后，在一些场合为俄国王公服务的贝伦代伊人远远少于1139年的人数：1172年是1500人[213]，1183年是2100人（另一部手稿说是

1500人）[214]。在1159年科斯特罗马的圣希帕蒂亚修道院编年史中，我们发现了三位贝伦代伊人领袖的名字：Tudor Satmazovich、Karakoz Mniuzovich和Karas Kokei。[215] 如果说第一个名字的来源有些模棱两可，另外两个名字则无疑是起源于突厥语。

在乌克兰、俄国、匈牙利、斯洛伐克、保加利亚，以及罗马尼亚的所有省份［瓦拉几亚、摩尔达维亚、特兰西瓦尼亚、马拉穆列什（Maramureş）］，有许多地名和人名都是来源于中世纪贝伦代伊人的名字[216]，这形成了一种观点，即这些小型游牧群体是从草原迁到了附近地区的。现有的资料，无论是叙事资料还是公文，无法澄清这个问题，但人们可以推测，他们是跟随更强大的部落联盟一起行动的。

在俄国南部地区守护其栖息地的乌古斯人与基辅王公的关系偶有紧张，但原因比较模糊。因此，1121年弗拉基米尔二世（Vladimir II Vsevolodovich Monomakh，1113—1225）将贝伦代伊人驱逐出他的领地时，还连同驱逐了乌古斯人和佩切涅格人。[217] 冲突只是暂时的，由于弗拉基米尔·莫诺马赫的去世，冲突很快就消解了，当时库蛮人试图掠夺俄国土地，乌古斯人予以反击。[218] 他们在黑海北部地区为俄国大公效力的最后一次记录是在1235年，如前所述，当时弗拉基米尔三世（Vladimir III Rurikovich）派遣一支乌古斯人军队援助他的来自加利奇－沃伦（Halich-Volhynia）的同伴丹尼尔·罗曼诺维奇（Daniil Romanovich），后者在与库蛮人交恶时，受到加利奇（Halichians）和博洛霍沃（Bolokhoven）王公联盟的威胁。[219]

考古学家在罗斯河发现了黑罩人和其他突厥群体的众多坟墓遗址，它们的年代属于十一世纪至十三世纪早期。死者仰卧在木棺中，头朝西，手沿着身体摆放。坟头立起一个土墩。在死者的身旁，人们依照解剖顺序献祭马的整个身体或部分肢体，例如马头和马脚（图54）。随葬品包括武器（马刀、矛头、箭头、弓、防护帽、邮包）、马具（小勒衔铁、马镫、带子、皮带接口）、珠宝（耳环、珠子和项链）、配饰（搭扣、纽扣、皮带支架）及其他物件（燧石、剪刀、镜子、大锅、刀子、锭盘、罐），等等（图55）。[220]

在南巴格河和普鲁特河之间的草原地区[221]，以及高加索山脉地区，也发现了一些类似的墓葬群[222]（图56）。它们远离黑罩人的最初居住地，这是由于蒙古大举入侵造成的族群流动的结果。[223] 至于喀尔巴阡山脉以外地区乌古斯人的遗迹，尤其是分布在多瑙河和德涅斯特河附近平原地区的遗迹，很难区别于佩切涅格人的遗迹，更为重要的是，这两个族群还生活在一起很长时间。

最近几年，在罗斯河流域的切皮利伊伏卡（Chepiliivka）、玛里伊-布克林（Maliǐ Bukrin）、皮利亚瓦（Piliava）、特罗斯佳涅茨（Trostianets）、乌利安尼奇（Ulianiki）地区的考古，发现了一些属于黑罩人的、由延绵土墙组成的较简单的防御工事。这些遗址所在的高原只有一个浅表层，缺少大量的考古沉积物，这意味着它是一个季节性的临时住地。[224] 这些土墙一方面证明了俄国防御体系的影响力；另一方面也反映了他们能够比较容易地放弃自己的军事战略，并适应他们较低的政治地位所形成的环境。

乌古斯部落联盟在黑海以北和多瑙河入口处生活了不到20年，在这段时间里他们没有能够巩固从佩切涅格人手中获得的地位；而且，他们在库蛮人的压力下全体迁移到拜占庭的决定，被证明是失败的，造成了灾难性的后果，致使一个拥有非凡潜力和活力的族群不可避免地走向了分裂。从那不幸的时刻之后，留在巴尔干半岛和黑海北部草原的乌古斯人丧失了自主性，而被迫臣服于拜占庭、俄国、匈牙利和库蛮，这是乌古斯人丧失族群身份和被同化的第一个阶段。他们的一支亲戚塞尔柱人则经历了完全不同的演化：不仅避开了历史上晦暗不明的道路，而且，通过皈依伊斯兰教，其在近两个世纪内在近东地区动荡的政治舞台上扮演了主导性角色，因此，其人口、文化、宗教遗产、国家结构能够一直持续到今天。

注释

[1] A.N. Kononov, *Rodoslovnaia turkmen. Sochinenie Abu-l-Gazi khana Khivinskogo*, Moscow-Leningrad, 1958, p. 82 ff.; P.B. Golden, "The Migration of the Oğuz," *Archivum Ottomanicum*, IV, 1972, p. 45 ff.; idem, *An Introduction*, pp. 206-207. 根据 L. Bazin 的老观点（"Notes sur les mots «Oğuz» et «Türk»," *Oriens*, 6, 1953, pp. 315-318），在突厥民族中 Oğuz 被认为拥有 "年轻的公牛" 的含义，隐喻地暗示了活力和男子气概。

[2] J. Hamilton, "Toquz-Oġuz et On-Oyġur," *JA*, CCL, 1962, pp. 23-63; L. Jisl, "The Orkhan Türks and Problems of the Archaeology of the Second Eastern Türk Kaghanate," *Annals of the Náprstek Museum Praha*, 18, 1997, pp. 11-12.

[3] S. Maksoudoff, "Les Houei-Hou et Ouïgour des Chinois et les Mongols et les Ogouz des inscriptions turques de l'Orkhon," *JA*, CCIV, 1924, pp. 147-148; V.V. Barthold, "A History of the Turkman People," in idem, *Four Studies on the History of Central Asia*, trans. V. and T. Minorsky, III, Leiden, 1962, pp. 78-84.

[4] Abu'l-Kāsim Obaidallah ibn Abdallah ibn Khordâdhbeh, *Kitâb al-masâlik wa'l-mamâlik*, ed. J. de Goeje, Lugduni-Batavorum, 1889, p. 22; Ibn Hauqal, *Configuration de la Terre (Kitab surat al-ard)*, II, eds. J.H. Kramers and G. Wiet, Beyrouth-Paris, 1964, p. 379; Ya'kubi, *Les Pays*, ed. G. Wiet, Cairo, 1937, p. 113; Mahmūd al-al-Kāšrarī, *Compendium of the Turkic Dialects (Dī wān Luγāt at-Turk)*, ed. R. Dankoff, in collab. with J. Kelley, I, Harvard, 1982, pp. 82, 83, 101; Al-Istakhri, *Kitab masalik al-mamalik*, in *Materialy po istorii kirkizov i Kirkizii*, I, ed. V.A. Romodin, Moscow, 1973, pp. 16, 25; Birdzhandi, *Adza'ib al-buldan*, in ibidem, p. 171; Maçoudi, *Les Prairies d'or*, eds. C. Barbier de Meynard and P. de Courteille, I, Paris, 1861, p. 288; II, 1863, p. 19; Al-Mas'ūdî, *Bis zu den Grenzen der Erde. Auszüge aus dem "Buch der Goldwäschen,"* ed. G. Rotter, Tübingen-Basel, 1978, pp. 37, 91; Sharaf al-Zamān Tāhir Marvazi, *On China, the Turks and India*, ed. V. Minorsky, London, 1942, p. 29; *Orient. Ber.*, p. 241 (al-Marwazī, *Tabâ'i al-hayawân*, Kapitel IX); Aboulféda, *Géographie*, II, 1, ed. T.J. Reinaud, Paris, 1848, p. 296; Shems ed-Dîn Abou-'Abdallah Moh'ammed de Damas, *Manuel de la Cosmographie du Moyen Âge, traduit de l'arabe "Nokhbet ed-dahr fi 'adjaib-il-birr wal-bah'r,"* ed. A.F. Mehren, Copenhague-Paris-Leipzig, 1874, p. 115; Ibn Khaldûn, *The Muqaddimah. An Introduction to History*, I, ed. F. Rosenthal, 2nd ed., New York-Princeton, 1967, p. 156; J. de Hammer, *Sur les origines russes. Extraits des manuscrits orientaux*, St. Pétersbourg, 1827, p. 44 (Sükrüllah).

[5] *PVL*, I, pp. 152-153; *Ip. let.*, col. 224; *Nik. let*, in *PSRL*, IX, p. 126; *Radzivilovskaia letopis'*, in *PSRL*, 38, Leningrad, 1989, p. 92.

[6] P. Martinez (ed.), *Gardizi's two chapters on the Turks*, in *AEMA*, II, 1982, p. 117; *Orient. Ber.*, pp. 96-98 (Übersetzung von Gardīzī's Abhandlung über die Türkenstämme).

[7] Laonic Chalcocondil, *Expuneri istorice*, trans. V. Grecu, Bucharest, 1958, p. 29; Laonikos Chalkokondyles, *A Translation and Commentary of the "Demonstrations of Histories" (Books I-III)*, ed. N. Nicoloudis, Athens, 1996, pp. 96-99.

[8] Mahmūd al-Kāšrarī, I, p. 83; C. Brockelmann, "Mahmud al-Kašghari über die Sprachen und die Stämme der Türken im 11. Jahrh.," *Körösi Csoma-Archivum*, I, 1921, 1, pp. 37-39.

[9] N.A. Baskakov, *Tiurkskie iazyki*, Moscow, 1960, pp. 115-141. 亦可参考 N. Poppe 对于突厥语的分类: N. Poppe, *Introduction to Altaic Linguistics*, Wiesbaden, 1965, p. 33 ff.; K.H. Menges, *The Turkic languages and people. An Introduction to Turkic studies*, Wiesbaden, 1968, p. 59 ff.。

[10] J. Benzing, "Classification of the Turkic languages," I, in *Philologiae Turcicae Fundamenta*, I, eds. J. Deny, K. Grønbech, H. Scheel, Z.V. Togan, Wiesbaden, 1959, pp. 2-4.

[11] K.M. Menges, "Classification of the Turkic languages," II, in *ibidem*, I, pp. 6-7.

[12] L. Johanson, "The History of Turkic," in *The Turkic Languages*, eds. L. Johanson and É.Á. Csató, London-New York, 1998, pp. 81-87.

[13] A. Róna-Tas, "Turkic Writing Systems," in *The Turkic Languages*, pp. 126-127.

[14] G. Clauson, "The Diffusion of Writing in the Altaic World," in *Aspects of Altaic Civilization*, ed. D. Sinor, Westport, Connecticut, 1963, pp. 139-141.

[15] A. Róna-Tas, *op. cit.*, pp. 128-130.

[16] L. Jisl, *op.cit.*, pp. 43-44; G. Clauson, "The Origin of the Turkish «Runic» Alphabet," *Acta Orientalia ediderunt Societates Orientales Danica Norvegica Svecica*, XXXII, 1970, pp. 51-76.

[17] Mahmūd al-Kāšrarī, I, p. 70; C. Brockelmann, *op. cit.*, p. 27.

[18] V. Thomsen, "Altürkische Inschriften aus der Mongolei in Übersetzung und mit Einleitung," *Zeitschrift der Deutschen Morgenländischen Gesellschaft*, NF, 3 (78), 1924, pp. 121-175; W. Barthold, *Histoire des Turcs d'Asie Centrale*, Paris, 1945, p. 6 ff.; S.E. Malov, *Pamiatniki drevnetiurkskoĭ pis'mennosti Mongolii i Kirkizii*, Moscow-Leningrad, 1959, p. 7 ff.; A.A. Radzhabov, "Ob Onginskom pamiatnike," *Sovetskaia tiurkologiia*, 1970, 2, pp. 33-43; G. Clauson, "The origin...," p. 51 ff.; G.

Alyilmaz, "The Orkhun Inscriptions," in *The Turks*, 1, *Early Ages*, eds. H.C. Güzel, C.C. Oğuz, O. Karatay, chief of the editorial board Y. Halaçoğlu, Ankara, 2002, pp. 881-887.

[19] N.A. Baskakov, "Zones marginales et aires dans l'évolution des langues turques," *AOH*, XXXII, 1978, 2, p. 188.

[20] K. Jahn, *Die Geschichte der Oguzen des Rašid ad-Din*, Vienna, 1969, p. 17.

[21] Ibn Khaldûn, *Le Voyage d'Occident et d'Orient*, 2nd ed. A. Cheddadi, Paris, 1980, p. 222.

[22] Laonic Chalcocondil, *Expuneri...*, pp. 28-29; Laonikos Chalkokondyles, *A Translation...*, pp. 96- 97.

[23] M. Canard (ed.), *La relation du voyage d'Ibn Fadlân chez les Bulgares de la Volga*, in *Annales de l'Institut d'Études Orientales*, Alger, XVI, 1958, pp. 67-68. Cf. also R.P. Blake and R.N. Frye (eds.), *Notes on the Risala of Ibn-Fadlan*, in *Byzantina Metabyzantina*, I, 1949, 2, p. 14; M. Crichton (ed.), *Eaters of the Dead. The Manuscript of Ibn Fadlan, Relating His Experiences with the Northmen in A.D. 922*, New York, 1977, pp. 23-25.

[24] Makrizi, *Histoire d'Égypte*, trans. E. Blochet (offprint from *Revue de l'Orient Latin*, VI, VIII-XI), Paris, 1908, p. 84.

[25] K. Jahn, *ed. cit.*, pp. 29, 31, 33, 39, 41.

[26] Michel le Syrien, *Chronique*, III, ed. J.B. Chabot, Paris, 1905, p. 400; Michel le Grand, *Chronique*, Version arménienne du prêtre Ischôk, ed. V. Langlois, Venice, 1868, p. 85.

[27] Abu Hamid el Granadino, *Relación de viaje por tierras eurasiáticas*, ed. C.E. Dubler, Madrid, 1953, p. 50.

[28] William Archbishop of Tyre, *A History of Deeds Done Beyond the Sea*, I, trans. E.A. Babcock and A.C. Krey, Saint Paul, Minn., 1943, p. 72.

[29] *Hudūd*, p. 100.

[30] *Ibidem*, p. 94.

[31] *Ibidem*, p. 100.

[32] *Ibidem*, p. 94.

[33] P. Martinez (ed.), *Gardizi*, p. 135; *Orient. Ber.*, pp. 141-142 (Gardīzī).

[34] *Géographie* d'Édrisi, II, ed. A. Jaubert, Paris, 1840, p. 339.

[35] Mahmūd al-Kāšrarī, pp. 329, 333, 352, 353, 362.

[36] 'Abd ar-Räšid al-Bakuvi, *Kitab talkhis al-asar va'adža'ib al-malik al-kakhkhar (Sokrashchenie [knigio] "Pamiatnikakh" i chudesa tsaria moguchego)*, ed. Z.M. Buniiatov, Moscow, 1971, p. 104.

[37] V.V. Barthold, "A History...," p. 92; O. Pritsak, "The Decline of the Empire of the Oghuz Yabghu," in idem, *Studies in medieval Eurasian history* (Variorum Reprints), London, 1981, [XIX,] p. 281.

[38] Ibn Hauqal, II, pp. 466, 488.

[39] S.P. Tolstov, "Goroda guzov," *Sovetskaia ėtnografiia*, 1947, 3, pp. 52-102; idem, *Po sledam drevnekhorezmiĭskoĭ tsivilizatsii*, Moscow-Leningrad, 1948, pp. 244-265; T. Nagrodzka-Majchrzyk, *Geneza miast u dawnych ludów tureckich (VII-XII w.)*, Wrocław-Warsaw-Cracow-Gdańsk, 1978, p. 86 ff.

[40] Qaryat Haditha就是这样一座城：它是乌古斯首领冬季的住所，里面居住着一个穆斯林社群。参见Ibn Hauqal, II, pp. 489-490。

[41] Ioannis Cinnami *Epitome rerum ab Ioanne et Alexio Comnenis gestarum*, ed. A. Meineke, Bonn, 1836, p. 9.

[42] *Hudūd*, p. 100; *Orient. Ber.*, p. 206 (*Hudūd al-'Ālam*).

[43] Henry of Huntingdon, *The Chronicle*, ed. Th. Forester, London, 1853, p. 229; Henry, Archdeacon of Huntingdon, *Historia Anglorvm/The History of the English People*, ed. D. Greenway, Oxford, 1996, pp. 426-427.

[44] *The History of David, King of Kings, in Rewriting Caucasian History. The Medieval Armenian Adaptation of the Georgian Chronicles*, ed. R.W. Thomson, Oxford, 1996, p. 325.

[45] M. Canard (ed.), *La relation...*, p. 83. Cf. also A.Z.V. Togan (ed.), *Ibn Fadlan's Reisebericht*, in *Abhandlungen für die Kunde des Morgenlandes*, XXIV, 1939, 3, p. 33; R.P. Blake and R.N. Frye (eds.), *Notes...*, p. 20; M. Crichton (ed.), *Eaters...*, p. 29.

[46] C. Cahen, "Le Malik-nâmeh et l'histoire des origines seljukides," *Oriens*, 2, 1949, 1, p. 43.

[47] Gregory Abū'l-Faraj (Bar Hebraeus), *The Chronography*, I, ed. E.A. Wallis Budge, London, 1932, p. 195.

[48] R. Nour, *Oughouz-namé*, Alexandria, 1928, p. 49 ff.; Aboul-Ghâzi Bèhâdour Khan, *Histoire des Mongols et des Tatares*, II, ed. Desmaisons, St. Pétersbourg, 1874, p. 15 ff.

[49] *Hudūd*, p. 100.

[50] E. Tryjarski, *Kultura ludów tureckich w świetle przekazu Mahmūda z Kaszgaru (XI w.)*, Warsaw, 1993, p. 236 ff.; W. Świętosławski, *Uzbrojenie koczowników Wielkiego Stepu w czasach ekspansji mongołów (XII-XIV w.)* (Acta archaeologica Lodziensia, 40), Łódź, 1996, *passim*.

[51] R. Nour, *Oughouz-namé*, p. 49; W. Bang and G.R. Rachmati, "Die Legende von Oguz Qagan," *Sitzungsberichte der Preussischen Akademie der Wissenschaften*,

Phil.-hist. Kl., XXV, 1932, p. 687.
［52］ Le Livre de Dede Korkut dans la langue de la gent oghuz. Récit de la Geste oghuz de Kazan Bey et autres, trans. and eds. L. Bazin and A. Gokalp, Paris, 1998, p. 183.
［53］ Gregory Abū'l-Faraj, p. 201.
［54］ Shems ed-Dîn Abou-'Abdallah Moh'ammed de Damas, Manuel de la Cosmographie du Moyen Âge, traduit de l'arabe "Nokhbet ed-dahr fi 'adjaib-il-birr wal-bah'r," ed. A.F. Mehren, Copenhague-Paris- Leipzig, 1874, p. 383.
［55］ Al-Rawandi, in G. Chaliand, The Art of War in World History from Antiquity to the Nuclear Age, Berkeley-Los Angeles-London, 1994, p. 442.
［56］ Ibidem, pp. 442-443.
［57］ M. Canard (ed.), La relation..., pp. 70-72; Hudūd, p. 100.
［58］ Al-Bakuvi, p. 104.
［59］ Ibn Hauqal, II, p. 437.
［60］ Ibidem, p. 460.
［61］ M. Canard (ed.), La relation..., pp. 71-72.
［62］ Ibidem, pp. 69-70.
［63］ Ibidem, pp. 74-75.
［64］ Al-Mas'ūdî, 1978, p. 37.
［65］ Marvazi, p. 29; Orient. Ber., p. 241 (al-Marwazî).
［66］ V. Thomsen, op. cit., pp. 150, 155-157, 163-164; Al-Istakhri, pp. 16 and 25; Ya'kubi, p. 113; Hudūd, pp. 94-95 and 100.
［67］ Mahmūd al-Kāšrarī, I, p. 82. Cf. also C. Brockelmann, op. cit., p. 36.
［68］ Mahmūd al-Kāšrarī, I, pp. 101-102.
［69］ Ibidem, I, pp. 101-102; M. Th. Houtsma, "Die Ghuzenstämme," Wiener Zeitschrift für die Kunde des Morgenlandes, II, 1888, p. 219 ff.; V.V. Barthold, "A History...," pp. 110-111; P.B. Golden, An Introduction, pp. 207-208; T. Gündüz, "Oguz-Turkomans," in The Turks, 1, Early Ages, pp. 471-474.
［70］ C. Cahen, "Le Malik-nâmeh...," p. 52.
［71］ William Archbishop of Tyre, A History..., p. 73; Guillaume de Tyr et ses continuateurs, Texte français du XIIIe siècle, ed. P. Paris, I, Paris, 1879, pp. 14-15.
［72］ DAI, pp. 168-169.
［73］ V. Thomsen, op. cit., p. 147; S.E. Malov, op. cit., p. 40. Yabghu一词也出现在其他古突厥语铭文中，参见A.A. Radzhabov, op. cit., in Sovetskaia tiurkologiia, 1970, 2, p. 38。
［74］ C.E. Bosworth, "Yabghu," in The Encyclopaedia of Islam, NE, XI, Leiden, 2002, p. 224.

[75] M. Canard (ed.), *La relation...*, pp. 76-77.

[76] P. Martinez (ed.), *Gardizi...*, pp. 132-133, 135; Marvazi, p. 29; *Orient. Ber.*, pp. 140-143 (Gardīzī), 241-142 (al-Marwazī); V. Thomsen, *op. cit.*, p. 163. Cf. also V. Rybatzki, "Titles of Türk and Uigur Rulers in the Old Turkic Inscriptions," *CAJ*, 44, 2000, 2, p. 205 ff.

[77] 九世纪阿拉伯学者伊本·胡尔达兹比赫（Ibn Khurdadbeh）试图综合中亚地区最高权威的命名法时指出："突厥人、可萨人的国王都叫可汗。"参见*Sbornik materialov dlia opisaniia mestnosteĭ i plemen Kavkaza*, XXXII, *Svedeniia arabskikh pisateleĭ o Kavkaze, Armenii i Azerbaidzhane*, ed. N.A. Karaulov, Tiflis, 1903, p. 5; Ibn Khordādhbeh, *Kitāb...*, p. 12。

[78] Marvazi, p. 29; *Orient. Ber.*, p. 242 (al-Marwazī).

[79] V. Thomsen, *op. cit.*, p. 145.

[80] *Ibidem*, p. 142.

[81] H. Inalcik, "The Ottoman Succession and Its Relation to the Turkish Concept of Sovereignty," in idem, *The Middle East and the Balkans under the Ottoman Empire. Essays on Economy and Society*, Bloomington, 1993, pp. 38-39.

[82] *Ibidem*, p. 41 ff.

[83] O. Turan, "The Ideal of World Domination among the Medieval Turks," *Studia Islamica*, IV, 1955, pp. 77-90; P.B. Golden, "Imperial Ideology and the Sources of Political Unity Amongst the Pre-Činggisid Nomads of Western Eurasia," *AEMA*, II, 1982, pp. 37-76; F. Bayat, "New Reflections on the Epic of Oguz Kagan," in *The Turks*, 1, *Early Ages*, pp. 888-895.

[84] *Le Livre de Dede Korkut...*, p. 195.

[85] Al-Fakhri, *Histoire des dynasties musulmanes depuis la mort de Mahomet jusqu' à la chute du khalifat 'Abbâsîde de Baghdâdz (11-656 de l'Hégire = 632-1258 de J.-C.)*, ed. É. Amar (Archives Marocaines, XVI), Paris, 1910, pp. 504-505; Gregory Abű'l-Faraj, pp. 200, 206. Cf. also V.V. Barthold, "A History...," p. 108.

[86] A. Gokalp, " «Le Dit de l'os et du clan». De l'ordre segmentaire oghouz au village anatolien," *L'Homme*, 102, 1987, XXVII, 2, pp. 80-98.

[87] M. Canard (ed.), *La relation* ..., p. 68. Cf. also R.P. Blake and R.N. Frye (eds.), *Notes...*, p. 14.

[88] G. Clauson, *An Etymological Dictionary of Pre-Thirteenth-Century Turkish*, Oxford, 1972, p. 523.

[89] V. Thomsen, *op. cit.*, p. 131 ff.; S.E. Malov, op. cit., p. 7 ff.

[90] Mahmūd al-Kāšrarī, I, p. 342.

[91] V. Drimba, *Codex Comanicus. Édition diplomatique avec fac-similés*, Bucharest, 2000, p. 81.

[92] *The King's Dictionary. The Rasūlid Hexaglot: Fourteenth Century Vocabularies in Arabic, Persian, Turkic, Greek, Armenian and Mongol*, trans. T. Halasi-Kun, P.B. Golden, L. Ligeti and E. Schütz, eds. P.B. Golden, L. Ligeti and E. Schütz, Leiden-Boston-Cologne, 2000, p. 61.

[93] J. Benzing, "Bemerkungen zu zwei türkischen Gottesbezeichnungen," in *Scholia. Beiträge zur Turkologie und Zentralasienkunde. Annemarie von Gabain zum 80. Geburtstag am 4. Juli 1981 dargebracht von Kollegen, Freunden und Schülern*, eds. K. Röhrborn and H.W. Brands, Wiesbaden, 1981, pp. 8-12.

[94] K. Öztopçu, "A Mamluk-Kipchak Manual from the 14th Century: Kitâb fî'ilmi'nuşşab," *Rocznik Orientalistyczny*, XLVII, 1990, 1, pp. 17, 27-28.

[95] E. Tryjarski, *Dictionnaire arméno-kiptchak d'après trois manuscrits des collections viennoises*, I, 4, Warsaw, 1972, pp. 747-748.

[96] R. Husseinov, "Les sources syriaques sur les croyances et les mœurs des Oghuz du VIIe au XIIe siècle," *Turcica*, VIII, 1976, 1, pp. 21-27; J.-P. Roux, *La religion des Turcs et des Mongols*, Paris, 1984, *passim*; idem, "La religion des Turcs et des Mongols," in *Mythes et croyances du monde entier*, IV, *Les mondes asiatiques*, ed. A. Akoun, Paris, 1985, p. 38 ff.; idem, "La religion des peuples de la steppe," in *Popoli delle steppe: Unni, Avari, Ungari* (Settimane di studio del Centro Italiano di Studi sull'Alto Medioevo, XXXV, 23-29 aprile 1987), II, Spoleto, 1988, pp. 513-532; M. Eliade, *A History of Religious Ideas*, 3, *From Muhammad to the Age of Reforms*, trans. A. Hiltebeitel and D. Apostolos-Cappadona, Chicago-London, 1985, pp. 1-22; S.G. Kliashtornyĭ, D.G. Savinov, *Stepnye imperii Evrazii*, Sankt-Peterburg, 1994, pp. 81-88; W.-E. Scharlipp, "Leben und Kultur der alten Türken in der Steppe," in *History of the Turkic Peoples in the Pre-Islamic Period/Histoire des Peuples Turcs à l'Époque Pré-Islamique*, ed. H.R. Roemer, with the assistance of W.-E. Scharlipp (*Philologiae et Historiae Turcicae Fundamenta*, I), Berlin, 2000, pp. 135-140; S.G. Kljaštornyj, "Les Points Litigieux dans l'Histoire des Turcs Anciens," in *ibidem*, p. 163 ff.

[97] Al-Bakuvi, p. 103.

[98] P. Martinez (ed.), *Gardizi*, p. 134; *Orient. Ber.*, p. 143 (Gardîzî).

[99] Motahhar ben Tâhir el-Maqdisî, *Le Livre de la Création et de l'Histoire*, attribué à Abou-Zéd'd Ahmed ben Sahl el-Balkhî, IV, ed. Cl. Huart, Paris, 1907, p. 19.

[100] L. Bazin, "État des discussions sur la pénétration du bouddhisme et du

manichéisme en milieu turc," in *Itinéraires d'Orient. Hommages à Claude Cahen* (Res Orientales, VI), eds. R. Curiel and R. Gyselen, Bures-sur-Yvette, 1994, p. 230. Cf. also S.G. Klyashtorny, "The Second Türk Empire (682-745)," in *History of civilizations of Central Asia*, III, *The crossroads of civilizations A.D. 250 to 750*, ed. B.A. Litvinsky, co-eds. Zhang Guang-da and R.Sh. Samghabadi, Paris, 1996, pp. 342-343, fig. 1-2.

[101]　L. Bazin, "État des discussions...," pp. 232-233.

[102]　W. Radloff, *Das Kudatku Bilik des Jusuf Chass-Hadschib aus Bälasagun*, I, St. Petersburg, 1891, p. XI; R. Nour, *Oughouz-namé*, pp. 52-53.

[103]　Michel le Syrien, III, p. 153.

[104]　M. Canard (ed.), *La relation*..., p. 73.

[105]　Marvazi, p. 29; *Orient. Ber.*, p. 243 (al-Marwazî).

[106]　Al-Bakuvi, p. 104.

[107]　I. Kafesoğlu, "Seljuks," in *A History of the Seljuks. Ibrahim Kafesoğlu's Interpretation and the Resulting Controversy*, ed. G. Leiser, Carbondale-Edwardsville, 1988, p. 23.

[108]　Nizām al-Mulk, *The Book of Government of Rules for Kings. The Siyāsat-nāma or Siyar al-Malūk*, London, 1960, pp. 164-165.

[109]　S.A. Pletněva, "Pechenegi, torki i polovtsy v iuzhnorrusskikh stepiakh," *MIA*, 62, Moscow-Leningrad, 1958, p. 161 ff.; eadem, *Pechenegi i guzy na nizhnem Donu (po materialam kochev-nicheskogo mogil'nika u Sarkela – Beloĭ Vezhi)*, Moscow, 1990, p. 9 ff.; V.A. Ivanov, G.N. Garustovič, "The Results of the Statistical Analyses of Funeral Rites of the Nomads in the «Great Steppe Belt» in the 10th-11th Centuries and their Ethnic Interpretation," in *The Archaeology of the Steppes. Methods and Strategies*, ed. B. Genito, Naples, 1994, p. 573 ff.; G.N. Garustovich, V.A. Ivanov, *Oguzy i pechenegi v evraziĭskikh stepiakh*, Ufa, 2001, p. 66 ff.

[110]　M. Canard (ed.), *La relation*..., pp. 75-76.

[111]　V. Thomsen, *op. cit.*, p. 169.

[112]　*Ibidem*, p. 147.

[113]　P.B. Golden, "The Migration...," pp. 48-52; idem, *An Introduction*, p. 206 ff.; G.N. Garustovich, V. A. Ivanov, *op. cit.*, p. 8 ff.; T. Gündüz, "Oguz...," pp. 471-474.

[114]　F.B. Charmoy, *Relation de Mas'oudi et d'autres auteurs musulmans sur les anciens Slaves (in Mémoires de l'Académie impériale des sciences de St.-Pétersbourg*, VIe série, *Sciences politiques, histoire et philologie*, 2, 1834, pp. 297-408), in *Die Erforschung arabischer Quellen zur mittelalterlichen Geschichte der Slawen und Volgabulgaren*, ed. H. Haarmann, Hamburg, 1976, p. 322.

[115] V.A. Mogil'nikov, *Kochevniki severo-zapadnykh predgoriĭ Altaia v IX-XI vekov*, Moscow, 2002, p. 8 ff.

[116] Marvazi, p. 32; *Orient. Ber.*, p. 249 (al-Marwazî).

[117] Ibn Hauqal, II, p. 379.

[118] *Ibidem*, p. 383.

[119] *Ibidem*, I, pp. 14-15; II, p. 387.

[120] *Ibidem*, I, p. 14.

[121] Matthieu d'Édesse, *Chronique*, ed. Éd. Dulaurier, Paris, 1858, pp. 40-42.

[122] S. Gouguenheim, *Les fausses terreurs de l'an mil. Attente de la fin des temps ou approfondissement de la foi?*, Paris, 1999, p. 23 ff.; M. Frassetto, "The writings of Ademar of Chabannes, the Peace of 994, and the «Terrors of the Year 1000»," *Journal of Medieval History*, 27, 2001, 3, pp. 241-255; H. Taviani-Carozzi, "Raoul Glaber, Georges Duby: An Mil," in *Année mille – An Mil*, eds. C. Carozzi and H. Taviani-Carozzi, Université de Provence, 2002, p. 211 ff.

[123] M. Balivet, "Un peuple de l'An Mil: les Turcs vus par leurs voisins," in *Année mille...*, pp. 25-50.

[124] 关于乌古斯人在中亚西部地区的驻扎以及塞尔柱支系分离的时间，参见V.V. Barthold, "A History...," pp. 91-108; R. Grousset, *Histoire des Croisades et du Royaume franc de Jérusalem*, I, Paris, 1934, p. XXVII ff.; Ch. Diehl, G. Marçais, *Histoire du Moyen Âge*, III, *Le monde oriental de 395 à 1081* (Histoire générale, ed. G. Glotz), Paris, 1936, pp. 572-581; S.P. Tolstov, *Po sledam...*, pp. 244-265, 270-273; C. Cahen, "Le Malik-nâmeh...," pp. 31-65; idem, *L'Islam dès origines au début de l'Empire ottoman*, Paris, 1970, *passim*; O. Pritsak, "The Decline...," pp. 279-292; B. Spuler, "Mittelasien seit dem Auftreten der Türken," in *Handbuch der Orientalistik*, Erste Abteilung, V, 5, *Geschichte Mittelasiens*, ed. B. Spuler, Leiden-Cologne, 1966, p. 181 ff.; H. Busse, *Chalif und Grosskönig. Die Buyiden im Iraq (945-1055)*, Beirut, 1969, p. 108 ff.; D.K. Kouymjian, "Mxit'ar (Mekhithar) of Ani on the rise of the Seljuqs," *Revue des études arméniennes*, NS, VI, 1969, pp. 331-353; C.E. Bosworth, "Barbarian incursions: the coming of the Turks into the Islamic world," in *Islamic Civilisation, 950-1150. A Colloquium published under the auspices of The Near Eastern History Group Oxford [and] The Near East Center University of Pennsylvania*, ed. D.S. Richards, Oxford, 1973, pp. 1-16; M.A. Mehmed, *Istoria turcilor*, Bucharest, 1976, p. 72 ff.; P.B. Golden, "The Migration...," pp. 52-80; M.A. Ekrem, *Civilizaţia turcă*, Bucharest, 1981, p. 56 ff.; I. Kafesoğlu, "Seljuks," pp. 21-42; S.G. Agadzhanov, *Gosudarstvo sel'dzhukidov i Sredniaia Aziia v XI-XII vv.*, Moscow, 1991, pp. 16-61; J.-C. Garcin, "Les Seldjukides et

leurs héritiers," in J.-C. Garcin [in collaboration with] M. Balivet, T. Bianquis, H. Bresc, J. Calmard, M. Gaborieau, P. Guichard, J.-L. Triaud, *États, sociétés et cultures du monde musulman médiéval, Xe-XVe siècles, I, L'évolution politique et sociale*, Paris, 1995, p. 123 ff.; S. Koca, "The Oghuz (Turkoman) Tribe Moving from Syr Darya (Jayhun) Region to Anatolia," in *The Turks, 2, Middle Ages*, eds. H.C. Güzel, C.C. Oğuz, O. Karatay, chief of the editorial board Y. Halaçoğlu, Ankara, 2002, pp. 129-138。

[125] Aboú Bakr Ahmad ibn Thâbit al-Khatib al-Bagdâdhî, *L'Introduction topographique à l'histoire de Bagdadh*, ed. G. Salmon, Paris, 1904, p. 143.

[126] Ya'kubi, p. 4.

[127] Al-Khatibal-Bagdâdhî, pp. 163-164. 关于巴格达对于阿拔斯哈里发的重要性，亦可参见 G. Le Strange, *Baghdad during the Abbasid Caliphate from Contemporary Arabic and Persian Sources*, Oxford, 1924; R. Coke, *Baghdad, the City of Peace*, London, 1927, pp. 112-133; R. Levy, *A Baghdad Chronicle*, Cambridge, 1929, pp. 42-153; K. Rüdrdanz, *Bagdad – Haupstadt der Kalifen*, Leipzig-Jena-Berlin, 1979; J. Lassner, *The Shaping of 'Abbasid Rule*, Princeton, New Jersey, 1980, pp. 163-241; A. Miquel, *La Géographie humaine du monde musulman jusqu'au milieu du 11e siècle. Les travaux et les jours*, Paris, 1988, pp. 225-228。

[128] Ch. Diehl, L. Oeconomos, R. Guilland, R. Grousset, *Histoire du Moyen Âge*, IX, 1, *L'Europe Orientale de 1081 à 1453* (Histoire générale, ed. G. Glotz), Paris, 1945, pp. 516-524; H. Busse, *op. cit.*, p. 121 ff.; C.L. Klausner, *The Seljuk Vezirate. A Study of Civil Administration, 1055-1194*, Cambridge, Mass., 1973, p. 27 ff.; A. Friendly, *The Dreadful Day. The Battle of Manzikert, 1071*, London-Melbourne-Sidney-Auckland-Johannesburg, 1981, pp. 99-115; P.B. Golden, "The Turkic Peoples and Caucasia," in *Transcaucasia. Nationalism and Social Change. Essays in the History of Armenia, Azerbaidjan, and Georgia*, ed. R.G. Suny, Ann Arbor, 1983, p. 45 ff.; S.G. Agadžanov, *Selğukiden und Turkmenien im 11.-12. Jahrhundert*, trans. R. Schletzer (Turkme-nenforschung, 9), Hamburg, p. 7 ff.; R. Bedrosian, "Armenia during the Seljuk and Mongol Periods," in *The Armenian People from Ancient to Modern Times, I, The Dynastic Periods: From Antiquity to the Fourteenth Century*, ed. R.G. Hovannisian, New York, 1997, p. 244 ff.

[129] Michaelis Attaliotae *Historia*, ed. Im. Bekker, Bonn, 1853, pp. 103-167; Michel Psellos, *Chronographie ou Histoire d'un siècle de Byzance (976-1077)*, ed. E. Renault, II, Paris, 1928, pp. 159-163; *Excerpta ex breviario historico* Ioannis Scylitzae Curopalatae [= Skylitzes Continuatus], in Georgii Cedreni *Compendium historiarum*, II, ed. Im. Bekker, Bonn, 1839, pp. 660-701; Skylitzes-Cedrenus,

in *Les Turcs au Moyen-Age*, trans. X. Jacob, Ankara, 1990, pp. 98-121; Ioannis Zonarae *Annales*, II, in *Patrologiae cursus completus. Patrologiae Graecae*, ed. J.-P. Migne, CXXXV, Paris, 1887, col. 262-274; Matthieu d'Édesse, p. 169; *Armenia and the Crusades. Tenth to Twelfth Centuries. The Chronicle of* Matthew of Edessa, trans. A.E. Dostourian, Lanham-New York-London, 1993, p. 135; Samouel d'Ani, *Tables chronologiques*, in M.-F. Brosset, *Collection d'historiens arméniens*, II, St.-Pétersbourg, 1876, pp. 449, 451.

[130] R. Grousset, *op. cit.*, I, pp. XXX-XXXIV; T. Talbot Rice, *The Seljuks in the Asia Minor*, London, 1961, pp. 28-41; P. Charanis, "The Byzantine Empire in the Eleventh Century," in *A History of the Crusades*, ed. K.M. Setton, I, 2nd ed., Madison-Milwaukee-London, 1969, p. 189 ff.; S. Vryonis, Jr., *The Decline of Medieval Hellenism in Asia Minor and the Process of Islamization from the Eleventh through the Fifteenth Century*, Berkeley-Los Angeles-London, 1971, p. 69 ff.; Ş. Baştav, "La bataille rangée de Malazgird et Romain Diogène," *Cultura turcica*, VIII-IX-X, 1971-1972-1973, pp. 132-152; M.A. Mehmed, *Istoria...*, p. 76 ff.; D.A. Zakythinos, *Byzantinische Geschichte, 324-1071*, Vienna-Cologne-Graz, 1979, p. 255 ff.; J.C. Cheynet, "Mantzikert, un désastre militaire?," *Byzantion*, L, 1980, 2, pp. 410-438; A. Friendly, *op. cit.*, p. 163 ff.; M. Angold, *The Byzantine Empire, 1025-1204*, London-New York, 1984, pp. 21-25; J.J. Norwich, *Byzanz*, II, *Auf dem Höhepunkt der Macht, 800-1071*, Düsseldorf-Vienna-New York-Moscow, 1994, p. 427 ff.; E. de Vries-v. d. Velden, "Psellos, Romain IV Diogénčs et Mantzikert," *Byzantinoslavica*, LVIII, 1997, 2, pp. 274-309; W. Treadgold, *A History of the Byzantine State and Society*, Stanford, 1997, p. 602 ff.; S. Koca, *op. cit.*, pp. 138-143.

[131] Ammiani Marcellini *Rerum gestarum libri quisupersun*t, II, ed. V. Gardthausen, Lipsiae, 1875, p. 232.

[132] 关于十一世纪晚期及十二世纪塞尔柱突厥的历史，参见R. Grousset, *op. cit.*, I, p. XLIV ff.; A.H. Siddiqi, "Caliphate and Kingship in Medieval Persia," in *Islamic Culture*, Hyderabad, 9-11, 1935-1937 (reprinted Philadelphia, 1977), *passim*; Ch. Diehl, L. Oeconomos, R. Guilland, R. Grousset, *Histoire...*, pp. 43-46, 75-78, 295-299; T. Talbot Rice, *The Seljuks...*, p. 42 ff.; eadem, *Die Seldschuken*, Cologne, 1963; S. Vryonis, Jr., *The Decline...*, p. 101 ff.; I. Kafesoğlu, "Seljuks," p. 43 ff.; N. Elisséeff, *Nur ad-Din, un grand prince musulman de Syrie au temps des Croisades (511-569 H./1118-1174)*, I, II, Damascus, 1967; idem, *L'Orient musulman au Moyen Âge, 622-1260*, Paris, 1977, p. 208 ff.; C.E. Bosworth, "The Political and Dynastic History of the Iranian World (A.D. 1000-1217)," in *The*

Cambridge History of Iran, 5, *The Saljuq and Mongol Periods*, ed. J.A. Boyle, Cambridge, 1968, p. 66 ff.; idem, "Saldjukids," in *The Encyclopaedia of Islam*, NE, VIII, Leiden, 1995, pp. 938-950; C. Cahen, "The Turkish Invasion: The Selchükids," in *A History of the Crusades*, I, pp. 135-176; idem, "The Turks in Iran and Anatolia before the Mongol Invasions," in *ibidem*, II, 2nd ed., 1969, pp. 675-692; idem, *L'Islam...*, *passim*; idem, *La Turquie pré-ottomane*, Istanbul-Paris, 1988, p. 11 ff.; E. Werner, *Die Geburt einer Grossmacht – Die Osmanen (1300-1481)*, 4th ed., Vienna-Cologne-Graz, 1985, p. 24 ff.; D. Morgan, *Medieval Persia, 1040-1795*, London-New York, 1988, pp. 25-50; S.G. Agadzhanov, *Gosudarstvo sel'dzhukidov...*, p. 79 ff.; idem, *Selğukiden...*, p. 58 ff.; J.-C. Cheynet, "La résistance aux Turcs en Asie Mineure entre Mantzikert et la Premi re Croisade," in Ευψυχια. *Mélanges offerts Hélène Ahrweiler*, I, Paris, 1998, p. 131 ff.; C. Foss, "Byzantine Responses to Turkish Attack. Some Sites of Asia Minor," in *Aetoj. Studies in honour of Cyril Mango presented to him on April 14, 1998*, Stuttgart-Leipzig, 1998, pp. 154-171; E. Merçil, "The Anatolian Seljuks," in *The Turks*, 2, *Middle Ages*, pp. 433-457。

[133] Anne Comnène, *Alexiade*, II, ed. B. Leib, Paris, 1943, pp. 63-79.
[134] *Ibidem*, pp. 110-116.
[135] *Ibidem*, p. 158 ff.
[136] *Ibidem*, p. 134.
[137] *Ibidem*, pp. 157-158 and 165.
[138] *Ibidem*, pp. 165-166.
[139] *Ibidem*, III, 1945, pp. 23-24.
[140] A.G.C. Savvides, "Late Byzantine and Western historiographers on Turkish mercenaries in Greek and Latin armies: the Turcoples/Tourkopouloi," in *Making of Byzantine History. Studies dedicated to Donald M. Nicol*, eds. R. Beaton and Ch. Roueché, London, 1993, pp. 122-136; M.C. Bartusis, *The Late Byzantine Army. Arms and Society, 1204-1453*, Philadelphia, 1992, p. 61 ff.; P. Bádenas, "L'intégration des Turcs dans la société byzantine (XIe-XIIe siècles). Echecs d'un processus de coexistence," in *Byzantine Asia Minor (6th-12th cent.)*, Athens, 1998, pp. 179-188.
[141] Cf. footnote 132.
[142] I. Kafesoglu, "Seljuks," p. 97. Cf. also M.F. Köprülü, *Les Origines de l'Empire Ottoman*, Paris, 1935 (reprinted Philadelphia, 1978), pp. 49-50.
[143] Nicetae Choniatae *Historia*, ed. Im. Bekker, Bonn, 1835, pp. 668-669.
[144] H.W. Duda, *Die Seltschukengeschichte des Ibn Bibi*, Copenhagen, 1959, pp. 130-

139. Cf. also A. Iakubovskiĭ, "Rasskaz Ibn-al-Bibi o pokhode maloaziĭskikh turok na Sudak, polovtsev i russkikh v nachale XIII v.," *Vizantiĭskiĭ vremennik*, XXV, 1927, pp. 53-76.

[145]　Gh. I. Brătianu, *Marea Neagră. De la origini pînă la cucerirea otomană*, II, trans. M. Spinei, ed. V. Spinei, Bucharest, 1988, pp. 23-25; C. Cahen, *La Turquie...*, pp. 124-126.

[146]　*Seïd Locmani ex libro Turcico qui Oghuzname inscribitur*, ed. J.J.W. Lagus, Helsingforsiae, 1854, pp. 10-16 and 32-35; G.D. Balascef, *Împăratul Mihail VIII Paleologul și statul oguzilor pe țărmul Mării Negre*, ed. G.I. Brătianu, Iași, 1940, *passim*; P. Wittek, "Yazijioghlu 'Ali on the Christian Turks of the Dobruja," *Bulletin of Oriental and African Studies. University of London*, XIV, 1952, 3, pp. 639-668; A. Decei, "Problema colonizării turcilor selgiucizi în Dobrogea secolului al XIII-lea," in idem, *Relații româno-orientale*, ed. M.D. Popa, Bucharest, 1978, pp. 169-192; I. Mélikoff, "Qui était Sari Saltuk? Quelques remarques sur les manuscrits du Saltukname," in *Studies in Ottoman History in Honour of Professor V.L. Ménage*, eds. C. Heywood and C. Imber, Istanbul, 1994, pp. 231-238; H. Güngör, "Le problème de l'origine des Gagaouzes d'après les chroniques seldjoukides et ottomanes," *Belleten. Turk Tahir Kurmu*, 60, 1996, 229, pp. 695-701.

[147]　A.I. Manoff, *Originea găgăuzilor*, trans. N. Batzaria, Bucharest, 1940, p. 11 ff.; P. Wittek, "Les Gagaouzes = Les gens de Kaykaus," *Rocznik orientalistyczny*, XVII (1951-1952), 1953, pp. 12-24; E.M. Hoppe, "Die türkischen Gagauzen-Christen," *Oriens Christianus*, 41 (Vierte Serie, 5), 1957, p. 125 ff.; W. Zajaczkowski, "Gagauz," in *The Encyclopaedia of Islam*, NE, II, Leiden-London, 1965, pp. 972-973; S. Dimitrov, "Eshche edno mnenie za imeto «gagauzi»," in *Bŭgarite v Severnoto Prichenomorie*, V, Veliko Trnovo, 1996, pp. 199-219; G. Atanasov, "Oshte vednuzh za etnogenezisa na gagauzite," in *ibidem*, pp. 221-238; S. Gangloff, "Les Gagaouzes: État des recherches et bibliographie," *Turcica*, 30, 1998, p. 13 ff.; M. Argunşah, "The History of Gagauz," in *The Turks*, 6, *Turkish World*, eds. H.C. Güzel, C.C. Oğuz, O. Karatay, chief of the editorial board Y. Halaçoğlu, Ankara, 2002, pp. 513-527. Cf. also S. Iosipescu, *Balica, Dobrotiță, Ioancu*, Bucharest, 1985, pp. 66-72.

[148]　O.C. Necrasov, "Problema originii găgăuzilor și structura antropologică a acestui grup etnic", in *Basarabia. Recurs la identitate*, eds. C. Asăvoaie and V. Munteanu, Iași, 2000, pp. 165-200.

[149]　Marvazi, p. 29; *Orient.Ber.*, pp. 243-244 (al-Marwazī).

[150]　*DAI*, pp. 166-167.

[151]　Maçoudi, II, p. 19; Mas'udi, *Muruj al-Dhahab*, in V. Minorsky, *A History of*

Sharvan and Darband in the 10th-11th centuries, Cambridge, 1958, pp. 150-151.

［152］ V. Hilt, *Mari fluvii ale lumii*, Bucharest, 1964, pp. 26-27.

［153］ P.B. Golden, "The Migration...," pp. 78-80.

［154］ *PVL*, I, p. 59; *Ip. let.*, col. 71.

［155］ A.P. Smirnov, *Volzhskie bulgary*, Moscow, 1951; A.Kh. Khalikov,"O stolitse domongol'skiĭ Bulgarii," *SA*, 1973, 3, pp. 83-99; *Issledovaniia Velikogo goroda*, co-ord. V.V. Sedov, Moscow, 1976; *Kul'tura Biliara. Bulgarskie orudiia truda i oruzhie X-XIII vv.*, co-ord. A.Kh. Khalikov, Moscow, 1985; *Gorod Bolgar. Ocherki istorii i kul'tury*, co-ord. G.A. Fëdorov-Davydov, Moscow, 1987; G.M. Davletshin, *Volzhkaia Bulgariia: dukhovnaia kul'tura. Domongol'skiĭ period X-nach. XIII vv.*, Kazan, 1990; E.P. Kazakov, *Kul'turaranneĭ Volzhskoĭ Bolgarii (Etapy ètnokul'turnoĭ istorii)*, Moscow, 1992; *Gorod Bolgar. Remeslo metallurgov, kuznetsov, liteĭshchikov*, co-ord. G.A. Fëdorov-Davydov, Kazan, 1996; F.Sh. Khuzin, *Volzhskaia Bulgariia v domongol'skoe vremia (X-nachalo XIII vekov)*, Kazan, 1997; I.L. Izmaĭlov, *Vooruzhenie i voennoe delo naseleniia Volzhskoĭ Bulgarii X-nachala XIII v.*, Kazan-Magalan, 1997; *Arkheologicheskie izuchenie bulgarskikh gorodov*, gen. ed. F.Sh. Khuzin, Kazan, 1999.

［156］ O. Gundogdyev, "On one peculiarity of funeral ceremony of Scythes and Turks," *Central Asia Cultural Values*, 1, 2002, pp. 29-31.

［157］ *DAI*, pp. 62-63.

［158］ *Ibidem*.

［159］ Ioannis Scylitzae *Synopsis historiarum*, ed. I. Thurn, Berolini et Novi Eboraci, 1973, p. 455; Kedrenos, II, p. 582. 还有许多拜占庭作者提到了乌古斯人的压力，但他们使用古老的名称来指涉乌古斯人，参见Psellos, II, p. 125; Anne Comnène, I, 1937, pp. 127-129。

［160］ Zosimus, *Neue Geschichte*, ed. O. Veh, Stuttgart, 1990, p. 162; *FHDR*, II, pp. 308-311.

［161］ *PVL*, I, 其中提到进攻的日期是俄历6562年（1054），因为在所用的手稿中，俄历6563年（1055）的年份被错误地遗漏了(Cf. *PVL*, II, pp. 390-391)。*Radzivilovskaia letopis'* 中也有类似问题，in *PSRL*, 38, Leningrad, 1989, p. 69. 而在其他编年史中，事件发生的日期是俄历6563年。Cf. *Ip. let.*, col. 151; *Nik. let.*, in *PSRL*, IX, p. 91; *Gustinskaia letopis'*, in *PSRL*, II, Sanktpeterburg, 1843, p. 269.

［162］ *PVL*, p. 109; *Ip. let.*, col. 151-152.

［163］ Attaliates, p. 83.; Skylitzes Continuatus, p. 654; *FHDR*, III, pp. 60-61, 70-71.

［164］ N. Iorga, *Chestiunea Dunării (Istorie a Europei răsăritene în legătură cu această chestie)*, ed. V. Spinei, Iaşi, 1998, p. 123.

第三章　乌古斯人　247

[165] V. Spinei, "Considerații cu privire la populația locală din zona centrală și meridională a Moldovei în secolele XI-XII," *Cercetări istorice*, SN, XII-XIII, 1981-1982, pp. 173-203; V. Chirica, M. Tanasachi, with editorial assistance of R. Popovici and C. Iconomu, *Repertoriul arheologic al județului Iași*, Iași, 1984; II, 1985, *passim*; Gh. Postică, *Românii din codrii Moldovei în evul mediu timpuriu*, Chișinău, 1994, p. 114 ff.; I. Tentiuc, *Populația din Moldova Centrală în secolele XI-XIII*, Iași, 1996, p. 20 ff.

[166] E. Comșa, in Gh. Ștefan, I. Barnea, M. Comșa, E. Comșa, *Dinogetia*, I, *Așezarea feudală timpurie de la Bisericuța-Garvăn*, Bucharest, 1967, p. 29.

[167] Gh. Ștefan, "Dinogetia I. Resultati della prima campagna di scavi (1939)," *Dacia*, VII-VIII, 1937- 1940, pp. 423-424. Cf. also P. Diaconu, *Les Petchénègues au Bas-Danube*, Bucharest, 1970, p. 63, footnote 175; Gh. Mănucu-Adameșteanu, *Istoria Dobrogei în perioada 969-1204. Contribuții arheologice și numismatice*, Bucharest, 2000, p. 127.

[168] E. Comșa and Gh. Bichir, "O nouă descoperire de monede și obiecte depodoabă din secoleleX-XI în așezarea de la Garvăn (Dobrogea)," *Studii și cercetări de numismatică*, III, 1960, pp. 223-244.

[169] G.Gh. Custurea, *Circulația monedei bizantine în Dobrogea (secolele IX-XI)*, Constanța, 2000, pp. 118, 168.

[170] P. Diaconu, "Un tezaur de monede bizantine din sec. al XI-lea descoperit la Păcuiul lui Soare," *Muzeul Național*, III, 1976, pp. 235-239.

[171] Idem, *Les Petchénègues...*, pp. 79-80.

[172] Anne Comnčne, II, pp. 104-105.

[173] P. Diaconu, *Les Petchénègues....*, pp. 121-129.

[174] Attaliates, pp. 83-86; Skylitzes Continuatus, pp. 654-656; Psellos, II, p. 149; Michaelis Glycae *Annales*, ed. Im. Bekker, Bonn, 1836, p. 605; Zonaras, II, col. 251-254; Matthieu d'Édesse, pp. 126-127.

[175] Psellos, II, p. 149.

[176] G. Moravcsik, *Byzantinoturcica*, II, *Sprachreste der Türkvölker in den byzantinischen Quellen*, 2nd ed., Berlin, 1958, p. 329.

[177] *Ibidem*, pp. 207-209. Cf. also S. Brezeanu, "«Mésiens» chez Nicétas Choniate. Terminologie archaïsante et réalité ethnique médiévale," in *Études byzantines et post-byzantines*, II, eds. E. Popescu, O. Iliescu and T. Teoteoi, Bucharest, 1991, p. 105 ff.

[178] Psellos, II, p. 125.

[179] Anne Comnène, I, p. 127.

[180] Attaliates, pp. 85-86; Skylitzes Continuatus, p. 656; Zonaras, II, col. 253-254.

[181] Attaliates, p. 87; Skylitzes Continuatus, pp. 656-657.

[182] Cf. footnotes 129-130.

[183] Anne Comnène, II, p. 97.

[184] *Ibidem*, p. 204. Cf. also p. 147（其中，Karatzas同样被说成是一个斯基泰人）.

[185] V. Laurent, "Argyros Karatzas, protokurapalates şi duce de Philippopoli," *RI*, XXIX, 1943, 7-12, p. 206.

[186] Anne Comnène, II, p. 31.

[187] *Ibidem*, pp. 30-31.

[188] *Ibidem*, p. 204.

[189] Raymond d'Aguilers, *Le "Liber,"* eds. J.H. Hill and L.L. Hill, Paris, 1969, p. 38. Cf. also Petrus Tudebodus, *Historia de Hierosolymitano itinere*, eds. J.H. Hill and L.L. Hill, Paris, 1977, p. 44（这里所列的辅助部队的名单有些不同：*Turci et Pincinaci, et Comani et Sclavani, Usi et Athenasi*）; Tudebodus imitatus et continuatus, *Historia Peregrinorum*, in *Recueil des historiens des Croisades. Historiens occidentaux*, III, Paris, 1866, p. 178（同样，这里的名单也有些怪异：*Turci et Piccinaci, et Comani, et Sclavi, et Athenasi, et Usi*）. Raymond d'Aguilers 和 Pierre Tudebode 的编年史的编辑者们认为，Tanaces/Athenasi 似乎是来源于拉丁语中的一个形容词 tenax，即坚定的、顽强的、有弹性的。

[190] Attaliates, p. 87.

[191] *PVL*, I, p.135; *Ip. let.*, col.196.

[192] *PVL*, I, p.135; *Ip. let.*, col.195. Cf. also Iu. Iu. Morgunov, "Eshchë raz o «pereiaslavskikh torkakh»," *Rossiĭskaia arkheologiia*, 2000, 1, pp. 23-36.

[193] *PVL*, I, p. 145; *Ip. let.*, col. 212.

[194] *PVL*, I, pp. 144-145, 147; *Ip. let.*, col. 209, 211-212, 215. 关于 Torchesk 所进行的考古发掘和研究，参见 B.A. Rybakov, "Torchesk – gorod chernykh klobukov," in *Arkheologicheskie otkrytiia 1966 goda*, Moscow, 1967, pp. 243-245。

[195] *PVL*, I, pp. 148-149; *Ip. let.*, col. 217-218.

[196] *PVL*, I, p. 185; *Ip. let.*, col. 255. 1125年乌古斯人也以库蛮人的伙伴的形象出现，当时一起对基辅罗斯发动掠夺性战争，参见 *Ip. let.*, col. 289-290; *Nik. let.*, in *PSRL*, IX, p. 153。不过，1127年有乌古斯人加入了基辅大公姆斯季斯拉夫·弗拉基米罗维奇（Mstislav Vladimirovich）下辖的，由伊凡·沃伊特希克（Ivan Voiteshik）统领的分遣队，他们可能是不受库蛮人管制的一支乌古斯人，参见 *Ip. let.*, col. 292; *Nik. let.*, in *PSRL*, IX, p. 155。

[197] *Ip. let.*, col. 257; *Gustinskaia letopis'*, in *PSRL*, II, Sanktpeterburg, 1843, p. 287.

[198] *Ip. let.*, col. 679.
[199] *Ibidem*, col. 775.
[200] Abu Hamid el Granadino, p. 50.
[201] S.A. Pletnëva, *Drevnosti...*, p. 24 ff.; eadem, *Kochevniki iuzhnorusskikh stepeĭ v ėpokhu srednevekov'ia IV-XII veka. Uchebnoe posobie*, Voronezh, 2003, p. 136 ff.; T. Nagrodzka-Majchrzyk, *Czarni klobucy*, Warsaw, 1985, *passim*.
[202] *Ip. let.*, col. 533.
[203] *Nik. let.*, in *PSRL*, X, p. 51; *Letopisnyĭ sbornik imenuemyĭ L'vovskoiu letopis'iu(I)*, in *PSRL*, XX, 1, St.-Peterburg, 1910, p. 145; *Letopis' po Uvarovskomu spisku*, in *PSRL*, XXV, Moscow-Leningrad, 1949, p. 105.
[204] Rašid-ad-Din, *Sbornik letopiseĭ*, II, ed. I.P. Petrushevskiĭ, Moscow-Leningrad, 1960, p. 45; Tiesenhausen, II, p. 37.
[205] Maḥmūd al-Kāšṛarī, I, pp. 101-102; M. Th. Houtsma, *op. cit.*, p. 219 ff.; V.V. Barthold, "A History...," pp. 110-111.
[206] Shems ed-Dîn Abou-'Abdallah Moh'ammed de Damas, p. 382.
[207] P.B. Golden, "Cumanica IV: The Tribes of the Cuman-Qipčaqs," *AEMA*, 9, 1995-1997, p. 115.
[208] Tiesenhausen, I, p. 541; J. Marquart, "Über das Volkstum...," p. 157.
[209] O. Pritsak, "The Turko-Slavic Symbiosis. Turkic Nomads of Southeastern Europe," in *The Turks*, 1, *Early Ages*, pp. 541-542.
[210] *PVL*, I, p. 176; *Ip. let.*, col. 240.
[211] *PVL*, I, p. 173; *Ip. let.*, col. 235.
[212] *Ip. let.*, col. 301.
[213] *Ibidem*, col. 557.
[214] *Ibidem*, col. 631.
[215] *Ibidem*, col. 501.
[216] D.A. Rassovsky, "Pechenegi, torki i berendei na Rusi i v Ugrii," *Seminarium Kondakovianum*, VI, 1933, pp. 11-12, 33-37; L. Rásonyi Nagy, "Der Volksname Berendei," *ibidem*, pp. 219-226.
[217] *Ip. let.*, col. 286.
[218] *Ibidem*, col. 289.
[219] *Ibidem*, col. 775.
[220] S.A. Pletnëva, *Drevnosti...*, *passim*; T. Nagrodzka-Majchrzyk, *Czarni klobucy*, p. 102 ff.
[221] A.O. Dobroliubskiĭ, "Chërnye klobuki v Podnestrov'e i Pobuzh'e," in *Drevnosti*

stepnogo Prichernomor'ia i Kryma, I, Zaporozhie, 1990, pp. 153-159.

［222］ E.I. Narozhnyĭ, "Cërnye klobuki na Severnom Kavkaze. O vremeni i usloviiakh pereseleniia", in *Arkheologiia Vostochnoevropeĭskoĭ lesostepi*, 14, *Evraziĭskaia step' i lesostep' v épokhu rannego srednevekov'ia*, Voronezh, 2000, pp. 138-150.

［223］ A.O. Dobroliubskiĭ, "Etnicheskiĭ sostav kochevogo naseleniia Severo-Zapadnogo Prichernomor'ia v zolotoordynskoe vremia," in *Pamiatniki rimskogo i srednevekovogo vremeni v Severo-Zapadnom Prichernomor'e*, Kiev, 1982, pp. 30-34; E.I. Narozhnyĭ, *op. cit.*, p. 141 ff.

［224］ M.P. Kuchera, L.I. Ivanchenko, "Osoblivosti gorodishch Chornikh klobukiv Porossia," *Arkheologiia*, Kiev, 1998, 2, pp. 100-104.

参考文献

Agadzhanov, S.G., *Gosudarstvo sel'dzhukidov i Sredniaia Aziia v XI-XII vv.*, Moscow, 1991.

Idem [Agadžanov], *Die Oguzen Mittelasiens im 9. bis 10. Jahrhundert*, trans. R. Schletzer (*Turk menenforschung*, 7), Hamburg, pp. 7-28.

Idem, *Selğukiden und Turkmenien im 11.-12. Jahrhundert*, trans. R. Schletzer (*Turkmenenforschung*, 9), Hamburg.

Altstadt, A.L., *The Azerbaijani Turks. Power and Identity under Russian Rule*, Stanford, 1992.

Angold, M., *The Byzantine Empire, 1025-1204*, London-New York, 1984.

Armstrong, P., "Seljuqs before the Seljuqs: nomads and frontiers inside Byzantium," in *Eastern Approaches to Byzantium*, ed. A. Eastmond, Aldershot-Burlington-Singapore-Sydney, 2001, pp. 277-286.

The Art of the Seljuqs in the Iran and Anatolia, ed. R. Hillenbrand, Costa Mesa, California, 1994.

Ayalon, D., "The Mamluks of the Seljuks: Islam's Military Might at the Crossroads," *Journal of the Royal Asiatic Society*, 3rd Ser., 6, 1996, pp. 305-333.

Bádenas, P., "L' intégration des Turcs dans la société byzantine (XIe-XIIe siècles). Echecs d' un processus de coexistence," in *Byzantine Asia Minor (6th-12th cent.)*, Athens, 1998, pp. 179-188.

Balascef, G.D., *Împăratul Mihail VIII Paleologul şi statul oguzilor pe ţărmul Mării Negre*, ed. G.I. Brătianu, Iaşi, 1940.

Balivet, M., *Romanie byzantine et pays de Rûm turc. Histoire d'un espace d'imbrication grécoturque*, Istanbul, 1994.

Idem, "Normands et Turcs en Méditerranée médiévale: deux adversaires «symétriques»?," *Turcica*, 30, 1998, pp. 309-329.

Idem, "Un peuple de l' An Mil: les Turcs vus par leurs voisins," in *Année mille, An Mil*, eds. C. Carozzi and H. Taviani-Carozzi, Université de Provence, 2002, pp. 25-50.

Barthold, V.V., "A History of the Turkman People," in idem, *Four Studies on the History of Central Asia*, trans. V. and T. Minorsky, III, Leiden, 1962.

Baştav, Ş., "La bataille rangée de Malazgird et Romain Diogène," *Cultura turcica*, VIII-IX-X, 1971-1972-1973, pp. 132-152.

Bănescu, N., *Les duchés byzantins de Paristrion (Paradounavon) et de Bulgarie*, Bucharest, 1946.

Idem, *Istoria Imperiului Bizantin*, II, *[Imperiul Bizantin clasic,] (610-1081)*, ed. T. Teoteoi, Bucharest, 2003.

Bedrosian, R.,"Armenia during the Seljuk and Mongol Periods," in *The Armenian People from Ancient to Modern Times*, I, *The Dynastic Periods: From Antiquity to the Fourteenth Century*, ed. R.G. Hovannisian, New York, 1997, pp. 241-271.

Bibikov, M.V., "Svedenie Ipat' evskoĭ letopisi o pechenegakh i torkakh v svete dannykh vizantiĭskikh istochnikov XII v.," in *Letopisi i khroniki 1980 g.*, Moscow, 1981, pp. 55-68.

Bosworth, C.E., *The Medieval History of Iran, Afghanistan and Central Asia* (Variorum Reprints), London, 1977.

Idem, "Saldjukids," in *The Encyclopaedia of Islam*, NE, VIII, Leiden, 1995, pp. 936-959.

Bregel, Y., "Turko-Mongol influences in Central Asia," in *Turko-Persia in Historical Perspective*, ed. R.L. Canfield, Cambridge-New York-Port Chester-Melbourne-Sidney, 1991, pp. 53-77.

Brentjes B., *Die Söhne Ismaels. Geschichte und Kultur der Araben*, Leipzig, 1971.

Busse, H., *Chalif und Grosskönig. Die Buyiden im Iraq (945-1055)*, Beirut, 1969.

Cahen, C., "La première pénétration turque en Asie Mineure (seconde moitié du XIe siècle)," *Byzantion*, XVIII, 1948, pp. 5-67.

Idem, "Le Malik-nâmeh et l' histoire des origines seljukides," *Oriens*, 2, 1949, 1, pp. 31-65.

Idem, "Les Tribus turques d' Asie Occidentale pendant la période seljukide," *Wiener Zeitschrift für die Kunde des Morgenlandes*, 51, 1948/52, pp. 178-187.

Idem, "L' évolution de l' iqtâ' du IXe au XIIIe siècle," *Annales. Économies. Sociétes. Civilisations*, 8, 1953, 1, pp. 25-52.

Idem, "Ghuzz," in *The Encyclopaedia of Islam*, NE, II, Leiden-London, 1965, pp. 1106-1110.

Idem, *L'Islam dès origines au début de l'Empire ottoman*, Paris, 1970.

Idem, *The Formation of Turkey. The Seljukid Sultanate of Rum: Eleventh to Fourteenth Century*, trans. P.M. Holt, Harlow, 2001.

The Cambridge History of Iran, 5, *The Saljuq and Mongol Periods*, ed. J.A. Boyle, Cambridge, 1968.

Cheynet, J.-C., "La résistance aux Turcs en Asie Mineure entre Mantzikert et la Première Croisade," in Ευψυχια. *Mélanges offerts à Hélène Ahrweiler*, I, Paris, 1998, pp. 131-147.

Clauson, G., "Turk, Mongol, Tungus," *Asia Minor*, NS, VIII, 1960, 1, pp. 105-123.

Diaconu, P., *Les Petchénègues au Bas-Danube*, Bucharest, 1970.

Idem, *Les Coumans au Bas-Danube aux XIe et XIIe siècles*, Bucharest, 1978.

Diehl, Ch., *Histoire de l'Empire byzantin*, Paris, 1924.

Diehl, Ch., Marçais, G., *Histoire du Moyen Âge*, III, *Le monde oriental de 395 à 1081* (Histoire générale, ed. G. Glotz), Paris, 1936.

Ekrem, M.A., *Civilizaţia turcă*, Bucharest, 1981.

Elisséeff, N., *L'Orient musulman au Moyen Âge, 622-1260*, Paris, 1977.

Feldbauer, P., *Die islamische Welt, 600-1250. Ein Frühfall von Unterentwicklung?*, Vienna, 1995.

Friendly, A., *The Dreadful Day. The Battle of Manzikert, 1071*, London-Melbourne-Sidney-Auckland-Johannesburg, 1981.

Gangloff, S., "Les Gagaouzes: état des recherches et bibliographie," *Turcica*, 30, 1998, pp. 13-22.

Garcin, J.-C., [with editorial assistance of] Balivet, M., Bianquis, T., Bresc, H., Calmard, J., Gaborieau, M., Guichard, P., Triaud, J.-L., *États, sociétés et cultures du monde musulman médiéval, Xe-XVe siècles, I, L'évolution politique et sociale*, Paris, 1995.

Garustovich, G.N., Ivanov, V.A., *Oguzy i pechenegi v evraziĭskikh stepiakh*, Ufa, 2001.

Gfrörer, A.F., *Byzantinische Geschichte*, III, Graz, 1877.

Gherghel, I., *Cercetări privitoare la istoria comanilor. Comani, uţi şi pecenegi*, Bucharest, 1900.

Gokalp, A., "«Le Dit de l' os du clan». De l' ordre segmentaire oghouz au village anatolien," *L'Homme*, 102, 1987, XXVII (2), pp. 80-98.

Golden, P.B., "The Migration of the Oğuz," *Archivum Ottomanicum*, IV, 1972, pp. 45-84.

Idem, "The Černii Klobouci," in *Symbolae Turcologicae. Studies in Honour of Lars Johanson On his Sixtieth Birthday 8 March 1996*, eds. Á. Berta, B. Brendemoen and C.

Schönig, Uppsala, 1996, pp. 97-107.

Idem, "The Turkic Peoples: A Historical Sketch," in *The Turkic Languages*, eds. L. Johanson and É.Á. Csató, London and New York, 1998, pp. 16-29.

Guillou, A., Burgarella, F., Bausani, A., *L'Impero bizantino e l'Islamismo (Nuova storia universale dei popoli e delle civiltà, VI, 1)*, Turin, 1981 (A. Bausani).

Gusseinov, R.A., "Relations entre Byzance et les Seldjūks en Asie Mineure aux XIe et XIIe siècles (D' après les sources syriennes)," in *Actes du XIVe Congrès International des Études byzantines, Bucarest, 6-12 Septembre 1971*, II, eds. M. Berza and E. Stănescu, Bucharest, 1975, pp. 337-344.

Guzman, G.G., "Simon of Saint-Quentin as Historian of the Mongols and Seljuk Turks," *Medievalia et Humanistica*, NS, 3, 1972, pp. 155-178.

Gyóni, M., "Zur Frage der rumänischen Staatsbildungen im XI. Jahrhundert in Paristrion," *AECO*, IX-X, 1943-1944, pp. 83-188.

Hamilton, J., "L' origine des Turcs," *Turcica*, 30, 1998, pp. 255-261.

Hammer, J. v., *Geschichte des osmanischen Reiches*, I, Pest, 1827.

Haussig, H.W., "Überlegungen zum Namen der Türken," in *Turcica et orientalia. Studies in honour of Gunnar Jarring on his eightieth birthday 12 October 1987*, Stockholm, 1988, pp. 45-50.

Hazai, G., "Les manuscrits, conservés à Sofia, des remaniements médiévals de Marvazî et 'Aufî," *AOH*, VII, 1957, 2-3, pp. 157-197.

Honigmann, E., *Die Ostgrenze des Byzantinischen Reiches von 363 bis 1071*, Bruxelles, 1935.

Hopwood, K., "Nomads or Bandits? The Pastoralist/Sedentarist Interface in Anatolia," *Byzantinische Forschungen*, XVI, 1991, pp. 179-192.

Hostler, Ch.W., *The Turks of Central Asia*, Westport, Connecticut-London, 1993.

Houtsma, M.Th., "Some remarks on the history of the Saljuks," *Acta orientalia ediderunt Societates Orientales Batava Danica Norvegica*, III, 1924, pp. 136-152.

Husseinov [Gusseinov], R., "Les sources syriaques sur les croyances et les moeurs des Oghuz du VIIe au XIIe siècle," *Turcica*, VIII, 1976, 1, pp. 21-27.

Iorga, N., *Geschichte des osmanischen Reiches nach den Quellen dargestellt*, I, Gotha, 1908.

Islamic Civilisation, 950-1150. A Colloquium published under the auspices of The Near Eastern History Group Oxford [and] The Near East Center University of Pennsylvania, ed. D.S. Richards, Oxford, 1973.

Istoria universală, III, eds. N.A. Sidorova (gen. ed.), N.I. Konrad, I.P. Petruşevski,

L.V. Cerepnin, Bucharest, 1960.

Ivanov, V.A., Garustovič, G.N., "The Results of the Statistical Analyses of Funeral Rites of the Nomads in the «Great Steppe Belt» in the 10th-11th Centuries and their Ethnic Interpretation," in *The Archaeology of the Steppes. Methods and Strategies*, ed. B. Genito, Naples, 1994, pp. 573-589.

Jahn, K., "Zu Rašid al-Din's «Geschichte der Oguzen u. Türken»," *Journal of Asian History*, I, 1967, pp. 45-63.

Kafesoğlu, I., "Seljuks," in *A History of the Seljuks. Ibrahim Kafesoğlu's Interpretation and the Resulting Controversy*, ed. G. Leiser, Carbondale-Edwardsville, 1988, pp. 21-136.

Klausner, C.L., *The Seljuk Vezirate. A Study of Civil Administration, 1055-1194*, Cambridge, Mass., 1973.

Klyashtornyj, S.G., "The Oguzs of the Central Asia and the Guzs of the Aral Region", *International Journal of Central Asian Studies*, Seoul, 2, 1997, pp. 1-4.

Konovalova, I.G., "Pokhod Sviatoslava na Vostok v kontekste bor' by za «khazarskoe nasledstvo»," *Stratum plus*, 2000, 5, pp. 226-235.

Köprülü, M.F., *Les Origines de l'Empire Ottoman*, Paris, 1935 (reprinted Philadelphia, 1978).

Korkmaz, Z., "Das Oghusische im XII. und XIII. Jahrhundert als Schriftsprache," *CAJ*, XVII, 1973, pp. 294-303.

Kossányi, B., "Az úzok és kománok történetéhez a XI-XII. században," *Századok*, LVII-LVIII, 1923-1924, pp. 519-537.

Kouymjian, D.K., "Mxit' ar (Mekhithar) of Ani on the rise of the Seljuqs," *Revue des études arméniennes*, NS, VI, 1969, pp. 331-353.

Kretschmar, M., *Pferd und Reiter im Orient. Untersuchungen zur Reiterkultur Vorderasiens in der Seldschukenzeit*, Hildesheim-New York, 1980.

Lambton, A.K.S., *Continuity and Change in Medieval Persia. Aspects of Administrative, Economic and Social History, 11th-14th Century*, Albany, NY, 1988.

Marquart, J., "Über das Volkstum der Komanen," in W. Bang and J. Marquart, "Osttürkische Dialektstudien," *Abhandlungen der Königlichen Gesellschaft der Wissenschaften zu Göttingen, Phil.-hist. Kl.*, NF, XIII, 1914, 1, pp. 25-238.

Mehmed, M.A., *Istoria turcilor*, Bucharest, 1976.

Messina, R.G., "Tipologia della rappresentazione dei Turchi in fonti bizantine dei secc. XI-XII," *Byzantinische Forschungen*, XXV, 1999, pp. 305-321.

Metcalf, D.M., *Coinage in South-Eastern Europe, 820-1396*, London, 1979.

Minorsky, V., *Studies in Caucasian History*, London, 1953.

Miquel, A., *La Géographie humaine du monde musulman jusqu'au milieu du 11e siècle. Les travaux et les jours*, Paris, 1988.

Idem, *Islamul și civilizația sa*, trans. G.D. Ceacalopol and R. Florescu, I, II, Bucharest, 1994.

Montgomery Watt, W., *The Majesty that was Islam. The Islamic World, 661-1100*, London, 1974.

Morgan, D., *Medieval Persia, 1040-1795*, London-New York, 1988.

Muir, W., *The Caliphate. Its rise, decline, and fall from original sources*, ed. T.H. Weir, Edinburgh, 1924 (reprinted New York, 1975).

Nagrodzka-Majchrzyk, T., *Czarni klobucy*, Warsaw, 1985.

Eadem, "Les Torks-Ogouzes en Russie de Moyen-Âge," in *IX. Türk Tarih Kongresi, Ankara: 21-25 Eylül 1981. Kongreye Sunulan Bildiriler*, II, Ankara, 1988, pp. 593-599.

Eadem, "Les Oghouz dans la relation d'Ahmad Ibn Fadlân," in *A volume of studies dedicated to Professor Edward Tryjarski on his seventieth birthday (= Rocznik orientalistyczny*, XLIX, 1994, 2), pp. 167-169.

Necșulescu, C., "Năvălirea uzilor prin Țările Române în Imperiul bizantin," *Revista istorică română*, IX, 1939, pp. 185-206.

Noonan, Th.S., "Volga Bulghâria's Tenth-Century Trade with Sāmānid Central Asia," *AEMA*, 11, 2000-2001, pp. 140-218.

Novosel' tsev, A.P., *Khazarskoe gosudarstvo i ego rol' v istorii Vostochnoĭ Evropy i Kavkaza*, Moscow, 1990.

Paksoy, H.B., "Nationality or Religion? View of Central Asian Islam," *International Journal of Central Asian Studies*, Seoul, 3, 1998, pp. 1-60.

Pamiatniki kul'tury drevnikh tiurok v Iuzhnoĭ Sibiri i Tsentral'noĭ Azii, Novosibirsk, 1999.

Pletněva, S.A., *Drevnosti chërnykh klobukov* (Arkheologiia SSSR, Svod arkheologicheskikh istochnikov, E 1-19), Moscow, 1973.

Eadem, *Polovtsy*, Moscow, 1990.

Eadem, *Pechenegi i guzy na nizhnem Donu (po materialam kochevnicheskogo mogil'nika u SarkelaBeloĭ Vezhi)*, Moscow, 1990.

Pritsak, O., "Stammesnamen und Titulaturen der altaischen Völker," *Ural-Altaische Jahrbücher*, XXIV, 1952, 3-4, pp. 49-104.

Idem, "The Decline of the Empire of the Oghuz Yabghu," in idem, *Studies in medieval Eurasian history* (Variorum Reprints), London, 1981, [XIX,] pp. 279-292.

Idem, "The Turcophone Peoples in the Area of the Caucasus from the Sixth to the Eleventh Century," in *Il Caucaso. Cerniera fra culture dal Mediterraneo alla Persia (Secoli IV-XI)*, I

(Settimane di Studio del Centro Italiano di Studi sull' Alto Medioevo, XLIII), Spoleto, 1996, pp. 223-245.

Rásonyi, L., "Bulaqs and Oguzs in Mediaeval Transylvania," *AOH*, XXXIII, 1979, 2, pp. 143-151.

Idem, *Hidak a Dunán. A régi török népek a Dunánál*, Budapest, 1981.

Rassovsky, D.A., "O rol' chernykh klobukov v istorii drevneĭ Rusi," *Seminarium Kondakovianum*, I, 1927, pp. 93-109.

Idem, "Pechenegi, torki i berendei na Rusi i v Ugrii," *Seminarium Kondakovianum*, VI, 1933, pp. 1-64.

Salia, K., *History of the Georgian Nation*, trans. K. Vivian, Paris, 1983.

Sanaullah, M.F., *The Decline of the Saljuqid Empire*, Calcutta, 1938.

Sankrityayana, M.R., *History of Central Asia. Bronze Age (2000 B.C.) to Chengiz Khan (1227 A.D.)*, Calcutta-New Delhi, 1964.

Savvides, A.G.C., "Byzantines and the Oghuz (Ghuzz). Some Observations on the Nomenclature," in *Byzantium and its Neighbours from the mid-9th till the 12th Centuries*, ed. Vl.Vavřinek (=*Byzantinoslavica,* LIV, 1), Prague, 1993, pp. 147-155.

Idem, *Οἱ Τοῦρκοι καῖ τὸ Βυζάντιο, I, Προ-'Οθωμανικὰ φῦλα στὴν 'Ασῖα καῖ στὰ Βαλκάνια*, Athens, 1996.

Idem, "On the Origins and Connotation of the Term *Tekfur* in Byzantine-Turkish Relations," *Il Mar Nero*, IV, 1999/2000, pp. 129-136.

Shanijazov, K., "Early Elements in the Ethnogenesis of the Uzbeks," in *The Nomadic Alternative. Modes and Models of Interaction in the African-Asian Deserts and Steppes*, ed. W. Weissleder, The Hague-Paris, 1979, pp. 147-156.

Shukurov, R., "Turkoman and Byzantine self-identity. Some reflections on the logic of the titlemaking in twelfth- and thirteenth-century Anatolia," in *Eastern Approaches to Byzantium*, ed. A. Eastmond, Aldershot-Burlington-Singapore-Sydney, 2001, pp. 259-276.

Siddiqi, A.H., "Caliphate and Kingship in Medieval Persia," in *Islamic Culture*, Hyderabad, 9-11, 1935-1937 (reprinted Philadelphia, 1977).

Smith, Jr., J.M., "Turanian Nomadism and Iranian Politics," *Iranian Studies*, XI, 1978, pp. 57-81.

Sourdel, D. and J., *La civilisation de l'Islam classique*, Paris, 1968.

Stephenson, P., *Byzantium's Balkan Frontier. A Political Study of the Northern Balkans, 900-1204*, Cambridge, 2000.

Strohmeier, M., *Seldschukische Geschichte und türkische Geschichtswissenschaft. Die Seldschuken im Urteil moderner türkischer Historiker*, Berlin, 1984.

Sumbatzade, A.S., *Azerbaidzhantsy – etnogenez i formirovanie naroda*, Baku, 1990.

Talbot Rice, T., *The Seljuks in Asia Minor*, London, 1961.

Eadem, *Die Seldschuken*, Cologne, 1963.

Tăpkova-Zaimova, V., "Turcs danubiens et Turcs d' Asie Mineure (Problèmes de contacts dans le cadre de l' Empire byzantin)," in *Byzantine Asia Minor (6th-12th cent.)*, Athens, 1998, pp. 189-196.

Tolstov, S.P., "Goroda guzov," *Sovetskaia etnografiia*, 1947, 3, pp. 52-102.

Idem, *Po sledam drevnekhorezmiĭskoĭ tsivilizatsii*, Moscow-Leningrad, 1948.

Treadgold, W., *A Concise History of Byzantium*, Houndmills-New York, 2001.

Tryjarski, E., *Kultura ludów tureckich w świetle przekazu Mahmûda z Kaszgaru (XI w.)*, Warsaw, 1993.

Vasil' evskiĭ, V.G., "Vizantiia i pechenegi (1048-1094)," in idem, *Trudy*, I, Sanktpeterburg, 1908, pp. 1-117.

Vryonis, Jr., S., *The Decline of Medieval Hellenism in Asia Minor and the Process of Islamization from the Eleventh through the Fifteenth Century*, Berkeley-Los Angeles-London, 1971.

Werner, E., *Die Geburt einer Grossmacht – Die Osmanen (1300-1481). Ein Beitrag zur Genesis des türkischen Feudalismus*, 4th ed., Vienna-Cologne-Graz, 1985.

Werner, E. and Markov, W., *Geschichte der Türken von den Anfängen bis zur Gegenwart*, 2nd ed., Berlin, 1979.

Wittek, P., "Deux chapitres de l' histoire des Turcs de Roum," *Byzantion*, XI, 1936, 1, pp. 285-319.

Idem, "Les Gagaouzes = Les gens de Kaykaus," *Rocznik orientalistyczny*, XVII (1951-1952), 1953, pp. 12-24.

Zachariadou, E.A., "The Oğuz tribes. The Silence of the Byzantine Sources," in *Itinéraires d'Orient. Hommages à Claude Cahen*, eds. R. Curiel and R. Gyselen, Bures-sur-Yvette, 1994, pp. 285-289.

Zakythinos, D.A., *Byzantinische Geschichte, 324-1071*, Vienna-Cologne-Graz, 1979.

图 片

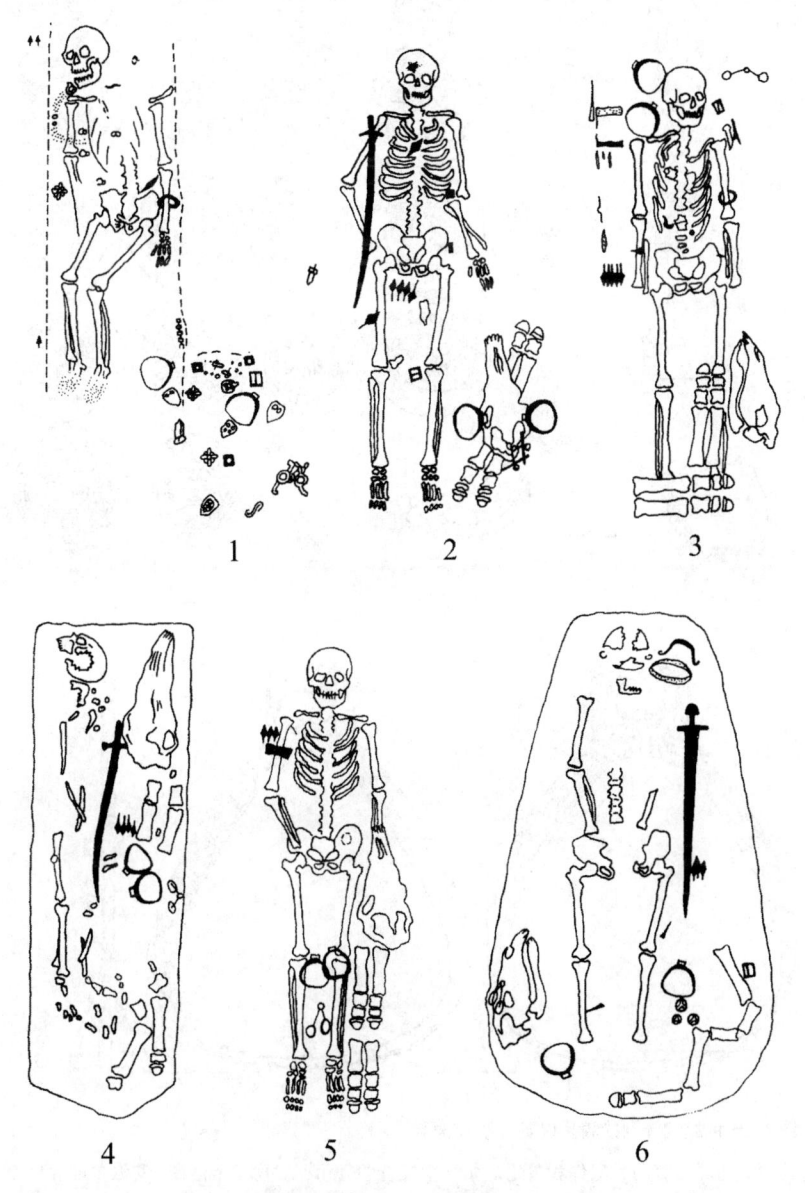

图1 十至十一世纪潘诺尼亚平原及周围地区骑兵坟墓的主要类型

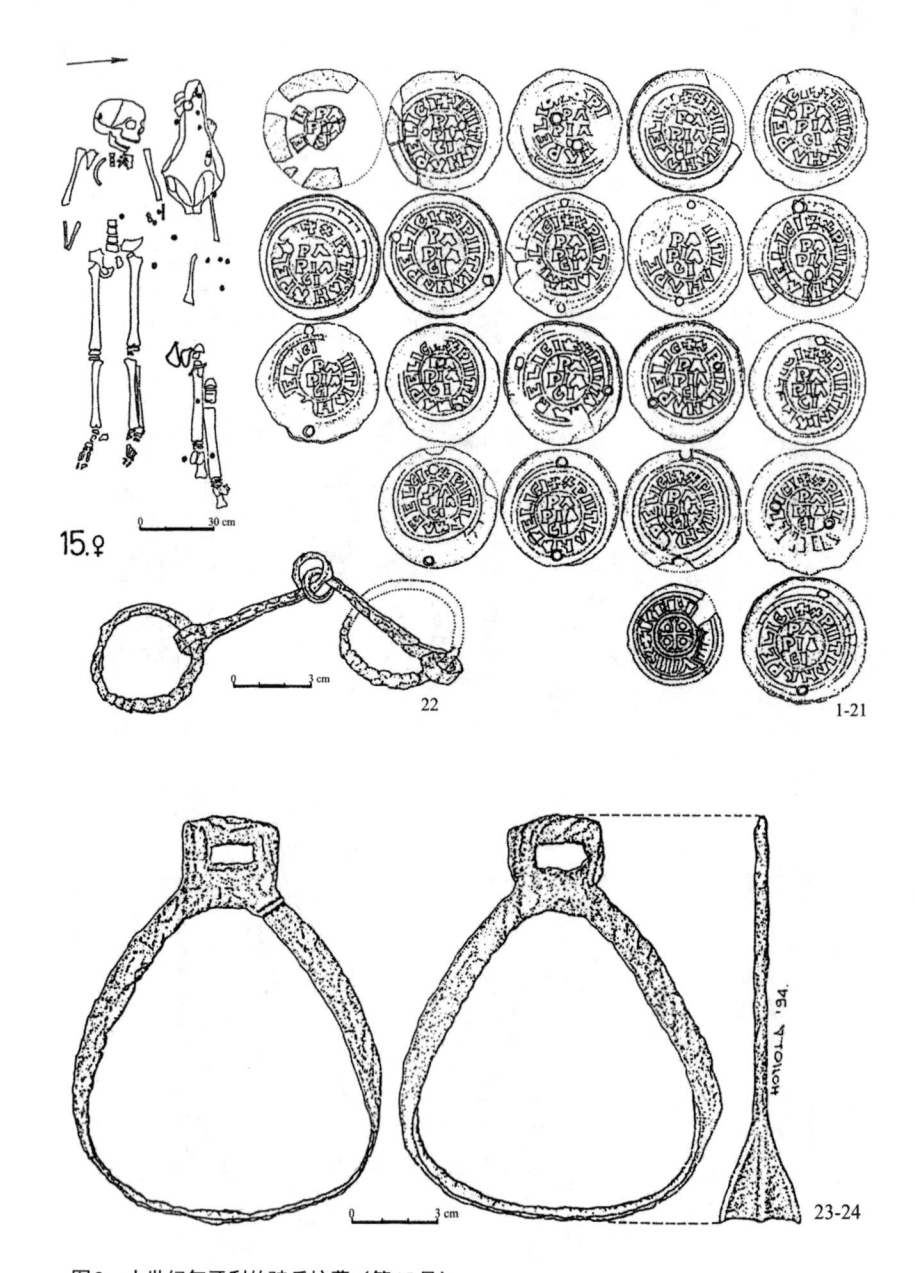

图2 十世纪匈牙利的骑兵坟墓（第15号）

其中的随葬品有马具配件和贝伦加尔一世发行的硬币。发现于卡洛斯－艾派尔耶佐格第二墓区（匈牙利）。

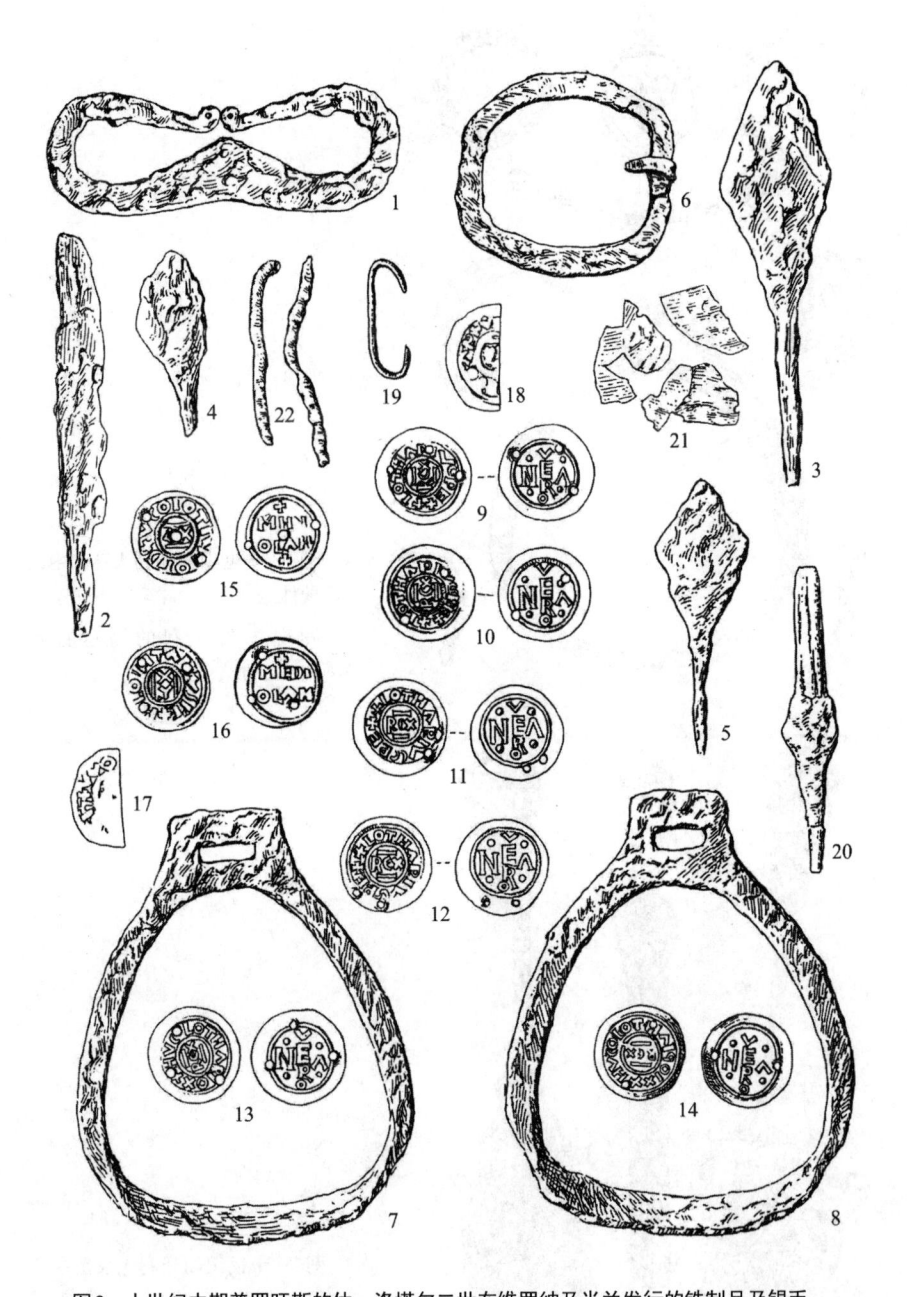

图3 十世纪中期普罗旺斯的休、洛塔尔二世在维罗纳及米兰发行的铁制品及银币

发现于捷克斯洛伐克西南部塞尔文尼克（Červenik）地区的匈牙利人墓区1号墓（1—8）和3号墓（9—22）的随葬品。

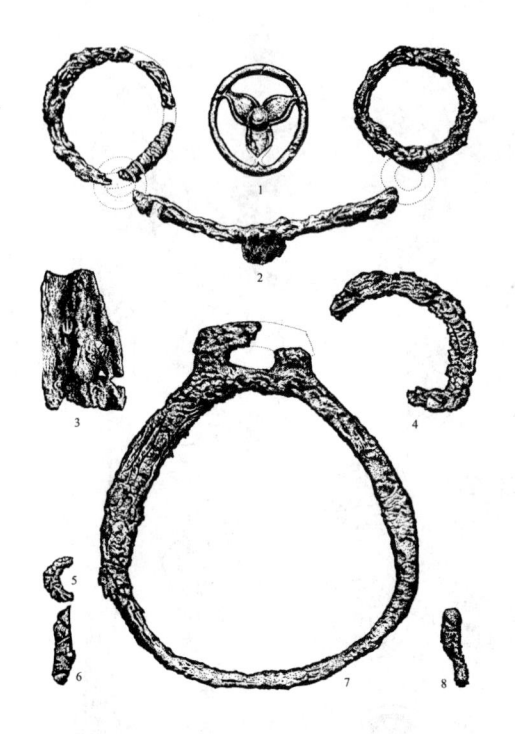

图4 十世纪匈牙利人墓穴中的马具配件

发现于匈牙利的马达拉斯（Madaras）。

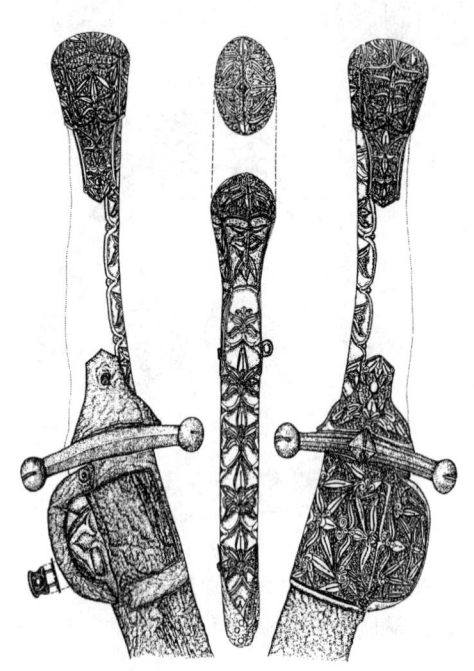

图5 十世纪匈牙利人坟墓中的镀金手柄铁剑

发现于卡洛斯-艾派尔耶佐格墓区第29号墓（匈牙利）。

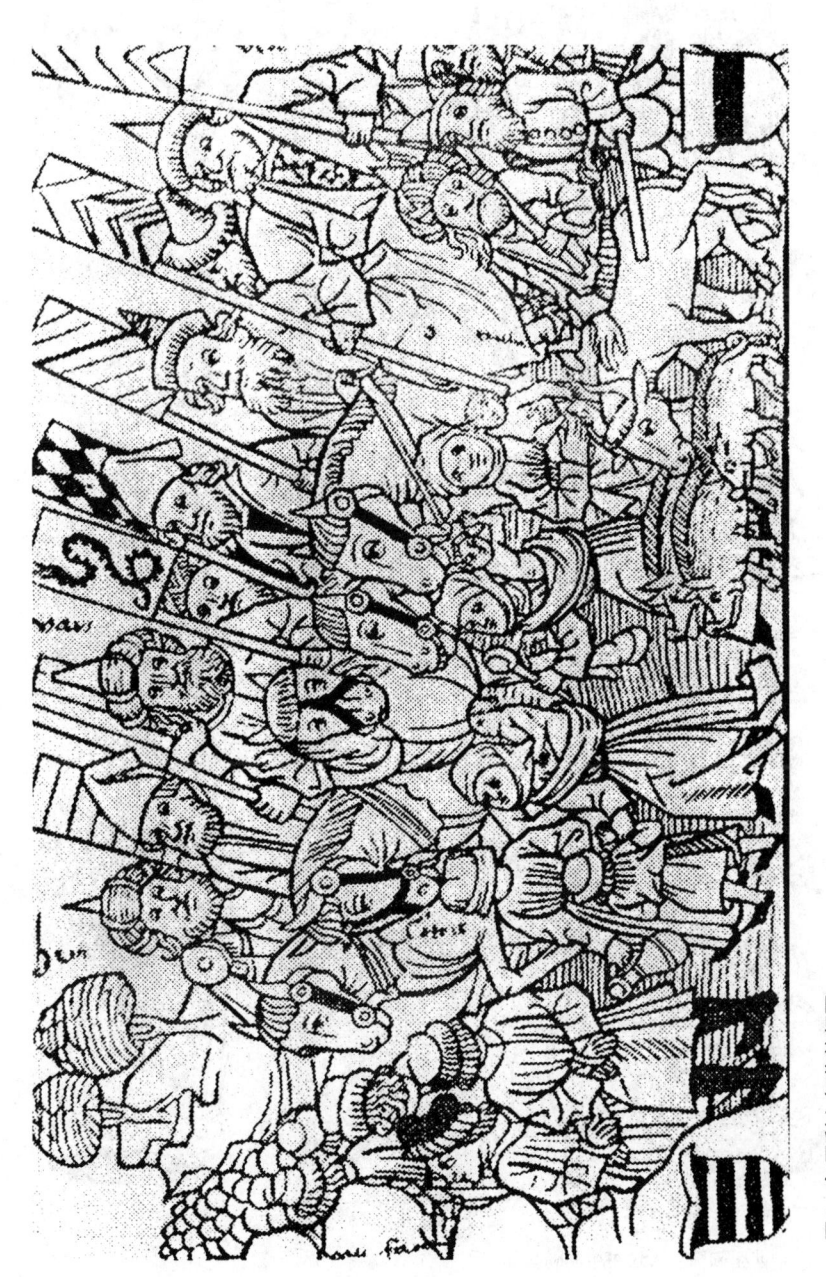

图 6 匈牙利七部落首领图

来源于1486年布尔诺诺出版的《图罗茨的约翰内斯编年史》(Chronicle of Johannes of Thurocz)，由其编者所绘。

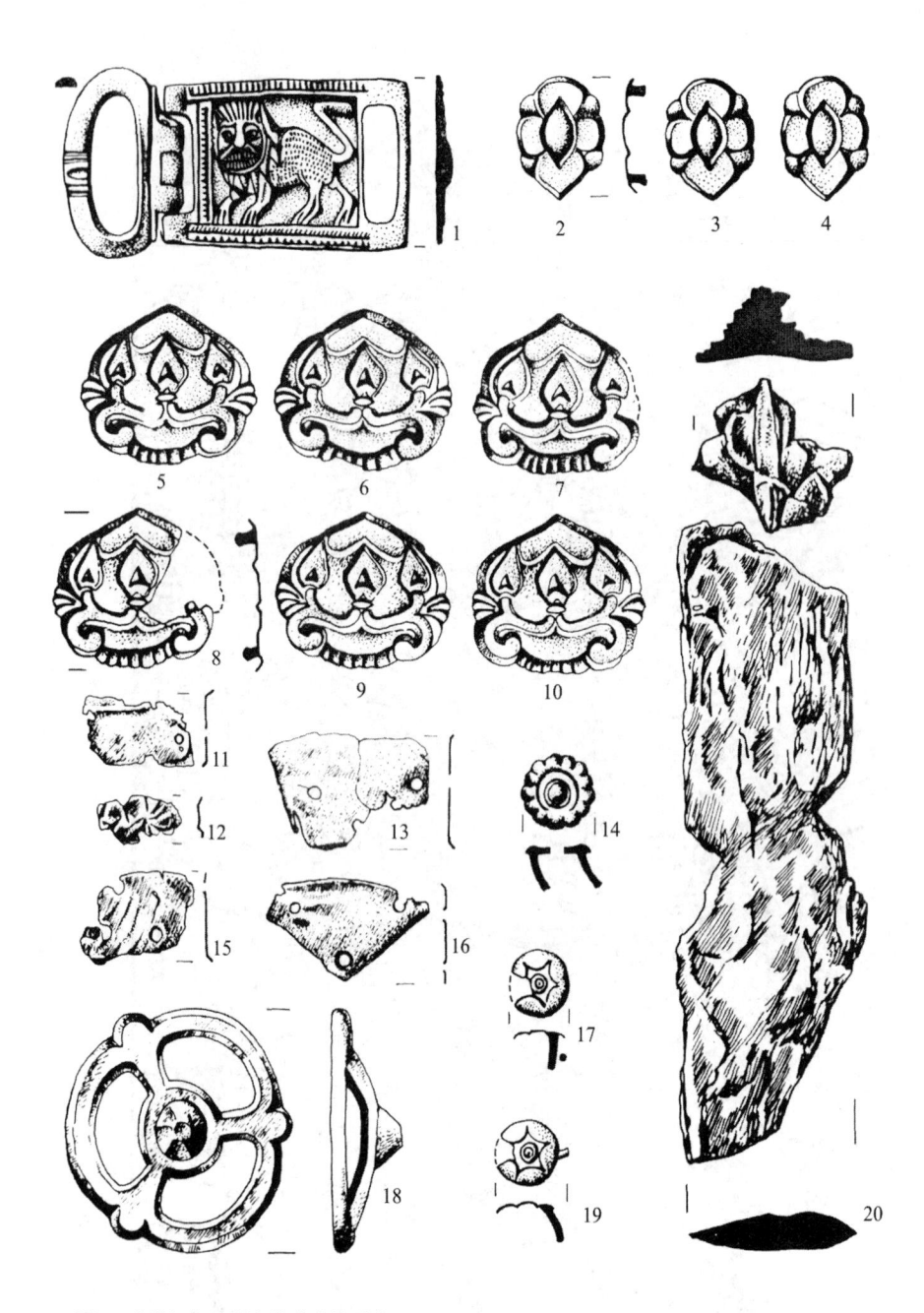

图7 十世纪匈牙利人坟墓中的随葬品
发现于匈牙利的凯特波（Kétpó）。

图8 十世纪匈牙利典型的青铜吊坠

文物发现地点如下：1、13.匈牙利的什格德-博加哈鲁姆（Szeged-Bojárhalom）；2.班切斯西（Bánkeszi）；3.伊尔诺哈札（Ernőháza）；4.加诺斯桑拉斯-卡托那帕尔特（Jánosszállás Katonapart）；5.斯桑特斯-那多切（Szentes-Nagytöke）；6、14.奥尔哲（Algyő）；7.梅佐博（Mezőzombor）；8.那斯瓦德（Naszvad）；9.梅佐图（Mezőtúr）；10.波佐尼维切基尼（Pozsonyvezekény）；11.赛克什白堡（Székesfehérvár）；12.一处不知名的地方。

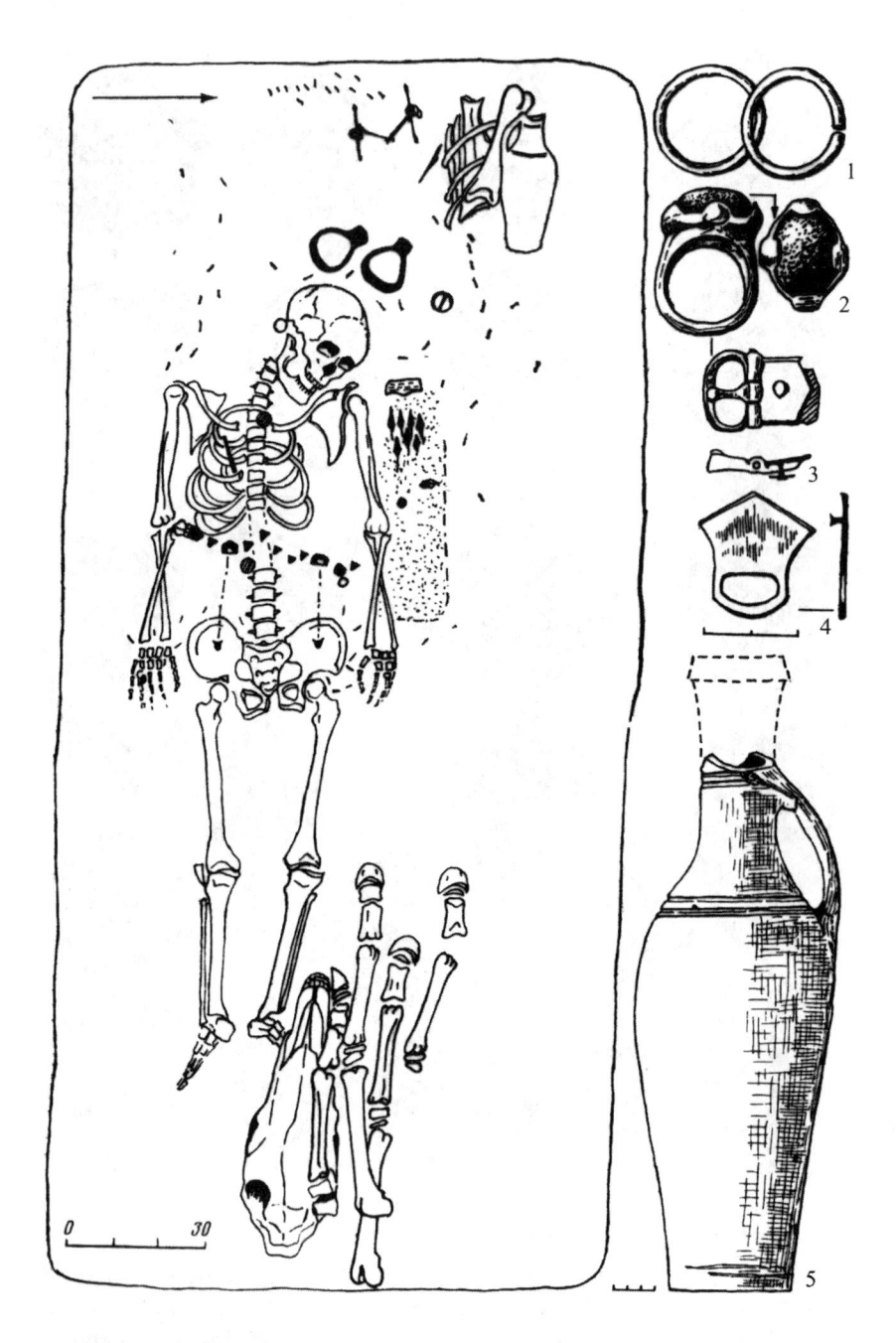

266　九至十三世纪东欧和东南欧的民族大迁徙

图9　九世纪匈牙利骑兵坟墓的平面图和部分随葬品
发现于乌克兰的粟布提沙（Subbotitsa）地区。

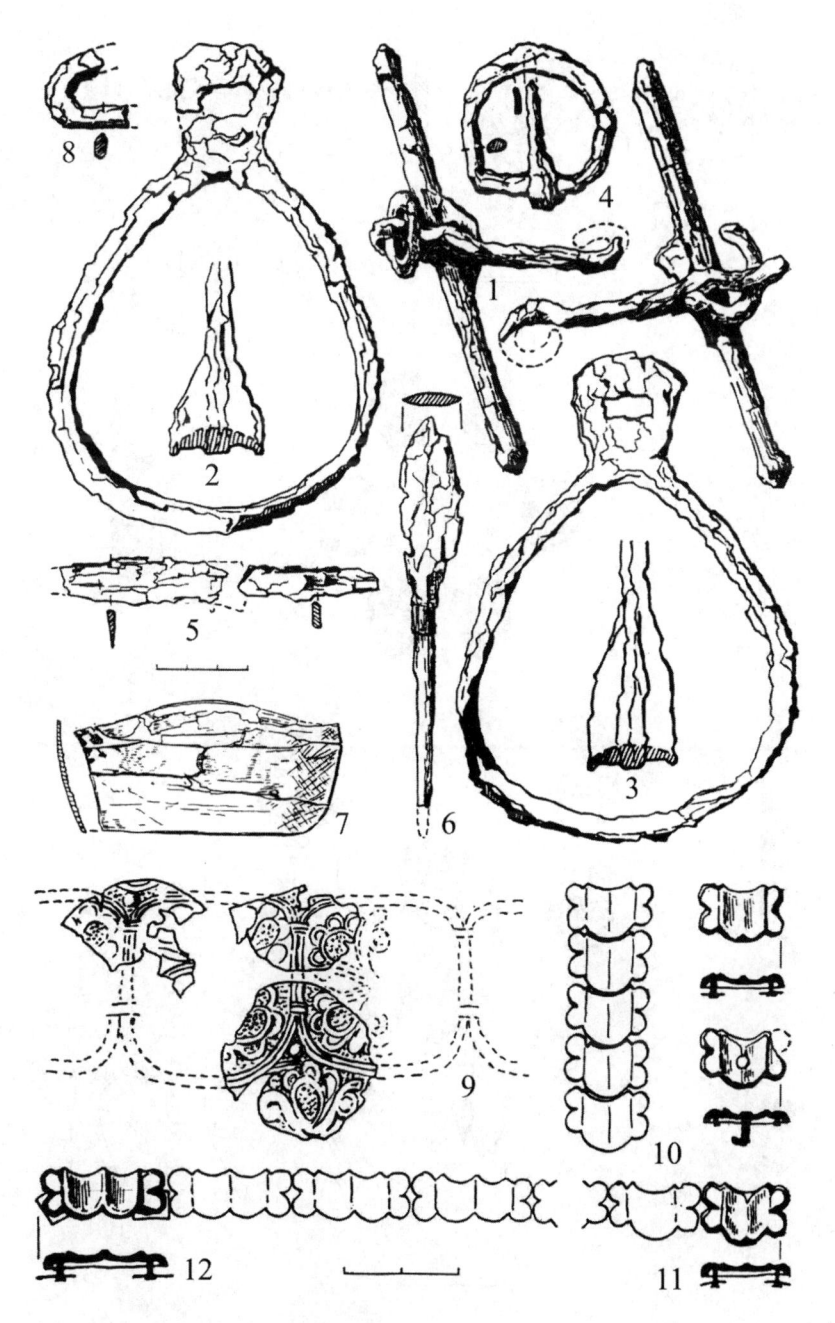

图10 九世纪匈牙利骑兵坟墓中的随葬品碎片
发现于乌克兰的粟布提沙地区。

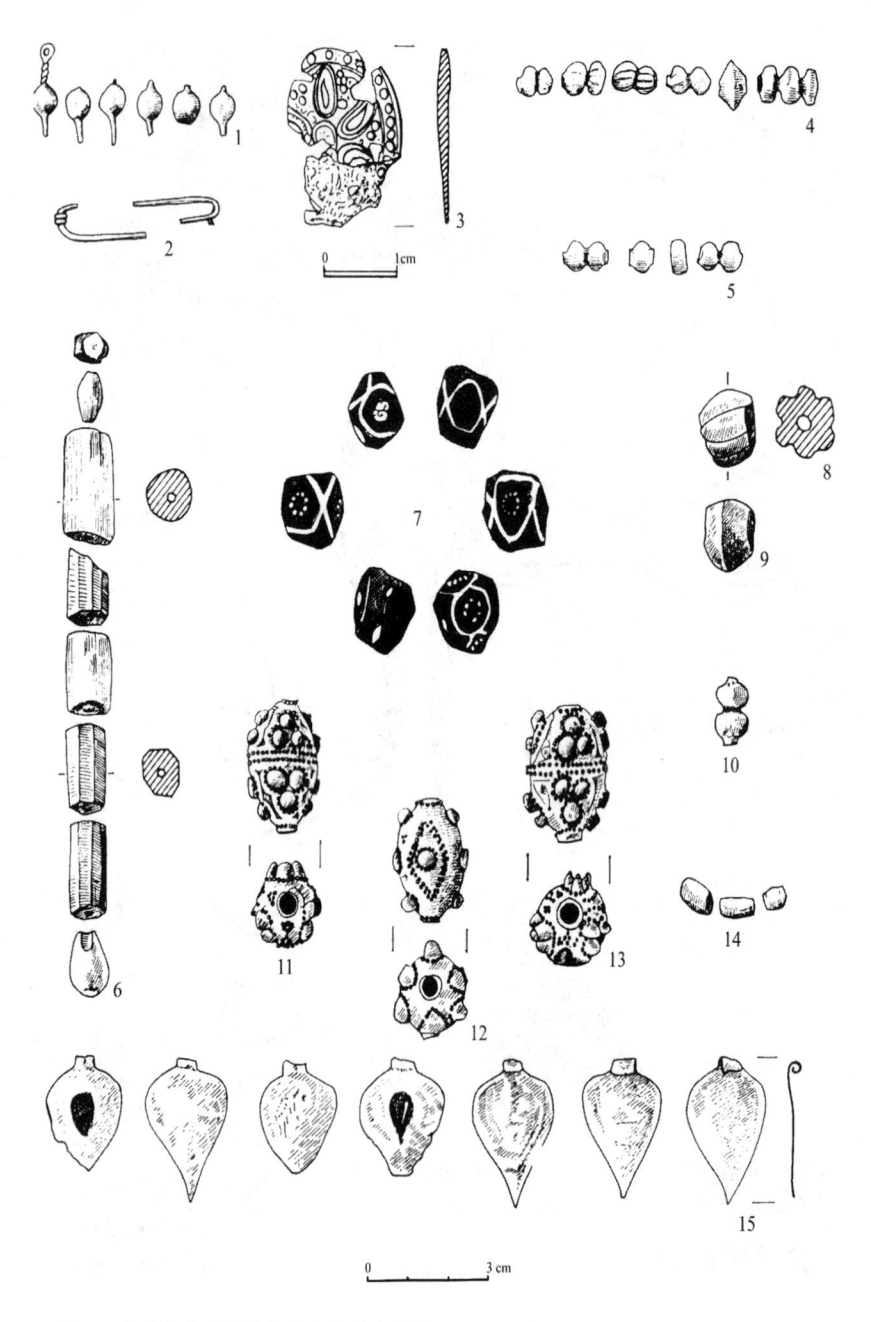

图11 九世纪匈牙利人坟墓中的珠宝碎片

发现于乌克兰的粟铎瓦艾亚·维什尼亚（Sudovaia Vishnia）。

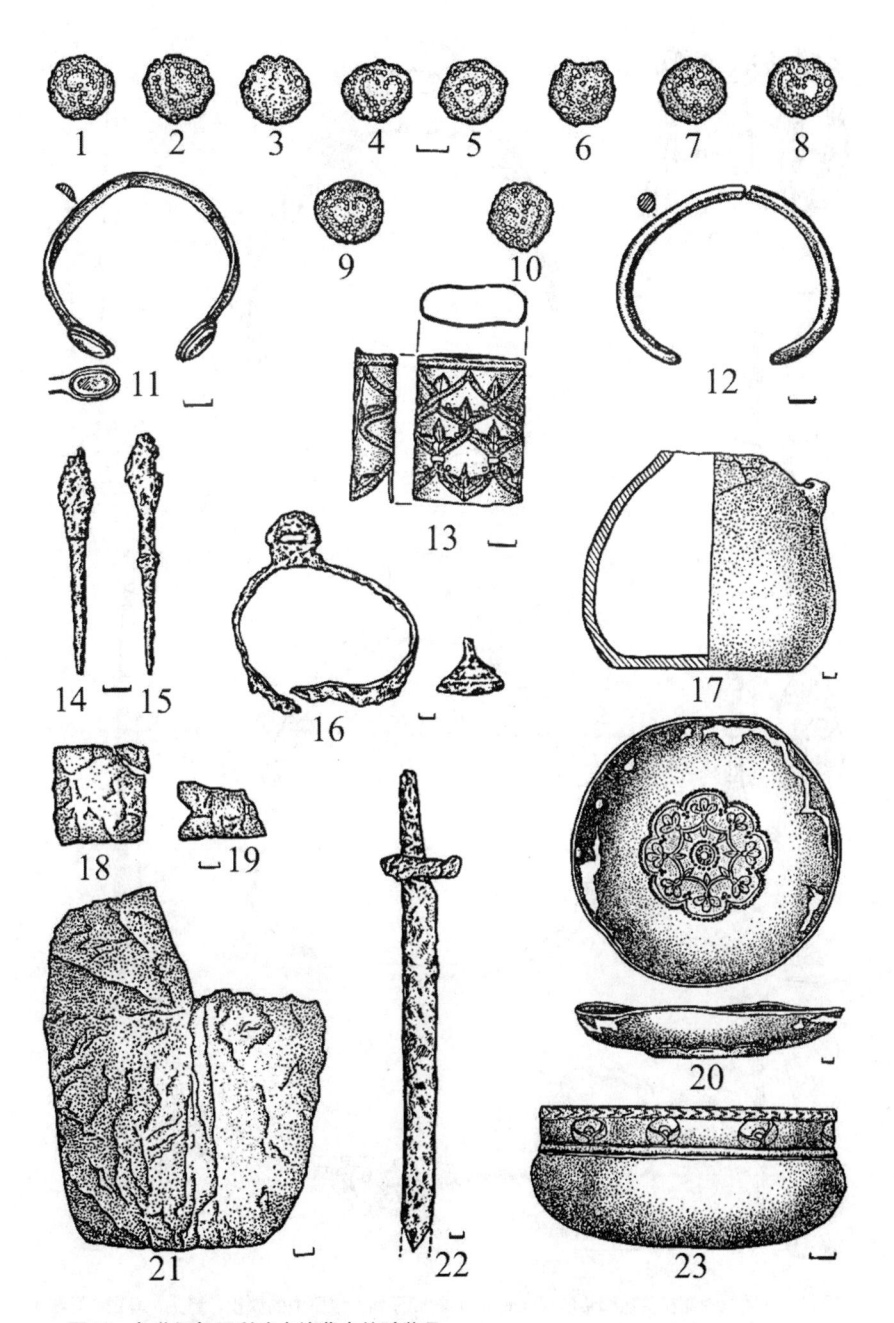

图 12 九世纪匈牙利武士坟墓中的随葬品

发现于克罗伯齐涅（Korobchine，乌克兰的第聂伯罗彼得罗夫斯克地区）。

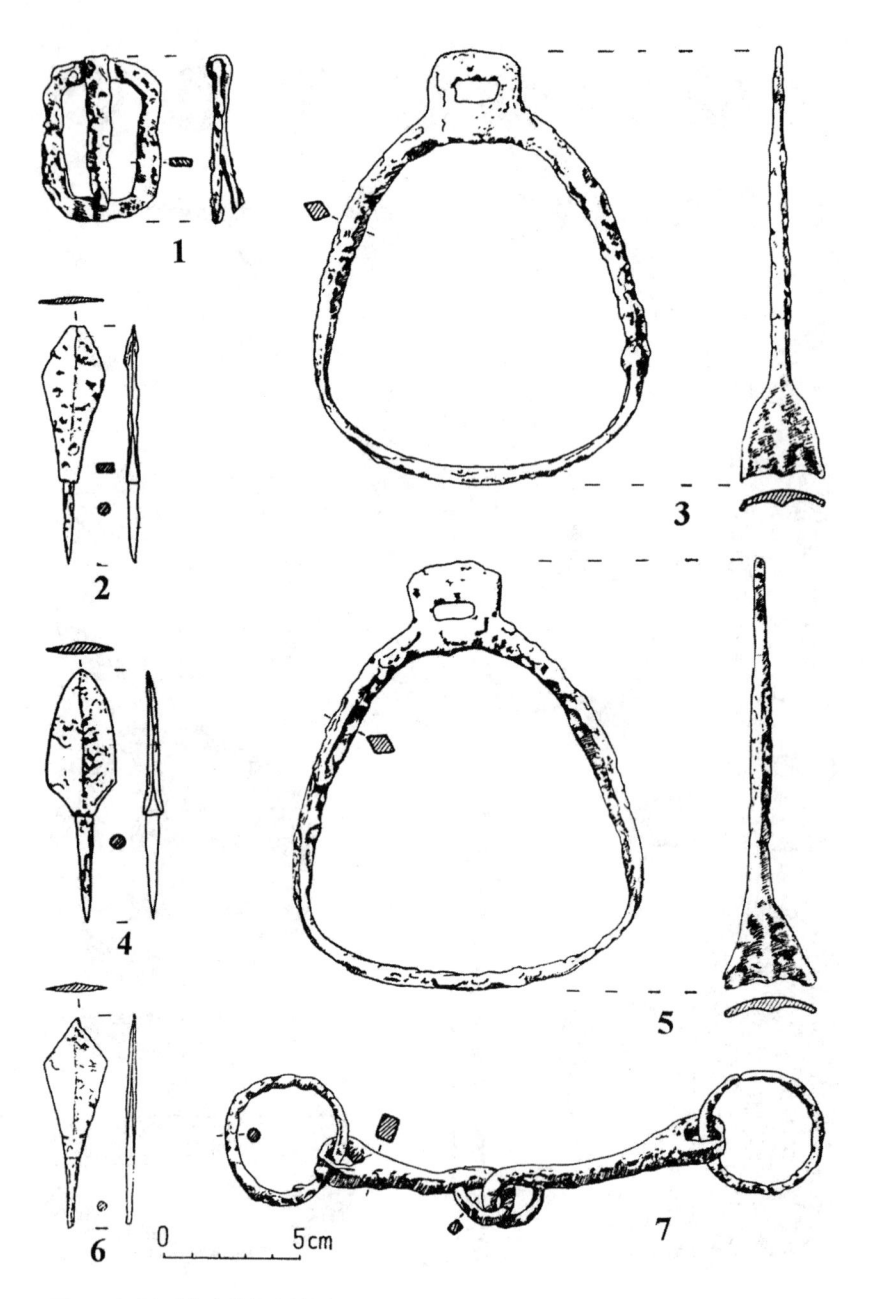

图13 九世纪中期在普热梅希尔（Przemyśl）的匈牙利人坟墓中的铁扣、箭头、马镫和马嚼子

1.铁扣；2、4、6.箭头；3、5.马镫；7.马嚼子。均发现于波兰的"里塞斯卡大街"（"Przemysl/Rycerska Street"）。

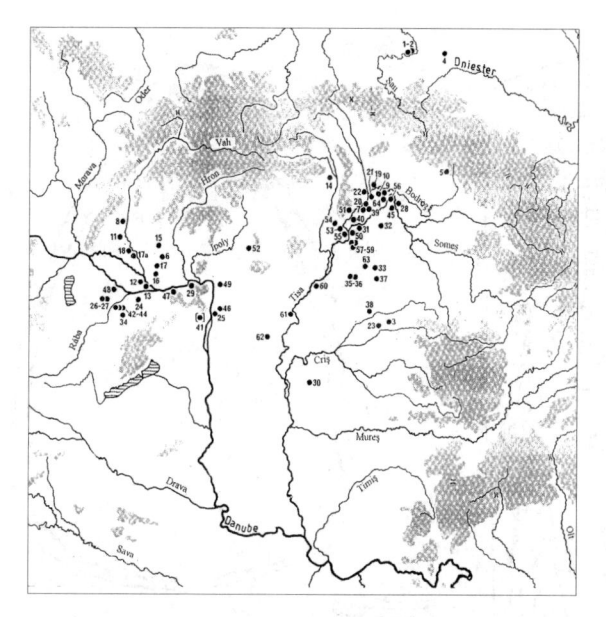

图14　潘诺尼亚平原及周围地区匈牙利人最古老和最边远的坟墓（可追溯至九世纪后半期）

1.普热梅希尔1号墓（Przemyśl-grave 1）；2.普热梅希尔2号墓（Przemyśl-grave 2）；3.比哈里亚（Biharea）；4.粟铎瓦艾亚·维什尼亚（Sudovaia Vishnia）；5.兹瓦尔加瓦（Szvaljava）；6.贝森诺夫（Bešenov）；7.别尔（Biel）；8.塞尔文尼克（Červenik）；9.希尔那·那德·蒂苏（Čierna nad Tisou）；10.多布拉（Dobrá）；11.何斯德（Hoste）；12.卡曼尼那（Kameničná）；13.科马尔诺（Komárno）；14.科希策（Košice）；15.利波瓦-奥德罗科夫（Lipová-Ondrochov）；16.尼斯瓦地（Nesvady）；17.新扎姆基（Nové Zámky）；17a.萨拉维卡（Šal'a Veča）；18.塞雷德（Sered'）；19.塞纳（Siner）；20.博德罗格河畔斯特雷达（Streda nad Bodrogom）；21.维奇（Vécs）；22.曾普伦（Zemplin）；23.阿尔丹（Ártánd）；24.巴纳（Bana）；25.布达佩斯-法卡斯雷（Budapest-Farkasrét）；26.丘尔瑙（Csorna）；27.丘尔瑙-苏利赫奇（Csorna-Sülyhegy）；28.艾派尔耶什凯（Eperjeske）；29.艾斯特根（Esztergom）；30.伽多罗斯（Gádoros）；31.加瓦-马奇特（Gáva-Market）；32.盖盖尼（Gégény）；33.盖斯泰雷德（Geszteréd）；34.哲默雷（Gyömöre）；35.哈杜伯兹佐梅尼（Hajdúböszörmény）；36.哈杜伯兹佐梅尼-艾尔多斯塔亚（Hajdúböszörmény-Erdőstanya）；37.哈杜桑森（Hajdúsámson）；38.亨齐道（Hencida）；39.卡洛斯（Karos）；40.凯内斯勒（Kenézlő）；41.费耶尔县（Fejér county）；42.科龙柯（Koroncó）；43.科龙柯-雷多姆伯（Koroncó-Rácdomb）；44.科龙柯-尤泽勒普（Koroncó-Újtelep）；45.曼多克（Mándok）；46.瑙吉陶尔乔（Nagytarcsa）；47.内施美利（Neszmély）；48.奥第维尼（Öttevény）；49.雷奇斯赫奇（RádKishegy）；50.劳考毛兹（Rakamaz）；51.沙罗什保陶克-巴克沙河莫克（Sárospatak-Baksahomok）；52.邵什豪尔詹-穆雷赫奇（Sóshartyán-Murahegy）；53.萨卡德（Szakáld）；54.斯泽伦茨（Szerencs）；55.陶尔曹尔（Tarcal）；56.蒂绍拜兹代德（Tiszabezdéd）；57.蒂萨兹拉尔·巴什哈鲁姆7号墓（TiszaeszlárBashalom-grave 7）；58.蒂萨兹拉尔·巴什哈鲁姆B墓（TiszaeszlárBashalom-grave B）；59.蒂萨兹拉尔-尤蒂勒普（Tiszaeszlár-Újtelep）；60.蒂萨菲赖德（Tiszafüred）；61.蒂绍许伊（Tiszasüly）；62.特尔泰尔（Törtel）；63.尤菲赫托-米兹奇普斯塔（Újfehértó-Micskepuszta）；64.曾普莱瑙加尔德（Zemplénagárd）。

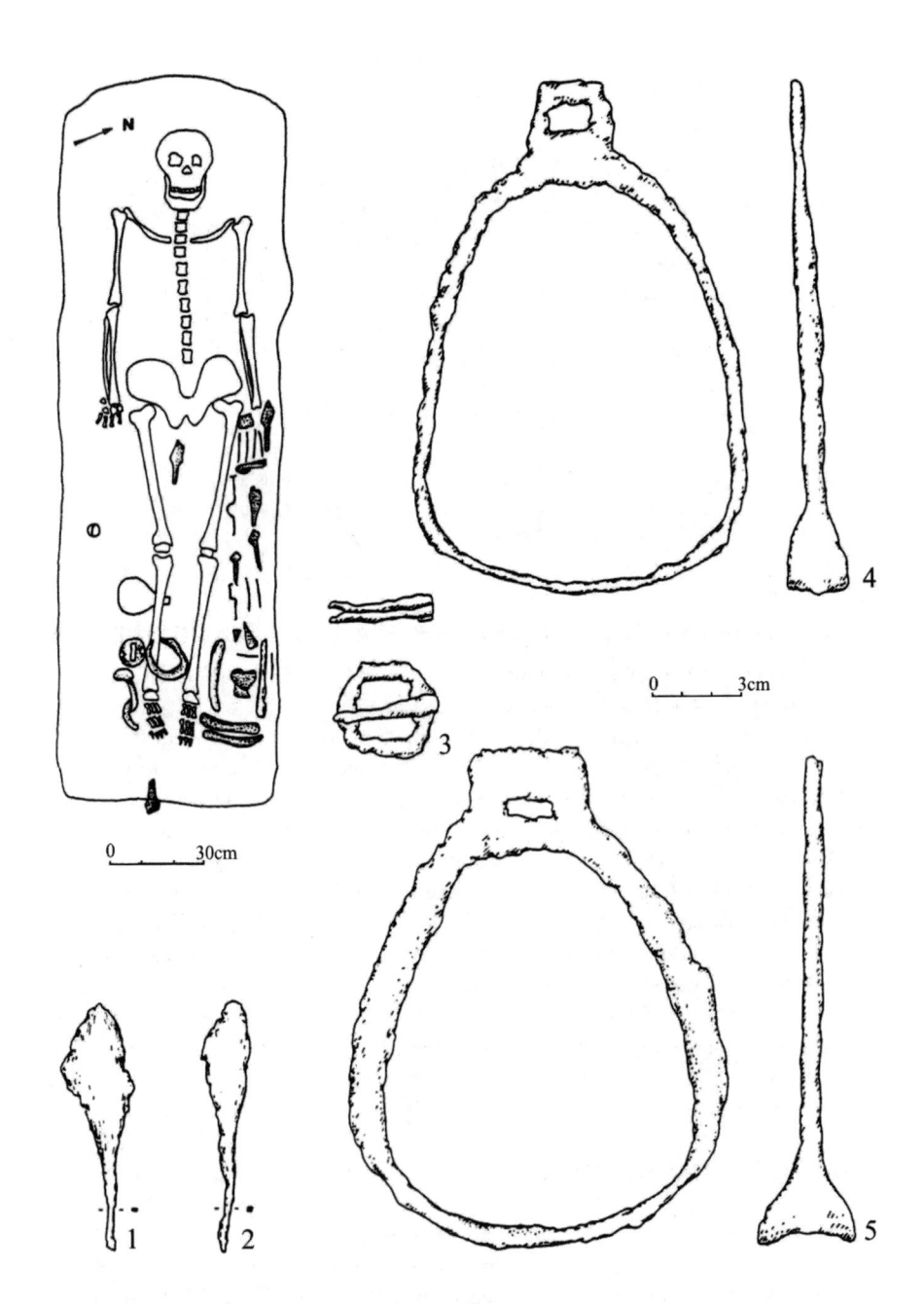

图15 十世纪匈牙利人坟墓的平面图和随葬品

发现于（罗马尼亚）蒂米什的佛特尼（Voiteni）。

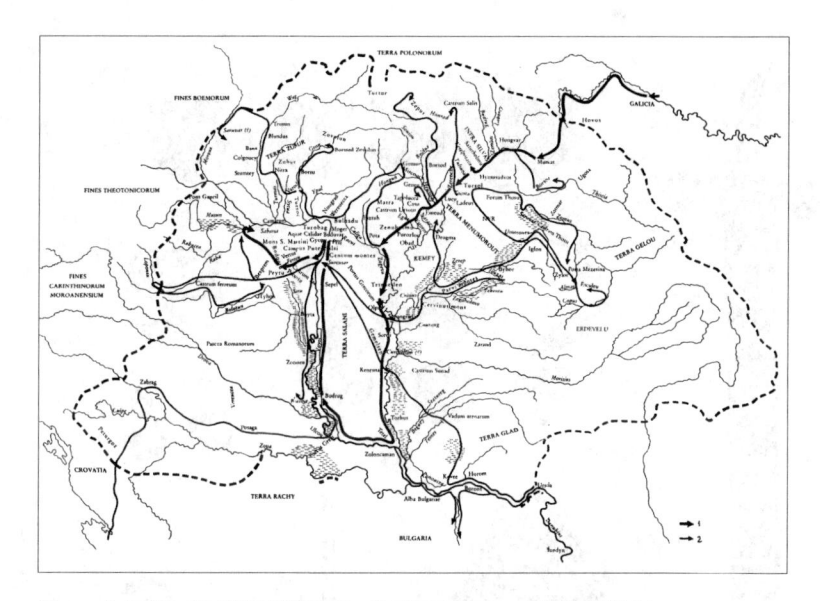

图 16　匈牙利入侵时期的潘诺尼亚、特兰西瓦尼亚、摩拉维亚地图

此图根据安诺尼慕斯《匈牙利纪事》的相关信息，由 G. 捷尔费、L. 维斯普雷米绘制。

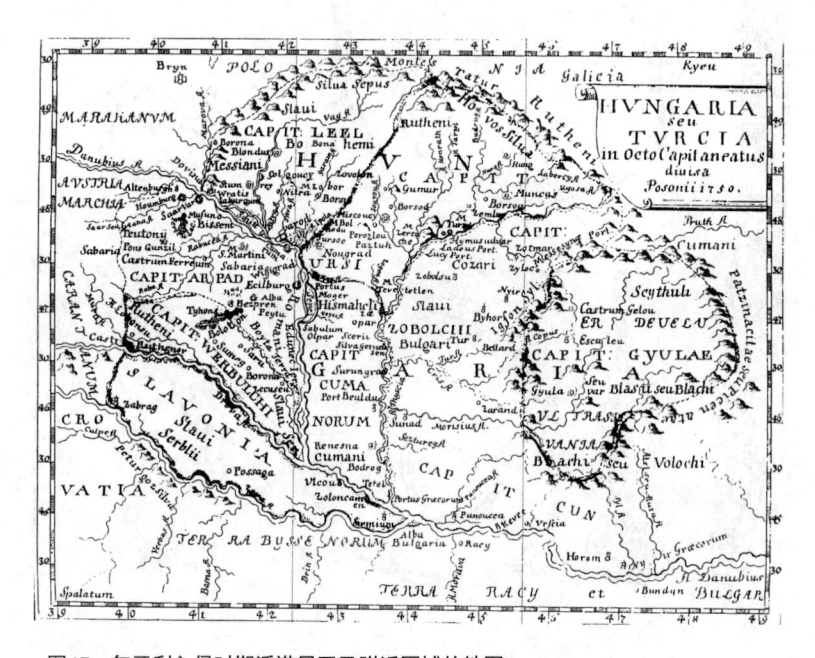

图 17　匈牙利入侵时期潘诺尼亚及附近区域的地图

此图由制图家雅·托姆卡-萨斯基（Ján Tomka-Sásky，1692—1762）于1750年绘制。

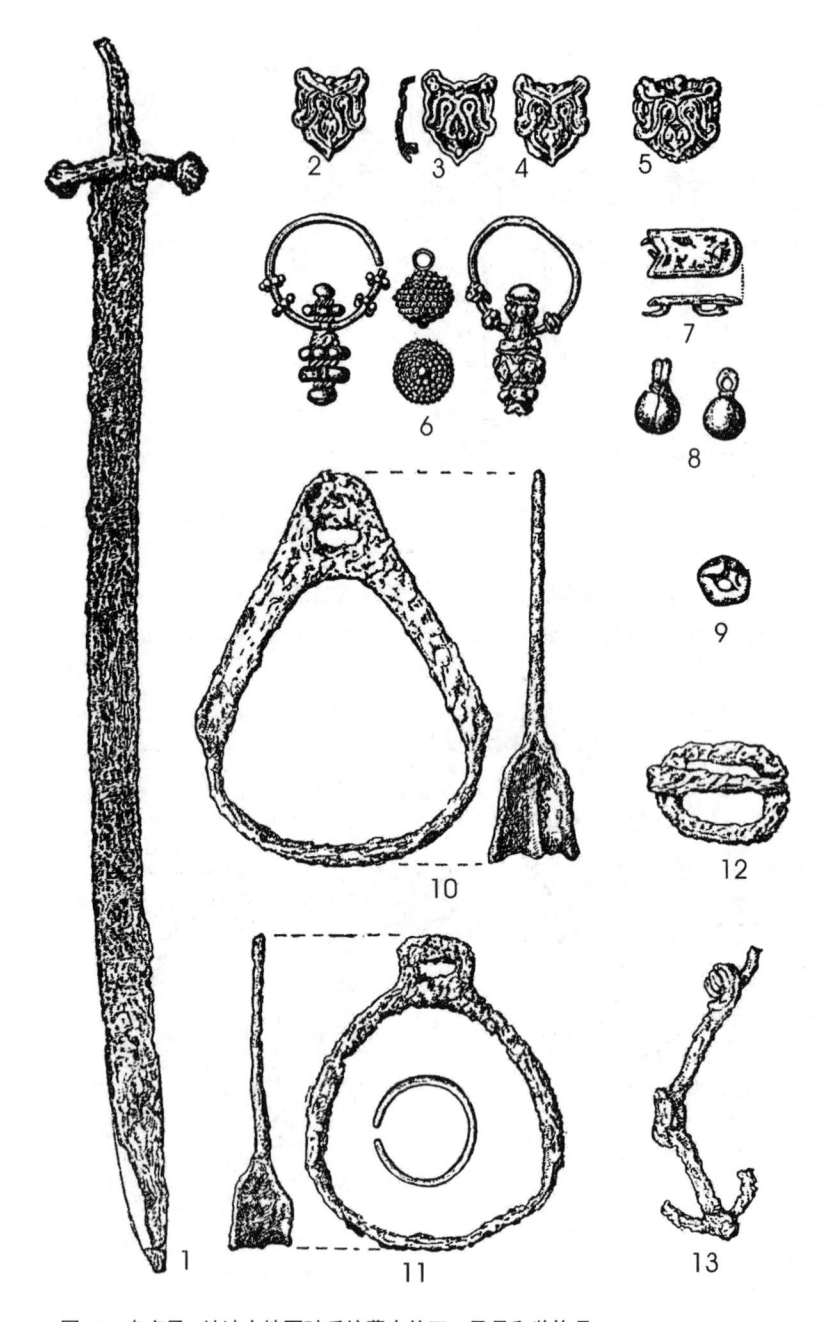

274 九至十三世纪东欧和东南欧的民族大迁徙

图18 克卢日-纳波卡地区骑兵坟墓中的刀、马具和装饰品
发现于罗马尼亚的陀思妥耶夫斯基大街（Dostoevski Street），亦即原来的扎波尧（Zápolya）。

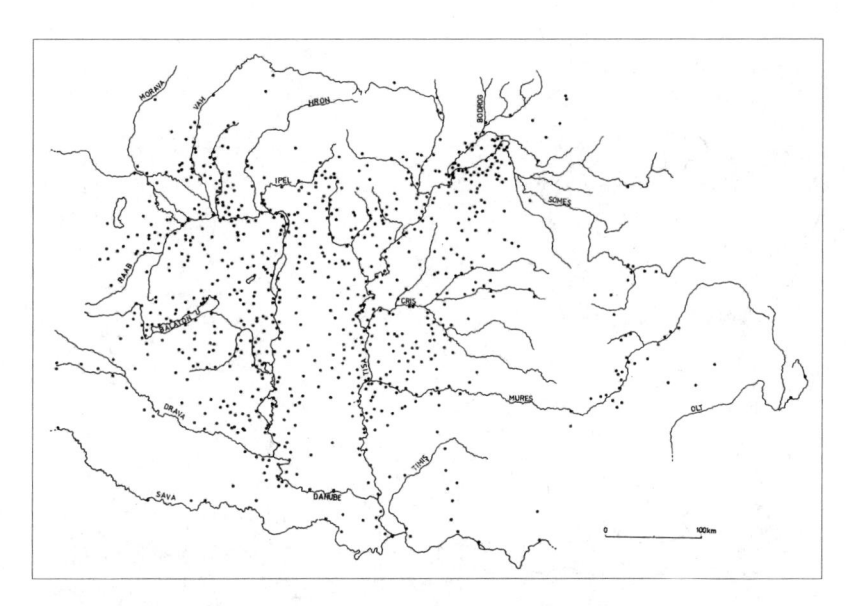

图19 十至十一世纪潘诺尼亚平原及附近地区马扎尔人坟墓分布图

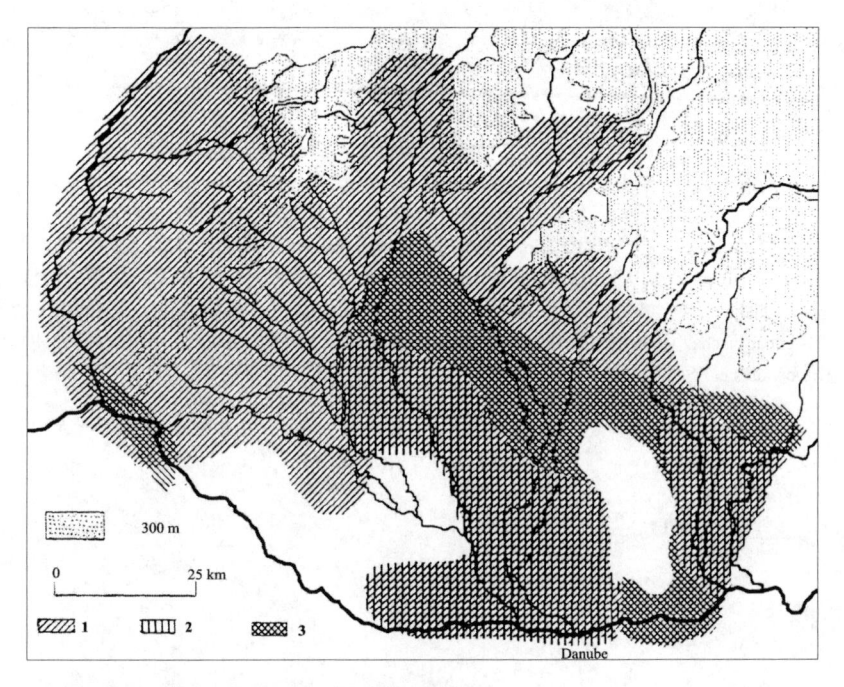

图20 墓地考古所见十世纪西斯洛伐克民族分布图
1.斯拉夫人；2.匈牙利人占优势；3.混合区，斯拉夫人占优势。

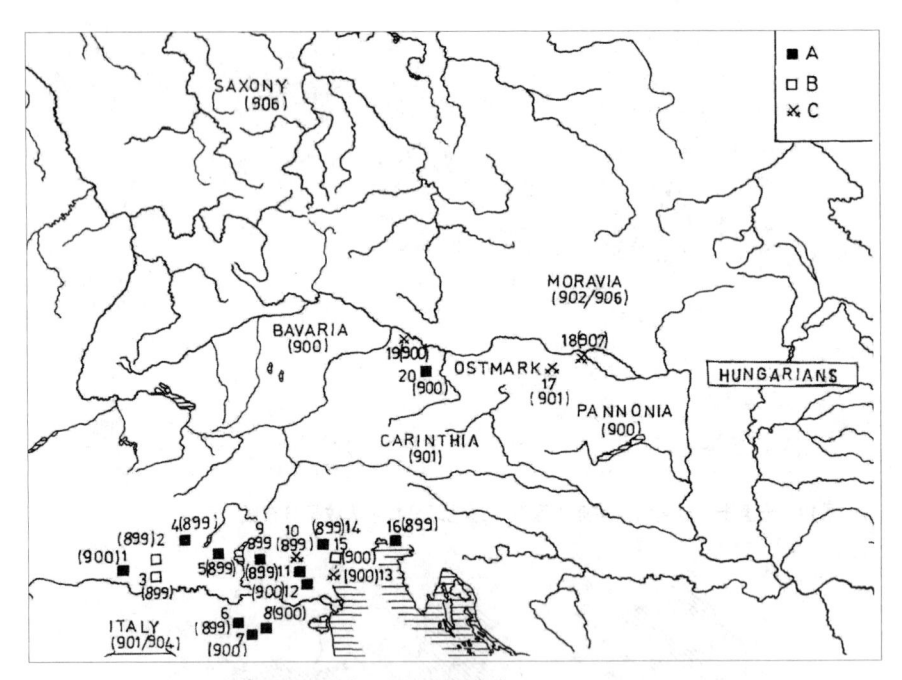

276　九至十三世纪东欧和东南欧的民族大迁徙

图21　899—907年间受匈牙利人入侵影响的区域

A.劫掠和纵火；B.失败的进攻；C.对峙。

1.韦尔切利（Vercelli）；2.米兰（Milan）；3.帕维亚（Pavia）；4.贝尔加莫（Bergamo）；5.布雷西亚（Brescia）；6.雷吉奥（Reggio）；7.摩德纳（Modena）；8.诺南拖拉（Nonantola）；9.维罗纳（Verona）；10.布伦塔附近（near Brenta）；11.帕多瓦（Padua）；12.卡瓦西里（Cavarcere）；13.马拉莫科（Malamocco）；14.特雷维索（Treviso）；15.威尼斯（Venice）；16.阿魁利亚（Aquilea）；17.菲什卡（near Fischa）；18.普雷斯堡（Pressburg (Bratislava)）；19.林茨（Linz）；20.克雷姆斯明斯特（Kremsmünster）。

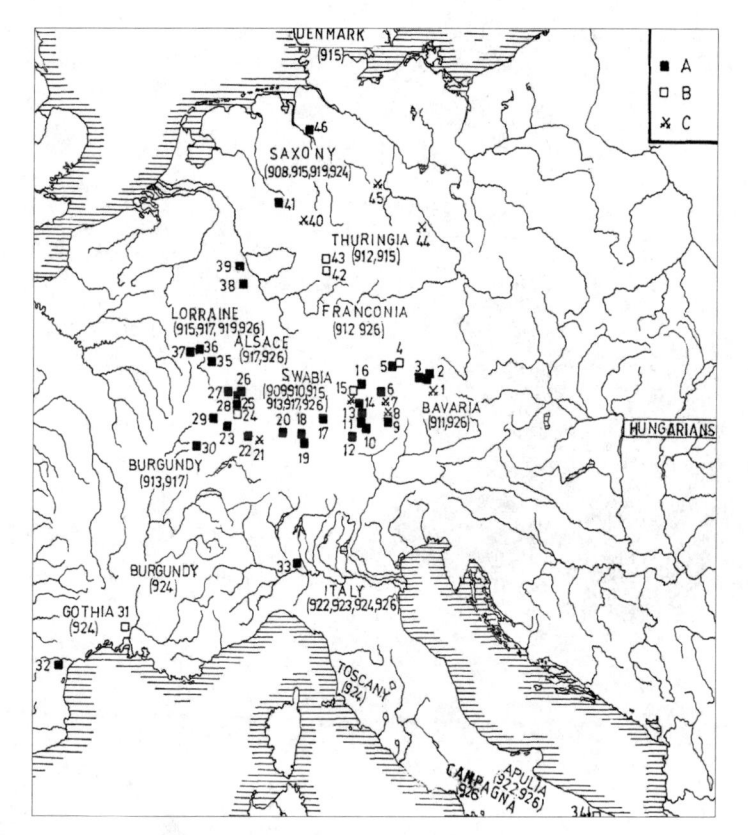

图22　908—926年间受匈牙利人入侵影响的区域

A.劫掠与纵火；B.失败的进攻；C.对峙。

1. 罗特附近（near Rott，909）；2. 奥伯-尼德拉尔森（Ober-Niederaltaich，910）；3. 奥斯特霍芬（Osterhofen，910）；4. 雷根斯堡（Regensburg，910）；5. 阿巴赫（Abbach，910）；6. 弗赖辛（Freising，909）；7. 诺伊兴（Neuching，910）；8. 阿施巴赫（Aschbach，913）；9. 泰根塞（Tegernsee，910）；10. 普灵（Polling，910）；11. 韦索布伦（Wessobrunn，910）；12. 菲森（Füssen，910）；13. 迪森（Diessen，910）；14. 杉达（Sandau，910）；15. 奥格斯堡（Augsburg，910/926）；16. 蒂尔豪普滕（Thierhaupten，910）；17. 瓦尔德赛（Waldsee，926）；18. 康斯坦茨（Konstanz，926）；19. 圣加仑（St. Gallen，926）；20. 莱茵瑙（Rheinau，926）；21. 塞京根（Säckingen，926）；22. 巴塞尔（Basel，917）；23. 吕克瑟伊（Luxeuil，917）；24. 勒米尔蒙（Remiremont，917）；25. 莫优矛提尔（Moyonmoutier，917）；26. 塞农（Senones，917）；27. 艾提沃尔（Etival，917）；28. 圣迪埃（St. Dié，917）；29. 卢里（Lure，926）；30. 贝桑松（Besançon，926）；31. 尼姆（Nîmes，924）；32. 纳博讷（Narbonne，924）；33. 帕维亚（Pavia，924）；34. 塔兰托（Tarent）；35. 吉尔拉蒙（Gillamont，917）；36. 戈尔泽（Gorze，917）；37. 凡尔登（Verdun，921）；38. 迈费尔德（Maifeld，911）；39. 哈戈（Ahrgau，911）；40. 埃里斯堡（Eresburg，915）；41. 赫茨菲尔德（Herzfeld，918）；42. 富尔达（Fulda，915/918）；43. 赫斯菲尔德（Hersfeld，924）；44. 穆尔德附近（near Mulde，924）；45. 普陈（Püchen，919）；46. 不莱梅（Bremen，915/918）。

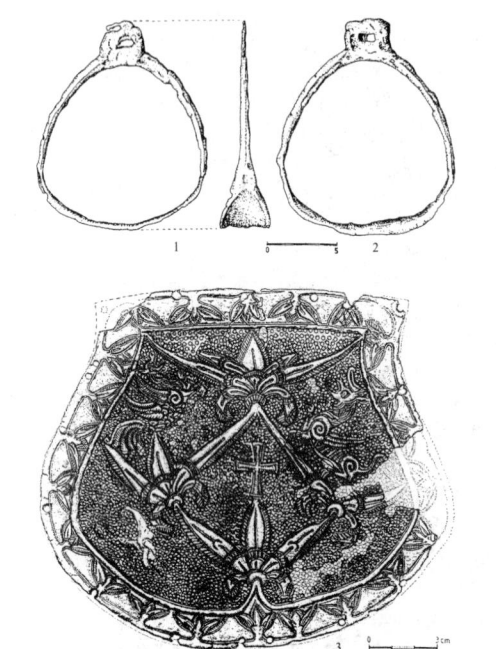

图23 十世纪匈牙利人坟墓中的铁马镫和铜制马刀挂套

1、2.铁马镫；3.铜制马刀挂套。发现于匈牙利的蒂绍拜兹代德［Tiszabezdéd，即原来的拜兹代德（Bezdéd）］墓区。

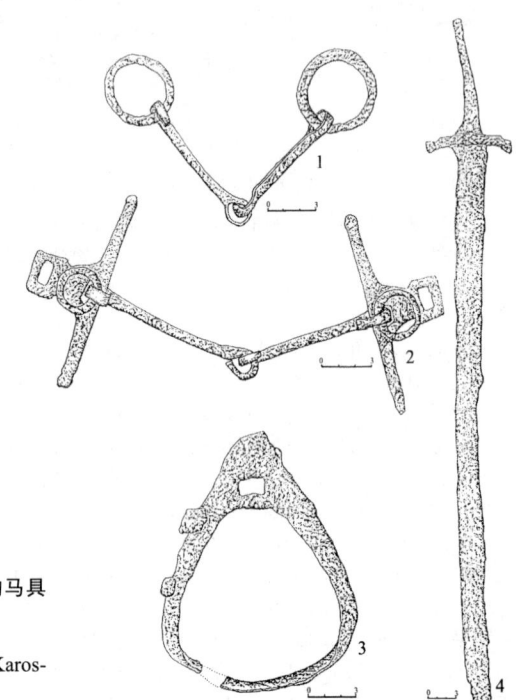

图24 十世纪匈牙利人坟墓中的马具配件和军刀

发现于卡洛斯-艾派尔耶佐格（Karos-Eperjesszög）墓区1号（匈牙利）。

图 25 955年德国骑士与匈牙利人在莱西费尔德平原对峙

来源于赫克托尔·慕利赫（Hektor Mülich）为《西格蒙格·梅斯特林编年史》（*Sigmund Meisterlin's chronicle*, 1457）制作的微型插图（Cod. Halder 1, Staat-und Stadtbibliothek Augsburg）。

图26 955年德国骑士与匈牙利人在莱西费尔德平原对峙

来源于赫克托尔·慕利赫为《西格蒙格·梅斯特林编年史》制作的微型插图（Cgm. 213, fol. 162, Bayerische Staatsbibliothek, Munich）。

图 片 281

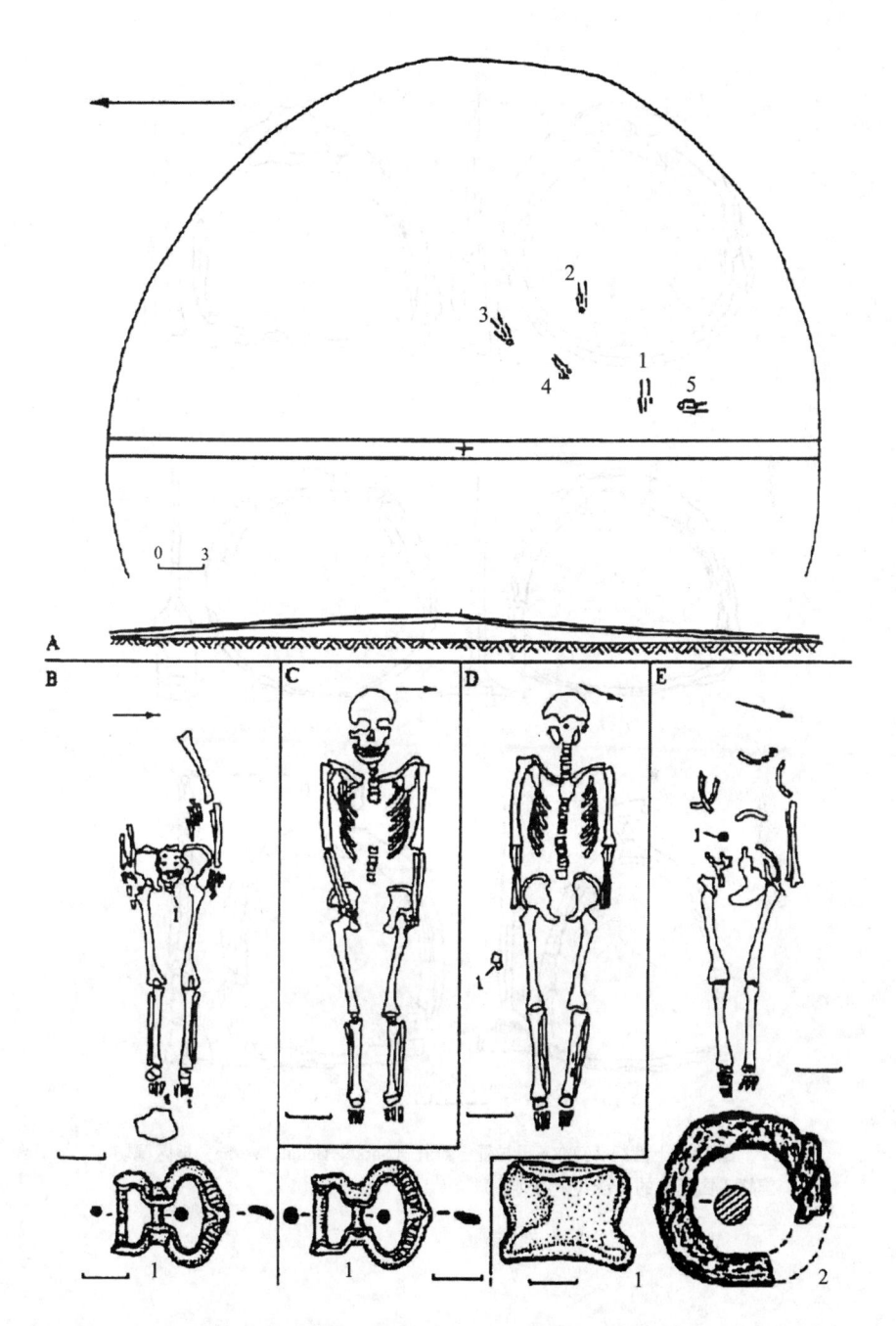

图27 十一世纪德涅斯特河河谷波多伊玛（Podoima）地区一座古坟的平面图和剖面图
A.佩切涅格人坟墓的平面图和随葬品；B—E.摩尔达维亚共和国。

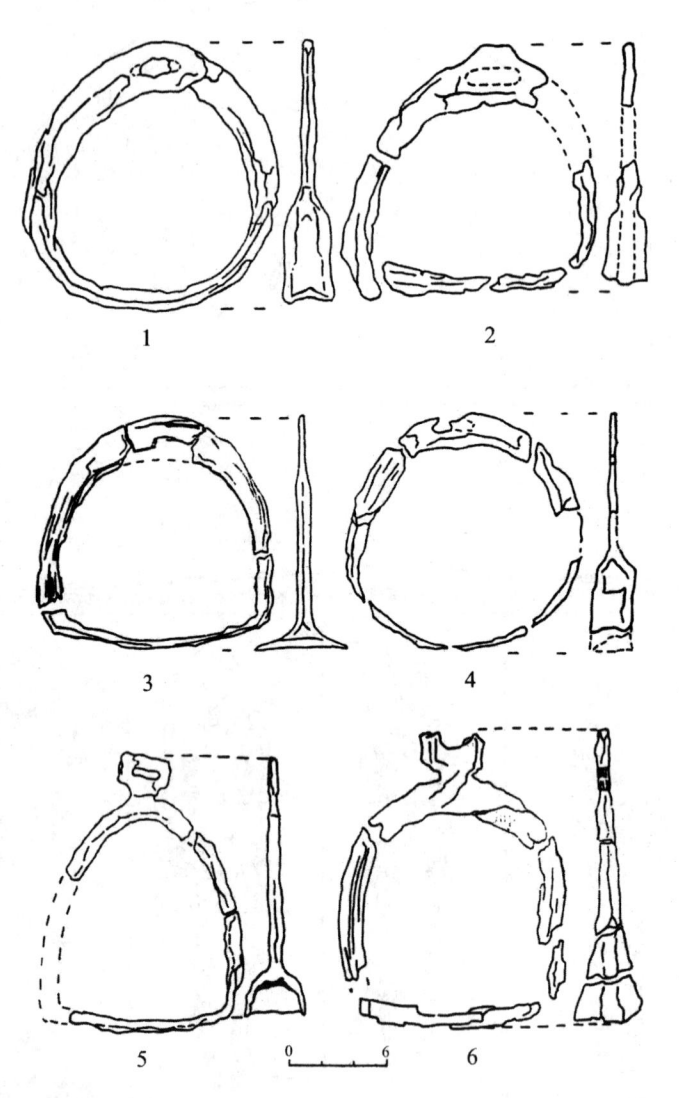

图28　十世纪萨克尔-贝拉亚·维扎（Sarkel-Belaia Vezha）地区佩切涅格人古墓中的马镫（顿河河谷）

图 片　283

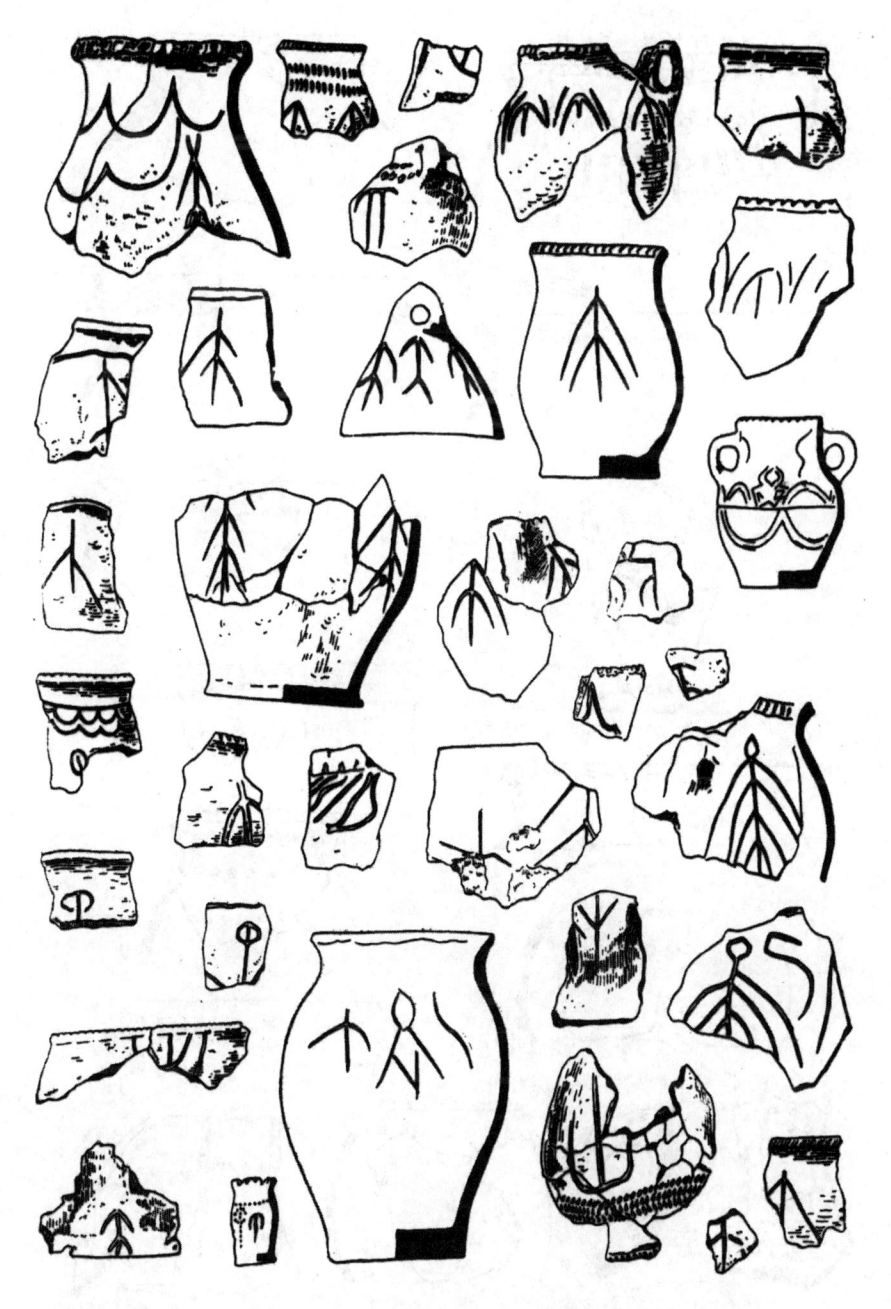

图29　九至十世纪萨克尔-贝拉亚·维扎地区图兰语游牧部落带有字母形状标志的手工陶瓷（顿河河谷）

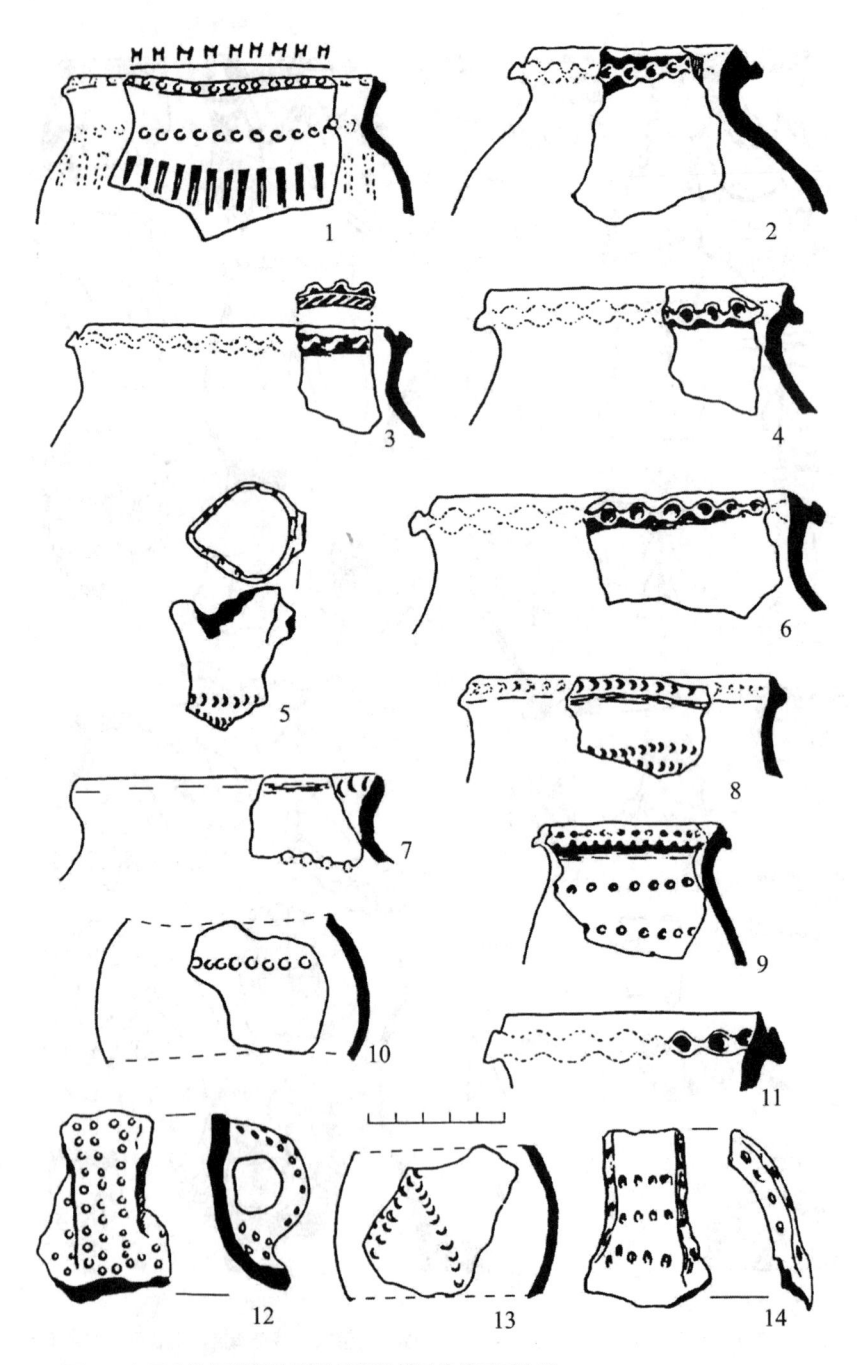

284　九至十三世纪东欧和东南欧的民族大迁徙

图30　九至十世纪塔曼地区图兰语游牧民族的手工陶器

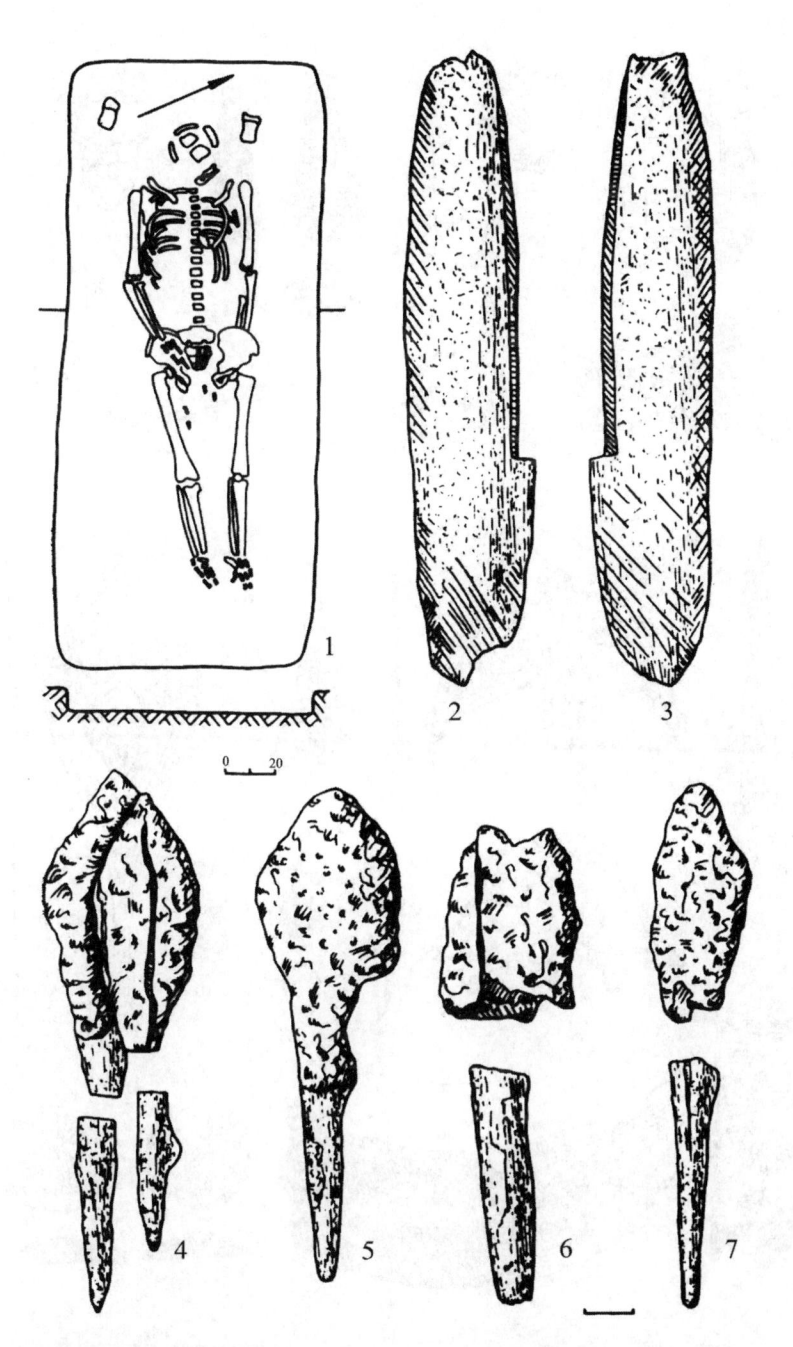

图31 十至十一世纪佩特里斯第（Petresti）地区佩切涅格人丧葬的平面图和随葬品（摩尔达维亚共和国）

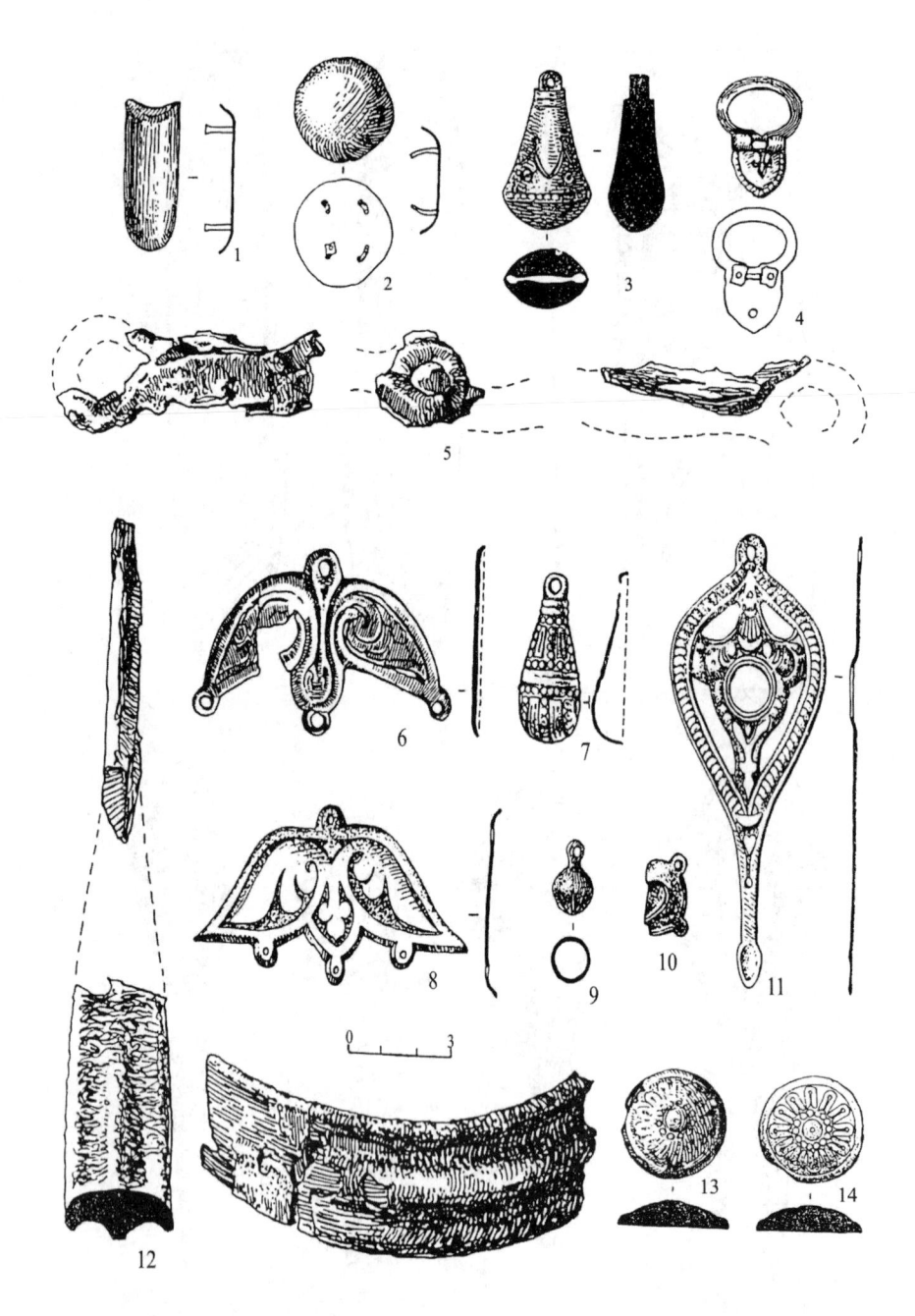

图32 十至十一世纪维赫尼·波克罗诺伊（Verkhnee Pogromnoe）地区佩切涅格或乌古斯武士坟墓中的随葬品（俄罗斯伏尔加河河谷）

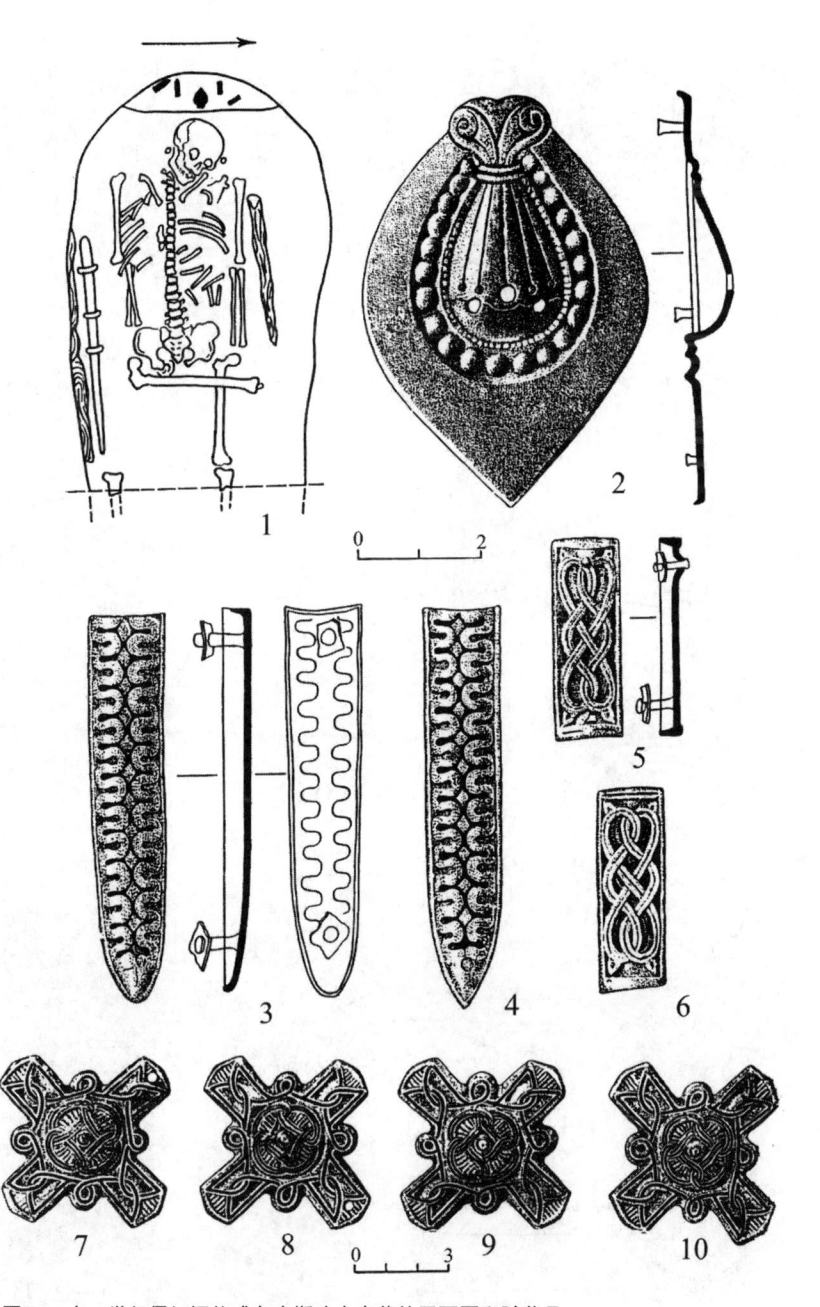

图 33　十一世纪佩切涅格或乌古斯武士丧葬的平面图和随葬品

1—6.位于伯伏康斯提诺伏卡（Pervokonstantinovka）；7—10.位于新卡缅卡（Novo-Kamenka）。两处地点均在乌克兰的赫尔松地区。

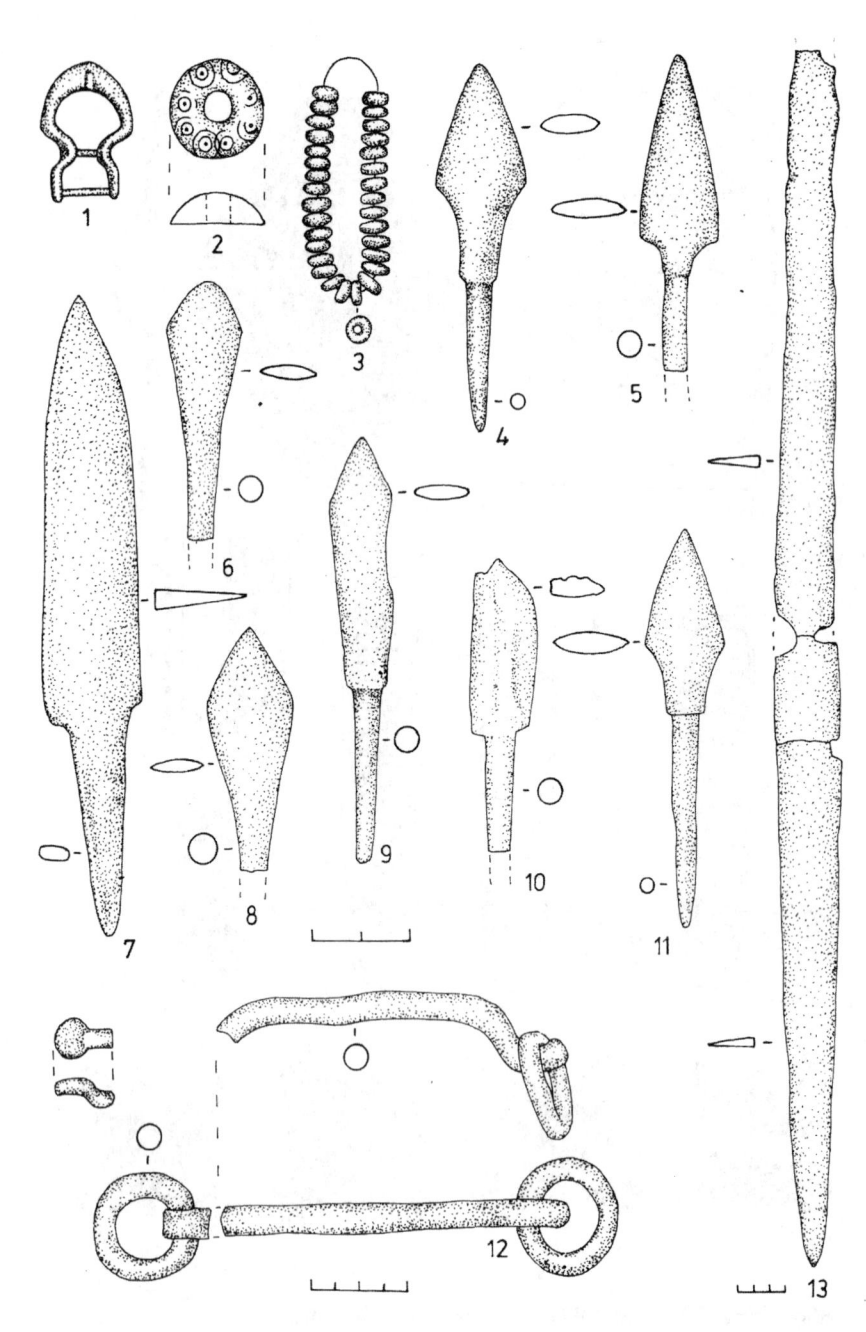

288　九至十三世纪东欧和东南欧的民族大迁徙

图34　十一世纪帕夫罗夫卡（Pavlovca）佩切涅格人坟墓中的随葬品碎片
发现于乌克兰的敖德萨地区（Odessa）。

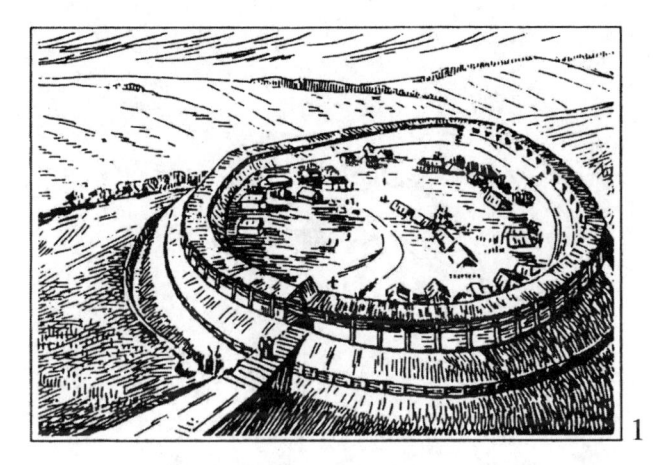

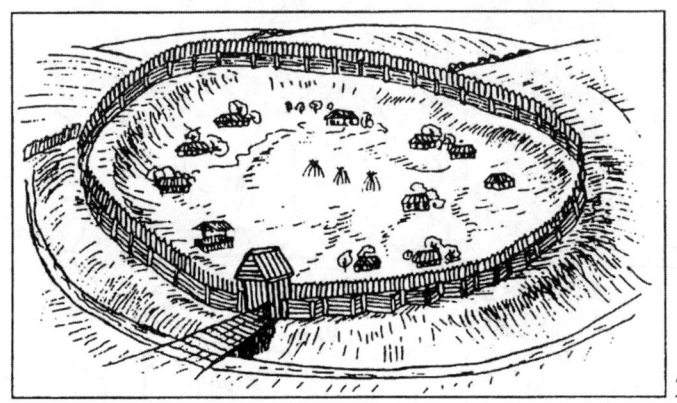

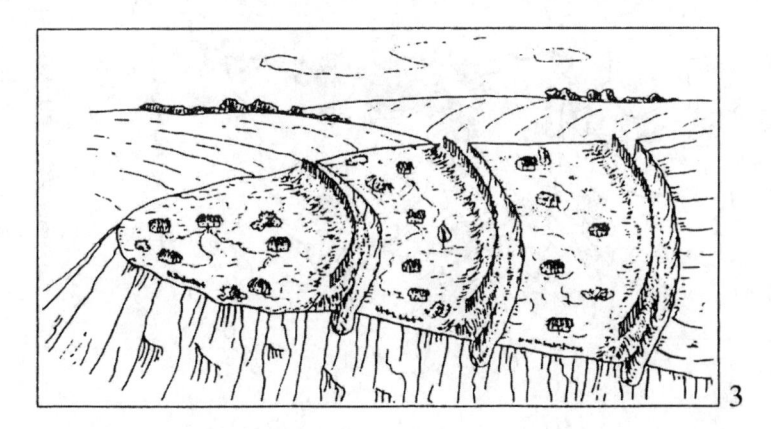

图35 十一世纪在比萨拉比亚东北部被佩切涅格人摧毁的三个军事据点复原图
1.埃希姆乌提；2.阿尔塞达；3.鲁迪。

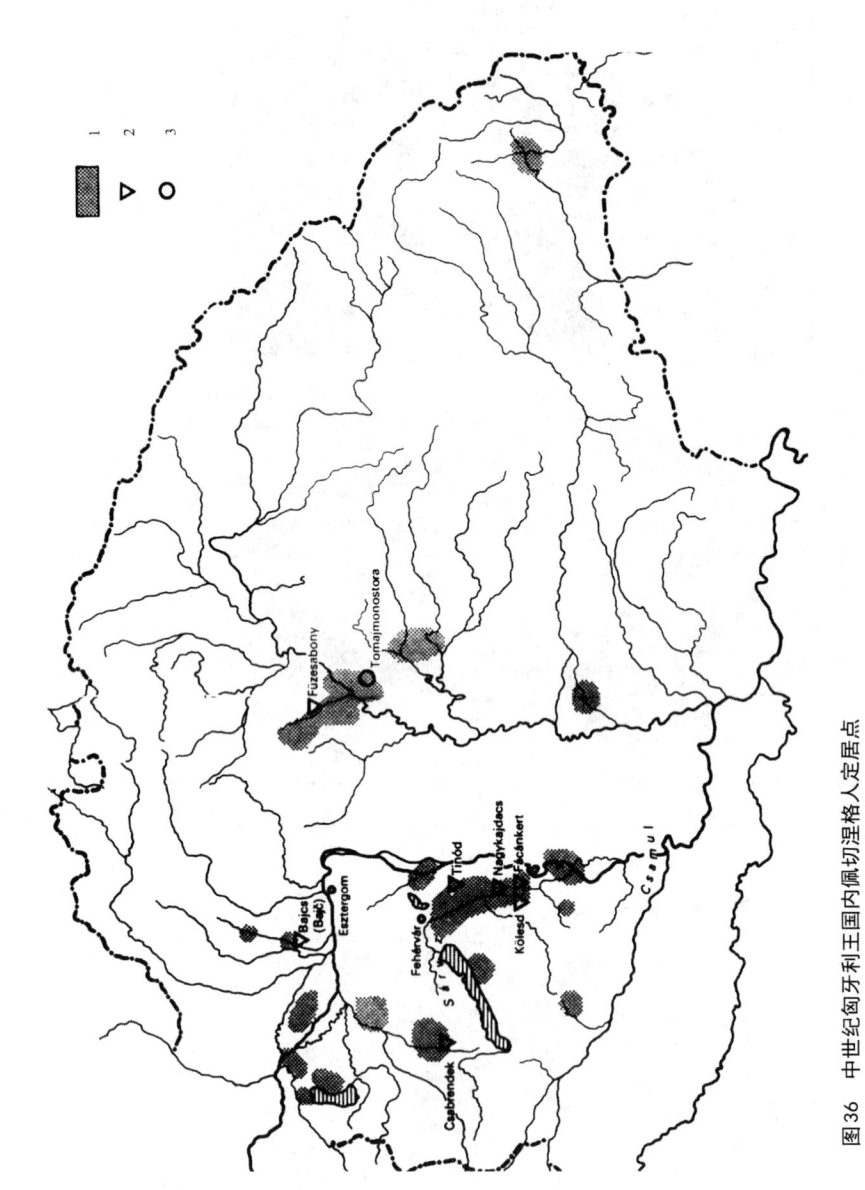

290　九至十三世纪东欧和东南欧的民族大迁徙

图 36　中世纪匈牙利王国内佩切涅格人定居居点
1. 文献和地名所标示的居住群落；2. 考古发现；3. 民族中心。

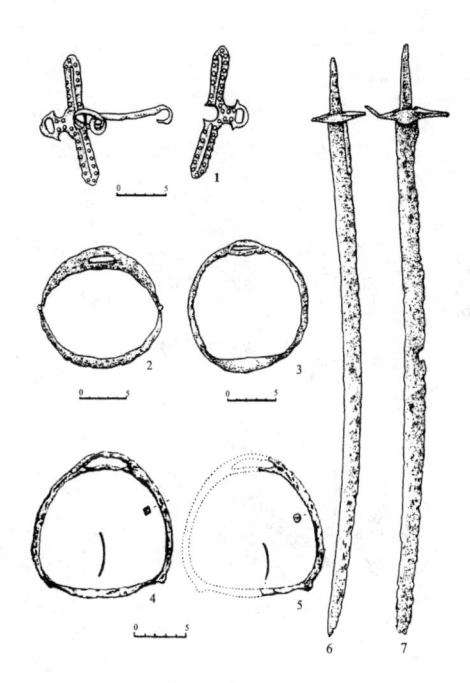

图37 十至十一世纪匈牙利萨维兹河河谷佩切涅格移民的铁制马嚼子、马镫和刀

1. 马嚼子；2—5. 马镫；6、7. 刀。这些物品分布于：1、3、6、7. 沙尔博加德-蒂诺德（Sárbogárd-Tinód）；2. 克莱什德（Kölesd）；4、5. 沙尔森塔戈陶-菲索托博兹索克（Sárszentágota-Felsőtöbörzsök）。

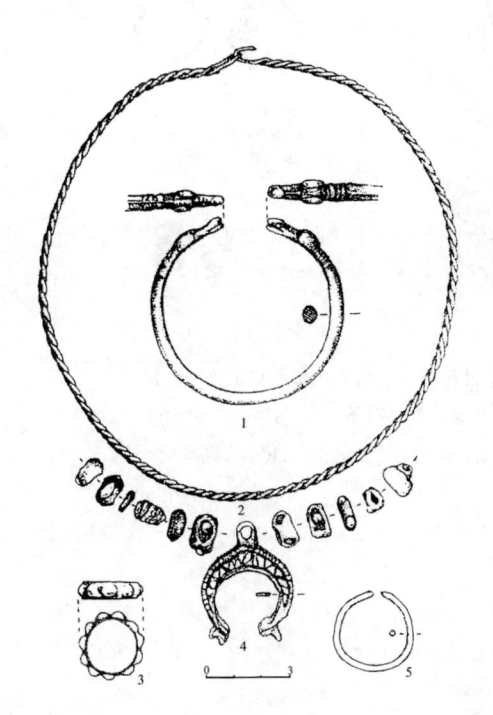

图38 十至十一世纪萨维兹河河谷佩切涅格移民的珠宝碎片

发现于匈牙利的沙尔森塔戈陶-奥沃达（Sárszentágota-Óvoda）。

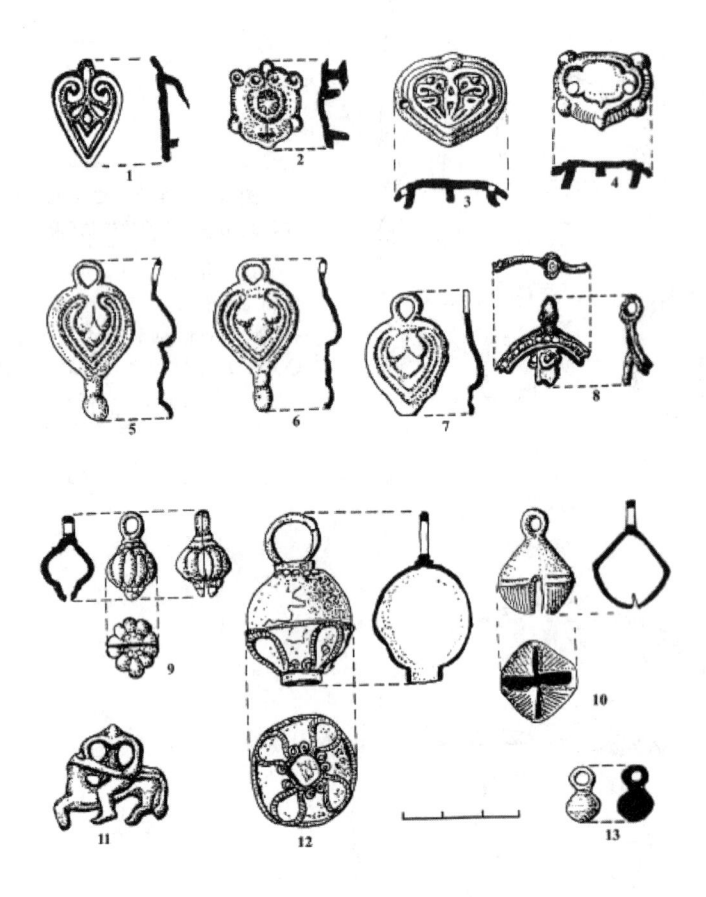

图39 奥杜特斯墓区十一世纪佩切涅格人坟墓所见的嵌花、吊坠、纽扣和青铜骑士（保加利亚多布里奇地区）

1—4.嵌花；5—8、12.吊坠；9、10、13.纽扣；11.小青铜骑士。

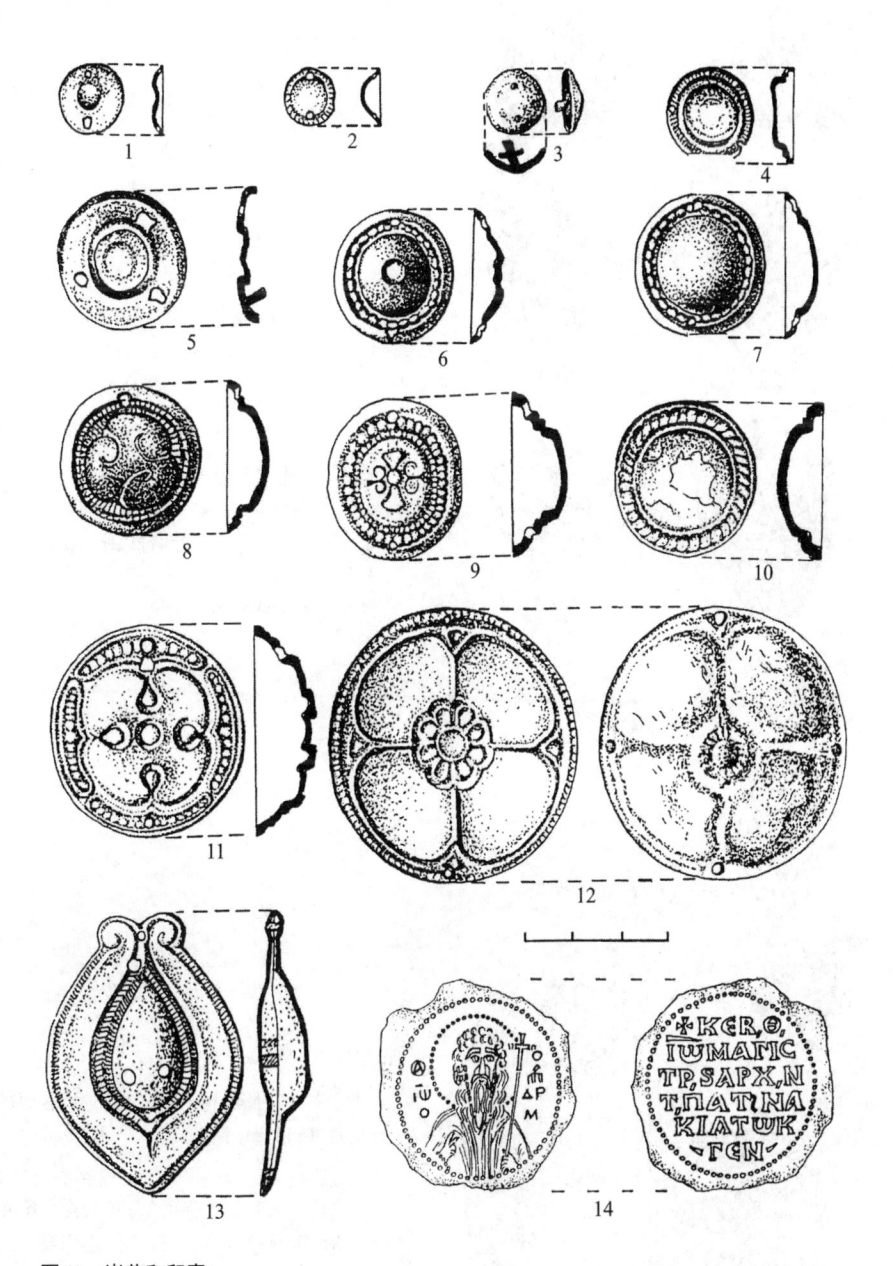

图40 嵌花和印章

1—13. 奥杜特斯墓区的十一世纪佩切涅格人坟墓的嵌花（保加利亚多布里奇地区）；14. 一枚印章，来源地不明（巴尔干半岛北部？），上面刻着基肯的名号：佩切涅格人的领帅和执政官。

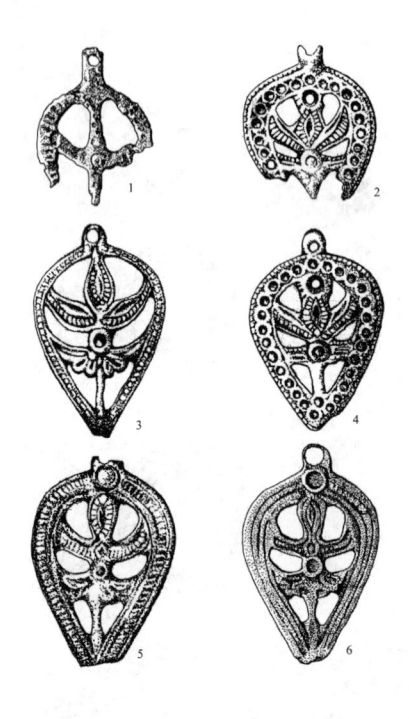

图41　十至十一世纪图兰语游牧民族制作的叶形青铜吊坠

文物发现地点如下：1、6.锡利斯特拉（Silistra）；2、3.希斯特里亚（Histria）；4.卡诺（Kano）；5.萨克尔-贝拉亚·维扎（Sarkel-Belaia Vezha）。

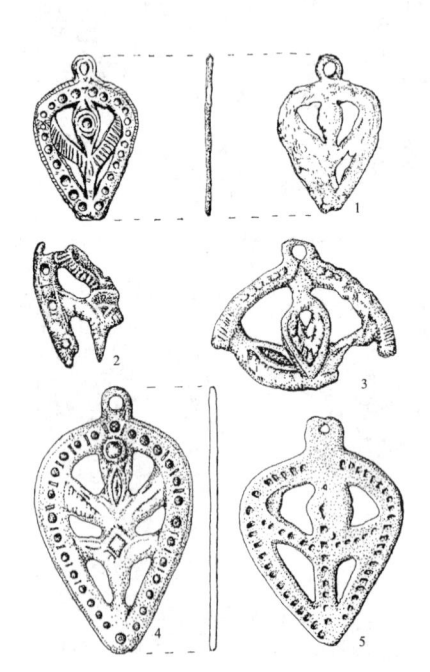

图42　十至十一世纪图兰语游牧民族制作的叶形青铜吊坠

文物发现地点如下：1.乌尔-贝塔里（Ur-Bedari）；2.萨克尔-贝拉亚·维扎（Sarkel-Belaia-Vezha）；3、5.佩库伊马·卢伊·索阿需（Păcuiul lui Soar）；4.普利斯卡-"马伦基-德沃列茨"（Pliska-"Malenki-Dvorets"）。

图43 十至十一世纪佩切涅格人墓区1号墓和2号墓

1、4—12.铁制品；2.硅石；3.铜制品。发现于罗马尼亚的维坦尼什蒂（Vităneşti）地区佩切涅格人墓区1号墓（2、4、6—8、11、12）和2号墓（1、3、5、9、10）。

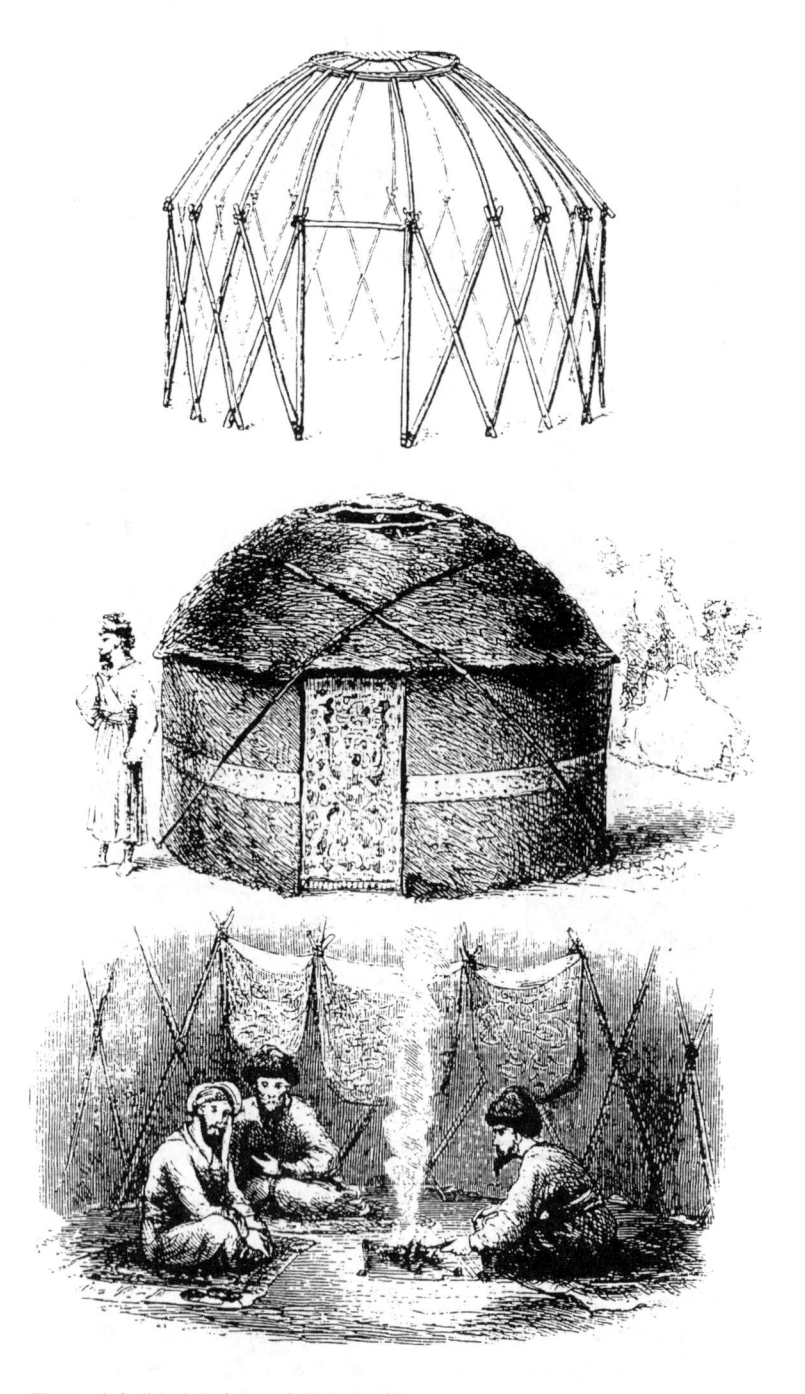

296　九至十三世纪东欧和东南欧的民族大迁徙

图44　十九世纪中期中亚土库曼人的帐篷

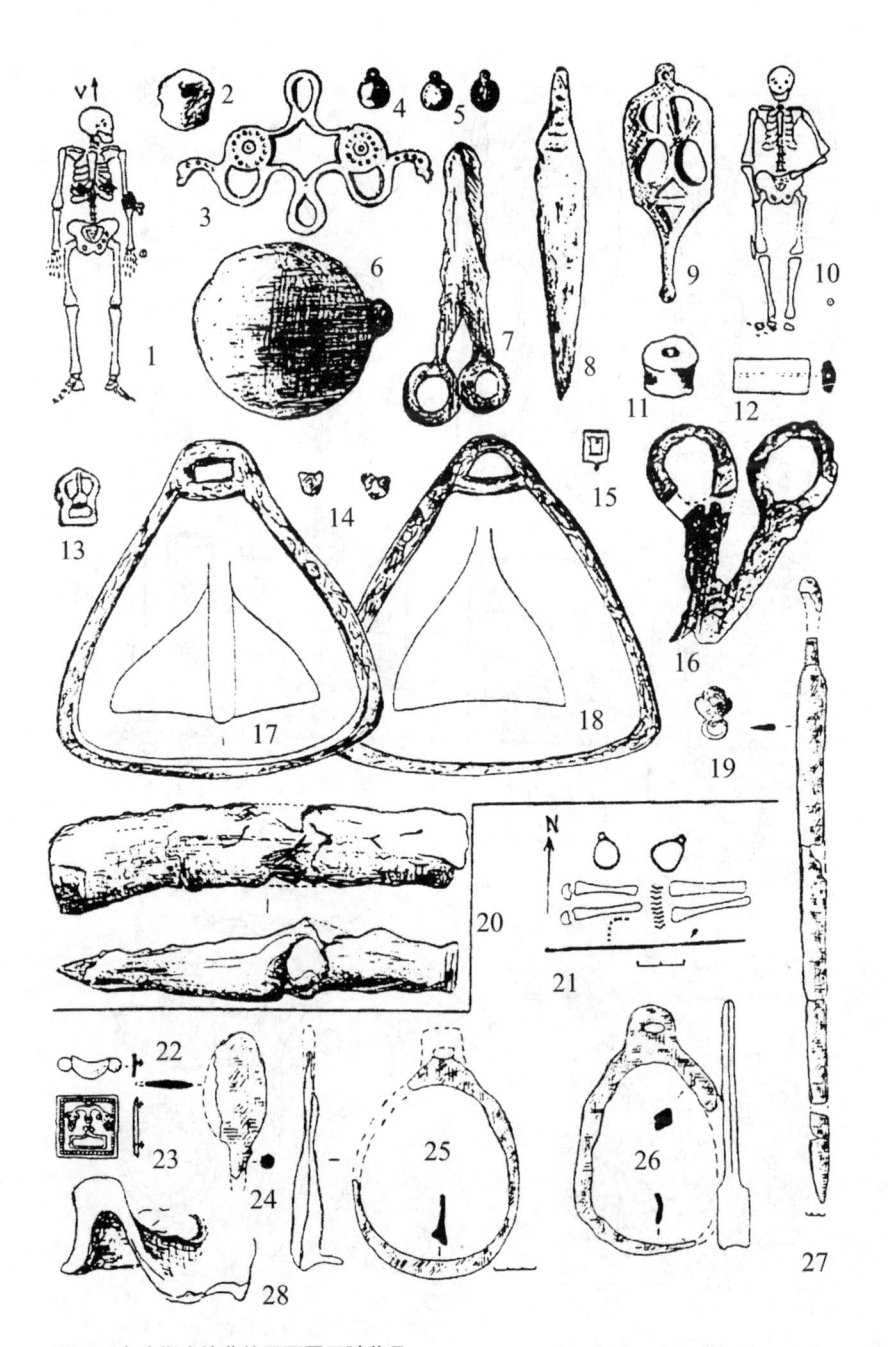

图 45　乌古斯人坟墓的平面图及随葬品

发现于俄罗斯乌拉尔-伏尔加地区：1—20、28. 萨达（Zaidar）；21—27. 茹罗夫（Zhurov）。

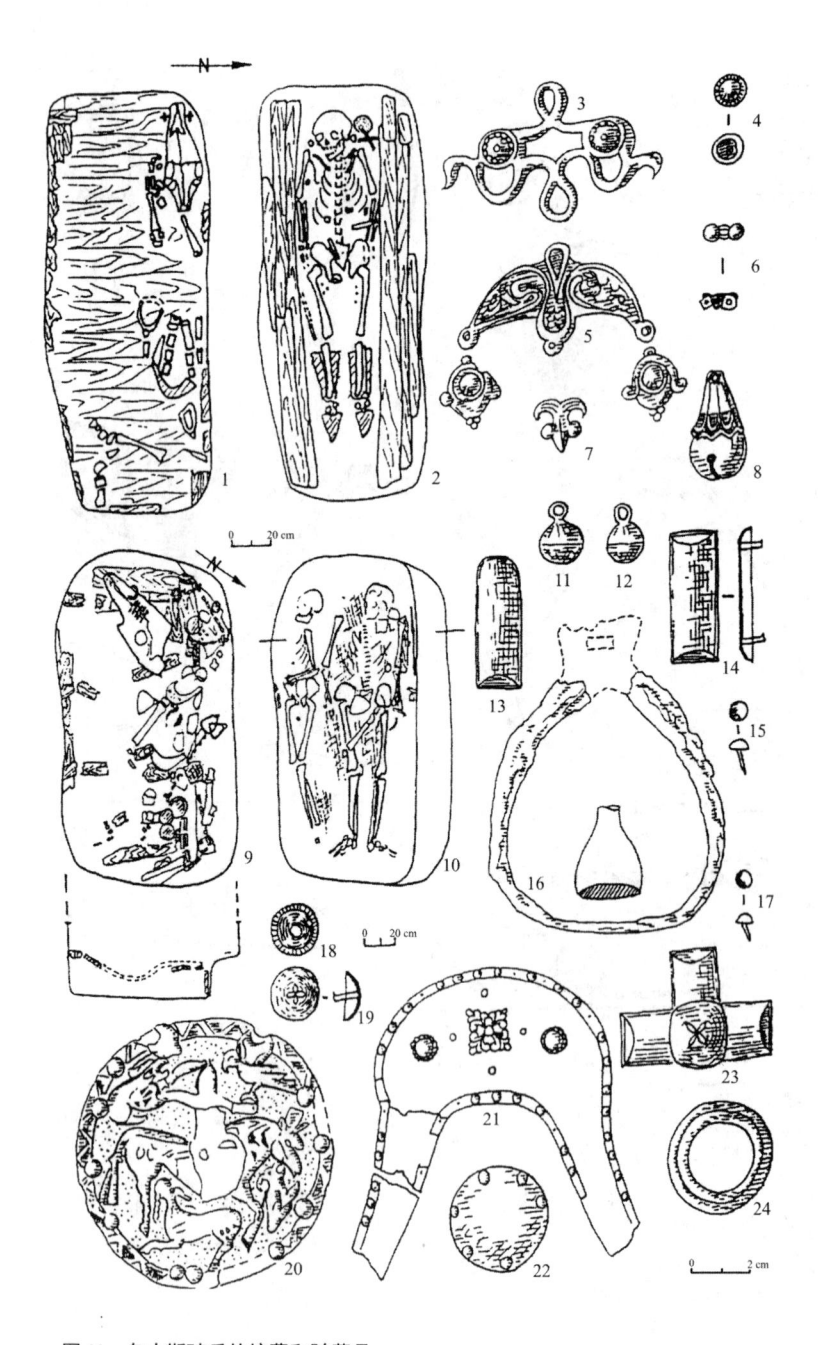

图46 乌古斯骑兵的坟墓和随葬品

发现于俄罗斯：1—8.乌瓦克（Uvak）；9—24.尼可拉科斯（Nikol'skoe）。

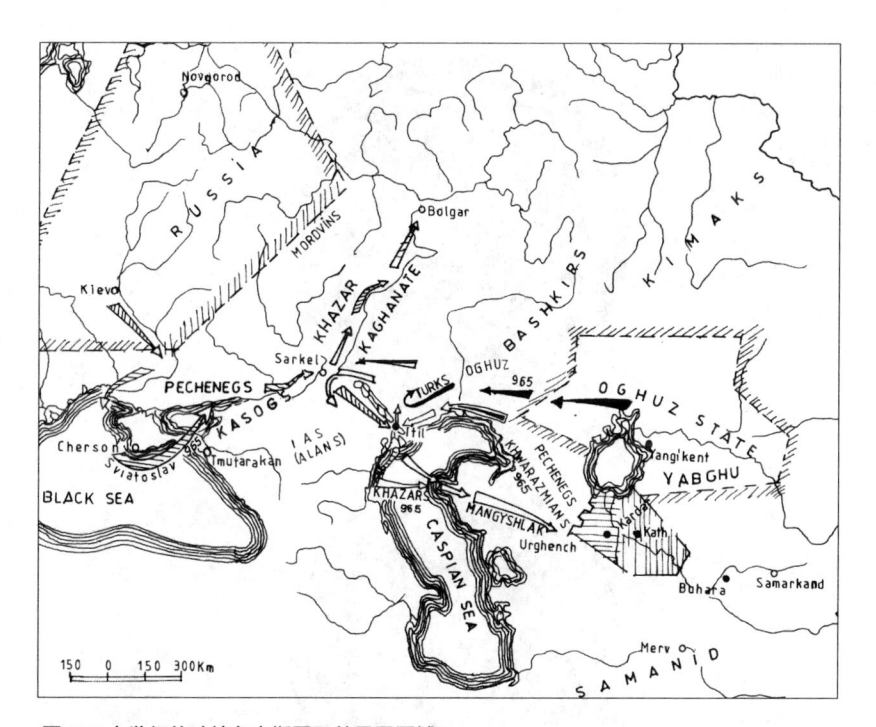

图47 十世纪的叶护乌古斯国及其周围区域

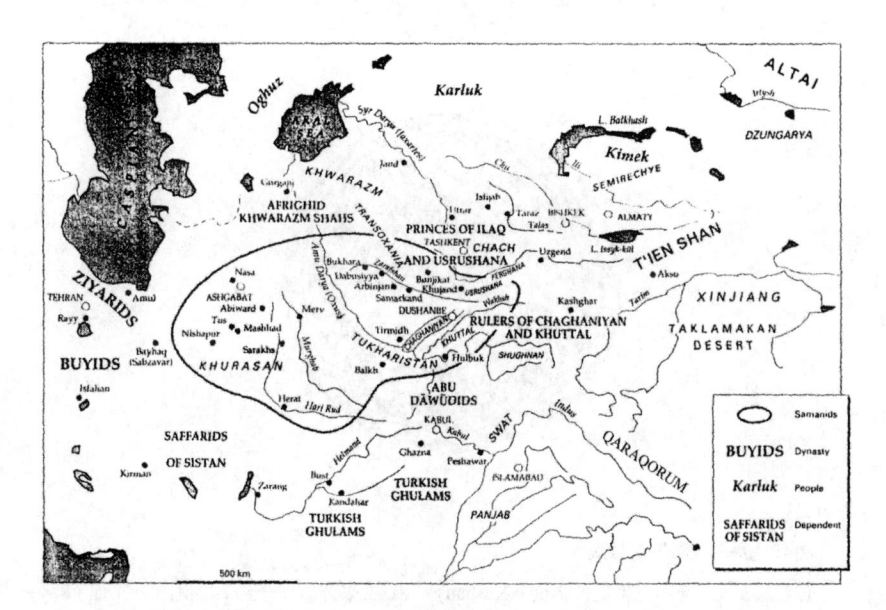

图48 萨曼王朝统治下的河中地区和呼罗珊时期（970年）的中亚

图49 塞尔柱时期的釉陶

1.来源于十二至十三世纪的卡尚（Kashan）；2、3.来源于十一至十二世纪的雷城（Ray）。
1、3.藏于伦敦维多利亚与阿尔伯特博物馆；2.藏于纽约大都会艺术博物馆。

图50 十三世纪中期塞尔柱首都入城门(土耳其科尼亚)

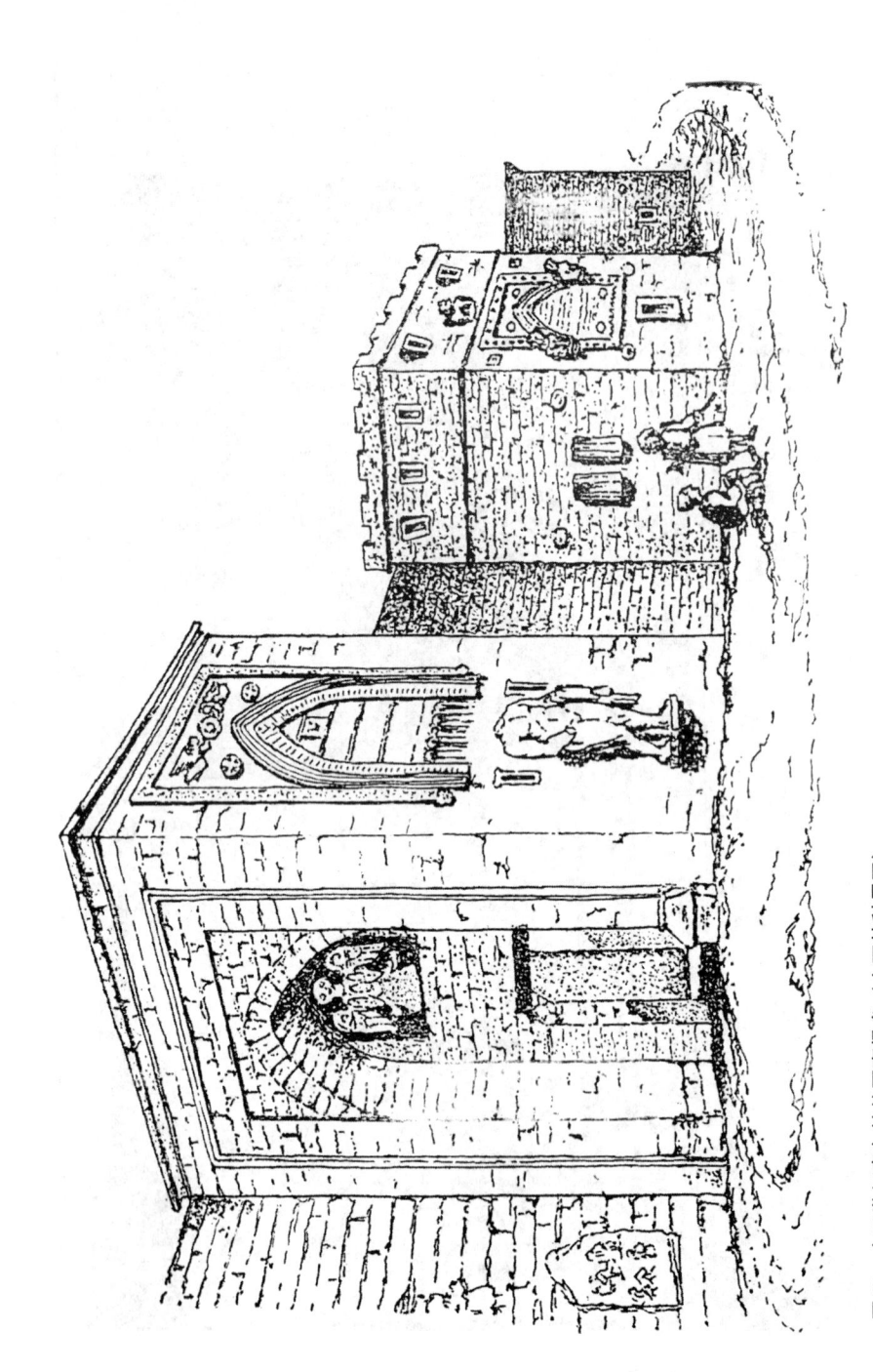

图51 十三世纪塞尔柱的军事堡垒（土耳其科尼亚）

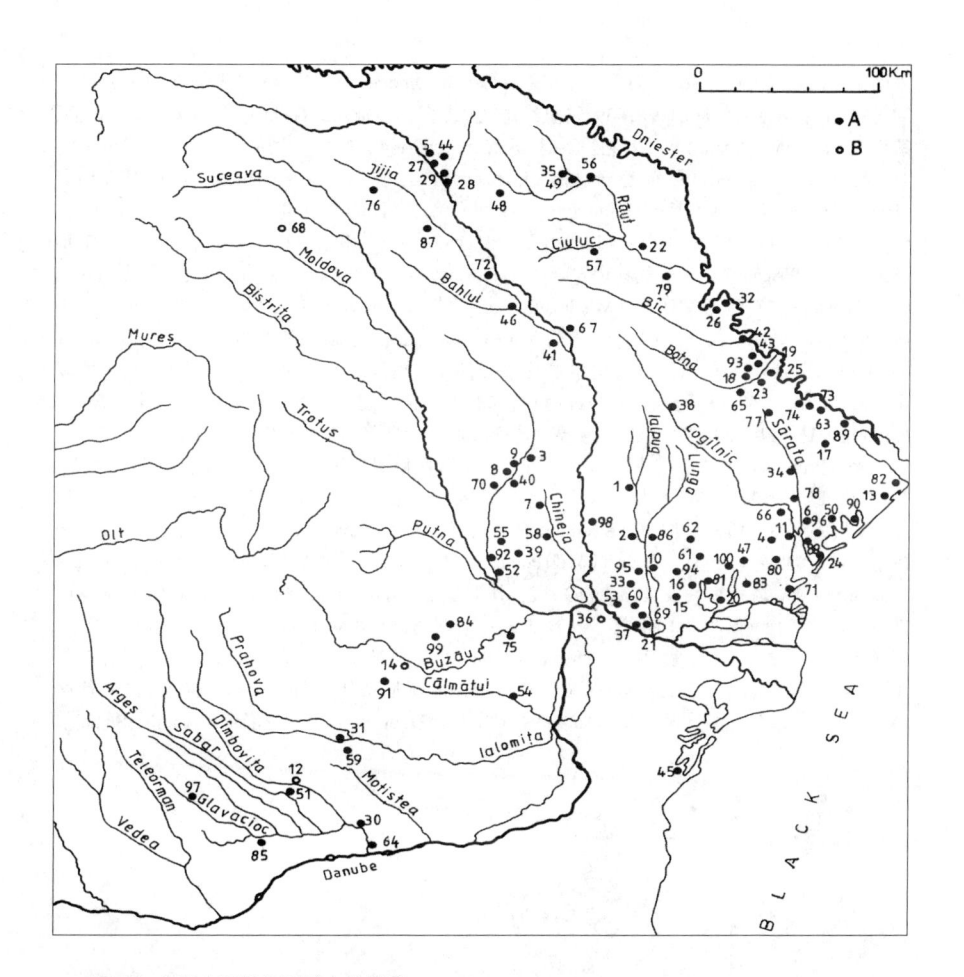

图52 十至十三世纪图兰人的坟墓

发现于喀尔巴阡山以外罗马尼亚地区。A.确定性的发现；B.不确定的发现。

1. 阿勒西伏卡-斯特利伊（Alecseevca-Svetlîi）；2. 巴拉巴尼（Bălăbani）；3. 邦卡（Banca）；4. 巴斯塔诺伏卡（Baștanovca）；5. 巴特拉奇伊-维奇（Bădragii Vechi）；6. 贝洛利塞（Belolesie）；7. 贝里斯第（Berești）；8. 比拉德-"莫阿拉·卢伊·奇科斯"（Bîrlad-"Moara lui Chicoș"）；9. 比拉德-"帕克"（Bîrlad-"Parc"）；10. 波尔格勒（Bolgrad）；11. 博里绍卡（Borisăuca）；12. 布加勒斯特-"拉库尔·泰尔"（București-"Lacul Tei"）；13. 布达奇［Budachi (=Primorscoe)］；14. 布詹（Buzău）；15. 加蓝西阿克（Calanciac）；16. 卡门卡（Camenca）；17. 卡普拉尼（Caplani）；18. 卡乌萨尼（Căușani）；19. 齐尔卡什蒂（Chircăești）；20. 奇斯利塔（Chislița）；21. 西尤斯（Ciauș）；22. 西尤西塔尼（Ciocîltani）；23. 西那卓尼（Cîrnățeni）；24. 科齐科瓦托伊（Cocicovatoe）；25. 科班卡（Copanca）；26. 科措瓦（Corjova）；27. 科尔帕齐（Corpaci）；28. 科斯泰什蒂（Costești）；29. 库科尼斯蒂伊·维奇（Cuconeștii Vechi）；30. 库尔卡尼（Curcani）；31. 德里杜-斯拉戈夫（DriduSnagov）；32. 杜波萨里·维奇（Dubosarii Vechi）；33. 艾图利亚（Etulia）；34. 弗里登斯菲尔德［Fridensfeld (=Mirnopole)］；35. 弗鲁

木西卡（Frumuşica）；36. 嘎万－迪诺格夏（Garvăn Dinogetia）；37. 格拉蒂斯第（Grădeşti）；38. 格拉蒂斯第亚（Grădiştea）；39. 格里维塔（加拉第）［Griviţa (Galaţi)］；40. 格里维塔（瓦斯卢伊）［Griviţa (Vaslui)］；41. 格罗希什蒂（Grozeşti）；42. 古拉·比库卢伊（Gura Bîcului）；43. 哈奇穆斯（Hagimus）；44. 汉卡乌提（Hăncăuţi）；45. 希斯特里亚（Histria）；46. 霍尔伯卡（Holboca）；47. 霍尔斯科伊（Holmscoe）；48. 伊阿洛那（Iablona）；49. 伊万诺卡（Ivanovca）；50. 杰第利·伊阿（Jeltîi Iar）；51. 吉拉瓦（Jilava）；52. 利伊斯第（Lieşti）；53. 利曼斯特（Limanscoe-"Fricăţei"）；54. 利斯提安卡（Lişcoteanca）；55. 马特卡（Matca）；56. 马库利斯提（Mărculeşti）；57. 门德雷什蒂（Mîndreşti）；58. 摩斯库（Moscu）；59. 摩维利塔（Moviliţa）；60. 纳戈尔诺（Nagornoe）；61. 诺沃卡门卡（Novocamenca）；62. 奥格罗德诺伊（Ogorodnoe）；63. 奥拉尼斯蒂（Olăneşti）；64. 奥尔泰尼察（Olteniţa）；65. 奥帕西（Opaci）；66. 帕夫罗夫卡（Pavlovca）；67. 佩特里什蒂（Petreşti）；68. 皮尔蒂斯伊·德·乔斯（Pîrteştii de Jos）；69. 普拉夫尼（Plavni）；70. 波戈内斯蒂（Pogoneşti）；71. 普里摩斯科伊（Primorscoe）；72. 普罗伯塔（Probota）；73. 普嘉利（Purcari）；74. 拉斯塞伊提·诺伊（Răscăieţii Noi）；75. 里尼西鲁（Rîmnicelu）；76. 鲁拉（Roma）；77. 塞亚（Saiţa）；78. 萨拉塔（Sărata）；79. 塞利什提（Selişte）；80. 斯特鲁摩克（Strumoc）；81. 苏沃罗沃（Suvorovo）；82. 萨巴拉特（Sadovoe）；83. 希森科沃［Şevcenkovo (Pomezani)］；84. 什蒂乌贝伊（Ştiubei）；85. 塔齐卢（Tangîru）；86. 塔拉克利亚（Taraclia）；87. 托迪雷尼（Todireni）；88. 特拉普卡（Trapovca）；89. 图多拉（Tudora）；90. 图兹拉（Tuzla）；91. 乌尔梅尼（Ulmeni）；92. 乌姆布拉雷什提（Umbrăreşti）；93. 乌索阿亚（Ursoaia）；94. 瓦西利耶夫卡（Vasilevca）；95. 维诺格拉多夫卡·"库尔奇"（Vinogradovca-"Curci"）；96. 维斯尼沃伊（Vişnevoe）；97. 维坦尼什蒂（Vităneşti）；98. 泽尔内什蒂（Zărneşti）；99. 希德里（Ziduri）；100. 西尼洛尔［Zînelor (Staţia)］。

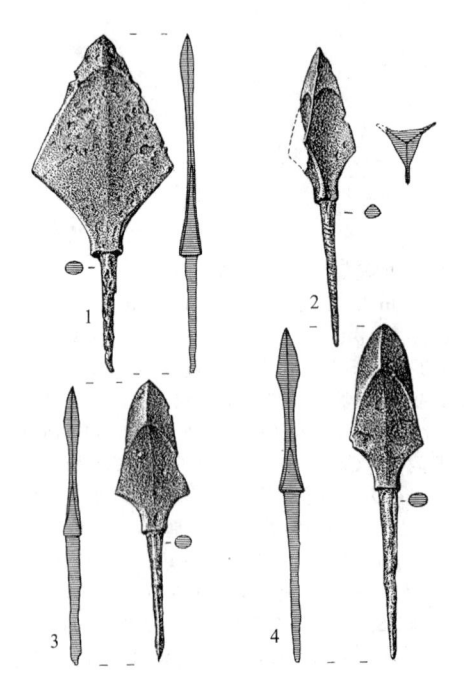

图53　一个武士（可能是乌古斯人）坟墓随葬品中的铁制箭头

发现于豪伊杜-比哈尔县的阿尔凡（Ártánd），此地靠近中世纪的乌兹伐尔瓦（Uzfalva）定居点（匈牙利）。

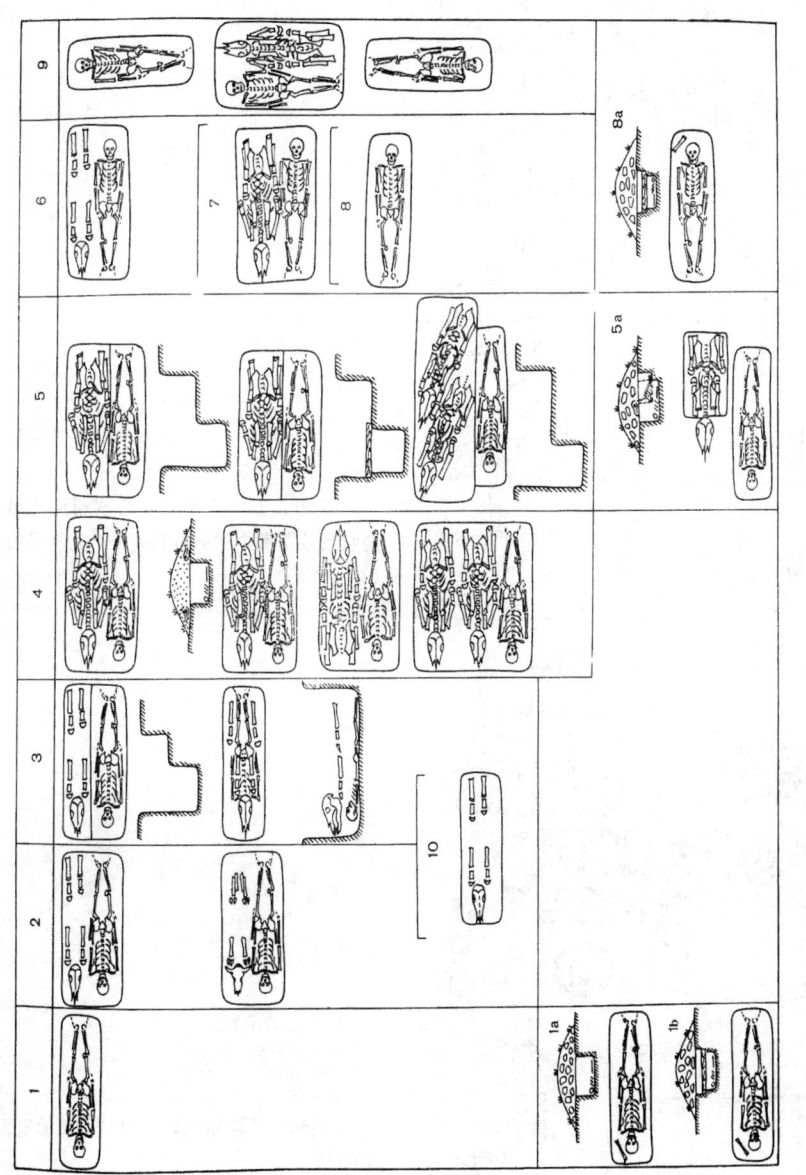

图 54 十一至十三世纪罗斯河流域游牧民族（佩切涅格人、乌古斯人、黑晕人）的丧葬习俗（乌克兰）

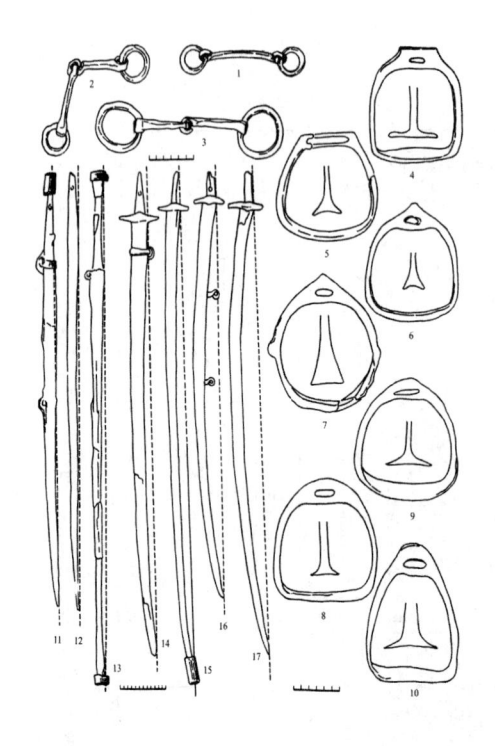

图55 十一至十三世纪罗斯河流域游牧民族墓葬中的各种马嚼子、刀和马镫（乌克兰）

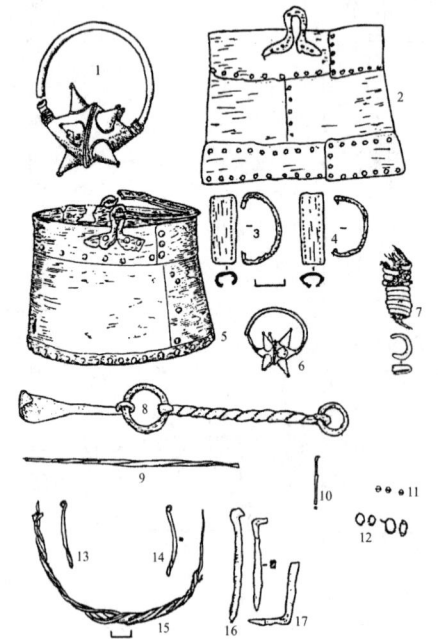

图56 黑罩人的珠宝、大锅和其他东西的碎片

文物发现地点如下：1.斯塔夫罗波尔（Stavropol）；2—4.捷列克利-梅克捷巴（Terekli-Mekteba）；5—17.顿河流域。